# 中國文化通史

秦漢卷·上冊

中國文化源遠流長，欲理解中國文化，捨其歷史無由。而欲理解中國文化史，界定文化的概念，梳理中國文化史的發展脈絡，特質及其研究狀況，又是十分必要的。爰作是序。

## 一、文化概念的界定

文化問題是世界關注的熱門話題，但是，國內外學術界對於文化的概念，迄無統一的界定。聯合國教科文組織曾邀請各國學者討論什麼是「文化」，也未取得共識。據統計，有關文化的概念，多達數百種，人們見智見仁，莫衷一是。

從西方的歷史上看，人們對於文化的理解，大致經歷了四個時期。

第一個時期是古代。最具代表性也是最古老的文化概念，是由約兩千年前古羅馬哲學家西塞羅提出來的，它從拉丁文譯成英文是「culture is the philosophy-or cultivation-of the mind」。漢譯為「文化是心靈的哲學（修養）」。其中 cultivation 本義是耕種，引申意為耕種—栽培—培養—修養，這可謂哲學的文化概念。它強調文化是人類心靈的創造物，並視文化是一個趨向品德修養終極目標的動態的創造過程。

第二個時期是中世紀。有代表性的是藝術的文化概念：「文化是藝術的總稱。」它是文藝復興時代的藝術家們提出來的，強調文化是人類對美的追求和自由的創造。

第三個時期是十九世紀。其間出現了兩種有代表性的文化概念。一是英國著名學者阿諾德在一八六九年出版的《文化和無政府狀態》一書中提出的：

文化就是追求我們的整體完美，追求的手段是通過了解世人在與我們最有關的一切問題上所曾有過的最好思想和言論……引導我們把真正的人類完美看成是為一種和諧的完美，發展我們人類的所有方面；而且看成是一種普遍的完美，發展我們社會的所有部分。[1]

這是心理學的文化概念。它強調文化是人們借助於自然科學和人文科學包括文學藝術中一切真、善、美的東西，陶冶心靈，追求社會完美與和諧的過程；二是另一個英國著名學者泰勒一八七一年在《文化的起源》中提出的人類學的文化定義。他說：

文化或文明，就其廣泛的民族學意義來說，乃是包括知識、信仰、藝術、道德、法律、習俗和任何人作為一名社會成員而獲得的能力和習慣在內的複雜整體。[2]

泰勒的定義第一次強調文化是「複雜的整體」和「文化是整個的生活方式」。

第四個時期是二十世紀。二十世紀初社會學家提出了社會學的文化概念：

文化是一個多義詞，我們這裡是在包容較廣的社會學含義上使用它，即它是指人造物品、貨物、技術過程、思想、習慣和價值觀念，它們是一個民族的社會遺產。這文化包括所有習得的行為、智力知識、社會組織和語言、經濟的、道德的或精神的價值系統。一種特定文化的基礎是它的法律、經濟結構、巫術、宗教、藝術、知識和教育。[3]

此一定義第一次強調價值觀念和價值系統，是文化內涵的核心。

---

1　轉引自〔英〕雷蒙德·威廉斯：《文化與社會》，160-161 頁，北京，北京大學出版社，1991。
2　轉引自莊錫昌等編：《多維視野中的文化理論》，99-100 頁，杭州，浙江人民出版社，1987。
3　轉引自閔家胤：《西方文化概念面面觀》，《國外社會科學》，1995 年第 2 期。上述參考了該文的內容。

二十世紀中期以後，隨著科學的進步和視野的拓展，人們進而在生物學乃至在整個宇宙的範圍之內，探討文化問題。例如，生物學的文化定義為：「文化是不同物種的組織結構和行為規範。」聯合國教科文組織「世界文化項目」主持人、加拿大學者謝弗，則進而提出了宇宙學的文化概念：「文化一般是指物種，特殊地是指人類觀察和感知世界，把自己組織起來，處理自身事務，提高和豐富生活，以及把自己安置在世界上的那種方式。」[4]

由上可知，西方文化概念的內涵是隨著時代的發展而逐漸拓展與深化的。據統計，一九二〇年前只有數種不同的文化定義；但是到一九五六年，就已多達一五〇餘種，也集中說明了這一點。其中，如果說阿諾德的定義是對古代以來文化認識的集大成的話；那麼泰勒的定義強調文化是一種「複雜的整體」和「整個的生活方式」，以及社會學家強調文化內涵的核心是價值觀念與價值系統，則更具有開創性和劃時代的意義，構成了今人理解文化的現代基礎。這說明，十九世紀末二十世紀初是西方現代文化觀念形成的重要時期。至於其後新說迭起，尤其是生物學的、生態學的、宇宙學的概念的出現，固然反映了人們視野的開拓，但是文化的概念既囊括了物種與宇宙，實漸泛化了，以至於無從把握。

從中國歷史上看，「文明」一詞的出現要早於「文化」。《易‧乾》：「見龍在田，天下文明。」《易明夷》：「內文明而外柔順，以蒙大難，文王以之。」「文化」一詞雖然也是古已有之，但它被作為一個完整的辭彙和概念加以使用，有一個演化的過程。在秦漢時期，儒生編輯的《易‧賁卦》的《彖》中有「觀乎天文，以察時變；觀乎人文，以化成天下」之說，但「文化」尚未構成一個完整的詞。西漢的劉向在《說苑‧指武》中將「文」與「化」聯用：「聖人之治天下也，先文德而後武力。凡武之興，為不服也，文化不改，然後加誅。夫下愚不移，純德之所不能化，而後武力加焉。」不過，這裡的「文化」仍非一個完整的詞，而各有獨立的意義，「文」指文德，「化」指教化，即借文德行教化。其後，晉人的詩文中出現了完整的「文化」一詞。如束皙的《補亡詩》有「文化內輯，武

---

4　同上。

功外悠」句；王融在《曲水詩序》中則說：「設神理以景俗，敷文化以柔遠。」至此，「文化」顯然已作為一個完整的辭彙和概念，開始為人們所廣泛使用。其含義包括文治、教化和禮樂典章制度。這與西方古代哲人強調「文化」的內涵在於趨向品德修養終極的目標，是相通的。

語彙是隨著社會生活和時代的變動而變動的。在西方，文化的概念所以於近代以後發生了日益深刻的變動，是與西方資本主義的發生發展、科學的進步以及世界聯繫的日益密切分不開的。反觀中國，封建社會綿延兩千餘年，沉沉一線，「天不變，道亦不變」。與此相應，已有的「文化」一詞，古色古香，其內涵也無甚變化。鴉片戰爭後，中國封建社會因受西方資本主義的衝擊而解體，且日益走向世界，語彙便漸生變動。在一些新的語彙出現的同時，更多的語彙增加了新的內涵。就「文化」一詞來說，其新義的增加尤其是人們自覺重新探究其內涵，界定其概念，則要晚到二十世紀初。梁啟超諸人的觀點具有代表性。梁啟超在《什麼是文化》中說：「文化者，人類心能所開積出來之有價值的共業也。」[5] 梁漱溟則謂：「文化並非別的，乃是人類生活的樣法。」[6] 胡適也指出：「文化（culture）是一種文明所形成的生活的方式。」[7] 他們都強調文化是人類創造的一種複雜的整體（「共業」）和「生活的方式」，這顯然是接受了泰勒關於文化的定義。

所以，儘管國際上對文化迄今未能形成統一的界定，但泰勒的定義實已構成了人們進一步探討文化問題的現代基礎。同時，在此基礎上，除主張文化泛化者外，人們也畢竟形成了相對的共識，即認為文化可分作廣義與狹義兩種概念來理解。梁啟超曾說：「文化這個名詞有廣義狹義二種，廣義的包括政治經濟；狹義的僅指語言、文字、宗教、文學、美術、科學、史學、哲學而言。」[8] 就已經有了此種見解。今天我們可以作進一步表述：廣義的文化就是人化，即人類所創造的一切東西構成了文化。具體講，它包括三個層面：物質文化、制度文化、精神

---

5　梁啟超：《飲冰室文集》之三十九。
6　梁漱溟：《東西文化及其哲學》第 2 章，北京，商務印書館，1935。
7　胡適：《我們對於西洋近代文明的態度》，《胡適文存》三集，卷一。
8　梁啟超：《中國歷史研究法補編》，《飲冰室專集》之九十九。

文化。其中，精神文化是文化結構中最深層的部分。狹義的文化就是指精神文化，即觀念形態的文化，包括思想、觀念、意識、情感、意志、價值、信仰、知識、能力等等人的主觀世界的活動及其物化的形態或外鑠的成果，如典籍、語言、文字、科技、文學、藝術、哲學、宗教、道德、風習，等等。

對於「文化」與「文明」的關係，人們也頗存異議，但從總體上看，大致有三種理解：一是學術界一般將「文明」一詞用來指一個社會已由氏族進入國家組織的階級社會的階段，即是與「文化」並無直接瓜葛的學術上的專有名詞；二是「文化」與「文明」同義。美國學者亨廷頓說：「當談論文明的時候，我們指的是什麼呢？一種文明就是一種文化存在。」[9]他顯然是將「文化」與「文明」視作同義詞，等量齊觀。故所謂「物質文化」、「制度文化」和「精神文化」，人們通常也稱作「物質文明」、「制度文明」和「精神文明」；三是「文化」與「文明」都是人類創造的一切成果的總稱，但前者是動態的，後者則是靜態的。陳安仁說：「文明是指靜的狀態而說，文化是指動的狀態而說。」[10]張崧年也曾指出：「文化是活動，文明是結果，也不過一事的兩看法。」[11]

本書對文化的界定，取狹義文化。對「文明」一詞的使用，則據行文的需要，兼顧三義。


## 二、中國文化史研究的回顧

文化史是古老的史學的一個分支學科，但它真正的確立，在歐洲要晚到十八世紀的啟蒙運動時期。西方「文化史之父」、法國啟蒙思想家伏爾泰的名著《路易十四時代》，實為文化史研究的開山之作。其後，西方關於文化史的著述日多，漸漸蔚為大觀。

---

9　[美]亨廷頓：《文明的衝突》，《國外社會科學》，1993 年第 10 期。
10　陳安仁：《中國文化演進史觀》，據文通書局 1942 年版影印，6 頁，上海，上海書店，1992。
11　張崧年：《文明與文化》，《東方雜誌》第 24 卷第 24 號。

在中國，文化史學科的確立更要晚到二十世紀二〇至三〇年代。梁啟超於此有創榛闢莽之功，他曾擬撰多卷本《中國文化史》，遺憾的是僅成《社會組織篇》計八章，壯志未酬。但是，進入二十世紀二〇年代後，有關文化史的研究成果已是連翩出現。一九二四年《史地學報》有文報導學界消息說：「近來研究歷史者，日新月異，內容大加刷新，多趨重文化史方面。」[12] 足見中國文化史的研究和編纂，是時已開始浸成風氣。其中較重要的通史性著作有：顧康伯的《中國文化史》、常乃德的《中國文化小史》、陳國強的《物觀中國文化史》、柳詒徵的《中國文化史》、楊東蓴的《本國文化史大綱》、陳登原的《中國文化史》、王德華的《中國文化史略》、繆鳳林的《中國民族之文化史》、陳安仁的《中國文化演進史觀》、王治心的《中國文化史類編》、陳竺同的《中國文化史略》、錢穆的《中國文化史導論》，等等。此外，涉及斷代的、區域的和專題性的有關文化史著作也相繼出版。其中，專題性的著作，尤以王雲五主編的大型《中國文化史叢書》為代表。叢書仿效一九二〇年法國出版的《人類演進史叢書》及一九二五年英國劍橋大學主編的《文化史叢書》的體例，共分八十個專題，每冊一專題，於一九三七年後相繼推出，產生了很大的社會影響。該叢書的出版，標誌著中國文化史的研究發展到了一個新的階段。

中國文化史的研究之所以於二十世紀二〇年代後蔚為風氣，並非偶然，至少可以指出以下的原因：

其一，是近代中西文化問題論爭深化的必然結果。經五四後，中西文化問題的論爭不僅日益激烈，且愈趨深化。歐戰慘絕人寰，創深痛巨，引發了世界範圍內的反省西方文化的思潮。與此相應，國人相信西方文化必有所短，中國文化自有所長，因而要求重新審視固有文化。為此，探討中國文化的發生發展史自然便成了當務之急。張蔭麟說：「文化是一發展的歷程。它的個性表現在它的全部『發生史』裡。所以比較兩個文化，應當就是比較兩個文化的發生史。」[13] 柳詒徵的《中國文化史·緒論》則強調該書的旨趣，即在於回答：「中國文化為何？中

12 《史地界消息·歷史類（一）〈研求國史方法之宣導〉》，《史地學報》第 3 卷第 1、第 2 合期，1924。
13 《論中西文化的差異》，參見張雲臺編：《張蔭麟文集》，北京，教育科學出版社，1993。

國文化何在？中國文化異於印、歐者何在？」而錢穆在《中國文化導論‧弁言》中，說得更加明確：

中國文化，表現在中國已往全部歷史過程中，除卻歷史，無從談文化。……我們應在歷史進程之全時期中，求其體段，尋其態勢，看他如何配搭組織，再看他如何動進向前，庶乎對於整個文化精神有較客觀，較平允之估計與認識。[14]

很顯然，這就是明確地提出了，要正確認識中西文化，必須重視中國文化史的研究。

其二，借文化史振奮民族精神，謀國家復興。二十世紀三〇至四〇年代正是中國遭受日本帝國主義的野蠻侵略，民族危亡喚醒全民抗戰和謀國家復興的慷慨悲壯的時代。愈來愈多的國人意識到了文化復興與民族復興的內在聯繫。康敬軒在《中國文化演進史觀‧跋》中說：「念一年秋，予歸自歐洲，默察大勢，知欲救國家危亡，必先求民族之復興，而求民族之復興，必先求文化復興。」陳安仁《中國文化演進史觀‧自序》也說，近世治國家學說者，皆謂土地、人民、主權是國家三要素，必得三者安全獨立，才是名副其實的國家。實則，即便三者盡得，「而文化不能獨立，亦遂足以當國家之名實乎」？帝國主義侵略弱國，不僅占有其土地、人民與主權，「尤且汲汲皇皇，以消滅弱小國家民族之文化，吁！可怖哉」。[15]需要指出的是，近代最早的中國文化史著述雖是出自日人之手，它們對於國人著述不乏借鑒的作用，但如一九〇三年出版的白河次郎、國府種德的《支那文明史》和一九二六年出版的高桑駒吉的《中國文化史》，其有意歪曲歷史和貶損中國文化，也是人所共見的。因此，編纂中國文化史，給國人以正確的民族文化教育，以振奮民族精神，史家責無旁貸。王德華《中國文化史略‧敘例》因之強調說：

中國文化之評價各有不同，有謂為落後者，有謂為優美者，然不論其評價如何，中國人之應當了解中國文化，則無疑問，否則，吾族艱難奮鬥、努力創造之

---

14 錢穆：《中國文化導論‧弁言》，北京，商務印書館，1994。
15 陳安仁：《中國文化演進史觀‧自序》。

歷史，無由明瞭，而吾人之民族意識，即無由發生，民族精神即無由振起，晚近中國國勢不振，即由於文化教育之失敗所至。茲者國脈益危，不言復興則已，言復興，則非著重文化教育，振起民族精神不可。本書之作，意即在此。[16]

其三，新史學思潮影響的結果。十九世紀末二十世紀初，是西方史學新陳代謝的重要時期。傳統史學重政治史，而新史學思潮則要求擴大史學範圍，注意經濟、社會、思想、文化等領域的研究。巴勒克拉夫在《當代史學主要趨勢》一書中指出，「從蘭克時代到阿克頓時代，歷史學家們對於歷史學的主線是政治史這一點極少懷疑」，而經二十世紀二〇年代後馬克思主義唯物論和以狄爾泰為代表的相對主義史學思潮的衝擊，「歷史學的重點轉移到經濟、社會、文化、思想和心理等方面，歷史學家的工作範圍也相應地擴大了」。[17]西方史學思潮的此種變動，也強烈地影響到了中國。二十世紀二〇年代後馬克思主義唯物論在中國日益傳播，與此同時，作為歐洲相對主義史學衍生物的美國「新史學」，也傳入了中國。新史學派主要人物的代表作，如魯濱遜的《新史學》、巴恩斯的《史學史》、紹特威爾的《西洋史學史》等，於二十世紀二〇年代也相繼被譯成中文出版。新史學派同樣主張擴大史學範圍，加強對於經濟、社會及文化等領域的研究。何炳松在《新史學導言》中說：「舊日歷史家，又有偏重政治史的毛病。實則政治一端，哪能概括人類活動的全部呢？」[18]由於新史學派的理論是被當作代表了西方史學發展的最新趨勢的新理論，而加以宣傳與介紹的，故在當時的中國史學界產生了廣泛的影響。梁啟超、章太炎等人雖在二十世紀初即有研究文化史的初步主張，但僅是少數人的先知先覺；二十世紀二〇年代後，因受新史學思潮的廣泛影響，中國史學家要求擴大治史範圍，注重經濟、社會和文化史研究實已成為時尚。所以柳詒徵《中國文化史·緒論》指出：

世恆病吾國史書為皇帝家譜，不能表示民族社會變遷進步之狀況，實則民族社會之史料，觸處皆是，徒以浩穰無紀，讀者不能博觀而約取，遂疑吾國所謂史

---

16 王德華：《中國文化史略·敘例》，南京，正中書局，1942。

17 [英]巴勒克拉夫：《當代史學主要趨勢》，13、14頁，上海，上海譯文出版社，1987。

18 何炳松：《何炳松論文集》，51頁，北京，商務印書館，1990。

者，不過如坊肆《綱鑑》之類，止有帝王嬗代及武人相斫之事，舉凡教學、文藝、社會、風俗以至經濟、生活、物產、建築、圖畫、雕刻之類，舉無可稽。吾書欲去此惑，故於帝王朝代，國家戰伐，多從刪略，惟就民族全體之精神所表現者，廣搜而列舉之。[19]

顧康伯《中國文化史·自序》同樣強調說：

歷史之功用，在考究其文化耳。顧吾國所謂歷史，不外記歷朝之治亂興亡，而於文化進退之際，概不注意，致外人動譏吾為無史。二十四史者，二十四姓之家譜，斯言雖或過當，然吾國史家專為一朝一姓之奴隸，未始非缺憾也。[20]

此期的文化史研究不僅出版了一批成果，而且對文化史研究的方法論問題作了探索，提出了某些有益的見解：

（1）**分類與綜合**。以梁啟超為代表的一些學者主張文化史當分類研究。梁啟超的《中國歷史研究法補編》中有「文化專史及其作法」一章，其中說：「狹義的文化，譬如人體的精神，可依精神系發展的次第以求分類的方法。」文化是人類思想的結晶。思想的表現有宗教、哲學、史學、科學、文學、美學等等，「我們可一件一件的講下去」。[21]王雲五在《編纂中國文化史之研究》中也提出，以綜合方法編纂文化史，「其難益甚」，宜「就文化之全範圍」，區分若干科目，作系統詳盡敘述。如此，「分之為各科之專史，合之則為文化之全史」。[22]王治心的書即取名為《中國文化史類編》，內分經濟、風俗、學術思想、宗教倫理和藝術器物五類。作者在「緒論」中說：「這五個大綱，或者可以把整個的文化大約地包括起來。……合起來可以成全部的文化史，分開來也可以成為各自獨立的五種小史。」[23]但是，柳詒徵諸人不贊成分類而主綜合的研究方法。柳詒徵以為，分類的方法難以說明文化發展中複雜的歷史因果關係和表現「民族全體之精

---

19 柳詒徵：《中國文化史》上冊，7頁，北京，中國大百科全書出版社，1988。
20 顧康伯：《中國文化史·自序》，上海，泰東圖書局，1924。
21 梁啟超：《飲冰室專集》之九十九，134頁。
22 王雲五：《編纂中國文化史之研究》，北京，商務印書館，1937。
23 王治心：《中國文化史類編·緒論》，上海，作者書店，1943。

神」,「此縱斷之病也」。[24]何炳松則指出,分類縱斷的研究無法表現「某一時代中整個的文化狀況」,由此組合成的所謂文化史,「不是整個的;是死的,不是活的」。[25]應當說,柳詒徵等人主綜合的研究方法是對的,因為文化專史固然是必要的,但是中國文化史不應是各種專門史的簡單組合。

（2）**文化史的分期。**此期的研究者都將進化的觀點引入了文化史,強調要「注意動的研究方法,從歷史進化變遷的法則,說明社會演變,人類活動行為的影響」[26]。他們普遍注意到了中國文化史的分期問題,也反映了這一點。梁啟超不愧是文化史研究的創始者,他看到了文化史自身的發展規律,明確地提出了文化史的分期不應與政治史劃一的重要思想。[27]從宏觀上看,此期的研究者多以上古、中古、近世對中國文化史作長時段的區分;從微觀上看,則是超越王朝界限,力圖以文化發展的自身特點作中時段的區分。前者可以柳詒徵的《中國文化史》為例,它以遠古至兩漢為上古;魏晉至宋、元為中古;明至當代為近世,並依此分為三編,構建全書體例。柳詒徵寫道:

吾書凡分三編:第一編,自邃古以迄兩漢,是為吾國民族本其造之力,由部落而建設國家,構成獨立之文化之時期;第二編,自東漢以迄明季,是為印度文化輸入吾國,與吾國固有文化由牴牾而融合之時期;第三編,自明季迄今日,是為中印兩種文化已就衰,而遠西之學術、思想、宗教、政法以次輸入,相激相蕩而卒相合之時期。此三期者,初無截然劃分之界限,特就其蟬聯蛻化之際,略分畛畔,以便尋繹。[28]

後者可以常乃德的《中國文化小史》為例,它分中國文化史為八期:

自太古至西周的宗法時期;春秋戰國時代的宗法社會破裂後文化自由發展的時期;秦漢兩代統一安定的向外發展的時期;魏晉朝民族移徙印度新文化輸入的

---

24 柳詒徵:《中國文化史》上冊,「弁言」及「緒論」。
25 何炳松:《何炳松論文集》,148 頁。
26 陳安仁:《中國文化演進史觀·緒論》。
27 梁啟超:《飲冰室專集》之九十九,172 頁。
28 柳詒徵:《中國文化史》上冊,1 頁。

時期；隋唐兩代民族同化成功新文化出現的時期；晚唐五代宋朝民族能力萎縮保守思想成熟的時期；元明清三朝與西方文化接觸逐漸蛻化的時期；晚清以至今日大革新的時期。[29]

他們的上述分期是否科學，可不置論；重要在於，他們都力圖從中外文化融合和中國文化發展變化的大勢上，考量中國文化史的分期，無疑都表現出了可貴的新思維。

**（3）唯物史觀的運用。** 儘管此期的多數研究者並未接受唯物史觀，但是畢竟有部分學者已開始嘗試和倡導運用唯物史觀研究中國文化史。例如，陳竺同的《中國文化史略》說：「社會生產，包含著生產力與生產關係。這本小冊子是著重於生產力去分析文化的進程。」[30]陳安仁的《中國文化演進史觀》也強調，一國的經濟「與一國的文化進程，有密切的關係，重大的影響」。作者進而引德國學者的話說：「無論如何，唯物史論包含一個大真理，植物賴其所生地的肥料而生長，繁殖開發，同樣道理，可知食物根源的擴張（如由農業），生產方法的進步（如因資本主義的制度），工藝上的文明（如鐵路、省勞動的機器等等），對於文化發達發生的影響，遠勝於道德教訓、宣講書籍、藝術品、哲學系統。」儘管經濟並非影響文化發展的唯一因素，「但就一切社會學的現象看起來，經濟唯是有大影響於文化發達的」。[31]固然，這些研究者對於唯物史觀的理解與把握，尚屬粗淺，故其於文化史現象的分析一時也難以避免簡單化的傾向。

二十世紀上半葉的中國文化史研究儘管取得了明顯的成就，但終究屬於發軔期，粗獷有餘而精密不足。二十世紀三〇年代初，朱謙之著《文化哲學》一書，以為已有文化史研究的不足，在於普遍缺乏理論基礎；與此同時，陳寅恪也指出，「以往研究文化史有二失」：舊派「其缺點是只有死材料而沒有解釋」，失之在「滯」；新派多留學生，喜歡照搬外國理論，其書有解釋，「看上去似很有條

---

29 常乃德：《中國文化小史》第 1 章，上海，中華書局，1928。
30 陳竺同：《中國文化史略》，144 頁，上海，文光書店，1948。
31 陳安仁：《中國文化演進史觀》，61 頁。

理，然甚危險」，失之在「誣」。[32]二者的批評有相通之處，頗能中其肯綮。

遺憾的是，新中國成立後，除了如文學、藝術、史學、哲學等具體的部門文化史的研究還在繼續外，文化史作為一個獨立的學科，在長達近三十年的時間裡，實陷於中斷。這主要是受「左」的思潮影響，視文化史為資產階級唯心論的淵藪而加以簡單否定的結果。

中國文化史研究枯木逢春，其根本轉機在二十世紀七〇年代末。一九七八年黨的十一屆三中全會確立了改革開放的路線後，國人得脫「左」的羈絆，百業發抒。與此相應，中國文化史研究與「文化熱」同時升溫，尤其是進入八〇年代後，更似春潮勃發，迅速蔚為大觀：報刊上就中國傳統文化的優劣展開長時間激烈的爭論；文化史研究的專門機構在許多高校和科研單位先後建立了起來；專門的學術團體、期刊出現了；國際國內的或地方的相關學術討論會，每年都在舉行；文化史不僅進入了高校的課堂，而且成為研究生培養的重要研究方向。這場文化和文化史「熱」，其持續時間之長，影響範圍之廣，為新中國成立以來所僅見，以至於我們迄今都可以感受到它。

自二十世紀七〇年代末以來，文化史研究取得了豐碩的成果，已出版的著作為數十分可觀。馮天瑜等的《中華文化史》、陰法魯等的《中國古代文化史》、劉蕙孫的《中國文化史稿》等，是有影響的通史性的著作；萬繩楠的《魏晉南北朝文化史》、龔書鐸主編的《中國近代文化概論》、史全生主編的《中華民國文化史》等，則是斷代史方面有代表性的著作。此外，有關區域文化史、專題文化史、少數民族文化史、中外文化交流史等方面的著作，為數最多，更不乏精品佳構。此期的中國文化史研究，無論從品質與數量上看，還是從涉及領域的廣度與深度上看，均非二十世紀上半葉的研究所能同日而語。

一定的文化是一定社會的政治和經濟的反映，又給予偉大影響和作用於一定社會的政治和經濟。二十世紀七〇年代末以來，文化及文化史的研究之所以得以

---

32 蔣天樞：《陳寅恪先生編年事輯》，222 頁，上海，上海古籍出版社，1997。

復蘇乃至於勃興，歸根結柢，是中國揭出了實現現代化的時代主題和社會醞釀著轉型的產物。所謂現代化，不是孤立的社會目標，對於一個國家和民族來說，它意味著自身整個文化的現代化。就中國而言，文化的現代化不應也不可能是全盤西化，它只能是傳統文化的現代化。為此，去除糟粕，繼承和弘揚中華民族優秀的文化傳統，實現傳統文化的內在超越，便成了中國現代化課題中的應有之義。「中國文化，表現在中國已往全部歷史過程中，除卻歷史，無從談文化。」也因是之故，欲解答現實中的文化問題，便不能不去請教歷史。不僅如此，中國的現代化事業任重道遠，它需要不斷增強民族的凝聚力、認同感，中國文化史研究恰恰可以高揚愛國主義，為之提供無可替代的民族精神的支柱。很顯然，二十世紀末，國人重新發現了中國文化史的價值，這是完全合乎邏輯的。當然，思想既經解放，學術研究無禁區，文化史這塊長期荒蕪卻又遼闊而肥沃的學術園地，自然會吸引來眾多拓荒者。這即是說，中國文化史學科自身發展的強勁內驅力，也是不容忽視的。要言之，此期中國文化史研究復蘇的原因與二十世紀二〇至三〇年代肇端的原因，一脈相承，只是因時代條件的差異而表現出愈加斑斕的特色罷了。

同時，也應當看到，此期的中國文化史研究雖然成就斐然，超過了前期，但它在更高的層面上並沒有完全解決前期業已提出的問題，而且面臨著新的分歧。例如，柳詒徵等人早已提出，中國文化史應是綜合的，不應是專門史的組合，這在今天雖成共識，但究竟應怎樣實現綜合，當年的柳詒徵等人在實踐上並未解決，今天我們也仍然處於摸索的過程中。文化概念的界定依然莫衷一是，此不待言；但是，如今文化史的界定本身也成了爭論的問題。此外，朱謙之曾提出文化史研究的理論基礎問題，應當說，迄今足以表現中國氣派的文化學理論，尚未見之。從西方引入的各種文化學理論為數雖多，但有經久生命力的學說也不多見。陳寅恪所說的失之於「滯」的舊派學者固然不存在了，但他對於失之於「誣」的新派學風的批評，卻不能說已無現實的意義。

學術的本質在於發現問題，追求真理。從這個意義上說，上述的現象是正常的，它反映了學術研究無止境和學術研究的艱辛。但是，重要的一點是，不應沉湎於概念的爭論而停止了實踐的探索。蘇聯的學者說得對：「如果只集中注意力

去制定一個什麼是文化，什麼是它的研究對象的準確的、完善無缺的定義，再開始研究俄國文化史未必是合適的。」[33]唯其如此，我們以為在學術界已有的研究基礎上，編纂一部多卷本的《中國文化通史》，不僅已具備了必要的條件，而且其本身即是一種有益的探索。

# 三、中國文化史發展脈絡

任何事物的發展過程，都因受其根本矛盾在不同發展階段上的具體展開形式的制約，從而顯現出階段性來。「如果人們不去注意事物發展過程中的階段性，人們就不能適當地處理事物的矛盾。」[34]因之，注意事物發展過程中的階段性，對於正確認識事物具有十分重要的意義。實則，馬克思主義唯物史觀從來便重視人類社會歷史的階段性發展，馬克思曾指出，生產關係是隨著生產力的發展變化而變化和改變的。生產關係的總和構成了「一定歷史發展階段上」和「具有獨特的特徵」的所謂社會。「古代社會、封建社會和資產階級社會都是這樣的生產關係的總和，而其中每一個生產關係的總和同時又標誌著人類歷史發展中的一個特殊階段。」[35]

緣是可知，欲理解中國文化史，注意其發展過程中的階段性，同樣是十分重要的。

中國文化史是中國通史的一部分，但其分期應有其自身的根據，而不能強求與政治史或經濟史相一致。固然，一定的文化是一定社會的政治與經濟在觀念形態上的反映，但是，此種反映絕非徑情直遂的，而是通過複雜的中介層面實現的。因之，二者的關係不能等同於物質與精神的關係，以為政治經濟是第一性的，文化是第二性，是政治經濟的派生物。事實上，文化自身有很強的傳承性和

---

33 轉引自莊錫昌等編：《多維視野中的文化理論》，383 頁。
34 《毛澤東選集》第 1 卷，314 頁，北京，人民出版社，1991。
35 《馬克思恩格斯選集》第 1 卷，345 頁，北京，人民出版社，1995。

相對的獨立性。從人類歷史上看，精神文明並不總是與物質文明同步。如古希臘的生產力並不發達，但卻創造了燦爛的古希臘文明；在歐洲歷史上，德國曾長期是經濟上落後的國家，但這並不影響它時常占據歐洲文化交響樂團中第一提琴手的位置。同樣，春秋戰國時代是中國歷史的童年，物質文明水準不高，但它卻是中國文化發展史上的一個巨人輩出的黃金時代；宋代國勢屢弱，但人多公認宋代是中國古代文化發展史上的又一個高峰期。陳寅恪甚至這樣說：「華夏民族之文化，歷數千載之演進，造極於趙宋之世。」[36]

中國文化史的分期，當考慮到以下幾種因素：

其一，中外文化的關係。中國文化的發展不是孤立的，在歷史上中國文化曾廣泛吸納了域外文化，其中尤其是東漢後傳入的印度佛教，深刻地影響了中國文化的發展。而鴉片戰爭以後，西學東漸更是有力地衝擊了中國文化，促使其解紐、轉型和近代化。中國文化的發展包含著外來文化的基因，後者提供了重要的內驅力，這是不容忽視的歷史現象。

其二，民族與文化的關係。中國文化的起源是多元的。漢唐之際中國文化進入了發抒的重要時期，其間以漢族為主體的多民族的大融合，同樣深刻地影響了中國文化的發展。故陳寅恪曾反覆強調指出：必須明白民族與文化的關係，「始可與言吾國中古文化史」[37]。實則，與言中國中古以後的文化史，也依然不容忽視民族與文化的關係。這只須指出蒙古族與滿族曾先後入主中原，分別建立了元朝與清朝，有力地影響了中國文化的發展，就足以說明這一點。正是從這個意義上說，中華民族的形成與發展和中國文化的源起與發展是互為表裡、相輔相成的。

其三，社會形態與文化形態的關係。馬克思主義指出，一定生產關係的總和構成了人類社會發展一定階段上具有獨特特徵的所謂社會，即形成了一定的社會形態，如古代社會、封建社會和資本主義社會等。文化的發展雖然並不總是與政

---

36 陳寅恪：《鄧廣銘宋史職官志考證序》，《金明館叢稿二編》，上海，上海古籍出版社，1980。
37 陳寅恪：《寒柳堂集》，33 頁，上海，上海古籍出版社，1980。

治經濟的發展亦步亦趨，但是，歸根結柢，文化的發展又總是與一定的生產方式所構成的社會經濟基礎相適應的，即一定的文化形態適應於所由產生的一定的社會形態。所以，有所謂古代社會文化、封建社會文化和資本主義社會文化等的分際。這是具有普遍意義的唯物論的觀點。

緣此，從文化的性質和中外文化關係的發展態勢上，學術界對中國文化史曾有以下兩種長時段的分期：

**（1）自遠古迄西周**[38]，屬古代社會的文化；自西周迄明清，屬封建社會的文化；自鴉片戰爭以降迄新中國建立，屬半殖民地半封建社會時期的近代文化。

**（2）自遠古迄漢代**，是為中國文化獨立形成與發展的時期；自漢代迄明末，是為中國文化積極吸納域外文化，尤其是印度佛教，從而使自身得到不斷豐富與發展的時期；自明末迄新中國建立前，是為西方文化漸次傳入，中西文化相激相盪終相融合和中國傳統文化向近代文化轉型的時期。[39]

上述兩種分期，視角不同，實質是一致的，即都注意到了中國文化的階段性發展，但略顯疏闊。依上述理路，中國文化史的發展大勢，還可以進一步大致分成六個時期：先秦；秦漢；魏晉南北朝至隋唐五代；遼宋西夏金元；明清（前期）；近代。茲分述如下：

第一個時期，先秦。

這是中國文化的孕育、化成時期，也是中國文化的奠基期和第一個高潮期。先秦文化的集成奠定了中國文化博大精深的基礎，給中國文化的發展開拓了廣闊的道路。所謂的中國文化傳統，就是從這個時期發軔、源起。

先秦文化的積澱經歷了漫長的歷史時期。從一百七十萬年前元謀猿人開始，中華民族的祖先經歷了直立人、早期智人（古人）、晚期智人（新人）到現代人

---

38 中國古代史分期問題，學術界存在爭論。這裡以西周封建說舉例。
39 參見柳詒徵：《中國文化史》上冊，1 頁。

的演進，度過了舊石器時代、中石器時代、新石器時代，通過原始人群、母系氏族社會、父系氏族社會，進入了階級社會的門檻。這標誌著他們已經艱難地越過了蒙昧、野蠻而迎來了文明的曙光。中國大地的文明曙光，最早是以滿天星斗式的多元發生為特點的。遠在新石器時代的後期，我國廣大的區域內，即已經形成了若干初級文明的文化區域：陝晉豫文化區、山東文化區、湖北文化區、長江下游文化區、鄱陽湖—珠江流域文化區、遼西河套文化區。這些不同區域的文化不斷地積累、發展、碰撞，最後通過在中原地區的交匯、融合，完成了中國古代從野蠻到文明、從量變到質變的轉變，建立起中國歷史上第一個文明國家王朝——夏。

我國古代是在基本上沒有改變氏族結構的情況下進入階級社會的，因而它在政治制度的架構上還保留著氏族社會的許多特點。夏王朝基本上還是氏族方國聯盟的王朝，王權通過巫術神權去體現，其思想文化還帶有強烈的氏族觀念和宗教神權的巫術特徵，人們的思想意志，歸根結柢，要以神的意志為轉移。

商代是神權政治的極盛時期。商王國政治地理相對狹窄與它統治區域廣大的矛盾和以子姓為主的家族統治集團與外服異姓方國的矛盾，促使商的國家宗教愈來愈向強化神權、王權的方向發展。商代的巫術神權無所不包，其思想、文化、藝術無不帶有典型的溝通人神的神話或巫術的意義。

殷商以一味迷信天命走向殘暴導致了國家的滅亡。周初「封建親戚」，在「因於殷禮」的基礎上，吸收殷亡國的教訓，制定了以敬天保民、明德慎罰為主導思想的禮樂文化，完善周王朝的上層建築。這是我國古代神權思想解放、理性文化思想形成的第一步。

禮樂文化的思想基礎是「德」。周人強調「敬德」，強調用人力、人的道德保有「天命」即掌握政權，主張用體現國家制度、人倫行為準則和道德規範的「禮」來穩定社會的等級秩序；用「樂」來引導人們在遵守等級秩序的前提下的親和。這是商周之際統治思想也是文化思想的重大變化。它孕育和涵蓋的「人治」理性精神和一統「和合」精神，對中華民族和大一統國家的形成都有不可磨滅的指導意義。

春秋時期，王室衰微，諸侯爭霸。新型的君主專制國家和郡縣制的發展，使處於幾個不同文化區域的爭霸大國逐漸形成幾個不同的政治文化中心。宗法制度的崩潰，「學在官府」的局面被打破，私學的發展，推動了學術文化的普及和文化思潮的發展。急劇動盪的社會變革，戎狄蠻夷和華夏融合，農業、工商業、科學技術的發展，激發了思想家們對面臨的各種現實問題如天人關係、君臣關係、君民關係、華夷關係以及忠孝、仁義等思想倫理學說的探討。由此，隨著爭霸各國為了富國強兵而進行的政治、經濟、文化變革，不同的政治主張競相揭出，不同流派的私家講學和各成一家之言的私人著述逐漸發展。儒墨顯學之爭已揭開了文化爭鳴的序幕。

戰國以後，新成長起來居於統治地位的地主階級處在統一中國的激戰之中，他們希望從思想家那裡吸取新的學說和營養，禮賢下士成風，學術政策寬容，為士人衝破舊思想的束縛，探求創作新的思想創造了極為有利的政治環境和生活環境，促使不同觀點的各種著作如雨後春筍般湧現，儒、道、陰陽、法、名、墨、縱橫、雜、農、小說諸家紛然並存，相互駁難，形成了錯綜複雜、生動活潑的百家爭鳴局面。

百家爭鳴是華夏各民族文化積澱的結果，也是春秋戰國時期諸多思想家智慧的結晶。百家爭鳴的出現，標誌著華夏文化的成熟和發展，標誌著我國古代理性文化已經達到了博大的、難以攀登的高峰。它的出現，不僅為統一的多民族的國家的出現奠定了思想和文化的基礎，也為中國幾千年的政治文化的發展奠定了基礎。兩千多年來，歷史上的許多思想都可以從戰國諸子的學說中找到源頭，甚至今天社會科學的許多問題，我們也可以或多或少地從諸子那裡發現頭緒。

第二個時期，秦漢。

這是中國文化的成長時期。此期以封建經濟政治制度為基礎，以漢民族形成和各民族交往的加強為背景，確立了以儒家思想為核心的多民族統一的文化格局。這樣的格局一直延續到了有清一代。

秦皇朝建立起空前統一的大一統政權，為思想文化的統一提供了必要的條

件。秦始皇堅持法家路線，力圖構建起服務於大一統政治的以文化專制主義為特色的文化體系。他的努力沒有成功，強制性的文化統一沒有產生與封建政治共同發展的結果。

經過多年的探索，儒家思想最適應封建政治的需要，漸成政治家們的共識。漢武帝順應歷史發展的客觀需要，確立「罷黜百家，獨尊儒術」的國策，將儒家經學正式確定為官學，以政權力量樹立起儒家的權威。在解決漢代遇到的一系列重大歷史與現實問題方面，儒家思想充分顯示出它的理論力量。在儒家思想指導下，漢武帝在政權建設和鞏固多民族統一國家方面努力開拓進取，擴大了封建大一統政權的政治影響。通西域和開發西南，使西北、西南各少數民族加強了與內地的聯繫，以儒家思想為核心，封建多民族統一的文化格局逐步形成。其後，漢宣帝親自主持召開石渠閣會議，以皇帝兼宗師、教主身分裁決五經異同，這是以皇權專制的儒學形式進一步控制思想的標誌。宣帝開始注意用符瑞粉飾政治，在白虎觀召開經學會議，形成封建社會的法典性文獻──《白虎通義》，儒家政治倫理原則在社會得到全面落實。

儒家統領文化的格局確立後，哲學、史學、文學、教育、科學技術以至社會風俗等各文化領域，日益浸潤著儒家思想的影響。封建大一統文化表現出了巨大的創造力量，但是，與此同時，其高度一統的負面效應也開始顯露出來，對當時和以後的中國文化發展產生了消極的影響。

第三個時期，魏晉南北朝至隋唐五代。

這是中國文化發展的第二個高峰期。從魏晉南北朝開始，中國文化結構經歷了一次更新和充實的過程，到隋唐五代時期終於發展到了光輝燦爛的階段。

兩漢時期神學化的儒學長期處於獨尊的地位。然而，從漢末起，社會環境的巨變以及自身方面的原因使得儒學式微。以玄學為先導的多種文化因素競生並長，不但一變百草蕭疏而為萬木爭榮，而且也為道教從原始幼稚走向完備成熟、佛教在中國站穩腳跟並得到迅速發展，掃清了道路。經過不斷的調整組合，到南北朝後期，儒釋道三家並立主導文化的格局初步形成。魏晉南北朝時期，各族人

口的頻繁流動與接觸，使得異質性十分鮮明的胡漢兩種文化間的衝突與融合，不可避免。入主中原的胡人在被漢文化涵化融合的同時，也為漢人注入了胡文化的新鮮活力。在南北交往過程中，文化的進步逐漸泯沒了民族隔閡，中華文明在登上一層新的臺階後，終於進一步實現了在根基方面的趨同。然而，由於長期分裂隔絕，又使得南北文化的地域特徵明顯存在。南人善創新，北人重傳統；南人重文，北人尚武；南人學問清通簡要，北人學問淵綜博廣，凡此種種，都是這一時期南北文化趨異性的表現形式。

隋唐五代的文化總結和繼承了前代的成果，同時，又以博大的胸懷、恢弘的氣勢，吸收了當時域內外各民族文化的精華，造就了此期各部門文化的大發展，從而形成中國文化發展史上的一座新高峰。隋唐統治者確立了以儒學為正宗、三教並存主導文化的格局，同時注意對南北文化差異進行溝通，並對胡漢文化採取了兼容並包的政策。到開元、天寶年間，終成盛唐氣象，哲學、宗教、文學、藝術、科技等的文化天空，群星燦爛，湧現出了一大批包括李白、杜甫等在內的文化巨匠。唐中後期的文化則在多元的、深層次的發展過程中，又開始了結構上的局部調整，經五代的發展，為宋代文化的再度高漲奠定了基礎。

第四個時期，遼宋西夏金元。

這是中國文化發展的第三個高峰期。此期漢族政權與周邊少數民族政權多元並存，及其由紛爭歸趨統一的歷史走向，深刻地影響了中國文化的發展。

北宋建立後，採取措施加強了皇權專制主義統治。但是，北宋統一的範圍有限，與漢唐規模不能相比；右文政策帶來了文化的興盛，另一方面，文化鬥爭與政壇上黨爭交織，政局動盪不定。北宋兩次重大的改革慶曆新政與王安石變法，沒有收到應有的成效。南宋高孝光寧四朝是所謂的「中興四朝」，南宋孝宗等一度起用抗金人士，但一遇挫折，便失信心。加之奸相把持大權，朝政腐敗已極，「中興」難再。動盪不定的政局給文化帶來新的特點。

兩宋的經濟有了較大的發展，客戶與主戶關係表明封建生產關係的新發展，地主階級各個階層中，占支配地位的是品官地主，這與身分性很強的門閥地主不

同。商品經濟發達，超過前代，汴京、臨安、大都等一些大都市出現了。中國經濟重心南移在南宋完成，地區特徵的經濟形成，使得文化分布呈現了新的格局。

遼、西夏、金與元不斷進行改革，推動中國周邊地區封建化。在中原地區的漢文化深刻影響下，雅好儒學文化成為一種風尚；同時，更值得注意的是，此期塞外遊牧民族的草原文化與中原農業文化相互匯合，相互補充，相互吸收，浸成了以漢文化為核心的多樣性文化。程朱理學地位在南宋後期不斷上升，到了元朝才成為占統治地位的學術，影響封建社會後期的政治、社會生活的各個層面。

宋代文化在中國文化史上占有特殊重要的地位。元朝文化是宋代文化的延長，只是帶上恢弘與粗獷的特點。

宋元文化上的一個十分突出的方面，是人文精神的出現。兩宋文化體現出的是一種開闊的視野與清醒意識。學者疑古惑經，突破疏不破注治經的藩籬，表現了「變古」的精神和文化批判的勇氣。都市文化的崛起，則是反映了新興的市井百民對精神文化的需求，表現了他們的情感與思想。

宋元文化核心是理學。它強調萬物一理，理一分殊，天理支配宇宙變動、歷史興衰和人事得失。原有的儒學得到一次更新、改造，經歷了一次抽象、昇華。隨著理學成為占統治地位的學說，成為教條，原先學術上活潑、富有創造的活力消失了。在這樣的土壤裡，人文精神不可能得到進一步發育。

宋元文化中民族觀念的內涵，有了新的因子，體現出民族起源的認同感，反映民族凝聚力不斷增強。遼、金史書中認定自己是黃帝、炎帝的子孫，遼、金人主如遼聖宗、金世宗，即使是金海王，都努力學習漢文化，力圖從《貞觀政要》、《新唐書》等典籍中，吸取經驗。元人修宋、遼、金三史，在正統問題上，長期爭論不下，最後決定各與正統，寫成三部史書。這件事本身體現出民族觀念的新發展。

包括科技在內的宋元文化極其燦爛輝煌，對十至十四世紀的亞洲，乃至對世界，都有重大的影響。程朱理學為亞洲儒學圈的形成奠定了基礎。宋代人的指南針等科技的發明和傳播，影響到世界史的進程。同樣，此期外域文化的傳入，為

華夏文化注入了新的因子。

第五個時期，明清。

這是中國文化盛極而衰的遲暮期。中國封建社會由明代步入了晚期，專制制度發展到了極致，加劇了政治的衰朽與社會的矛盾；社會經濟的發展雖然達到了封建社會所能容納的高度，並醞釀著新舊的衝突和支撐了社會文化的幾度繁榮，但終屬夕陽殘照，中國封建社會的文化無法避免明日黃花的命運。

明代初期，統治者在政治上強化君主專制，在思想文化上，尊崇程朱理學，剿滅異端，大興文字獄，推行文化專制主義。這不僅造成了思想文化的沉寂，而且助長了以文學復古、擬古為代表的社會復古思潮。明代中期，社會經濟有了重要的發展，資本主義萌芽的顯露，預示著封建生產方式內在矛盾的深刻化，商品經濟因此出現了前所未有的活躍勢頭。緣是，封建統治稍稍鬆弛，思想文化領域呈現出一派生機。以「心」為本體，強調人的主體意識的陽明心學的崛起，打破了程朱理學的一統天下，促進了思想的解凍。從王艮到李贄的泰州學派發展了陽明學的積極因素，更具「異端」色彩。與此相應，主體意識覺醒和講求實學的思潮的湧動，為僵滯的社會生活、文學藝術創作與思想文化界，帶來了一股新鮮活潑的時代氣息，顯露出新舊衝突變動的徵兆。以李時珍的《本草綱目》、吳承恩的《西遊記》、徐光啟的《農政全書》等等為代表，文學、藝術、科技等領域都取得了重大成就。

明末耶穌會士東來，帶來了天文曆算等西洋的科學技術，傳達了西方文藝復興的資訊，中西文化發生了交匯與衝突。徐光啟、李之藻諸人積極迎受西學，並依稀感悟到了世界科技發展的主潮，提出了「先行會通，進而超勝」處理中西文化的正確思路。但遺憾的是，隨著朝代更迭，政局劇變，這一正確的思路被打斷了，中國歷史文化的發展，後來因此付出了沉重的代價。

清朝代明而興，開拓疆土，基本奠定了今天中國的疆域，有力地促進了中國多民族國家的鞏固和發展，同時也促進了各民族間文化的多元融合。清前期，經濟繁榮，國力強盛，出現了中國封建社會歷史上新的治世和高峰。以此為依託，

「康乾盛世」也成了中國文化集大成的重要時期。《古今圖書集成》、《四庫全書》，卷帙浩繁，氣勢宏大，是中國文化遺產的總匯；乾嘉學派研究儒家經典，考其真偽，正其訛誤，辨其音義，校勘異同，在治經、考史、文字、聲韻、曆算、地理、金石等諸多方面都取得了很高的成就；在文學藝術方面，《紅樓夢》是古典小說的極品，《長生殿》、《桃花扇》等，則成為戲曲發展新的里程碑。

但是，封建社會畢竟日薄西山，故清代文化實為一種爛熟的文化，輝煌與衰朽並存，集大成與僵滯共生。統治者不僅推尊理學，加強君主專制，而且較明代更加殘酷地推行文字獄。「避席畏聞文字獄，著書只為稻粱謀。」這嚴重束縛了思想文化的發展。理學空疏，漢學破碎，終於導致了士習敗壞，實學消沉，「萬馬齊暗究可哀」的局面。同時，自雍正後，統治者實行閉關鎖國的政策，中西文化交匯之道阻，中國脫離世界文化發展的主潮，陷入了孤陋寡聞的境地。

清代中期，漸入「衰世」。內有民眾起義，外有西方侵略勢力頻頻叩關，社會險象環生，「山雨欲來風滿樓」。封建專制的控制力也因之削弱。嘉道間，經世思潮浸浸而起。以常州學派為代表，有識之士因經學飾政論，「更法」、「求變」之聲漸起。但清朝統治者顢頇昏聵，不到鴉片戰爭的大炮轟鳴，不肯睜眼看世界。

第六個時期，近代。

這是中國文化轉型和謀求復興的時期。一八四〇年的鴉片戰爭不僅是中國社會歷史發展的轉捩點，而且也是中國文化發展的轉捩點。鴉片戰爭後，由於西方列強的入侵和中國社會內部資本主義因素的增長，中國傳統社會開始瓦解，走上了半殖民地半封建的道路，中國文化也發生了從古代向近代的轉變。

鴉片戰爭時期林則徐、魏源提出了「師夷長技以制夷」的主張，在舊思想的防堤上打開了一個缺口。第二次鴉片戰爭以後，隨著洋務運動的開展，中國社會出現了新的文化因素，西方自然科學的引進，新式學堂的創立，早期改良思想的出現，為中國近代資本主義文化的形成準備了條件。為了適應新形勢的需要，儒學思想體系作了新的調整，洋務派因之提出了「中體西用」的思想主張，即要求

在不改變封建綱常名教的前提下，吸收西方的「富強之術」。這比封建守舊派的「天不變，道亦不變」的觀點進了一步。總之，十九世紀四〇至九〇年代，中國文化領域的基本特徵是：器唯求新，道唯求舊。

甲午戰後，中國文化領域發生了重大的變化：近代文化事業有了較大的發展，新型知識份子開始形成與壯大。在空前嚴重的民族危機的刺激下，新興資產階級登上了政治舞臺，推動了近代新文化的形成和發展。「詩界革命」、「小說界革命」、「戲劇改良」、「史界革命」、「軍國民教育」、「科學救國」、「教育救國」、「文學救國」、「實業救國」等等口號的接連提出，是資產階級新文化崛起的重要表徵，構成了晚清文化領域發生重大變革的壯麗畫卷。文化的變遷不僅表現為部門文化的拓展，更主要的還表現為中國文化結構的變動，孔孟儒學及封建綱常名教受到了新思潮新文化的衝擊而動搖，西方的進化論、民權學說漸為國人所接受，成為進步階級反對舊文化的思想武器和資產階級新文化的思想指導。尤其是晚清最後十年，隨著社會變革的加劇，以及資產階級維新派、革命派的推動，近代新文化的影響不斷擴大，終至成為文化的主潮。

中華民國的建立，尤其是二十世紀初年中國民族資本主義的進一步發展和新生的無產階級開始登上政治舞臺，為中國文化的演進創造了新的條件。此期中西文化的衝撞與融合，愈趨深化。國人通過自身能動的選擇和積極的創新，使中國的新文化在各個領域都獲得了巨大的發展，從而奠定了從傳統向現代轉型的基礎。

五四新文化運動是此期文化演進的一大關鍵。經過它的洗禮，科學和民主作為一種有機聯繫的觀念，成為中國文化追求的價值目標，滲透到所有重要的文化領域，對中國文化的發展產生了深遠的影響。可以說，正是在這一時期，中國文化最終形成了自己真正現代意義上的科學和民主的傳統。

五四以前，近代資產階級的新文化代表著文化發展的方向，主導著文化的潮流。五四以後，馬克思主義在中國得到廣泛傳播，以之為指導的新民主主義文化開始形成，並通過與封建主義文化和帝國主義文化的鬥爭，逐漸成為中國文化發展的主流。新民主主義文化繼承和發展了科學和民主精神，使中國文化實現了內

在的超越，中國人從此在思想文化上一改晚清以來的被動局面，轉為主動，中國文化也由此邁向了衰而復興的新歷程。

現代自然科學和社會科學在中國初步形成了自己獨立的體系；白話文取代文言文成為通行的語言文字等，堪稱此期具有劃時代意義的重大變革。它為中國文化的發展開闢了新的領域和道路，在內容與形式上都深刻地體現了文化的現代性追求。

民族主義激情和愛國主義精神，是促進此期文化由傳統向現代變革的巨大動力。而中西文化的會通融合，即西方文化中國化、中國文化現代化，則是實現此種轉換唯一正確的途徑。揭櫫建設「民族的科學的大眾的文化」大旗的新民主主義文化，正是當時人們會通中西文化的最佳方案。不過，因歷史的原因，這一文化形態當時還不可能發展成熟。

## 四、中國文化的特質

《易·賁卦·彖》：「文明以止，人文也。」文明或文化作為人類一定社會歷史條件下的產物，不能不受特定的地理、人種及歷史傳統諸多因素的影響，而具有一定的民族特質。中國文化的特質，至少可以指出以下幾點：

### （一）中國文化源於中華民族獨立的創造，具有獨創性

二十世紀初，一些西方學者無視中國文化自身的傳統，曾認定中國文化最早是由西方傳來的。一時不少中國學者也隨聲附和，有人甚至專門寫了《中國人種考》一書，表示認同。中國人種既是來自西方，中華文化當然也是源自西方了。這是當時一些人崇信西洋文化和民族自卑心理的一種反映。新中國成立後，我國的考古研究完全證實了「中國人種西來」說，原屬無稽之談。一九九八年考古工作者在巫山縣龍骨坡發現的距今二百萬年前的古人類遺址表明，中國很可能是地

球上早期人類的發源地之一，更說明了這一點。[40]實則，中國人種的起源與中國文化的起源，是兩個概念。儘管科學界對於前者尚存歧見，但是，中國文化源於中華民族獨立的創造，卻是無可非議的。研究表明，中國史前文化譜系的分布及其趨同發展和最終導入古代文明的過程，層次分明，脈絡清晰。在這漫長的歷史演進中，中國境內各文化譜系有過相互間的關係與影響，但並沒有發現與遙遠的境外文化有過經常的密切聯繫。中國與外來文化的交流，始於漢代，但當時的中國古代文化早已完全形成了。[41]這與中國文化賴以形成的地理環境有關。從宏觀上看，中國本身是一個巨大的地理單元。這裡東臨浩瀚的太平洋，西部、北部、南部分別被茫茫戈壁和險惡的高原峻嶺所阻隔，形成了與外部世界相對隔絕的狀態。而內部又極廣闊，氣候濕潤，物產豐饒。這種狀況決定了中國文化起源的獨創性，決定了它在很長的時期裡只能走著獨立發展的道路，而與鄰近地區史前文化的聯繫只能維持在較低的水準上。這與羅馬文化主要靠吸收希臘文化成長起來，印度古文化主要仰仗外來民族的創造，是大不相同的。

中國文化的起源是多元的。如前所述，遠在新石器時代的晚期，我國廣大的區域內，即已形成了若干初級文明的文化區域，猶如滿天星斗。不同區域文化的積累、孕育、碰撞和在中原地區的交匯、融合，促進中國古代首先在中原地區完成了由野蠻到文明，從量變到質變的轉變，建立起中國歷史上第一個文明國家的王朝——夏，也奠定了華夏民族形成的基礎。雖然此後黃河流域在歷史發展的進程中，常常居於主導地位，但其他地區的古代文化也以各自的特點和途徑在發展、創造，並進一步接受和給予黃河流域以重大的影響。春秋戰國時期齊魯、三晉、楚、吳越、巴蜀、胡文化的交融、爭鳴而成為大一統文化的前奏是如此，秦漢、兩晉南北朝、唐宋時期，也是如此。平常我們所說的中國文化的包容性、涵化性，在其起源的多元性中業已體現了出來。

我國古代是在基本上沒有改變氏族結構的情況下進入階級社會的，因而我國

---

40　《200萬年前華夏大地有人類活動》，《光明日報》，1998-01-24。
41　參見嚴文明：《中國史前文化的統一性與多樣性》，《北京大學哲學社會科學優秀論文選》第2輯，北京，北京大學出版社，1988。

早期的國家在政治制度的架構上，這種人與人關係的變化決定社會關係變化，還保留著氏族社會的許多特點：家（族）國同構；經濟基礎是以木、石、骨、蚌生產工具為主的耜農業；統治思想更多的表現氏族觀念和宗教神權思想。這種家（族）國同構的政治組織形式和意識形態對我國古代社會的發展影響極大。商周時代的氏族封建、宗法封建社會，基本上還是家族、宗族和國家一體的宗法社會。秦漢以後的地主封建社會，雖然家族、國家已經不是一體的了，但仍然是一個人的「家天下」，而且整個社會族權、父權、夫權一直占統治地位，一直到現在還有影響。這是中國文化乃至中國社會的一個重要特點。

我國古代由野蠻進入文明的主要變化，是人與人之間關係的變化，即表現為氏族對氏族、人對人的壓迫、剝削，而人與自然的關係即生產工具、生產力的變化，並不明顯。因而我國文明很早就注重文化的「化成」即文化的整合和引導作用。以青銅冶鑄技術的發展為例，我國夏代已經有了比較發達的青銅冶鑄技術，然而此時發達的青銅冶鑄技術主要並不是用於製造生產工具，而是用於鑄造祭祀天地祖先以溝通人神的禮器和兵器。「國之大事，唯祀與戎。」這說明青銅器在中國的發展從一開始就是政治性的、宗教性的。它的功用，主要不是表現為人與自然的關係，而是主要體現人和人的關係，體現「禮」對人們等級關係的約束。「禮」（包括「禮樂」、「禮法」、「禮俗」）是我國古代國家典章制度、社會生活習慣、個人行為規範的綜合。我國歷朝歷代除秦以外都把「禮」看成是「國之幹」、「國之柄」，而主張以「禮」治國。這都是基於禮的「化成」即整合、規範、引導作用出發的。「道德仁義，非禮不成；教訓正俗，非禮不備；分爭辯訟，非禮不決；君臣上下，父子兄弟，非禮不定；宦學事師，非禮不親；班朝治軍，蒞官行法，非禮威嚴不行；禱祠祭祀，供給鬼神，非禮不誠不莊；是以君子恭敬撙節退讓以明禮。」[42]唯其如此，我國自古稱「禮儀之邦」。這也是中國文化有別於西方文化的重要特質之一。

---

[42] 《禮記・曲禮》。

## （二）中國文化的精神尚「和」

中國文化在自己漫長的發展歷程中，形成了諸多精神，但是最能從整體上表現中國文化神韻的核心精神，是尚「和」，即追求和諧的中和主義。中國人獨特的宇宙觀、人生觀和審美觀，都是圍繞著尚「和」精神的軸心來展開的。

在先秦奠定中國人宇宙觀基礎的《周易》中，就孕育了「天人合一」的思想，即認為人類社會和自然界所組成的宇宙，是一個生生不已、有機聯繫的和諧的生命統一體，事物內部互相對立的雙方（它用高度抽象的概念「陰陽」來代表），必須貫通、連接、和合、平衡，才能順利發展。所謂「陰陽合德」、「剛柔相濟」，強調的都是對立面的和諧統一。一旦陰陽失調，剛柔不諧，統一破壞，禍亂就要發生。這種對立面的和諧不是在靜態中實現的，而是表現為不斷的運動、變化和更新的過程。所謂「日月相推而明生焉」，「寒暑相推而歲成焉」，均表明和諧就是矛盾雙方互相轉換的結果。此種思想體系，視「和」為宇宙的本然和內在的精神，對中國文化的發展產生了極其深遠的影響，特別是形成了中國人重視整體，講求調和，崇尚中庸的思維方式。

宇宙觀決定人生觀。既然宇宙是一個和諧的生命統一體，實現個體生命與宇宙生命的融合，以體驗宇宙間最高的真善美，也就自然成為古往今來中國人所追求的人生最高境界。孔子自稱五十歲「知天命」，六十歲「耳順」，七十歲「從心所欲不逾矩」，其所自道的便是一種自以為實現了的與自然界高度和諧統一的崇高精神境界。孟子也表示過「萬物皆備於我」，「樂莫大焉」。至於道家的莊子，認為與人和得「人樂」，與天和得「天樂」，主張清靜無為，物我兩忘，就更將此種對精神自由的追求推到了極致。因此，對於中國人特別是文化人來說，人生的終極理想絕非是肉體的滿足，而是在求與自然合一中實現那種「與日月同輝」、「和天地並存」的精神不朽。尚「和」的人生觀，還具體地表現在以中庸為準則的處世哲學上。中庸的本意，是要求人們在處理問題的過程中，注意避免「過」和「不及」兩個偏向，以便保持各種矛盾和關係的和諧統一，但它卻不是要人們作無原則的調和，滿足於消極的苟同，故孔子說：「君子和而不同。」同時，尚「和」的人生觀還促使中華民族注重個人品格修養，養成了謙和善良、溫

柔敦厚的民族性格，所謂「文質彬彬然後君子」。中華民族愛好和平的精神，也由此形成。

中國人的審美觀，同樣體現於此種尚和精神。把「和」定為美的一個原則，是一種古老的見解。早在孔子之前，史伯、單穆公等人就曾有過關於「五色」和「五美」問題的討論。他們認為，「聲一無聽，物一無文」，即單調的一種聲音無法悅耳，孤立的一種物象不可能構成絢麗多彩的景觀；相同的事物加到一起不可能產生美，只有不同的事物綜合統一起來才能形成美。這就提出了「和為美」的思想。後來孔子強調「禮之用，和為貴，先王之道斯為美」，又將「和為美」的思想進一步擴大到政治倫理一切領域，並將美和善統一起來，從而使傳統的審美觀帶上了倫理的色彩。

尚和精神還滲透到中國人的政治觀念和社會心理等許多方面，由於此種精神承認世界多樣性統一，因而形成了國人崇尚統一的「大一統」的政治理想，成為中華民族大家庭保持團結，具有強大的凝聚力和向心力的文化根源。歷史上漢族政權與少數民族政權之間常通過「和親」，緩和或解決矛盾衝突；近代孫中山革命黨人甫推翻清廷，即提出「五族共和」的主張，以取代原有激烈的排滿宣傳，都反映了這一點。同樣，中國人注重「人和」的力量，諸如「和氣生財」、「和睦興家」等等眾多的訓條，無疑又都彰顯了尚「和」的社會普遍心理。

## （三）中國文化以倫理為本位

如上所述，我國古代由野蠻進入文明，帶著氏族社會的臍帶，形成了以宗法關係為紐帶、家國同構的社會範式。故重人與人的關係甚於人與自然的關係，突出以「禮」規範社會，「化成」天下。這與小農經濟相適應，復使中國文化形成了以倫理為本位的特質。

早在西周，先人就提出了「以德配天」、「敬德保民」、「明德慎刑」的思想，即強調宗法道德規範。到春秋時期，儒家更將之提升到了思辨的層面，形成了系統的倫理道德思想。孔子說：「仁者愛人」，「克己復禮以為仁」。遵守宗法道德

規範，以實現社會的和諧，是儒家所追求的最高倫理境界——「仁」。所以，在儒家看來，注重道德修養，希賢希聖，是人生的價值所在。《易》曰：「君子厚德載物。」封建士大夫追求所謂的「三不朽」，即「立德、立功、立言」，其中「立德」是第一位的。不僅如此，道德修養還被視為治國安邦、實現儒家理想社會的起點。儒家經典《大學》指出：「欲治其國者，先齊其家。欲齊其家者，先修其身。欲修其身者，先正其心。欲正其心者，先誠其意。欲誠其意者，先致其知。致知在格物，格物而後知至，知至而後意誠。意誠而後心正，心正而後身修。身修而後家齊，家齊而後國治，國治而後天下平。」這裡明確地把個人道德修養與國家社會的治理結合起來，體現了儒家治國以道德為本的主旨。這種將政治道德化的價值取向，是中國傳統文化的顯著特色。

可以說，中國文化的各個領域都染上了濃重的道德色彩：史學強調「寓褒貶，別善惡」；文學強調「文以載道」；戲曲強調「勸善懲惡」；美術則有《古畫品錄序》說「明勸戒，著升沉，千載寂寥，披圖可見」；《三字經》則謂「首孝弟，次見聞」，明確將道德教化置於智育之上；如此等等。黑格爾說：「中國純粹是建築在道德的結合上，國家的特性便是客觀的『家庭孝敬』」[43]。這種觀察並沒有錯。論者稱中國文化是以倫理為本位的文化，或倫理道德型的文化，也不無道理。

注重倫理道德的文化精神，對中華民族的歷史發展起過積極的作用。在道德面前人人平等是儒家的一個重要理念，孟子說「人皆可為堯舜」，王陽明也說「滿街皆是聖人」。意思是說，無論是達官貴人，還是平民百姓，都可以在道德修養方面達到最高境界。這包含了對最高統治者的道德約束。在缺乏約束機制的中國傳統社會中，此種道德意義上的平等理念，可以發揮社會政治的調節作用。同時，強調道德境界復使中國文化形成了追求人格力量和憂國憂民的博大情懷。所謂「貧賤不能移，富貴不能淫，威武不能屈」；「三軍可奪帥也，匹夫不可奪志」；「先天下之憂而憂，後天下之樂而樂」；「為天地立心，為生民立命，為往

---

43 柳卸林主編：《世界名人論中國文化》，193 頁，武漢，湖北人民出版社，1991。

聖繼絕學，為萬世開太平」，都是反映了此種情懷。也因是之故，在中國漫長的歷史發展過程中，先人形成了許多優秀的道德品質，諸如不畏強暴、勤勞勇敢、自強不息、捨生取義、殺身成仁，等等。尤其在國家民族和社會遇到危難之際，許多志士仁人便會挺身而出，維護正義，抵抗外侮，反抗黑暗勢力，拯救國家與民族，弘揚正氣與真理。千百年來，無數英雄人物都從傳統倫理道德精神中汲取力量，努力奮鬥，建功立業，光照千秋。

## （四）中國文化生生不已，具有強大的生命力

中國古代文化與古埃及、古巴比倫和古印度文化並稱為人類四大古文明，與後起的希臘、羅馬一道，代表著人類古代文明的高峰。但是後來其他的古文明，陸續凋謝，沉光絕響，唯中國文化一枝獨秀。數千年間，它歷風雨而不衰，遭浩劫而彌堅，源遠流長，迄今仍保持著旺盛的生命力，成為人類文化發展史上的一大奇蹟。生生不已，具有強大的生命力，是中國文化的重要特徵。其箇中的奧秘固然不易說清，但是指出中國文化的幾個因果互為表裡的特點，顯然有助於人們理解這一點：

其一，中國文化具有追求大一統的內驅力。

自西周起，追求大一統便漸成中國政治文化的核心內容。孔子著《春秋》，開宗明義即稱：「王正月。」《公羊傳》釋之曰：「曷為先言王而後言正月？王正月也。何言乎王正月？大一統也。」先秦諸子雖論難詰駁，勢若水火，但於政治理想，卻都歸宗於「大一統」。墨家「尚同」與儒家「大同」，目標完全一致。孟子更明示天下要「定於一」；荀子不但要「一天下」，而且還要「一制度」，「風俗以一」，「隆禮而一」。秦漢以後，大一統思想復被推崇到了「天地之常經，古今之通誼」[44]的高度，並浸成了中華各民族共同的理念和政治價值取向。在中國歷史上，人們追求和珍惜統一，將統一的時代稱作「治世」，而將分裂的時代稱

---

44 《漢書·董仲舒傳》。

作「亂世」。在任何時候，製造分裂的言論和行動都要受人唾棄。而任何一個割據勢力也都不肯長期偏安一隅，無不殫精竭慮，把統一天下視作英雄偉業。在紛爭不已的十六國時期，前秦國王氐族人苻堅統一北方後，聲稱揮師南下的理由說：「吾統承大業垂二十載，芟夷逋穢，四方略定，惟東南一隅未賓王化。吾每思天下未一，未嘗不臨食輟。」[45] 至於南宋陸游有《示兒》曰：「死去元知萬事空，但悲不見九州同；王師北定中原日，家祭無忘告乃翁」，則表達了一切愛國者共同的大一統情結。正因中國文化具有追求大一統的內驅力，故從總體上看，中國的歷史，分裂的時間短，統一的時期長，統一終究是無可抗拒的歷史大趨勢。

其二，中國文化具有包容性。

中國文化的起源是多元的區域文化融合的結果，其本身就體現了包容性。迄秦漢時期，「天下同歸而殊途，一致而百慮」[46]，此特性愈彰顯。從先秦時起中國文化固強調「華夷之辨」，但華夷界限，從來是重文化而輕血統。《春秋》曰：「中國而夷狄，則夷狄之；夷狄而進於中國，則中國之。」此種重文化、輕種族和以文化高低判華夷的民族觀和文化價值觀，對後世影響甚大，因為它為各民族間的融合和吸收外來文化提供了良好的社會心理素質。漢代開通的絲綢之路和魏晉南北朝隋唐時期胡漢文化融合，以及佛教的中國化，都是中國文化包容性的生動體現。同樣，鴉片戰爭以降，近代志士仁人無不歷盡艱辛，向西方尋求救國真理。林則徐、魏源主張「師夷長技」；馮桂芬等人主張「中體西用」；康有為提出：「泯中西之界限，化新舊之門戶」[47]；嚴復指出：「必將闊視遠想，統新故而視其通，苞中外而計其全，而後得之」[48]；孫中山強調：「發揚吾固有之文化，且吸收世界之文化而光大之，以期與諸民族並驅於世界」[49]；毛澤東更進而指出：「中國應該大量吸收外國的進步文化，作為自己文化食糧的原料」，「凡屬我

45 《晉書·苻堅載記》。
46 《易傳·繫辭下》。
47 湯志鈞編：《康有為政論集》上冊，295頁，北京，中華書局，1981。
48 王栻主編：《嚴復集》第3冊，560頁，北京，中華書局，1986。
49 《孫中山全集》第7卷，60頁，北京，中華書局，1985。

們今天用得著的東西，都應該吸收」[50]，這些也無不是中國文化包容性的生動體現。此外，近年來，我國生物學家對南北二十八個地區、三十二萬多人口的 GM 血清血型和 HLA 白細胞抗原資料進行研究，發現今天的漢族人口是由南北兩大起源不同的集群構成的。這一科學研究成果進一步表明，漢民族不是建立在血緣基礎之上的，而是以文化認同為基幹的民族。重文化輕血統，同樣是中華民族具有旺盛生命力的源泉。[51]

其三，中國文化具有慎終追遠的情懷。

中國文化是伴隨著農耕經濟的長期延續而形成的。與工業文明相較，農業文明少變化、重經驗，易於形成恆久的觀念，培養起慎終追遠的情懷。孔子曰：「殷因於夏禮，所損益可知也；周因於殷禮，所損益可知也；其或繼周者，是百世，可知也。」[52]他主張「慎終追遠」。同時《易傳》所謂「可久可大」，《中庸》所謂「悠久成物」，《老子》所謂「天長地久」和董仲舒所謂「天不變，道亦不變」等等認識，無不是追求永恆和持久觀念的反映。而中國具有重史傳統，史籍完備，史學發達，最能集中反映中國文化慎終追遠的情懷。《尚書·多士》載：「惟殷先人，有冊有典。」說明商代已重視歷史典籍。孔子整理古代典籍，著《春秋》，本身即是良史。孔子已提出了「疏通知遠」的思想。漢代司馬遷著《史記》，進而提出「述往事，思來者」，「究天人之際，通古今之變，成一家之言」，更將對史學功能的認識提高到了一個全新的境界。此後兩千多年，中國不僅史家輩出，追求「一家之言」，促進了史學持續繁榮的發展，同時歷代封建統治者也十分重視官修史書和大規模整理文化典籍。一部卷帙浩繁的「二十四史」，完整地記錄了中華民族的歷史足跡，這是世界公認的歷史奇觀。

慎終追遠的情懷既包含著自強不息的進取精神，更包含著尊重傳統、鑒往察來的歷史智慧。這對於保證中國文化一脈相承和源遠流長的發展所起的巨大作

---

50 《毛澤東選集》第 2 卷，706-707 頁，北京，人民出版社，1991。
51 趙桐茂：《中國人免疫球蛋白同種異型的研究：中華民族起源的假說》，《遺傳學報》，1991 年第 2 期；《免疫球蛋白同種異型 GM 因子在 40 個中國人群中的分布》，《人類學學報》，1987 年第 1 期。
52 《論語·為政》。

用，是不言而喻的。江澤民曾指出：「中華民族歷來重視治史。世界幾大古代文明，只有中華文明沒有中斷地延續下來，這同我們這個民族始終注重治史有著直接的關係。幾千年來，中華文明得以不斷傳承和光大，一個重要原因就是我們的先人懂得從總結歷史中不斷開拓前進。」[53]這是十分深刻的論斷。同時，需要指出的是，中國文化得以一脈相承，傳之久遠，還得益於作為文化重要載體的漢字。大汶口陶文的發現，證明漢字至少可以溯源到五五〇〇年前。漢字是世界上唯一從古到今不斷發展、一直使用並富有強大生命力的文字。古巴比倫的楔形文字、古埃及和古印度的象形文字，都先後銷聲匿跡了，唯有方塊漢字歷盡滄桑，長盛不衰。正是由於漢字的特殊性質與功能，才使得我們祖先創造的燦爛文化能夠記述和傳承，古代和現代的漢族書面語言能夠統一。奇特的漢字在保持文化傳統、溝通全國人民的情感和維繫中華民族的統一諸方面所起到的巨大作用，實在是怎樣估計也不會過分的。

上述中國文化的特質，不僅往往彼此互為因果，難以截然分開；而且也無須諱言，內中純駁互見，精華與糟粕雜陳。例如，家國同構和注重倫理的文化範型，固然有益於社會穩定和提升人們的精神境界，但濃重的宗法等級觀念和道德的泛化，又易於造成對獨立人格的束縛和形成重德輕藝、重義輕利價值觀上的偏差；尚「和」的精神固然助益了社會和諧與民族的融合，但又易於導致鄉愿式的苟安心理；追求大一統和慎終追遠的情懷，固然促進了中華民族的統一和傳之久遠，但也易於造成封建專制的傳統和形成因襲循環的思維定式，如此等等。然而，儘管如此，中國文化的特質畢竟顯示了中華民族的特殊智慧，並從根本上成就了中國文化的獨立體系和燦爛輝煌的風貌。毫無疑問，它是我們今天應當加以批判繼承的珍貴文化遺產。

---

53 《中共中央總書記江澤民給白壽彝同志的賀信》，《史學史研究》，1999 年第 3 期。

# 五、弘揚優秀的中國文化傳統，
## 助益社會主義的文化建設

　　法國著名的「年鑒學派」的史學家們指出：「歷史知識取得進步不是依靠總體化，而是依靠（借用攝影的比喻來說）鏡頭移動和變焦。……對視角作不同調整，既會顯出新的面貌，又會突出所掌握的概念範疇的局部不適應即縮減性，提出新的解釋原則；在每個認識層次上，現實的網狀結構圖以不同方式顯示出來。這就要求除了方法以外，必須對觀察者及其進行分析的手段所起的作用給予特別注意。」[54] 這即是說，對於特定歷史文化現象的認識與判斷，歸根結柢，是取決於觀察者的立場、觀點與方法。在近代，志士仁人對於中西文化問題長期爭論不休：激進者多主隆西抑中，以為欲救國，只有學習西方，更有甚者，則倡全盤西化；保守者多隆中抑西，以為文化是民族的根，「學亡則國亡」，故欲救國，必先保國粹，更有甚者，則倡世界「中國化」。二者各有所是，亦各有所蔽。究其致蔽的原因，除了缺乏科學史觀的指導外，端在受民族危亡的時局制約，不免心理緊張，缺乏從容探討文化問題的心態。時柳詒徵曾大聲疾呼：「學者必先大其心量以治吾史，進而求聖哲立人極、參天地者何在，是為認識中國文化之正軌。」[55] 所謂「大其心量」，實含大度從容之意。但是，問題在於柳詒徵自己也不能免俗。

　　時移勢異。我們現在的情況完全不同了。社會主義的新中國久已屹立在世界的東方，尤其經過三十多年的改革開放和中國特色社會主義現代化的建設，不僅綜合國力大為增強，而且國人的文化心態也愈趨成熟。江澤民同志在黨的十五大報告中，提出了建設「有中國特色社會主義的文化」的任務。胡錦濤同志在黨的十七大報告中，進一步提出了「推動社會主義文化大發展大繁榮」的要求。他說：「當今時代，文化越來越成為民族凝聚力和創造力的重要源泉、越來越成為綜合國力競爭的重要因素，豐富精神文化生活越來越成為我國人民的熱切願望。

---

54 《年鑒》編輯部：《我們在進行實驗：再論歷史學與社會科學》，《國外社會科學》，1990 年第 9 期。
55 柳詒徵：《中國文化史·弁言》。

要堅持社會主義先進文化前進方向，興起社會主義文化建設新高潮，激發全民族文化創造活力，提高國家文化軟實力，使人民基本文化權益得到更好保障，使社會文化生活更加豐富多彩，使人民精神風貌更加昂揚向上。」又說：「中華文化是中華民族生生不息、團結奮進的不竭動力。要全面認識祖國傳統文化，取其精華，去其糟粕，使之與當代社會相適應、與現代文明相協調，保持民族性，體現時代性。加強中華優秀文化傳統教育，運用現代科技手段開發利用民族文化豐厚資源。加強對各民族文化的挖掘和保護，重視文物和非物質文化遺產保護，做好文化典籍整理工作。加強對外文化交流，吸收各國優秀文明成果，增強中華文化國際影響力。」黨的十七大突出強調了加強文化建設、提高國家文化軟實力的極端重要性，對興起社會主義文化建設新高潮、推動社會主義文化大發展大繁榮作出全面部署。這是我們黨總結歷史、立足現實、著眼未來作出的重大戰略決策，充分反映了對當今時代發展趨勢和我國文化發展方位的科學把握，體現了我們黨在新的歷史條件下的高度文化自覺。

要加快發展國家軟實力，關鍵就在於要更加自覺、更加主動地推動文化大發展大繁榮。要努力繼承和發揚我國悠久歷史文化中源遠流長、博大精深的寶貴遺產，借鑒當今世界一切有價值的思想理論成果，深刻認識國家硬實力與軟實力的辯證關係，高度重視和加快發展國家軟實力。有了新時代文化建設的目標和十七大精神的指引，我們今天對中國文化史的研究，也便有了最佳的焦距，可以更從容、更全面、更客觀即更科學地看待中華五千年的文明史，從而獲致歷史的教益。

編纂這部多卷本《中國文化通史》，目的正在於助益推動社會主義文化大發展大繁榮。

本書研究中國文化的發展歷程，揭示其發展規律，彰顯中國文化的民族精神。

本書堅持以馬克思主義歷史唯物論為指導，同時積極吸收和借鑒當代社會科學的各種相關的理論與方法。

中國是一個多民族的國家。中華民族源遠流長的歷史和文化是各族人民共同創造的。因之，本書不僅寫漢民族的文化，同時也重視各少數民族的文化創造及其特色，尤其注意突出不同的歷史階段中，各民族間的文化互相滲透、交流與融合。

中國文化是世界文化的一個有機組成部分。本書將中國文化置於世界文化發展的總體格局中去考察，既注意中外文化的交流、衝突與融合，也注意中國文化在世界文化發展過程中的地位與作用。堅持實事求是的精神，避免民族虛無主義與民族虛驕情緒。

從目前已出版的有關文化史的著作看，編纂體例不一，其中大致可分為兩類：一是重宏觀把握，突出問題，以論說為主；一是重微觀透視，突出部門文化，以描述為主。前者的優點是脈絡清楚，簡潔明快，論說有深度，但歷史信息量小，失之抽象；後者的優點是具體翔實，便於查閱，但頭緒紛繁，失之散漫。文化史究竟應當怎樣編寫，是一個不易解決的大問題。當年常乃德曾說：「有時具體記錄所表現不出的內在精神，非有抽象的理論加以解釋不可。故理想的文化史必多少帶有史論的性質，不過不可空論太多，影響事實的真相罷了。」[56]足見他已深感到了困惑。今天學術界的意見仍不統一。我們以為，編纂一部大型的文化通史著作，當有理論框架一以貫之。該書既要具有能幫助廣大讀者從中學得豐富的中國文化史知識的功能，又應是視野開闊，脈絡清晰，有助於人們理解和把握中國文化發展的自身規律與特點。為此，須將宏觀與微觀、抽象與具體、問題論說與部門描述很好地結合起來。

總之，本書力圖突出一個「通」字：從縱向上說，要求全書各卷之間脈絡貫通，要於沿革流變之中體現中國文化自身的發展規律和一以貫之的民族精神；從橫向上說，當避免寫成部門文化的簡單拼盤，要注重時代精神對文化現象的整合，注重諸文化部門的內在聯繫及其不平衡的發展。同時注意文化的層間、空間差異，以及二者間的互動關係。

---

56 常乃德：《中國文化小史》第 1 章。

本書共分十卷，即：先秦卷、秦漢卷、魏晉南北朝卷、隋唐五代卷、兩宋卷、遼西、夏、金元卷、明代卷、清前期卷、晚清卷、民國卷。各卷附有參考書目。

本書實行各卷主編負責制。編委會同仁通力合作，歷時四年，備嘗艱辛。但因中國文化通史的編纂工作本身難度甚大，加之主編來自京城內外不同的單位，作者為數較多，聯繫不便和學養有限等原因，著者雖然盡了很大的努力，各卷水準仍難一致，全書與既定的目標，也存在著差距。我們敬祈讀者批評指正。

本書借鑒和吸收了學術界已有的研究成果，不敢掠美，這裡謹表謝意。

本總序是在集體討論的基礎上完成的。

鄭師渠

一九九九年八月初稿

二〇〇九年六月修改於北京師範大學

# 目錄
C O N T E N T S

# 第三章　文化衝突與論爭

# 第四章　吸納百川，吞吐六合

# 第五章　經學 ── 秦漢時期的學術主流

## 第六章　天人分際與古今之義

# 第七章　天與神佛的世界

# 第十章　大一統政局下的史學

# 第十一章　大氣磅礡的秦漢文學

# 第十二章　多姿多彩的藝術天地

# 第十三章　勘天・格物・厚生 —— 科學技術成就

# 第十四章　秦漢風俗

緒言

本卷論述秦漢時期文化的發展過程及其特點。

秦漢處於中國封建社會的確立與成長時期。秦皇朝首次在全國實現多民族的統一，建立起中央集權的封建國家。漢皇朝繼秦而立，在健全封建制度，鞏固多民族統一體制方面，取得新的成就。秦漢確立的社會格局，基本限定了此後兩千餘年中國封建社會的發展方向。

西元前二二一年，秦王嬴政在平定六國的基礎上，建立統一的封建大帝國，確立皇帝制度，自稱始皇帝。秦始皇採取一系列鞏固統一的措施，構建起有效統治管理全國的政治體制。秦因殘暴的統治，引起全國上下的普遍不滿，西元前二〇七年，焚毀於陳勝、吳廣點燃的反抗烈火之中。秦皇朝共傳三世，歷十四年。

平民劉邦在反秦鬥爭中崛起。秦亡後，經數年征戰，消滅項羽等軍事力量，於西元前二〇二年即皇帝位，建立漢皇朝，定都洛陽，後遷都長安，史稱西漢或前漢。西漢初年，統治者實行無為而治政策，緩和社會矛盾，休養民力。文帝、景帝時期，政局安定，經濟復蘇，漢皇朝開始走向繁盛。漢武帝對內全面興革，對外大用甲兵，使大一統政局得到鞏固，統一規模得以擴大，君主專制制度得到加強，但也嚴重消耗了國力民力。昭帝、宣帝及時調整政策，號稱中興。元帝柔仁好儒，外戚宦官勢力乘時而起，西漢由盛轉衰。成帝、哀帝時，王氏、傅氏、丁氏等外戚先後把持朝政，西漢進一步衰落。哀帝去世後，元帝王皇后的侄子王莽，經多年苦心經營，於西元九年推翻漢朝統治，建立新朝。西漢皇朝享國二百一十年，傳十世，十一帝（其間高祖呂皇后當政七年）。

王莽建立新朝前後推行一系列記古改制措施，弄得上下不安，內外交困，加

劇了社會矛盾，引發綠林、赤眉等農民起義軍的反抗鬥爭。西元二十三年，建立了更始政權的義軍攻入長安，斬殺王莽，結束了新朝為期十四年的統治。

西漢宗室劉秀在推翻新莽政權的鬥爭中脫穎而出，陸續消滅更始政權及逐鹿中原的各軍事集團後，於西元二十五年稱帝，重建漢政權，建都洛陽，史稱東漢或後漢。劉秀採取措施加強君主集權，又利用圖讖神化皇權，使封建專制制度進一步加強。明帝、章帝時期，東漢國力強盛，在文化建設和民族關係處理方面都取得了不小的成就。和帝之後，東漢皇權衰落，外戚與宦官輪流執政，政治黑暗腐敗。知識份子群體在與黑暗政治勢力的鬥爭中表現出高尚的節操。靈帝時，爆發黃巾農民大起義，東漢政權風雨飄搖。少帝即位的西元一八九年，外戚與宦官在火拚中同歸於盡。軍閥董卓入洛陽把持朝政，廢少帝，立獻帝。此後在軍閥混戰中，東漢名存實亡。其後逐漸形成曹操、孫權、劉備三大軍事力量鼎立的局面，獻帝被曹操父子挾持，西元二二〇年，曹操之子曹丕廢獻帝，東漢滅亡。東漢皇朝享國一百九十五年，傳八世，十三帝。

秦漢文化建立在中國初步確定的封建經濟政治制度之上，表現出大一統社會蓬勃向上和多民族文化共同繁榮的特點。秦漢時期確立了以儒家思想為核心的多民族統一文化格局，這樣的格局一直延續到中國近代。

秦漢文化的發展經歷了三個主要階段：

第一階段，從秦皇朝建立到漢武帝親政之前。這是封建文化尋求與封建政治結合的探索階段。

秦皇朝建立之初，統治者就表現出控制文化領域的傾向。秦始皇堅持法家路線，以暴力手段統一思想，力圖構建起服務於大一統政治的以文化專制主義為特色的文化體系。他的努力沒有成功，過分倚重強權，使他很快失去民心，強制性的文化統一也沒有產生與封建政治共同發展的效果。

漢代秦後，以黃老學說作為政權指導思想，及時調整了統治政策，思想文化領域也相應寬鬆起來。在重建的大一統政權中，由秦亡漢興這一重大歷史變故引發的統一問題、德運問題、施政原則問題、思想控制問題以及封建秩序永恆合理

問題，引起人們的普遍思考。黃老之術滿足了漢初休養民力，安定民心的現實要求，但也暴露出無法適應封建社會全面發展的需要、無力構建一整套與封建制度相適應的文化體系的弱點。

第二階段，從漢武帝當權到宣帝召開石渠閣經學討論會之前。這是與封建統治相適應的封建文化體系初步確立的時期，確立的標誌是儒家思想取得統治地位。

經過多年探索，儒家思想最適應封建政治需要，幾乎成為人們的共識。漢武帝順應歷史發展的客觀需要，當權後重用儒生，將儒家經學正式確定為官學，以政權力量樹立起儒家的權威。在解決漢人遇到的一系列重大歷史和現實問題方面，儒家學說充分顯示出它的理論力量。大儒董仲舒發揮春秋公羊學的大一統論點為漢皇朝的統一事業服務，宣揚三綱的論點為穩定封建統治秩序辯護，宣傳三統繼運以補充五德終始學說的不足，倡言「天不變，道亦不變」，強調封建統治的永恆秩序。在儒家思想指導下，漢武帝在政權建設和鞏固多民族統一國家方面取得了很大成就，產生了深遠的歷史影響。通西域和開發西南，使西北、西南各少數民族加強了與內地的聯繫，以儒家思想為核心，封建多民族統一文化逐步形成。

儒家思想取得獨步天下的地位經歷了一個歷史過程。此時承百家餘緒，各種思想學說仍有很大的活動空間。司馬談著《論六家要指》，推重道家學說，汲黯公開以黃老之學為武器，非議武帝政治，說明道家還有很深的影響。昭帝時召開的鹽鐵會議，反映了法家重功利主張與儒生務本思想的衝突。

第三階段，從漢宣帝石渠閣會議召開到東漢末年。這一階段歷史跨度較大，政治變故很多，但在文化精神上，卻沒有發生根本性的變化。這是儒家思想進一步控制思想學術，封建文化穩步發展的時期。

漢宣帝親自主持召開石渠閣會議，以皇帝兼宗師、教主的身分裁決五經異同，是以皇權專制的儒學形式進一步控制思想的標誌。宣帝開始注意用符瑞粉飾政治，東漢光武帝正式宣布圖讖於天下，儒學在神學化道路上越走越遠。章帝效

宣帝故事，在白虎觀召開經學會議，形成封建社會的法典性文獻——《白虎通義》，儒家政治倫理原則在社會得到全面確立。

儒家統領文化的格局確立後，哲學、史學、文學、教育、科學技術以致社會風俗等各個文化領域都越來越多地體現出儒家思想的影響。封建大一統文化表現出創造力量：大一統政權在文化建設方面作了很多努力；知識份子階層積極投身到學術文化事業中來，創造出眾多適合時代需要的、具有久遠價值的精神產品；各族人民群眾在生產生活中也發揮聰明才智，貢獻出不朽的文化成果。同時，高度統一的負面效應也開始顯露出來，對當時和以後的文化產生著消極影響。

本卷由主編許殿才提出撰寫大綱的初稿，經過與全根先、王記錄、蔣重躍等同仁討論，形成基本框架，撰寫中又對大綱作了局部調整。撰寫工作由許殿才、王記錄、全根先三人鼎力合作完成。許殿才撰寫了緒言、第一章、第二章、第三章、第五章、第六章、第七章、第十章；王記錄撰寫了第八章、第九章、第十一章、第十二章；全根先撰寫了第四章、第十三章、第十四章。最後由許殿才統編定稿。

本卷力求如實反映秦漢文化的整體面貌，展示它的獨特風韻，但囿於作者學識，加上時間限制，直到定稿，不盡如人意之處仍有不少。比如，對於少數民族文化，介紹得很不夠，謀篇布局上輕重失平或對具體文化現象評價不當之處也在所難免。希望得到專家教正。另外，本卷在寫作過程中，參考了許多學者的研究成果，有些已在書中注明，有些因篇幅所限或工作疏漏未能注出，敬祈原諒。

# 第一章

# 秦漢文化與
# 大一統社會

　　西元前二二一年，崛起於西北的秦吞併六國，結束了戰國時代，實現了中國的統一，建立起亙古未有的中央集權制封建大帝國。漢在加強中央集權制度方面取得新的歷史成就，使大一統封建制度得到鞏固和發展。在嶄新的政治體制下，新生地主階級表現出虎虎生氣，人民群眾的創造精神也得到充分發揮，他們在社會經濟、政治、思想文化等領域共同建樹了不朽的功績，為中華文明的發展寫下濃墨重彩的一筆。

# 大一統政權的建設
# 與多民族的統一

　　秦統一全國後，採取了一系列鞏固統一的措施，建立起全新的中央集權的封建帝國。

　　首先，樹立起至高無上的皇權。統一後，秦王政認為繼續使用「王」這一稱號，不足以顯示新生政權統治者的權威，也不利於使政權成為自己家族的萬世神器，命群臣議帝號。丞相王綰、御史大夫馮劫、廷尉李斯等人認為秦王政「興義兵、誅殘賊，平定天下，海內為郡縣，法令由一統，自上古以來未嘗有，五帝所不及」，而「古有天皇，有地皇，有泰皇，泰皇最貴」，建議定尊號為「泰皇」。秦王政批覆：「去『泰』，著『皇』，采上古『帝』位號，號曰『皇帝』。」此後，這一稱號為歷代最高封建統治者所沿用。為了使皇權獨尊，秦始皇還規定了皇帝專用的稱謂，廢除了謚法。秦始皇採納王綰等人的建議，規定皇帝的命為「制」，令為「詔」，自稱為「朕」，以示與群下區別。他認為以行為謚的作法，是子議父、臣議君，對皇權有很大限制，便宣布：「自今以來，除謚法，朕為始皇帝，後世以計數。」此外，秦始皇還制定了玉璽使用制度、避諱制度、輿服制度等以神化皇權，確定了以家天下方式實施統治的封建皇帝制度。

　　其次，建立功能齊全的中央政權機構。封建朝廷是國家的權力中樞，由三公九卿及諸屬員組成的等級嚴明的官僚群體，聽命於帝王而行使對國家的統治管理

職能。三公指丞相、太尉、御史大夫，掌管行政、軍事、監察等事務，是統領全域的最高官員。九卿是分管國家、朝廷甚至皇家各項事務的官員。主要有掌宗廟禮儀的奉常、宿衞宮廷侍從左右的郎中令、統領宮門衞士的衞尉、掌輿馬的太僕、掌刑法的廷尉、掌禮賓的典客、負責少數民族事務的典屬國、掌皇室外戚事務的宗正、掌國家財政的治粟內史、掌皇室收入的少府、掌京師戍衞的中尉、掌宮廷土木建築的將作少府等。九卿之外，還有侍中等內朝官、詹事等皇后及太子屬官。

另一重要舉措是廢分封，立郡縣，建立直屬於中央的地方行政體制。統一六國後不久，秦始皇和朝臣們就實行什麼樣的地方行政制度問題展開了討論。李斯力排眾議，認為「周文武所封子弟同姓甚眾，然後屬疏遠，相攻擊如仇讎，諸侯更相誅伐，周天子弗能禁止。今海內賴陛下神靈一統，皆為郡縣，諸子功臣以公賦稅重賞之，甚足易制。天下無異意，則安寧之術也。置諸侯不便」。這個意見得到秦始皇的支持，於是秦將商鞅變法以來實行的郡縣制推行到全國。在全國設置三十六郡，郡下設縣，縣下設鄉，鄉下又有里，里下有什伍，建構起了中央直接控制到地方郡縣什伍的有效統治體系。這一統治體系的建立，對於結束以往的諸侯紛爭局面，維護國家統一，有著積極的意義。此後，地方歸屬中央成為中國社會的基本格局，雖然時有分封與郡縣之爭、有分裂割據之舉，但都不能改變統一向心的中國社會歷史趨勢，中華文明形成獨特體系，持續發展至今，與此有直接聯繫。

為了強化統治，維護統一，秦始皇還先後採取了許多重要措施。他下令「使黔首自實田」，以法律形式在全國推行封建土地所有制，奠定了封建國家的穩固經濟基礎。他明法度、定律令，以嚴刑峻法維持封建政治、經濟秩序；他強制統一文字、度量衡和貨幣，規定「一法度衡石丈尺，車同軌，書同文字」[1]，從經濟、文化制度各方面為鞏固統一局面，奠定堅實的基礎；他大修直道、馳道，以實施對全國的有效管理；他還「焚書坑儒」，實行極端的文化專制主義，以消弭

---

1　以上引文均見《史記·秦始皇本紀》。

人們的反抗意識。這些措施不但在當時發揮了重要作用，而且對後來的封建制度產生了不同程度的影響。

秦帝國的建立，是中國古代社會的一大變局。雖然它二世而亡，沒有把大一統局面維持下去，但它開創的中央集權封建制度，卻確定了此後兩千餘年中國封建社會的基本格局。

漢承秦制，漢政權再度統一中國後，繼承並發展了秦皇朝的統治規模和封建皇權專制制度，成功地把一統大業堅持數百年之久，顯示出統一政權的優越性和生命力。

西漢開國之初，針對多年戰亂的殘破局面，採取恢復生產、休息民力的政策，在政權建設諸方面改作不大。到武帝即位之初，經多年休養生息，出現了國力強盛，民眾富庶的繁榮景象。同時，姑息無為的政策也導致一些消極後果，主要是朝章國制不夠完備，影響政權職能的發揮；政府對部分農民失去控制，影響國家財政收入；漢初實行郡國並行的地方行政制度，諸侯王成為皇權的離心力量；匈奴勢力擴大，對西漢中央政權構成嚴重威脅。這些問題不解決，必然影響社會的發展和皇權的鞏固。在豐厚的物質基礎上，漢武帝奮發有為，興功立業，把西漢推向盛世，也使大一統事業得到鞏固和發展。

武帝在董仲舒建議下，「罷黜百家，獨尊儒術」，以儒家學說取代無為的黃老思想，定為官方政治學說，實現了統治思想的轉變，奠定了中國兩千餘年封建社會的基本思想基礎。儒學以執兩端而用其中為基本思想方法，在治國方面強調德刑並用，不偏不倚；在理民方面，注意把人的自然性情與社會規範融合起來，其思想主張與中央集權的家國同構的中國社會要求十分吻合。以儒學作為封建社會的主導思想，是歷史與社會的選擇，適應了鞏固大一統政治體制的迫切需要和歷史發展的客觀要求。

在實現了統治思想的轉變後，武帝又採取了一系列強化皇權，鞏固統一的措施。

他在「景遭七國之難，抑損諸侯，減黜其官」的基礎上，頒布「推恩令」，

允許諸侯王自行將王國土地分封給子弟，於是「不行黜陟而藩國自析」[2]；又行「左官律」，貶低諸侯王屬官的地位；行「附益法」，限制士人與諸侯王交遊。通過這些舉措，打擊了諸侯王勢力，從根本上解決了藩國強大難制的問題。對於地方強宗豪富之家及以武犯禁的游俠勢力，武帝利用酷吏進行了有力的鎮壓。又大力遷徙豪強充實三輔地區，以強幹弱枝。為了更有效地實施對全國的統一管理，他還實行了刺史監察制度。把全國劃分為十三個州作為監察區，每州設刺史一人。刺史每年八月巡視所部郡國，「省察治狀，黜陟能否，斷治冤獄，以六條問事」[3]。

在官制上也進行了改革。加強尚書臺的權力，由自己身邊的大將軍、尚書等組成中朝，成為真正的決策機關，而以丞相為首的外朝，則成為執行機關，形成所謂的「中外朝」，進一步加強了皇帝對朝臣以至全國政局的控制。

在經濟上，採取國家統制政策，實行均輸、平準、鹽鐵專營，一方面抑制了商人資本為牟取暴利而對國家和民眾經濟生活的破壞作用，另一方面也收到了「民不加賦而天下用饒」[4]的效果。

在對匈奴問題上，由原來的取守勢改為取攻勢，安定了邊境，擴大了中央政權的統治規模。

這些政策措施，有力地加強了中央集權，鞏固了統一大業，也讓人們看到了新生大一統政權的創造力量，產生了深遠的歷史影響。

東漢在天下擾攘之後，重建大一統政權。光武帝在鞏固統一政權體制，加強皇權方面，又作了新的努力，取得了明顯的效果。其中的一些措施對後來的封建國家制度有很大影響。他的重大舉措主要有：

1.退功臣而進文吏。

---

2　《漢書・王子侯表序》。
3　《漢書・百官公卿表》注引《漢官典職儀》。
4　《漢書・食貨志》。

他大力選拔有才能的士人充當政府官員。以優厚的待遇籠絡功臣，而「不任以吏職」[5]，不讓他們擔任重要行政職務，參與政治；他還「不欲功臣擁眾京師」[6]，讓一時不宜褫奪兵權的功臣駐守邊境或外地，以免形成對朝廷的直接威脅。這樣的作法，一方面提高了政府的行政效率，另一方面也用較妥善的辦法消除了驕兵悍將問鼎皇權的危險。

2.「雖置三公，事歸臺閣」。

在漢武帝建立中朝，加強皇權，削弱相權的基礎上，劉秀進一步擴大尚書臺的職權，讓它成為在自己直接控制下的真正決策與發號施令機構，而將三公架空，使之成為沒有實權的虛位，從而將朝政大權獨攬於皇帝手中。

3.加強監察制度。

劉秀採取提高御史中丞地位、復置司隸校尉、擴大刺史職權等措施加強國家的監察制度，更好地實施對政府官員的監督控制，使封建國家機器更有效地運轉。

4.集軍權於中央。

劉秀稱帝後，取消了地方專門統帥軍隊的武官，又罷輕車、騎士、材官、樓船等地方常備軍，同時擴大中央軍隊，並在中央官制上進行調整，使軍隊最高統帥權直接控制於皇帝手中。

秦漢時期，民族關係得到大發展，第一次實現了全國性的多民族統一。

中國的民族統一，經歷了漫長的歷史過程，夏、商、周政權都是在單一民族內部統一的基礎上建立起來的，它們雖有天下共主之名，卻沒有管轄諸侯的實權，各諸侯國都是獨立的民族國家。春秋戰國時期，通過大滅小，強凌弱的兼併戰爭，逐步形成七雄割據的局面，七雄建立了規模可觀的政權，各自實現了以本

---

5　《後漢書・朱景王杜馬劉傅堅馬列傳》。
6　《後漢書・馮岑賈列傳》。

族為主體的地區性多民族統一。此時，原來分散的華夏民族相對集中，分別形成了東以齊，西以秦，南以楚，北以燕趙為代表的四個分支，為全國性的統一創造了先決條件。秦滅六國，由政治的統一帶動民族的統一，建立起統一的多民族國家。

對秦漢時期的全國性多民族統一，我們可分兩個層面來認識。第一，秦漢中央政權的主體民族——漢族，是由華夏各族匯合而形成的，諸夏之外的許多少數民族也是秦漢政權的重要組成部分；第二，秦漢中央政權與周邊許多少數民族地方政權建立了稱臣納貢的統屬關係，他們都認為自己是中華民族大家庭中的一員。

中央政權的多民族統一，由深入人心的大一統思想作為堅實的基礎。政治、經濟、文化諸方面的統一措施，推進了民族統一的歷史進程，《禮記‧中庸》所言：「今天下車同軌，書同文，行同倫」，是當時歷史的真實反映，漢與周邊各少數民族的聯繫與交往，促進了各自經濟、文化的發展；「天下一家」的共同心理，則成為維繫民族聯繫的紐帶和民族融合的催化劑。中華民族經離合動盪而愈益興旺，中華文明歷歲月滄桑而光彩彌彰，二者之間是有密切聯繫的。

大一統政權的建立和鞏固、全國性的多民族統一，為秦漢文化的展開與發展，提供了廣闊的舞臺，在這個舞臺上，中央和地方民族政權的統治階層與各族民眾協力同心，演出了中華文明史上最波瀾壯闊、扣人心弦的華彩樂章。

## 第二節 ·

# 從焚書坑儒
# 到獨尊儒術

　　秦漢時期的統治思想經歷了由法家、黃老到儒家的變化，文化政策也相應進行了從強制性統制到寬弛放任，再到由祿利之路誘導而趨同的調整。

　　秦孝公時商鞅用法家思想指導變法，秦走上富國強兵之路。此後，秦歷代統治者基本尊奉商鞅確定的統治原則，國家大治。秦始皇在統一六國的過程中，重用李斯等法家代表人物，吸收新的法家思想成果，處理內外政務，促進了統一事業的完成。統一六國後，秦始皇繼續執行法家路線，實行全面專制統治，把嚴刑重法視為建立大一統秩序的關鍵。

　　秦始皇看到了思想文化與社會政治的密切關係，為適應建立、鞏固大一統政權的需要，在實施一系列政治經濟方面統一舉措的同時，也採取了思想文化上的統制措施，實行文化專制主義。強行統一文字、度量衡和貨幣，甚至對人們的倫理行為也作出強制性規定，要求做到「治道運行，諸產得宜，皆有法式。……貴賤分明，男女禮順，慎遵職事」[7]，使人們的文化和思想行為在法家路線下統一起來。

---

7　《史記·秦始皇本紀》。

發生於西元前二一三年的「焚書」事件，標誌著秦皇朝的文化專制政策推行到了極致。當博士淳于越以古非今，對時政提出批評時，李斯起來反駁，提出禁錮文化，以徹底掃清新政障礙的建議：「臣請史官非秦記皆燒之。非博士官所職，天下敢有藏《詩》、《書》、百家語者，悉詣守、尉雜燒之。有敢偶語《詩》、《書》者棄市。以古非今者族。吏見知不舉者與同罪。令下三十日不燒，黥為城旦。所不去者，醫藥卜筮種樹之書。若欲有學法令，以吏為師。」這個建議得到秦始皇的批准，並在全國實行。韓非子為使弱國強盛起來而提出的「以法為教，以吏為師」設想，在這裡變成了現實。次年，秦始皇又製造了與「焚書」異曲同工的「坑儒」事件，讓人們領教了文化專制主義是何等可怕。秦始皇御用的方士盧生、侯生等人，因不滿意秦始皇的專制主義政策而逃亡。秦始皇大發淫威，他以為「盧生等吾尊賜之甚厚，今乃誹謗我，以重吾不德也。諸生在咸陽者，吾使人廉問，或為妖言以亂黔首」，讀書人實在不可信任。「於是使御史悉案問諸生，諸生傳相告引，乃自除犯禁者四百六十餘人，皆坑之咸陽，使天下知之，以懲後。」[8]

　　「焚書坑儒」造成的後果是嚴重的。不但消滅了大量具有異己傾向的士人，直接毀壞了大量傳世典籍，而且首開思想禁錮之例，用強制力量消弭反抗意識，將思想學術限制在政府圈定的範圍之內，扼制了中華民族的創造精神。倒行逆施者總會飽嚐自己釀造的苦果，高壓超過了人們所能承受的限度，便會形成更大的反彈。不久，陳勝登高一呼，天下豪傑蜂起，二世亡秦的悲劇給暴戾恣睢者上了生動的一課：「坑灰未冷山東亂，劉項原來不讀書。」不從改善政治入手以安定民心，想以愚弄、鎮壓百姓的辦法來維護統治，結果只能是事與願違。

　　西漢開國之初，面對的是秦朝暴政和長期戰亂造成的社會殘破、民生凋敝的嚴酷現實。要想鞏固統治，建立正常的社會秩序，必須安定民心，休養民力。秦因橫征暴斂、嚴刑峻法導致滅亡的歷史也給了新的統治者以深刻教訓，促使他們尋求穩妥的統治方略。漢統治集團繼承了大一統的政權體制，建立的是以帝王為

---

8　《史記・秦始皇本紀》。

中心的中央集權制度，在統治方針上卻採取了以黃老思想為指導的休養生息，無為而治政策。

　　黃老之學屬於道家，但與先秦時期老子創立的道家有所不同。它託始於黃帝，在老子學說基礎上兼採儒墨名法等學說中的有益成分，形成以政治學說為中心內容的哲學思想。它在政治上主張寬弛放鬆，無為而治，反映了民眾久罹戰亂之苦，要求政治寬緩、生活安定的強烈要求，因而在戰國末期萌生後，到漢初流行一時。司馬談《論六家要指》中之言：「道家使人精神專一，動合無形，贍足萬物，其為術也，因陰陽之大順，采儒墨之善，撮名法之要，與時遷移，應物變化，立俗施事，無所不宜，指約而易操，事少而功多。」[9]是對黃老之學要點的概括。

　　從漢高祖到文帝、景帝，都把主要的注意力放在休養民力方面，在文化領域，實行的是與黃老之學相適應的寬弛政策，其中惠帝之時除挾書之律，准許民間藏書，是重大的撥亂反正之舉。

　　從漢開國到武帝即位之初，休養生息，無為而治政策實行幾十年，取得了巨大的成果。人民生活得到極大改善，社會經濟逐漸步出「自天子不能具鈞駟，而將相或乘牛車，齊民無藏蓋」的窘況，出現了「非遇水旱之災，民則人給家足，都鄙廩庾皆滿，而府庫餘貨財。京師之錢累巨萬，貫朽而不可校。太倉之粟陳陳相因，充溢露積於外，至腐敗不可食。眾庶街巷有馬，阡陌之間成群，而乘字牝者儐而不得聚會。守閭閻者食粱肉，為吏者長子孫，居官者以為姓號」的繁榮景象。經濟狀況的好轉及新文化政策的實行，又引起了「人人自愛而重犯法，先行義而後絀恥辱焉」[10]，「至於移風易俗，黎民醇厚」等社會秩序安定、道德情操向善，以及刑法由密而疏這一系列良性連鎖反應。遵用黃老之術導致的文景之治得到了「周云成康，漢言文景，美矣」[11]的高度歷史評價。此時的文化建設，也出現了復興的勢頭，學術事業重新受到重視，傳習學術漸成風氣。到景帝之時，

9　《史記‧太史公自序》。
10　《史記‧平准書》。
11　《漢書‧景帝紀》。

以儒生為主體的知識份子群體已形成很強的勢力，有很大的社會影響。

武帝即位後，政府有了足夠的經濟實力去興造功業，民眾經多年休養生息，也具備了承擔國家責任的能力。此時，因循守成的黃老之學已不再適合社會需要，開創歷史新局面的時代要求，呼喚著新的統治思想。黃老之學中的積極成分主要來自儒家學說，當社會需要更張振作之時，儒家思想便代之而起，把中國歷史引向了一個輝煌的新時期。

漢武帝渴望建功立業，積極提倡奮發向上的儒家學說。即位之初就改變了「不任儒者」的政策，任命好儒術的竇嬰為丞相，田蚡為太尉，趙綰為御史大夫，主持政府重要部門。又禮請著名儒生申培公入朝，認真諮詢儒家禮制等方面的問題。建元六年（前135年）尊崇黃老的竇太后病逝，武帝完全掌握執政權，加快了崇儒的步伐。他「絀黃老刑名百家之言，延文學儒者數百人」，將布衣大儒公孫弘擢為三公，封平津侯，給天下士人樹立了由儒術進身的榜樣，引得「天下學士靡然鄉風」[12]。儒學地位空前提高，改變了學術發展的方向。

為了解除人們的思想疑慮，牢固樹立起適應大一統政治的權威思想，武帝多次與賢良方正們就治國統治思想問題展開討論。大儒董仲舒在對策中論述德教是致治的關鍵：「聖王已沒，而子孫長久安寧數百歲，此皆禮樂教化之功也。……古之王者明於此，是故南面而治天下，莫不以教化為大務。立大學以教於國，設庠序以化於邑，漸民以仁，摩民以誼，節民以禮，故其刑罰甚輕而禁不犯者，教化行而習俗美也。」他博引古今、有理有力的論證深深打動了躊躇滿志，正欲大舉更張的漢武帝：「至周之末世，大為亡道，以失天下，秦繼其後，獨不能改，又益甚之，重禁文學，不得挾書，棄捐禮誼而惡聞之，其心欲盡滅先王之道，而顯為自恣苟簡之治，故立為天子十四歲而國破亡矣。自古以來，未嘗有以亂濟亂，大敗天下之民如秦者也。其遺毒餘烈，至今未滅，使習俗薄惡，人民嚚頑，抵冒殊扞，孰爛如此之甚者也。孔子曰：『腐朽之木不可雕也，糞土之牆不可圬也。』今漢繼秦之後，如朽木糞牆矣，雖欲善治之，亡可奈何。法出而奸生，令

---

12 以上引文均見《史記·儒林列傳》。

下而詐起，如以湯止沸，抱薪救火，愈甚亡益也。竊譬之琴瑟不調，甚者必解而更張之，乃可鼓也；為政而不行，甚者必變而更化之，乃可理也。當更張而不更張，雖有良工不能善調也；當更化而不更化，雖有大賢不能善治也。故漢得天下以來，常欲善治而至今不可善治者，失之於當更化而不更化也。古人有言曰：『臨淵羨魚，不如退而結網。』今臨政而願治七十餘歲矣，不如退而更化，更化則可善治，善治則災害日去，福祿日來。《詩》云：『宜民宜人，受祿於天。』為政而宜於民者，固當受祿於天。夫仁義禮知信五常之道，王者所當修飭也，五者修飭，故受天之佑，而享鬼神之靈，德施於方外，延及群生也。」在漢武帝認可了他所條陳的「大道之極」和「治亂之端」之後，董仲舒提出了用儒家學說統一全國思想的建議：「《春秋》大一統者，天地之常經，古今之通誼也。今師異道，人異論，百家殊方，指意不同，是以上亡以持一統，法制數變，下不知所守。臣愚以為諸不在六藝之科、孔子之術者，皆絕其道勿使並進。邪辟之說滅息，然後統紀可一而法度可明，民知所從矣。」[13]他指出大一統是宇宙的普遍法則，可是沒有統一的思想與之適應，統治者就無法保持一統局面；法令、政策、制度經常改變，難以遵循，也會導致社會不穩定。董仲舒對統一思想意義的論證是有力的，選擇儒家作為指導思想也是合適的。漢武帝採納了這個建議，實行「罷黜百家，獨尊儒術」的文化政策。將儒學正式定為官方政治學說，實現了政治統治思想的轉換。中國兩千餘年封建社會的基本思想基礎由此奠定。

武帝「卓然罷黜百家，表章六經」，為開創新的歷史局面奠定了堅實的思想基礎，「遂疇咨海內，舉其俊茂，與之立功。興太學，修郊祀，改正朔，定曆數，協音律，作詩樂，建封禪，禮百神，紹周後……」[14]「興造功業，制度遺文，後世莫及」[15]，創造了中國歷史上空前的繁盛景象。其實漢武帝並不單純倚重儒術，他看中的主要是儒學積極向上的精神和教育民眾的特殊效果。

昭帝即位時年輕，由霍光秉政。霍光「知時務之要」，於武帝窮奢極弊之

---

13 《漢書·董仲舒傳》。
14 《漢書·武帝紀》。
15 《漢書·公孫弘卜式兒寬傳》。

後，「輕徭薄賦，與民休息」，在尊儒的同時，部分吸收黃老之術，收到「匈奴和親，百姓充實」[16]，內外安堵的治效。其時，賢良文學與御史大夫桑弘羊就官營鹽鐵酒榷展開的爭論，討論了政權統治思想問題，對當時及以後的政治產生了深遠的影響。宣帝「勵精為治，練群臣，核名實」[17]，在儒術中雜以刑名，取得了號稱中興的歷史成就。

儒學地位提高後，由於自身學術的發展，及祿利之路的刺激等原因，內部的派別鬥爭逐漸激烈起來，影響了作用的發揮，滿足不了社會對它提出的更高要求。因此，宣帝親自主持召開了石渠閣經學會議。會議緩解了儒學的內部矛盾，加強了儒學與封建政治的聯繫。

從成帝河平三年（前 26 年）開始，西漢政府在廣求天下圖書的基礎上，對國家藏書進行了一次大規模的整理工作。劉向、劉歆父子相繼主持此項事業，使許多古代典籍得以保留，不但對以往學術作了系統清理工作，促進了當時學術發展，而且開創了歷史文獻學的基本規模，在中國文化史上建樹了不朽的功績。

西漢末期，在儒學宗教化氣氛下，讖緯形成一股社會思潮。它的興起，固然由於方士化儒生迎風希旨，要世取資，更重要的是沒落統治者大力提倡，用作思想武器。王莽篡漢時讖緯發揮了重要作用，光武帝建立東漢政權，也利用了讖緯這一工具。東漢初年，光武帝正式宣布圖讖於天下，將之奉為「內學」，尊為「秘經」，一時「儒者爭學圖讖，兼復附以妖言」[18]，把思想界和政壇搞得烏煙瘴氣。

經過王莽之亂到光武帝重建大一統政權這一從動盪到整合的過程，人們對歷史與現實的看法較前更加豐富，統治者對政權建設也有了新認識，於是對官方統治思想——儒家學說理解與闡釋的分歧再次突出起來。說到底，經義歧義的根本是對封建政治理解的不同，因此，修補、充實董仲舒的新儒家學說，進一步確立

---

16 《漢書·昭帝紀》。
17 《漢書·魏相丙吉傳》。
18 《後漢書·張衡列傳》。

與大一統制度相適應的意識形態，成為東漢初期統治者迫切需要解決的問題。漢章帝下詔讓政府文化官員及諸儒在白虎觀討論五經異同，形成一部新的儒家法典──《白虎通義》。它依據儒家經典展開論述，摻雜了大量讖緯神學內容，宗旨是論證現存封建社會的合理性，中心內容是對大一統國家制度的闡述。書中進一步強調君主的獨尊地位，把五行學說與封建倫理緊密結合起來，確立三綱六紀的等級秩序，產生了相當大的社會歷史影響。

第三節 ·

# 秦漢文化的差異
# 及不同的社會影響

秦漢都是統一的多民族國家，又是相繼出現的大一統政權，在制度和文化上存在著傳承關係，有很多共同點。對此，我們將在下一章集中論述。這裡著重評述由於統治方針、指導思想、文化政策的不同，秦漢在文化事業上表現出的差異和產生的不同社會影響。

秦皇朝以法家路線治國，實行的是文化專制主義，其文化特徵和社會影響主要表現在如下幾個方面：

1.統治者以法家為統治思想，崇尚法律，迷信暴力。在建立和整頓社會秩序時，用嚴刑峻法保證社會機制的運行，確實有顯著的作用，法家的主張有合理性的一面。柳詒徵之言「實則始皇時代之法制，實具偉大精神，以一政府而轄制方

數千里之中國，是固國家形式之進化，抑亦其時思想之進化也」[19]，很有道理。但從為政出發點上看，他們習慣於把民眾當作對立面，傾向於實行暴政。司馬談對法家弱點的評述「……則親親尊尊之恩絕矣。可以行一時之計，而不可長用也」[20]，真是一針見血。從秦始皇的施政上，我們看到由嚴刑重法到暴政虐民僅有一步之遙，而這正是強秦二世而亡的最主要原因。

2.文化統治政策具有促進統一的正面作用。從統一的大局來看，當秦面對六國初平，天下擾攘的混亂局勢時，採用強制手段以建立統一的秩序，確實起到了撫平天下的效果。細緻分析起來，「書同文」和「行同倫」的現實意義和歷史意義也都相當深遠。「秦代統一文字，使小篆和隸書成為全國通行的字體，對我國文化、政治的發展有著深遠的影響。我國幅員遼闊，在秦以後的漫長歷史過程中，不斷出現過割據局面，各地方言亦不一致，但文字卻始終是統一的，而文字的統一對經濟、政治的統一和發展則起著重要作用。」[21]秦統一前後一直很注意端正風俗，建立正常有序的倫理關係。刻石上對會稽淫泆之風的整飭是典型反映：「飾省宣義，有子而嫁，倍死不貞。防隔內外，禁止淫泆，男女絜誠。夫為寄豭，殺之無罪，男秉義程。妻為逃嫁，子不得母，咸化廉清。」[22]風俗的整齊，是社會井然有序的有力保障，秦對家庭倫理的強制規定，實際上為漢代對民眾的教化掃清了道路。另外，共同的倫理習俗，對於共同民族心理的形成關係甚大，為統一多民族國家的鞏固和發展，奠定下牢固的基礎。

3.秦文化總體上表現出高壓文化的特徵。兵馬俑氣吞山河的氣勢、銅車馬美奐美輪的精湛工藝，讓人們歎為觀止，可在民間文學藝術上，至今卻很少見到高水準的張揚個性的作品。以焚書坑儒為代表的專制主義文化政策，造成很多消極後果。它沉重打擊了思想學術文化，除法家學說和法律事業畸形發達外，其他學術文化事業嚴重萎縮。典籍的殘損給後人研究先秦歷史文化帶來嚴重影響。而且，「書籍被燒殘，其實還在其次，春秋末葉以來，蓬蓬勃勃的自由思索的那種

---

19 柳詒徵：《中國文化史》，289-290 頁，上海，東方出版中心，1988。
20 《史記·太史公自序》。
21 林劍鳴：《秦漢史》上冊，149 頁，上海，上海人民出版社，1989。
22 《史記·秦始皇本紀》。

精神，事實上因此而遭受了一次致命的打擊」[23]。

4.秦皇朝維護統一的政策法令起到的效果是表面的，並沒有解決人們的思想問題。當時實際上新與舊的鬥爭很激烈，在社會心理上表現為舊的拖住新的，死的拖住活的。丞相王綰等大部分朝臣贊成分封制、淳于越在朝堂公開頌揚商周分封之制而非議新政、隕石上有人刻寫「始皇帝死而地分」等事實都說明舊的習慣勢力很強大。秦始皇之所以要焚書坑儒，最根本原因是要抹掉人們的歷史記憶，從根本上消弭反抗意識。可惜事與願違，當反秦烈火席捲神州大地之時，六國舊貴族大多得到擁戴，乘時而起，成為反秦鬥爭的主力。甚至到劉邦建漢之時，還不得不向傳統勢力妥協，實行郡國並行制度，對六國後裔和軍事領袖用封王的手段進行籠絡。

漢代的文化政策，以武帝「罷黜百家，獨尊儒術」為正式確定的標誌。它對文化事業和社會歷史的影響比之秦代有諸多不同：

1.漢武帝「罷黜百家，獨尊儒術」，秦始皇「焚書坑儒」，目的都是實現思想的統一，在本質上並無二致。但在手段上，二者卻有很大不同。漢武帝用政權的力量扶持一種學說，以祿利作誘餌使社會形成習儒風氣，讓其他思想學說自然衰息，比秦始皇對民間學術活動強令禁絕、嚴酷鎮壓的作法要高明得多。從實踐效果看，二者更不可同日而語：秦始皇的高壓，造成文化事業的蕭條，也激起了激烈的反抗鬥爭；武帝之舉，卻調動起人們的高度熱情，促使士人民眾同心同德地為大一統政權建功立業，形成文化全面繁榮的局面。

2.儒家學說強調由親親及尊尊，以放大血親聯繫的方法，維護封建社會的等級金字塔結構，十分適合鞏固大一統政權建設的需要。漢武帝崇儒本身反映了當時鞏固大一統政治體制的客觀需要，適應了當時歷史發展的要求，也建立了中華民族長期統一的牢固思想基礎，具有深遠的歷史影響。

當然，在以一種思想為主導時，排斥其他思想學說，有很大的弊端。實行

---

23 《郭沫若全集》(歷史編) 第 2 卷，445 頁，北京，人民出版社，1982。

「罷黜百家，獨尊儒術」政策，符合當時統一意識形態的要求，起到了促進大一統政權建設的積極作用。但是儒家思想的獨尊，限制了人們思想的自由發展，影響了民族思維與民族創造力的正常發揮，也造成了民族封閉性心態，妨礙了對外來優秀思想文化的吸收，造成了嚴重後果。當腐朽沒落的封建統治者把它作為苟延殘喘的救命法寶時，更顯出它消極有害的一面。顧頡剛先生之言：「……換句話說，學術的道路從此限定只有經學一條了。這比之始皇的以高壓手段統一思想還要厲害。兩千餘年來沒有生氣的學術思想就在這時行了奠基禮。」[24]道出了要害所在。

3.「罷黜百家，獨尊儒術」後，形成以儒家思想為主導的漢文化。這種基本格局，作為中華民族文化的最大特色，保存兩千餘年。我們將在第二章集中對此進行論述。

4.漢武帝提倡儒家學說，重視教化的功用，卻沒有忘記以刑立威。在興太學，修郊祀，改正朔，定曆數，協音律，作詩樂，建封禪，禮百神的同時，對外大用甲兵，對內放縱酷吏，實行的是恩威並施的兩手政策。這一施政要訣為後來帝王繼承，漢宣帝之言：「漢家自有制度，本以霸王道雜之。」[25]是最好的表白。一張一弛的為治之道在武帝、昭帝、宣帝的執政上表現明顯，且效果顯著。他們同樣雜霸王道而用之，但側重點有所不同。武帝在文景時期多年實行寬弛政策之後，任用酷吏，以猛為治，大刀闊斧地解決了好多長期積存下來的社會問題。昭帝時霍光秉政，去武帝奢靡極弊，及時調整政策，在尊儒的同時，兼採黃老之學，務在安靜養民，緩解了日趨激化的社會矛盾。宣帝前期繼續休養民力，後期則漸於儒術中雜以刑名，勵精圖治，取得了新的歷史成就。

5.漢興以來適當的政治與文化政策，產生了積極的社會效果，時人逐步培植出對大漢政權的深厚思想感情，與秦朝時人們「時日曷喪，予及汝偕亡」式的怨恨情緒形成強烈對比。不但班固這樣的正宗史學家有宣漢的自覺使命感，就連司

---

24 顧頡剛：《秦漢的方士與儒生》，64頁，上海，上海古籍出版社，1978。
25 《漢書‧元帝紀》。

馬遷、王充等以異端著稱的思想家也把宣傳漢家的功德，看作自己義不容辭的責任。讀罷《史記》、《漢書》、《後漢書》，人們很容易從劉向、朱雲、陳蕃、范滂及太學生群體的事蹟中體味到士大夫階層對漢政權的真誠的愛戴。「邪徑敗良田，讒口亂善人，桂樹華不實，黃爵巢其顛，故為人所羨，今為人所憐」[26]這樣的民間謠諺，又生動反映了普通民眾對漢室的深深眷戀。正是漢人的銳意進取精神，與對大漢多民族國家的自豪感、責任心，形成勢不可當的偉大力量，創造了漢文化的輝煌。

---

26 《漢書・五行志》，此謠諺流行於成帝末年，桂樹喻漢室，黃爵喻王莽。

# 第二章

## 多民族共同創造
## 的燦爛文化

　　秦漢是我國文化繁榮發展的歷史時期。在統一多民族國家裡，各族人民共同奮
鬥，創造了燦爛的文化成果。這一時期的文化特徵主要表現為：氣吞山河的豪邁氣
勢、多元文化匯成的巨流和以儒家思想為核心的漢文化成為中華文化主體等幾個方
面。秦漢文化與秦漢制度一樣，在中國歷史上有著特殊的地位，它為封建文化的發展
奠定下堅實的基礎，也大體確定了中國封建文化的基本走向。

# 超邁往古
# 的恢弘氣勢

　　秦漢建立的大一統政權，本身就是歷史上的驚人創舉。「秦王掃六合，虎視何雄哉！」連後人面對這樣的滄桑巨變，都忍不住發出如此感慨。處於奇蹟般崛起的泱泱大國之中，君臣百姓滋生出雄視千古的自豪感，再化為大氣磅礴的文化成果，是很自然的。

　　秦漢文化的豪邁氣勢集中表現為銳意進取、疏獷開闊的時代精神。

　　秦始皇、漢武帝在歷史上以罕見的雄才大略著稱，他們豪邁的性格和進取的精神既是時代面貌的集中體現，又對一代風情施加了重大影響。秦始皇統一六國後，仍夙興夜寐，勤於政事。「六合之內，皇帝之土。西涉流沙，南盡北戶。東有東海，北過大夏。人跡所至，無不臣者。功蓋五帝，澤及牛馬。」「烹滅強暴，振救黔首，周定四極。普施明法，經緯天下，永為儀則。」[1]……這些巡視全國留下的刻石，表露出他睥睨千古、雄視八荒的氣魄。漢武帝好大喜功，常以為天下事不足為。在位之時「……百蠻是攘，恢我疆宇，外搏四荒。武功既抗，亦迪斯文，憲章六學，統壹聖真」[2]，正因為「上方欲用文武，求之如弗及」，才形成

---

1　《史記·秦始皇本紀》。
2　《漢書·敘傳下》。

「群士慕嚮，異人並出。卜式拔於芻牧，弘羊擢於賈豎，衛青奮於奴僕，日磾出於降虜，斯亦曩時版築飯牛之明已。漢之得人，於茲為盛，儒雅則公孫弘、董仲舒、兒寬，篤行則石建、石慶，質直則汲黯、卜式，推賢則韓安國、鄭當時，定令則趙禹、張湯，文章則司馬遷、相如，滑稽則東方朔、枚皋，應對則嚴助、朱買臣，曆數則唐都、洛下閎，協律則李延年，運籌則桑弘羊，奉使則張騫、蘇武，將率則衛青、霍去病，受遺則霍光、金日磾，其餘不可勝紀。是以興造功業，制度遺文，後世莫及」[3]的繁榮景象。

建功立業，大有作為，實際上已成為當時人普遍的心聲。張騫開通西域，李廣父子幾代奮擊匈奴，班超投筆從戎揚威邊陲，宮女王嬙隻身遠赴朔漠擔負和親重任，都是這種時代精神的典型體現。當千軍萬馬慷慨高歌奔赴沙場之時，幾乎每個戰士胸中都激蕩著以身許國、封妻蔭子的豪情。只有在這樣的氛圍下，才能有「匈奴未滅，何以家為」這樣的豪言，才能有以戰死沙場、馬革裹屍為榮的壯舉。

當時的帝王個性各異，但大多具有容人的雅量。漢高祖朝政簡易，不擺帝王架子，甚至可以騎在周昌身上問他：我何如主也？當聽到周昌稱他是桀紂之主時，竟開懷大笑。文帝入細柳營，屈帝王之尊以伸周亞夫軍威。成帝時朝臣經常上疏，直陳其施政過失，甚至指他為亡國之君，還能得到他的讚揚。出現這樣的事例，一方面說明當時君尊臣卑遠不如後世那樣嚴格，另一方面也生動反映了當時粗獷豁達的時代風氣。

秦漢文化超邁往古的氣勢，在文學藝術領域有最充分的體現。

漢代大賦波瀾壯闊，堪稱中國文學史上的奇觀。它體制宏大，篇幅一般都在千言以上。班固的《兩都賦》近五〇〇〇字，張衡作《兩京賦》，歷十年乃成，長達七七〇〇字。在鴻篇巨製之中，作者充分發揮想像力，用鋪陳誇張的手法，狀寫大一統帝國的宏功偉業、大千世界的豐富品類、祖國山川的秀麗壯美，給人

---

3　《漢書・公孫弘卜式兒寬傳》。

們以雄渾壯闊的美的享受。

其他文學作品，也時時讓人感受到不凡的氣度。武帝的詔書：「朕獲承至尊休德，傳之亡窮，而施之罔極，任大而守重，是以夙夜不皇康寧，永惟萬事之統，猶懼有闕。……欲聞大道之要，至論之極。」[4]形象具體地傳達出了武帝開闊的胸襟和深邃的目光。就連流氓氣十足的漢高祖劉邦在酒酣耳熱之際，也能唱出「大風起兮雲飛揚，威加海內兮歸故鄉，安得猛士兮守四方」[5]這樣慷慨豪壯的歌詞。

兵馬俑

藝術作品具有質樸、雄渾、壯麗、偉岸的特點：粗獷壯觀的秦宮壁畫、古樸厚重的摩崖刻石、「覆壓三百餘里，隔離天日」的阿房宮、陣勢威武一往無前的兵馬俑，都是秦風漢韻的生動體現。秦長城西起臨洮，東至遼東，綿延萬里，如巨龍逶迤穿行於崇山峻嶺，成為人類建築史上最偉大的奇蹟。

秦漢思想學術的累累碩果，得之於偉大時代之賜，是新生地主階級充滿自信心的體現。

賈誼在雄姿英發的青年時代，便將天下興亡大勢裝在胸中，寫出《治安策》這樣奪人心魄的宏偉篇章。揚雄「以為經莫大於《易》，故作《太玄》；傳莫大於《論語》，作《法言》；史篇莫善於《倉頡》，作《訓纂》；箴莫善於《虞箴》，作《州箴》；賦莫深於《離騷》，反而廣之；辭莫麗於相如，作四賦。皆斟酌其

---

4 《漢書‧武帝紀》。
5 《史記‧高祖本紀》。

本，相與放依而馳騁云。」[6]要以個人力量，作盡天下最好文章。劉向、劉歆父子以《別錄》、《七略》總古今之藝文；鄭玄遍注群經，匯通今古文經學；班固不慍不火，從容不迫，將西漢一代盛衰大勢娓娓道出；董仲舒建構恢弘的宇宙體系；司馬遷寫出牢籠天地的歷史著作；王充問孔刺孟求真求實的理論探索……都是中國歷史上稀見的文化成果，是只有在秦漢的廣袤天宇中才能出現的群星燦爛的景觀。

最能代表時人博大學術情懷的，莫過於探問宇宙秘密的理論勇氣。當時的人們對於生活於其中的世界充滿了疑問，力圖弄清人類社會在宇宙中的位置，對於現實問題，也習慣於放在天命人事這樣廣闊的背景下來思考。司馬遷在《史記》中提出「究天人之際，通古今之變」，其實這是有識之士最關注的時代中心課題。公孫弘在對策中也提出同樣問題，並作出「天德無私親，順之和起，逆之害生。此天文地理人事之紀」[7]的結論，劉向認為：「和氣致祥，乖氣致異，祥多者其國安，異眾者其國危，天地之常經，古今之通義也。」[8]他們都能從大處著眼，作出帶根本性的回答來，可見理論氣魄之一斑。而且把天命與人事統一起來，既講天命的決定作用，也講人能以行感天，強調了本階級的力量。董仲舒論證「《春秋》大一統者，天地之常經，古今之通誼也」[9]，把大一統封建秩序與永恆的宇宙規律視為一體，表露出新生地主階級對所從事事業的信心。司馬遷在神秘主義充斥思想界之時，衝破天人合一思想體系，用具體史實論述天、人可以分開，天有時對人事無能為力，人的行為可以改變歷史進程；歷史是在變化中發展的，其發展有規律可循。在當時這是石破天驚之論，在中國思想史上產生了深遠的影響。

東漢末年，人們的理論興趣轉向對綱常名教的論證，雖然更貼近社會現實，但眼界縮小了，理論氣魄也銷蝕了。「無可奈何花落去，似曾相識燕歸來！」漢代社會已走到盡頭，隨之而來的是長達數百年的動盪歲月。三國兩晉南北朝人只

---

6 《漢書·揚雄傳贊》。
7 《漢書·公孫弘卜式兒寬傳》。
8 《漢書·楚元王傳》。
9 《漢書·董仲舒傳》。

能從書本上追尋歷史上的輝煌，感歎生不逢時了。

## 第二節·
# 多元文化的匯合

　　秦漢時期的思想文化，總體上表現為由多元而統一的走向。所謂由多元而統一，首先指隨著大一統政權的建立，秦、晉、齊、魯、楚等區域文化逐漸融為一體，同時匈奴、羌、夷、百越等少數民族文化與華夏各民族文化也互相滲透、結合，在此基礎上形成以漢文化為主體的統一的多民族文化。其次指此時承百家爭鳴之餘緒，在法家、黃老各領風騷之後，儒家文化取得獨尊地位。這種文化格局一直保持到近代。

　　秦掃平六國，建立多民族國家，通過一系列鞏固統一的措施，使「車同軌，書同文，行同倫」，戰國時諸夏獨立的地區文化交匯融合，一些少數民族文化也被挾裹進來，形成統一的文化巨流。漢武帝「獨尊儒術」，為文化的統一奠定下牢固的思想基礎。在這些措施的推動下，秦漢文化表現出總體性的統一特色：秦尚武精神擴散到全國各地，楚俗好鬼神的習俗與齊人陰陽五行學說合流，演為兩漢神秘主義瀰漫的精神世界，魯人習禮義的風氣，更成為中華民族最值得誇耀的優良傳統。

　　當然，思想文化的定於一併不意味著形成了鐵板一塊，而是在統一中仍活躍著多元文化的因子。這個「一」中的「多」，構成秦漢文化瑰麗多彩的斑斕世界。對此，可以從幾個層面來認識：

第一，在統一多民族文化中，各民族和各區域文化，仍以自己的特色，在為秦漢文化增光添彩。可以設想：如果沒有西域的音樂歌舞，沒有匈奴鮮卑的青銅雕刻，沒有西南少數民族的棉麻織品，秦漢文化會減色多少？

秦漢時期實行了文化的統一，但並沒有消滅地區和民族的文化差異。許多少數民族仍保留著自己的民族心理與民族習慣。如哀牢夷「種人皆刻畫其身，像龍文，衣皆著尾。……皆穿鼻儋耳，其渠帥自謂王者，耳皆下肩三寸，庶人則至肩而已」，冉駹夷「其王侯頗知文書，而法嚴重。貴婦人，黨母族。死則燒其屍。……皆依山居止，累石為室，高者至十餘丈，為邛籠。」[10]漢族不同地區也不同程度地保留著各自的習俗。《漢書·地理志》對此作了詳盡的介紹。如周地「巧偽趨利，貴財賤義，高富下貧，喜為商賈，不好仕宦」。韓地「土陿而險，山居谷汲，男女亟聚會，故其俗淫」。定襄等地「其民鄙樸，少禮文，好射獵」。魯地「其民有聖人之教化……好學，上禮義，重廉恥」。

第二，在儒家思想指導下各文化領域全面繁榮。儒家以積極有為為特色，主張興禮樂、行教化，通過全面的社會建設，以躋絕王道之境。漢武帝獨尊儒家學說，適應了社會的需要，形成以儒家為主體的文化格局，促進了文化事業的

熹平石經

---

10 《後漢書·南蠻西南夷列傳》。

發達：經學作為主流學術正式立為官學，由國家扶植其發展，形成中國學術的特殊系統。哲學方面有董仲舒適應大一統封建制度的需要，建立天人合一的思想體系；有司馬遷「究天人之際，通古今之變」的理論探索；有王充、王符、仲長統以唯物主義為特色的理性思考。史學方面有司馬遷以「成一家之言」的魄力，撰成《史記》這一代表傳統史學最高成就的不朽鉅著；有班固以縝密體系構建封建史學範本，完成封建史學與封建政治結合的歷史使命；有在政府組織下，集數代學者心血而成的《東觀漢記》；有荀悅撰寫的《漢紀》，進行振興編年史體的努力。文學方面有《史記》、《漢書》取得中國史傳文學的最高成就；有司馬相如、班固、張衡以鋪陳踔揚的大賦抒寫一代騷人的豪邁情懷；有《孔雀東南飛》這樣的樂府詩歌傾訴民眾的兒女情長；有《古詩十九首》這樣獨步千古的五言絕唱。藝術方面有雄渾質樸的霍去病石雕群；有神采飄逸的馬踏飛燕；有薄如蟬翼的素紗禪衣；有端莊凝重的《熹平石經》；有內容豐富的和林格爾漢墓壁畫。科學技術領域有對宇宙結構的研究探索；有《太初曆》、《三統曆》、《乾象曆》的先後問世；有演示天體運行的渾天儀的發明創造；有世界上最早的地震儀的出現；有《傷寒雜病論》被奉為中醫學經典；有華佗在全身麻醉狀態下成功進行的外科手術。儒家文化的創造力量得到充分展示。

　　第三，在「獨尊儒術」的大背景下，道、法、陰陽諸多學派仍在頑強發展，保存著自己的生存空間，道教的創立和佛教的傳入，對中國思想走向產生了深刻影響。尊儒後，法家思想仍在統治者心目中居重要地位，「以霸王道雜之」，是漢代的根本國策。陰陽家學說被儒家吸收，在社會政治領域，陰陽五行說常顯示出獨特的作用。道家知足常樂的思想，仍被相當一部分士人奉為處世準則，士人常徘徊於出世與入世之間，難於作出「兼濟天下」，還是「獨善一身」的選擇。道家的許多思想還為道教的創立提供了豐富的養料，道教這一中國土生土長的最大宗教，正誕生在儒術獨尊之時。佛教的傳入，給中國的善男信女帶來了新精神寄託。從東漢初年傳入，東漢末初步發展，佛教在教義教規中國化方面作了最大努力，穩穩地在中國大地上站住了腳跟。

　　第四，在儒家內部，存在著不同流派、不同思想主張的分歧與鬥爭。內部的矛盾鬥爭是事物發展的內在動力，漢代儒學的發展與不同流派之間鬥爭的促進有

關。從大的方面看，經學存在著今文、古文之間的鬥爭；從小的方面看，不同經典之間存在著地位之爭，同樣的經典又存在著師法不同和家法不同之爭。由於儒學的特殊地位，這些矛盾和鬥爭往往與社會政治緊密相關，對社會文化也有相當大的影響。兩漢政府為調解內部分歧，曾召開鹽鐵會議、石渠閣經學會議、白虎觀經學會議，取得了一些值得注意的成果。鹽鐵會議對昭帝、宣帝施政方針有決定性的影響；白虎觀會議的總結《白虎通義》，成為封建社會的法典性文獻。許慎、鄭玄等經師在總結經今古文之爭方面，作了很多工作。鄭玄以自己的努力，將今古文混合起來，成為集大成的學者，將經學導入一個新的境地。

在秦漢文化史上，統一規定著文化的基本方向和內容形式，對於各文化因子發揮的主要是積極作用；而構成統一的多種元素，又豐富了統一的內涵，決定了統一的規模與成就，並促進統一向更高水準發展。

## 第三節 ·
# 中華主體
# 文化的形成

此處所言中華文化的主體，是指在多民族組成的中華民族大家庭中，漢民族作為最大的民族，居於主體地位；漢民族形成後，中華文化便以漢文化為中心，以自己獨特的面目出現在世界文化舞臺上。在漢民族形成的漢代，儒家思想取得了獨尊的特殊地位。於是，隨著漢民族的形成和儒家思想的獨尊，便確立了以儒家思想為核心的漢文化作為中華文化主體的格局。

漢族是原來居住在中原而以農業生產為主要經濟生活的一些民族、部落融合起來而成的人們共同體。夏、商、周時期，中原各部族經逐步發展，陸續邁入文明社會的門檻，當時它還沒有總的正式的名稱，一般稱之為華夏或諸夏。西周、春秋時，除周王室作為名譽上的中央政權之外，諸夏以諸侯封國的形式，形成許多獨立的民族國家。這些民族國家在政治、經濟、文化各方面都領先於周邊的其他各族。在發展過程中，它們通過各種形式的交往，慢慢走向融合，同時也將周邊一些民族吸收到華夏民族隊伍中來。

「戰國時，民族融合以更深的程度、更廣的範圍、更快的速度繼續發展。東北方的燕國使遼河、海河流域各族逐步融合進了華夏民族。自稱『蠻夷』的楚族，縱橫於漢水、長江流域，成為華夏民族在南方的主要分支。西方秦國經商鞅變法，進一步吸收、繼承和發展了華夏文化，後來居上，一躍而成了華夏民族重要的分支。於是原來分散的華夏民族相對集中，分別形成了東以齊，西以秦，南以楚，北以趙、燕為代表的四個分支，朝著民族統一的方向邁進了一大步。」[11]戰國以來，結束長期戰亂狀況，走向全國統一，成為人們的普遍願望。而通過政治的統一，完成民族融合，實現華夏民族的統一，也正是順理成章之事。這個歷史使命，由秦漢大一統政權承擔起來，並圓滿完成。

「秦漢皇朝各種有利於統一的措施，以及秦漢時期所宣揚的大一統思想，都為華夏族向漢族轉化提供了物質的和政治的條件，而促進其完成。《禮記‧中庸》：『今天下，車同軌，書同文，行同倫。』這說的當是漢代的情況。這是在國家統一、民族統一的條件下，在經濟生活、文化生活、社會生活等方面所反映的統一性。由分散到統一，正是由華夏族向漢族轉化的重要步驟。」[12]

華夏族發展、轉化為漢民族的標誌是漢族名稱的確定。初步使華夏統一的秦朝，雖有「秦人」的族稱，但因享國短暫，沒有產生很大的歷史影響。漢皇朝從西漢到東漢，延續四百餘年，國勢強盛，聲威遠播。在與周邊少數民族及中亞、

11 白壽彝總主編：《中國通史》第 4 卷，128 頁，上海，上海人民出版社，1995。
12 同上書，129 頁。

西亞、東亞諸國的各種形式交往中，「漢」在作為國名的同時，逐漸也被他族他國認作族名。而認作族稱的情況，歷三國兩晉南北朝隋唐一直延續至今。著名史學家呂思勉先生說：「漢族之名，起於劉邦稱帝之後。昔時民族國家，混而為一，人因以一朝之號，為我全族之名。自茲以還，雖朝屢改，而族名無改。」[13] 這一論斷是有科學性的。

大體說來，從秦完成華夏族的統一，到漢代漢族名稱的確定，漢族的形成與中國封建統一國家的形成是同步的。由於漢族占有中原最富庶廣袤的地域，擁有最眾多的人口，尤其在生產力發展程度、政治經濟制度以及文化總體水準等方面長期領先於其他少數民族，所以它自形成之時起，就成了中華民族的主體。

在中國統一多民族國家中，漢族與各少數民族在共同發展，但具體演進形式則表現出複雜、多樣性的特點。從民族關係角度來看，漢族與少數民族之間、少數民族與少數民族之間，有交好也有戰爭，但主流是通過交往促進相互關係的發展，也促進各自的發展，從而共同走向繁榮。從民族的分化組合來看，個別少數民族的群眾，以至整個民族融入漢族中來，是常見的情況；漢族群眾加入到少數民族行列的事例，也經常發生。從政權組織來看，漢族統治階級建立政權，實施對全國的統治與管理，占的時間比較長；少數民族統治者占據半壁河山，甚至入主中原，統領全國的局面也不斷出現。從歷史進程來看，雖然存在著由於戰亂或反動統治者倒行逆施，包括個別生產方式落後於中原的少數民族統治者奪取全國統治權，所導致的發展過程中斷，甚至暫時倒退的情況，但峰迴路轉，歷史潮流仍滾滾向前。從文化意義上考察這些紛繁的歷史現象，有兩點認識是根本性的：其一，中國歷史上，各民族發展水準很不平衡。從秦漢到近代，不斷有新的民族崛起，有不同的民族告別蒙昧，從野蠻走向文明，經過封建化過程，趕上中華民族共同發展的腳步。其中，以漢文化為代表的先進文化起了示範表率作用，起了核心凝聚作用。其二，中華民族文化是絢麗多彩的，各少數民族獨特的文化豐富了中華文明的內涵，推進了中華文明的發展。它們以自己的特殊文化營養，滋育

---

13 呂思勉：《先秦史》，22 頁，上海，上海古籍出版社，1983。

著中華文明這棵參天大樹。

儒家思想是在華夏民族文化積累和華夏社會心理基礎上形成的。經過自身的發展和社會的選擇，它成為中國封建社會的統治思想，成為中國封建文化的核心，對漢民族乃至整個中華民族文化的發展產生了決定性的影響。

儒家文化引導中華民族文化走向的開端，是漢武帝時期「罷黜百家，獨尊儒術」政策的實行。而這一政策的形成，有著深刻的社會歷史背景，是長期探索選擇的結果。

儒家學說偏重倫理道德。它以仁愛為本，提倡用反求諸己和道德約束的辦法使天下歸仁，建立理想的社會關係；為達到這一境界，必須健全禮制，而尊卑有序的禮制秩序是由親親及尊尊，用擴大血緣親情的方法建立起來的；天地間最貴重的是人，人承擔著改造自己也改造社會的重任；使全社會的人都意識到自己的崇高職責，明白怎樣去履行自己的職責，即進行教化，是政府的最主要職能。儒家學說從孔子創立後，其內容要點在社會實踐中不斷得到充實與調整。戰國末期的荀子，根據社會發展的現實，對儒家進行重大改造。在講仁義道德的同時，突出強調禮的作用，並引入法的概念，把孔、孟的以內省為主，改換成對外在行為的強制性要求，即由重「內聖」變為重「外王」。荀子的學說以「法後王，統禮義，一制度，以淺持博，以今持古，以一持萬」[14]為基本宗旨，與中國封建專制制度有天然的契合關係。

初建大一統政權的秦皇朝，選擇法家為指導思想，因過於蔑視人的自然性情導致失敗。漢初的黃老之學，雖然吸收了儒家的德政說，但自身的因循性，形成了與王道政治的間隔。它無力證明大一統國家制度的合理，也無力調動民眾的積極性，與之共創歷史的輝煌。儒家學說與封建制度結合起來，為封建社會的存在，樹起了牢固的理論支點；為它的鞏固與發展，確立了合適的指導思想。同時，儒家思想也找到了生存與發展的廣闊空間，由思想學說擴展為整體的文化形態。

---

14 《荀子·儒效》。

漢代統治者尊崇的儒術，是由董仲舒改造又經封建統治者不斷修改補充的新學說。董仲舒根據大一統政權的現實需要，自覺承擔起建立與封建政治體制相結合的封建思想體系的任務，將陰陽五行之說援入儒學，創立了以天人合一宇宙觀為核心的新儒學。西漢宣帝與東漢光武帝、章帝等帝王幾次組織力量，充實完善了這一新儒學體系。

它的中心內容有二：

一是大一統理論和與之密切相關的君權神授政治學說。董仲舒以世間的封建皇朝對應上帝的永恆天國，為封建等級制度的萬世一系找到了合法的根據，所以他把大一統視為宇宙的根本法則。大一統說在封建政治中居特殊位置。在長期的中國歷史上，統一的封建皇朝把大一統視為政治成就的最高標誌，分裂的皇朝則把實現統一作為最重要的政治目標。中國自秦統一以來雖歷盡滄桑，但統一多民族國家形式一直保持至今，與此有直接關係。董仲舒論述宇宙以上帝為最高主宰，皇帝是上帝派到人間的代理人。上帝對人間的政治狀況滿意，就會降下符瑞表示他的歡欣；如果不滿意，就會降下災異，表示他的憤怒。如果面對上天的警告，皇帝仍不悔改，上帝便取消他的統治資格，另選新的代理人以取而代之。上帝對人間歷史的演化規定為三統循環的模式，即政權的統治體系按黑、白、赤三個統系的順序輪迴。一個政權被上帝取締，代之而起的另一個政權，必須是依次得統系之正者，否則因為其統治沒有合法依據，便一定不會長久。這個所謂的正統之辨，成為封建政治的核心問題，有著久遠而深刻的歷史影響。另外，封建皇朝為維護專制政體而設置的朝章國制，也基本是以儒家學說為依據建立起來的。正因為儒家政治理論緊緊把握了封建政權存在的關鍵，所以無論是玄學奪儒家講席也好，儒、道、釋三家並重也好，歷代統治者從來沒有在政權統治思想上捨棄儒學而另起爐灶。

二是三綱五常的倫理道德學說。新儒家的倫理觀繼承孔、孟傳統，以血緣關係為根本出發點，又拉來宇宙法則作為依據，具有不可動搖的權威性。董仲舒把「仁、義、禮、智、信」等「五常」作為人們修養的自覺要求，也提到了規定君臣父子夫妻之間尊卑關係的「三綱」。《白虎通義》進一步從眾多倫理原則中明

確抽繹出「三綱六紀」作為人世的普遍法則。「三綱者何謂也？謂君臣父子夫婦也。六紀者謂諸父兄弟族人諸舅師長朋友也。故《含文嘉》曰：『君為臣綱，父為子綱，夫為妻綱。』又曰：『敬諸父兄，六紀道行，諸舅有義，族人有序，昆弟有親，師長有尊，朋友有舊。』」[15]「三綱六紀」建立起個人無所逃於其間的網路。從上往下看，中央政府的觸角一直深入到每個家庭；從下往上看，每個人都需自覺承負由家到國對個人行為的道德規定。這樣的倫理規定，具有兩重性效果。從統治者或社會角度看，它有維護社會秩序，保持社會穩定的作用。從被統治者或個人角度看，它有以禮讓調整人際關係，建立尊老愛幼和諧秩序的作用，也有束縛個性，禁錮思想的弊端。應該說在封建社會上升時期，它的積極作用是主要的，在封建社會沒落時期，它更多地表現出消極反動的一面。

儒家學說演進為文化形態，經過了一個歷史過程，推進這一歷史過程的，既有儒家抓住機遇，順時應變，為充實內涵、擴展外延而作的不懈努力；也有封建政府在認識到儒學特殊作用後，所作的大力倡導。

兩漢政府確立以儒學為主導思想後，在鞏固儒學地位，擴大儒學影響方面作了持久的努力。中央政府將儒學立為官學，每經設博士官專掌，招收博士弟子傳授其學。地方政府從郡國到鄉里，也分別設置儒學教授系統。全國的教育都以儒學為核心內容。在各級政府的職能中，以儒家學說對百姓進行教化居於相當重要的地位。中央政府在與少數民族地方政權交往過程中，十分強調以夏變夷，用先進的儒家文化推動其文明的腳步。一些邊遠地區的行政長官則努力把倫常禮義推行到未開發地區。任延東漢初為九真太守，時「駱越之民無嫁娶禮法，各因淫好，無適對匹，不識父子之性，夫婦之道。延乃移書屬縣，各使男年二十至五十，女年十五至四十，皆以年齒相配。……其產子者，始知種姓。咸曰：『使我有是子者，任君也。』」[16]這是通過教化改變落後習俗的典型事例。當時周邊新興各族也都對以儒家思想為主體的漢文化十分仰慕。華夏文明顯示出獨有的向心力與凝聚力。中國以禮儀之邦的美名享譽世界，正是儒家文化長期教育、規範

15 《白虎通義·三綱六紀》。
16 《後漢書·循吏列傳》。

的結果。

儒家文化在演化過程中不斷吸收其他各家學說包括道教、佛教的思想營養，充實和發展自己。它潛移默化地影響了中國文化獨特面目和中華民族特有心理的形成。

儒家學說的「政治倫理內容與實踐理性精神，深深地影響著中國文化的類型與走向。中國文化與西方文化相比，不但類型不同，而且特點與走向也不相同。西方文化重視抽象和思辨，善於發揮感情，向外求索，追求個體滿足；中國文化長於實踐理性和內省含蓄，提倡群體和諧，注重人際關係和道德修養，而倫理學說往往染有濃厚的政治色彩。西方文化導致了人的個性自由與民主政治；東方文化導致了宗法家庭關係的相對穩定與社會的專制政體。西方文化刺激了個人主義、自由主義的發展以及強烈的物質追求；東方文化則培養了許多溫情脈脈的人倫美德和與政治社會息息相關的精神文明。」[17]

張岱年先生認為儒家所倡導的「自強不息、厚德載物」構成了中華民族共同心理的核心內容。他說：

自強不息涵蘊著主體性的自覺。厚德載物顯示著以和為貴的兼容精神。自強不息，從個人生活來說，就是努力前進、永不休止。……從民族關係來說，自強不息即是堅持民族獨立、保衛民族文化，決不屈服於外來侵略。……孔子亦反對向外侵略，認為對外應該是「遠人不服，則修文德以來之，既來之，則安之」。孔子的這些思想是開創愛國主義的優良傳統。後來各族歷史上都湧現了不少為了保衛民族主權而英勇鬥爭的民族英雄。

厚德載物就是以寬厚的態度兼容不同的事物，也即以和為貴的兼容精神。中國自古以來，強調「和」的價值。……「和」的觀念是中華民族團結融合的精神基礎。

17 趙積惠、郭厚安、趙馥潔、潘策主編：《中國儒學史》，78-79 頁，鄭州，中州古籍出版社，1991。

在中國的悠久歷史上，有兩個與其他國家或地區不同的特點，第一，不同的宗教彼此兼容、並存共處，從來沒有發生過宗教之間的武力衝突。第二，中國向來不主動向外擴張，長城便是對外採取防禦措施的象徵。

……多教之間，各不相犯。這與歐洲和印度的情況大不相同。這是厚德載物的相容精神的顯著表現。因此，各族之間，雖然宗教信仰不同，但依然能夠相互團結。

張岱年先生的另一段論述可以作為本章的結束語：

二三千年來，中原文化在中國大地上一直居於統治地位，而且傳播到東亞各地區，構成所謂「東亞文化圈」。這是外國人都承認的事實。在長期歷史上占統治地位的儒學，不但影響到國內各民族，而且也影響到東亞各鄰國，這也是不爭的事實。[18]

---

18 張岱年：《文化論》，68-69 頁，石家莊，河北教育出版社，1996。

# 第三章

# 文化衝突
# 與論爭

　　秦漢文化總體上是由多元走向統一。不論是統一前的多元並存，還是構成統一的多種文化因子，都存在著衝突與鬥爭。按照辯證唯物主義觀點，衝突與論爭是文化發展的重要原因。正常的論爭會導致對問題認識的深化；論爭對象的咄咄逼人和論爭的客觀需要往往會促進自身的發展，成為提升自我的內在動力；在論爭中，有生命力的文化流派會從對方的思想觀點中，吸取很多有益於自身發展的營養。中國學術文化有著經世致用的優良傳統，思想文化問題往往與現實社會政治、經濟諸問題有緊密的聯繫。在秦漢時期的文化論爭中，我們經常可以看到上述兩種情況。

## 第一節 ·
# 師今還是學古

　　秦從商鞅變法以來，以法家路線治理國家，逐步走上富國強兵之路，最終滅六國而成一統。大一統政權建立之初，迫切需要確立與封建政治制度相適應的統治思想。當時的人們對這樣的根本性問題進行了思考，是堅持商鞅以來的既定方針，嚴刑峻法以治國馭民，還是改變政策，行德教以收民心？秦朝君臣就此展開了激烈的爭論。這個爭論，主要表現為儒法之爭。爭論的結果是沿用法家路線的思想占了上風。秦始皇不懂得剛柔相濟，一張一弛的為治之理。他認為明法是統一天下和建立大一統秩序的關鍵，當天下已定，民眾渴望休養生息之時，他用暴政把民眾推進深淵，也把新生的大一統政權送入火海。

　　法家認為學識才智是貧弱敗亂的根源，不希望被統治者有獨立的思考，特別欣賞愚民政策，而民眾掌握歷史知識，對於他們來說尤其感到不能容忍。從商鞅所云「民不貴學則愚，愚則無外交，無外交則勉農而不偷」[1]，韓非所云「事智者眾則法敗，用力者寡則國貧，此世所以亂也。故明主之國，無書簡之文，以法為教，無先王之語，以吏為師」[2]等言語中，可以清楚看出法家對知識傳播的恐懼。儒家則把教育民眾看成政府最重要的職能，看作決定社會治亂安危的關鍵環節。認為只有人人懂得禮義廉恥，自覺約束自己的行為，才會由民安導致國治，

---

1　《商子·墾令篇》。
2　《韓非子·五蠹篇》。

強硬手段只能使人畏懼，不能使人心服，而民心的向背決定著政權的興亡。

法家的社會主張是「不別親疏，不殊貴賤，一斷於法」。在建立和整頓社會秩序時樹立「尊主卑臣」，「分職不得相逾越」[3]之勢，用嚴刑峻法保證社會機制的運行，確實有顯著的作用，法家的主張有合理性的一面。當秦面對六國初平，天下擾攘的混亂局勢時採用強制手段以建立統一的秩序，應該說是一種必然的歷史選擇。但在統治秩序建立之後，要想解決長治久安問題，就必須改變政策，施仁政以休養民力，通過思想教育調動起民眾的熱情，同心同德地參與新生政權的建設。在這方面儒家思想顯示出它特有的長處。

為推行社會改良主張，掃清舊的思想障礙，法家一般強調今勝於古，歷史是在變化中發展的歷史觀，思想具有進步性。對於歷史和現實，他們採取的都是實用主義的態度。他們常能從歷史中找到為自己所用的東西，而絕不背上歷史包袱。他們對現實問題往往有相當深入的考察，採取的措施則堅定有力，像快刀斬亂麻，能收到顯著的效果。儒家在這方面就顯得迂腐一些。他們習慣於在以往的社會中尋找寄託，非常注意從歷史中吸取經驗教訓，對於現實則有意無意地視而不見。可是，儒家的法先王，是在樹立奮鬥的理想目標，在師古中他們關注的是將來，他們具有遠大的政治抱負，抓住的也往往是關乎長遠利益的根本問題。

第一次重大爭論發生於剛剛統一的秦始皇二十六年（前 221 年），丞相王綰等人提出仿效周制，將秦始皇的諸子分封到燕、齊、楚等地為王，以鞏固秦朝的統治。當時的多數大臣都贊成這一主張。但李斯對此堅決反對。他說：「周文武所封子弟同姓甚眾，然後屬疏遠，相攻擊如仇讎，諸侯更相誅伐，周天子弗能禁止。今海內賴陛下神靈一統，皆為郡縣，諸子功臣以公賦稅重賞賜之，甚足易制。天下無異意，則安寧之術也。置諸侯不便。」秦始皇支持這個意見，說：「天下共苦戰鬥不休，以有侯王。賴宗廟，天下初定，又復立國，是樹兵也，而求其寧息，豈不難哉！廷尉議是。」於是堅持在全國實行郡縣制。這是決定封建政權體制的關鍵問題，也是前進還是倒退的重大問題。面對強大的傳統勢力，法

---

3  司馬談：《論六家要指》，見《史記·太史公自序》。

家顯示出新生地主階級開創進取的勇氣，否定諸侯分立的鬆散政治格局，堅持了大一統的中央集權封建制度。

西元前二一三年發生的第二次爭論，導致「焚書」政策的出臺，把法家思想的貫徹推向極致。某日，秦始皇置酒咸陽宮，博士七十餘人為他祝壽慶賀。博士齊人淳于越對僕射周青臣的頌詞不以為然，對時政進行非議：「臣聞殷周之王千餘歲，封子弟功臣，自為枝輔。今陛下有海內，而子弟為匹夫，卒有田常、六卿之臣，無輔拂，何以相救哉？事不師古而能長久者，非所聞也。」淳于越直接反映的是恢復分封制的要求，實際上是對始皇新政策的非議，代表了維護舊秩序的思想，往深裡看，也有對秦暴政不滿的一面。他使用的最有力思想武器是不師古便不能長久，是典型的儒家觀點。到底應以古代典籍所載為施政依據，還是堅持實行新政，始皇讓群臣展開討論。李斯站在法家立場上，駁斥了師古思想，提出禁錮文化，以徹底掃清新政障礙的建議：「五帝不相復，三代不相襲，各以治，非其相反，時變異也。今陛下創大業，建萬世之功，固非愚儒所知。且越言乃三代之事，何足法也？異時諸侯並爭，厚招遊學。今天下已定，法令出一，百姓當家則力農工，士則學習法令辟禁。今諸生不師今而學古，以非當世，惑亂黔首。丞相斯昧死言：古者天下散亂，莫之能一，是以諸侯並作，語皆道古以害今，飾虛言以亂實，人善其所私學，以非上之所建立。今皇帝並有天下，別黑白而定一尊。私學而相與非法教，人聞令下，則各以其學議之，入則心非，出則巷議，夸主以為名，異取以為高，率群下以造謗。如此弗禁，則主勢降乎上，黨與成乎下。禁之便。臣請史官非秦記皆燒之。非博士官所職，天下敢有藏《詩》、《書》百家語者，悉詣守、尉雜燒之。有敢偶語《詩》、《書》者棄市。以古非今者族。吏見知不舉者與同罪。令下三十日不燒，黥為城旦。所不去者，醫藥卜筮種樹之書。若欲有學法令，以吏為師。」[4] 李斯對歷史的透澈見解，為淳于越所不及。但是對師今與學古關係的絕對看法和法家敵視文化的一貫態度，導致他走入極端。焚書建議在法家看來，是消弭民眾反抗意識的最佳方案。這個建議得到秦始皇的批准，並在全國實行。韓非子為使弱國強盛起來而提出的「以法為教，以吏

---

4　以上引文均見《史記・秦始皇本紀》。

為師」的設想，在這裡變成了現實，實際上成為強秦暴亡的催化劑。

秦亡後，法家學說失去了獨領風騷的光彩。但它並沒有銷聲匿跡。歷代精明的統治者實際上都是德刑交互為用的高手，漢宣帝自言：「漢家自有制度本以霸王道雜之。」[5]道出了其中的奧妙。

## 第二節·
# 黃老、儒術

黃老之學是道家的一個特殊派別，它託始於黃帝，在老子學說基礎上吸收了儒墨名法等多家學說中的積極成分，形成以政治學說為中心內容的哲學思想。它的特點有二：一是在兼蓄諸家學說基礎上，突出強調循道和明法，所以也被稱為「黃老刑名」之學，這反映了由道德入刑名的道家與法家的天然聯繫。二是主張清靜無為，不對社會民生做過多的干預，讓百姓休養生息。因為它的主張反映了民眾久罹戰亂之苦，要求政治寬緩、生活安定的強烈願望，所以在戰國末期萌生後，到漢初流行一時。

漢初統治集團中的才智之士大多受到黃老之學的影響，他們較早意識到調整政策，休養民力的必要。在張良、陸賈等人影響下，高祖與蕭何基本上以儒家的德政思想為旨歸，確定統治方略，但也受到黃老影響。在全國推行新的政令，建立新的統治秩序時，注意恢復百姓的正常生產和生活，「掃除煩苛，與民休

---

5　《漢書·元帝紀》。

息」[6]。

漢政權明確以黃老思想為指導，似從曹參薦蓋公言黃老開始。漢惠帝二年（前 193 年）曹參繼蕭何為相，把清靜無為的方針推行到全國。他任漢相三年，「舉事無所變更，一遵蕭何約束」。百姓在無為的政策下得到蘇息，作歌讚頌「蕭何為法，顜若畫一，曹參代之，守而勿失，載其清淨，民以寧一」[7]。

當時君臣都尊崇黃老，黃老之學成為社會上的主流思想。史家記載：在惠帝和呂后之朝，「海內得離戰國之苦，君臣俱欲無為，故惠帝拱己，高后女主制政，不出房闥而天下晏然，刑罰罕用，民務稼穡，衣食滋殖」[8]。黃老之術收到初步效果。

漢文帝尊崇黃老之學，「本修黃老言，不甚好儒術，其治尚清靜無為」。他在「漢家基業初定」，「承軍旅之後，百姓新免於干戈之難」的情況下，繼承惠帝和呂后時期的統治方針，「輕刑事少，與之休息，以儉約節欲自持，初開籍田，躬勸農耕桑，務民之本」[9]，使漢代社會走上繁榮之路。

景帝和母親竇太后都是黃老之術的服膺者。竇太后對景帝和武帝初期的朝政施加過一定影響，她「好黃帝老子言，帝（景帝）及太子、諸竇，不得不讀黃帝老子，尊其術」[10]。景帝曾把善為黃老之言的處士王生召至宮中，又重用信奉黃老的直不疑、汲黯等大臣。他「務在農桑」[11]，「務在養民」[12]。繼續執行文帝的統治路線。

從漢開國到武帝即位之初，休養生息、無為而治的政策實行幾十年，取得了巨大的成果。遵用黃老之術導致的文景之治，得到了「周云成康，漢言文景，美

---

6　《漢書‧景帝紀》。
7　以上引文均見《史記‧曹相國世家》。
8　《漢書‧高后紀》。
9　以上引文均為應劭《風俗通義‧正失》引劉向語。
10　《史記‧外戚世家》。
11　《漢書‧敘傳下》。
12　《漢書‧武帝紀》。

矣」<sup>13</sup>的高度歷史評價。

任何政權的成功施政都應該張弛適度，寬猛相濟。黃老主張順應自然，清靜無為，特別適應社會休養生息的需要。但它也有自身不可克服的弱點，這就是缺乏進取精神，缺乏將全社會調動起來，全面建功立業的恢弘氣勢。文景之時的寬弛政策，不能滿足社會大步發展的要求，在個別之處事實上也產生了一定消極後果。主要是：(1)禮文之事多闕，在制度建設上缺乏必要措施，沒能把新生大一統政權建設得更為完備，實際上沒有完成時代賦予大漢政權的歷史使命。(2)在社會的上層，諸侯王勢力膨脹，產生離心傾向，構成對中央政權的威脅；在下層，豪強併兼之徒武斷於鄉曲，造成對民眾的危害，形成對社會正常秩序的干擾。(3)對少數民族或地方政權的侵擾，缺乏有力的對抗措施，既不能保證邊境地區民眾的正常生活和政府機構正常履行職能，更不能把大一統政權的規模擴大到更廣闊的地區。

儒學以積極進取，奮發有為為特色，在治國方面強調以教化為主，德刑並用；在理民方面，注意把人的自然性情與社會規範融合起來。其思想主張與中央集權的家國同構的中國社會要求十分吻合。因此，當黃老之學難以滿足社會要求時，以儒家作為封建社會的主導思想，便成了歷史與社會的選擇。由於自身不可替代的長處，在黃老之學興盛之際，儒家思想也呈現出繁榮興旺的發展勢頭。景帝之時，儒生已形成很強的勢力，有很大的社會影響。

儒術取代黃老經歷了激烈的鬥爭。

儒學博士轅固生與黃老派的黃生，曾在景帝面前就「湯武革命」進行辯論。黃生認為「湯武非受命，乃弒適也」。轅固生反詰：「桀紂虐亂，天下之心皆歸湯武，湯武與天下之心而誅桀紂，桀紂之民不為之使而歸湯武，湯武不得已而立，非受命為何？」黃生以上下之位既定，便不可改變為據，堅持自己的觀點。轅固生繼續追問：「必若所云，是高帝代秦即天子之位，非邪？」把爭論引到敏

---

13 《漢書·景帝紀》。

感的現實問題上來。因為這直接關係到漢政權的合法性，景帝只好出面加以制止，說：「食肉不食馬肝，不為不知味，言學者無言湯武受命，不為愚。」辯論雖不了了之，儒生卻在與黃老的抗衡中顯示了自己的力量。也許是這次爭論引起了竇太后的反感，竇太后特意召見轅固生，問他對《老子》有何看法。轅固生直言無忌地回答：「此是家人言耳。」惹得太后大怒，命他入圈與野豬較量，想置他於死地。景帝知轅固生直言無罪，給了他一把利刃。他才保住了性命。此時由於竇太后支持，黃老的勢力還強於儒家。

漢武帝是個有雄才大略的君主，喜歡積極向上的儒家學說。即位之初就批准了衛綰「所舉賢良或治申、商、韓非、蘇秦、張儀之言，亂國政，請皆罷」的奏章。改變了「不任儒者」的政策。任命好儒術的竇嬰為丞相，田蚡為太尉，趙綰為御史大夫，王臧為郎中令，主持政府重要部門。又安車駟馬迎接著名儒生申培

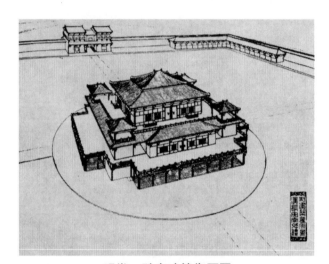

**明堂、辟雍建築復原圖**

公入朝，作為朝制興革的顧問。他還準備建明堂、封泰山、改正朔、易服色。這些舉措引起黃老派的不滿，當趙綰意在架空竇太后，建議不向東宮奏事時，引得竇太后勃然大怒，將趙綰、王臧逮捕，使其自裁，罷免了竇嬰、田蚡。武帝在強大的壓力下，只好讓步，暫時停止諸般興禮作樂舉措。黃老與儒學的這一輪鬥爭，以儒家的失敗而告終。

武帝雖然遭受挫折，仍不放棄尊儒的努力，他在選取賢良方正時，留意收攬儒生，授以官職。同時，鼓勵學者研讀儒家典籍，使五經傳習更有系統，進行著扎實的理論建設。

建元六年（前135年）竇太后病逝，武帝完全掌握執政權，加快了崇儒的步

伐。他重新啟用田蚡為相,「絀黃老、刑名百家之言,延文學儒者數百人」,將布衣大儒公孫弘擢為三公,封平津侯,使得「天下之學士靡然鄉風」[14]。儒生堂堂正正地走到前臺,習儒成為最令人嚮往的職業。

為了廓清思想疑慮,確立適應大一統政治的權威思想,武帝多次下詔策問,要求賢良方正們就治國指導思想問題進行理論論證。大儒董仲舒在對策中論述德教是致治的關鍵,並建議用儒家學說統一全國思想。漢武帝採納他的建議,「罷黜百家,獨尊儒術」。以儒學正式取代黃老,定為官方政治學說,實現了政治指導思想的轉變,奠定了中國兩千餘年封建社會的基本思想基礎。

## 第三節 ·
# 鹽鐵會議

漢昭帝始元六年(前 81 年),西漢政府召開鹽鐵會議,「詔有司問郡國所舉賢良文學民所疾苦,議罷鹽鐵榷酤」[15],就國家大政方針展開討論。這次會議對於昭宣時期乃至此後的政局產生了直接的影響。

武帝大興功業,雖然取得了前所未有的歷史成就,但也造成了國力民力虛耗的嚴重後果。漢武帝不得已任用桑弘羊等興利之臣,採取一些國家經濟統制政策,收到了暫時緩解經濟壓力的效果,可隨之又出現一些新的社會問題,武帝晚年下詔,「深陳既往之悔」,宣布「當今務在禁苛暴,止擅賦,力本農,修馬復

---

14 以上引文均見《史記·儒林列傳》。
15 《漢書·昭帝紀》。

令，以補缺，毋乏武備而已」，「封丞相車千秋為富民侯，以明休息，思富養民」[16]。這些措施實行不久，武帝便與世長辭。昭帝幼年即位，霍光輔政，面對國庫空虛、百姓貧窮的殘破景象，如何調整政策，把國家引上富強之路，成為當時需要解決的迫切問題。鹽鐵會議就是在這樣的形勢下召開的。

會上由服膺儒家思想，主張終止鹽鐵官營政策的唐生、萬生等賢良文學為一方，以信奉法治，堅持武帝時期財經改革的桑弘羊等官員為另一方，展開了激烈的辯論。雙方「意指殊路，各有所出，或上仁義，或務權利」[17]，由尚義還是尚利這一根本不同的思想基礎，引發出對國家一系列施政方針原則的討論。漢宣帝時，桓寬整理會議討論結果，纂成《鹽鐵論》一書。

雙方的思想交鋒基本集中於下列問題上：

第一，怎樣才能使國強民富？賢良文學們堅持重農輕商的儒家立場，認為：「衣食者民之本，稼穡者民之務也。二者修，則國富而民安也。」[18]而鹽鐵官營專賣，是與民爭利，不但導致「百姓就本者寡，趨末者眾」[19]，衣食匱乏，而且因「務於權利，怠於禮義」[20]，造成「散敦樸之原，成貪鄙之化」，敗壞社會風氣的嚴重後果。因而要「罷鹽鐵，退權利，分土地，趣本業，養桑麻，盡地力」，通過這些進本退末的舉措，達到寡功節用而百姓富足的目的。桑弘羊則認為本業與末業可以並存，論述：「古之立國者，開本末之途，通有無之用」[21]，「昔商君相秦也，內立法度……外設百倍之利，收山澤之稅，國富民強，器械完飾，蓄積有餘。是以征敵伐國，攘地斥境，不賦百姓而師以贍」[22]，漢實行國家經濟統制政策，也收到了足國用助邊費，賑饑備荒的效果。因而「富國何必用本農，足民何必井田也」[23]？

---

16 《漢書·西域傳下》。
17 《鹽鐵論·雜論》。
18 《鹽鐵論·力耕》。
19 《鹽鐵論·本議》。
20 《鹽鐵論·散不足》。
21 以上引文均見《鹽鐵論·本議》。
22 《鹽鐵論·非鞅》。
23 《鹽鐵論·力耕》。

第二，治國理民是靠德行教化，還是靠嚴刑峻法？桑弘羊等人認為「令之所以教民也，法者所以督奸也。令嚴而民慎，法設而奸禁」[24]，處於當時的社會，「欲以敦樸之時，治抏弊之民，是猶遷延而拯溺，揖讓而救火也」[25]，因此不但不能放鬆法治，而且應進一步加強。賢良文學則用「方今律令百有餘篇，文章繁，罪名重，郡國用之疑惑，或淺或深，自吏明習者不知所處，而況愚民乎！……此斷獄所以滋眾，而民犯滋多也」[26]的事實，說明「法能刑人而不能使人廉，能殺人而不能使人仁」[27]，「法令者治惡之具也，而非至治之風也」，所以「古者明王茂其德教，而緩其刑罰也」[28]。

第三，對周邊少數民族應以德撫綏還是厲武備而任兵革？賢良文學們把武帝時期大規模的開疆拓土的戰爭，與鹽鐵、酒榷、均輸等政策的實行及武帝晚期民眾的貧困和社會的動亂聯繫起來，指出「用軍於外」，必「政敗於內」[29]。所以對匈奴等周邊少數民族應採取去武行文，廢力尚德的辦法，使「兩主好合，內外交通，天下安寧，世世無患」[30]。桑弘羊等人也承認戰爭給民眾帶來了苦難，但認為天子是天下之父母，有使天下安定的責任，對於不修臣職而侵盜不已的匈奴等，「不征伐則暴害不息，不備則是以黎民委敵也」[31]。

綜觀整個論戰：賢良文學們貴德而賤利，重義而輕財，堅持的是儒家的原則立場，是在「舒六藝之諷，論太平之原」，「言王道，矯當世，復諸正，務在乎反本」，強調的是統治階級的長遠利益和根本利益，很有政治遠見。他們對武帝以來施政的失誤作了嚴厲的批判，「奮由路之意，推史魚之節，發憤懣，刺公卿，介然直而不撓，可謂不畏強禦」，表現出士人的高貴品質。桑弘羊等改革派官員，從加強大一統政權的現實出發，堅持武帝奉行的雜霸王之道的儒法並用方

---

24 《鹽鐵論・刑德》。
25 《鹽鐵論・大論》。
26 《鹽鐵論・刑德》。
27 《鹽鐵論・申韓》。
28 《鹽鐵論・論災》。
29 《鹽鐵論・備胡》。
30 《鹽鐵論・結和》。
31 《鹽鐵論・備胡》。

針，「據當世，合時變，推道術，尚權利」[32]。他們雖然缺乏通覽封建政治全域的眼光，但其主張對於處理現實問題，還是相當有效的，不失為治標的良方。

「『鹽鐵之議』所反映的王道與霸道之爭，是漢中期以來統治階級關於政治指導思想爭論的延續，是理論與現實的矛盾在思想領域的體現。政治指導思想的確立需要通過實踐的環節予以檢驗，論爭雙方的交鋒就是理論與實踐的互檢過程。君主專制主義的基本政治原則正是通過這樣的過程而得以不斷調整和補充，以臻完善。」[33]

由於有執政的霍光支持，會議以賢良文學們基本獲勝而告結束，「霍光部分地修改了賢良文學的建議，奏請年方十四的昭帝同意，『罷郡國榷酤，關內鐵官』，並對匈奴實行和親政策。這一重大變化，表明西漢封建政治將要進入一個新的時期，儒家經學也將要以新的面目出現於政治舞臺。」[34]

## 第四節 ·
# 經今古文之爭

漢代的經學在流傳過程中，出現於今古文之爭。

所謂今文經，是指用漢代通用的隸書寫下的經典；古文經，則是用秦漢以前通行的古文大篆寫下的經典。秦始皇焚書，將民間的詩、書、百家語等焚燒殆

---

32 以上引文均見《鹽鐵論·雜論》。
33 劉澤華主編：《中國古代政治思想史》，316 頁，天津，南開大學出版社，1992。
34 湯志鈞等：《西漢經學與政治》，184 頁，上海，上海古籍出版社，1994。

盡。秦亡時，項羽一炬，又使秦宮所藏典籍蒙受重大損失。漢惠帝除挾書之令，殘存典籍得以復出。起初傳習的經典是經生們用隸書傳抄的本子，後來民間私藏的經典的古文原本逐漸出現，這兩種本子內容本來就有差異，經生們世代師承的解說更有很大分歧。「它們的不同，不僅在於所書寫的字，而且字句有不同，篇章有不同，書籍有不同，書籍中的意義有大不同；因之，學統不同，宗派不同，對於古代制度以及人物批評各個不同；而且對於經書的中心人物，孔子，各具完全不同的觀念。」[35]大體說來，今文經學繼承先秦諸子遺風，欲以其道術經緯天下，主張通經致用。他們注重對微言大義的闡釋，講述的重點是歷史哲學和政治哲學。古文經學在章句訓詁典章名物上多所用心，重歷史而不重哲學，傾向於承擔保存與傳布文獻的責任。他們各得一端，為誰得儒學真傳的問題展開了論爭。這一論爭從西漢末年開始，延續到清朝末年，直到現在學界仍有不同的看法。

漢代今古文的爭論，史書上明白記載的有四次。

哀帝以前，立在學官的《五經》及各家學說，都是今文。劉歆在校理國家圖書時，發現了一些古文經傳，建議立《左氏春秋》、《毛詩》、逸《禮》、古文《尚書》於學官。哀帝令劉歆與五經博士討論，諸博士不願理睬。劉歆請求丞相孔光支持，孔光又不肯。劉歆便寫了一封《移讓太常博士書》，申明自己的見解。信中論述：今文經傳經秦火之後，已殘缺不全，而且有的著作雖由經師口耳相傳後成書，畢竟不如當時筆錄之書可信。古文經傳或出於孔子宅壁（古文《尚書》、逸《禮》），或作者親見孔了（《左氏春秋》），都信而有徵。這封信因否定了當時經學傳承家法，引起諸儒怨恨。名儒光祿大夫龔勝憤而上書辭職，大司空師丹奏告劉歆改亂舊章，非毀先帝所立。劉歆在強大的壓力下，自求外放，出為河內太守，古文經傳自然不得立於學官。王莽篡漢，劉歆以佐命之功被立為國師，因為古文經適應王莽改制的需要，上述四部經典才被立於學官。這是第一次爭論。

王莽倒臺，古文博士隨之廢除，但古文經的地位已有所上升。東漢光武帝時尚書令韓歆上奏，請立《費氏易》、《左氏春秋》博士。建武四年（28 年）正月，

---

35 周予同：《周予同經學史論著選集》(增訂本)，第 2 版，2 頁，上海，上海人民出版社，1996。

光武帝令公卿、大夫、博士等於雲臺討論此事。今文學家范升認為：「《左氏》不祖於孔子，而出於丘明，師徒相傳，又無其人，且非先帝所存，無因得立。」韓歆、許淑等與之辯論。會後，范升又上奏，言「《左氏》之失凡十四事」，指出如立《左傳》博士，將造成「五經奇異，並復求立，各有所執，乖戾分爭」[36]的局面。古文學家陳元聞之，詣闕上疏與之爭。兩人又反覆辯論十餘次，最後光武帝決定立《左氏》博士。此舉引得諸儒議論紛紛，正趕上博士人選李封病故，《左氏》復廢。這是第二次爭論。

此後，信仰古文學的人漸漸多起來，連一些今文經師也頗涉獵古文學，今古文之爭也深入到對各自短長的比較上來。章帝建初元年（76年），古文家賈逵承帝命條奏《左傳》大義長於《公羊》、《穀梁》二傳者；又言今古文《尚書》同異，成書三卷，撰齊、魯、韓三家《詩》與《毛詩》同異。今文家李育嘗讀《左傳》，雖樂其文采，但以為其不得聖人意，且多引圖讖，不合理義，作《難左氏義》四十一事。建初四年召開白虎觀經學會議時，賈、李又就此展開辯論，二人「往返皆有理證」[37]。這是第三次爭論。

第四次爭論發生於東漢末年。當時兼通今古文的學者日多，兩大學派的調和傾向已很明顯。《公羊》學大師何休與其師博士羊弼追述李育之意，作《公羊墨守》、《左氏膏肓》、《穀梁廢疾》，以伸《公羊》之義，而絀《左》、《穀》二傳。他所攻擊的已不侷限於古文。鄭玄作為經學的集大成者，乃作《發墨守》、《針膏肓》、《起廢疾》，以難之。何休見其書，慨歎：「康成（鄭玄字）入吾室，操吾矛，以伐我乎！」[38]

鄭玄融今古文學於一體，對漢代儒學進行了一番總結性的研究，形成所謂鄭學。鄭學起而經今古文之爭暫息，儒學隨之發生變化。

---

36 以上引文均見《後漢書·鄭范陳賈張列傳》。
37 《後漢書·儒林列傳下》。
38 《後漢書·張曹鄭列傳》。

# 第四章

# 吸納百川，吞吐六合

　　中華民族是一個統一的民族共同體。其所以是統一的，不僅因為它在政治上的統一，更重要的是它有一個統一的經濟文化基礎。正因為如此，在中華民族的發展史上，雖然也有過戰亂、分裂割據和外族入侵，但是中華民族的民族精神始終未被摧毀，總有一種巨大的凝聚力和號召力將各地、各族人民聯繫在一起。當然，作為民族精神，它的凝聚力和號召力也是在漫長的歷史進程中形成的，而秦漢時期正是中華民族精神形成過程中的關鍵時期。它融合了自春秋、戰國時期逐漸發展成熟起來的各地區文化，使之成為全國性的統一思想文化，深刻地影響了中國歷史的發展進程；同時，它又不斷地吸收周邊少數民族、西域及域外的文化，使中華民族文化最終成為吸納百川、源遠流長的一條文化巨河，奔流不息，惠及全球。可以說，秦漢時期是中華民族統一文化的形成與成熟時期。

# 秦、晉、楚、齊、魯等地域文化的融合

迄今為止的考古發現證明，中華民族早期的文化即具有地域性的多元文化的特點。在新石器時期，有處於黃河流域的黃河中游和黃河下游兩個文化區，前者經歷了前仰韶文化、仰韶文化、河南龍山文化等發展階段，後者經歷了青蓮崗文化、大汶口文化、山東龍山文化、岳石文化等發展階段。同時，在長江流域有長江中游和長江下游兩個文化區：前者以江漢平原為中心，有大溪文化、屈家嶺文化、青龍泉文化；後者乙太湖平原為中心，有河姆渡文化、馬家濱文化、崧澤文化和良渚文化。所有這些文化區既相互獨立，又相互影響。大約在西元前二十一世紀，夏王朝建立，黃河中游地區的文化得到統一，在中原文化的基礎上發展出了夏文化。同時，在中原的四周還有被稱為蠻夷戎狄的諸族文化。後來，發端於黃河下游地區的商人滅掉夏朝建立了商王朝，他們在繼承夏文化的基礎上又有所「損益」，創造了甲骨文字，為以後中華民族的形成作出了重大貢獻。商亡後繼起的是周朝。周族原居於西方，卻建立了比夏、商兩代統治地域更為廣闊的王朝。周初傑出的政治家和思想家周公旦，不僅在政治、軍事等方面採取了一系列鞏固政權的措施，而且還在繼承夏、商兩代文化的基礎上建立了一套較為完備的禮樂制度，從而使中華民族文化的核心華夏文化初步形成，中華民族的文化也發展到了一個新的水準。

但是，由於周朝實行的是分封制，建立了許多相對獨立的諸侯國，且各地的生產力發展水準很不平衡，經濟文化的交往也不十分密切，因此，周王朝實際上是一個鬆散的邦聯制國家，各諸侯國有著很強的地方獨立性，各地區之間的文化也有著很大的差異性。從這個意義上說，當時並沒有真正形成統一的中華民族文化。春秋戰國時期，隨著周王室的衰微，各諸侯國之間互相征伐，競相擴大自己的勢力，各地區之間經濟文化上的差異也日趨明顯，並最終形成了這樣幾個具有濃重的地域性特點的文化區：以法家思想為主的秦晉文化，以儒家思想為主的鄒魯文化，以道家思想為主的楚文化，以道家、法家、儒家等綜合性思想為主的齊文化。這些文化就其地域文化而言，實質上是史前時期就已開始形成的黃河文化和長江文化兩大系文化的延伸。同時，當時還有屬長江上游文化的巴蜀文化和地處西南邊陲的西南夷文化。春秋戰國時期地域文化的昌盛與發達，從某種意義上說，並非文化分裂的標誌，恰恰是地域文化統一的象徵，它為秦漢時期中華民族文化的統一與成熟打下了堅實的基礎。

西元前二二一年，秦始皇統一中國，建立了秦皇朝。從此，在「東至海暨朝鮮，西至臨洮、羌中，南至北向戶，北據河為塞，並陰山至遼東」[1]的遼闊土地上第一次出現了一個統一的、專制主義的中央集權的封建國家。統一的秦皇朝的出現，為中華民族文化的形成與發展創造了十分有利的條件。秦皇朝建立以後，採取了一系列積極措施，以鞏固和促進國家的統一與文化的發展。如在政治制度方面，從中央到地方都統一實行中央集權的專制制度，「以諸侯為郡縣」；又「治馳道」[2]，「東窮燕齊，南極吳楚，江湖之上，濱海之觀畢至」[3]，把首都咸陽與全國各地緊密地聯繫在一起。同時，秦朝還統一文字、度量衡等。這些措施的推行，無疑對各地文化的融合起到了積極的推動作用。

不過，由於秦皇朝存在的時間十分短暫，決定了它在民族文化統一的深度和廣度上必然是有限的。終秦之世，它所實行的可以說基本上是戰國時期秦國文化

---

1　《史記‧秦始皇本紀》。
2　同上。
3　《漢書‧賈鄒枚路傳》。

在空間上的擴張，而沒有多少實質性的變化。而秦國的文化，眾所周知，它與東方諸國的文化發展有著明顯的不同，從它產生伊始，就與西周文化聯繫較少。它所繼承的西周文化，主要是文字、天文、占卜和詩歌等，並沒有接受多少西周文化的價值觀念。在秦文化的發展史上，先受戎夷文化影響，後來以三晉法家學說作為治國的主要理論。其中西元前七世紀中後期的秦穆公時期和前七世紀中期的秦孝公時期，是秦文化形成與發展過程中最重要的兩個時期。前一時期，秦國「益國十二、開地千里，遂霸西戎」，奴隸制發展到全盛期；在文化上，則主要向西戎學習。秦穆公所用的人物由余，「其先晉人，亡入戎，能晉言」[4]。獨特的生活經歷，使他對西周文化和戎夷文化都有深入的了解。在價值觀念上，由余否定西周的宗法倫理，而推崇戎夷氏族部落文化，稱頌其「上含淳德以遇其下，下懷忠信以事其上，一國之政猶一身之治，不知所以治」，讚美其為「聖人之治」[5]。秦穆公重用由余，表示秦國文化的當時發展狀況與戎夷近似。後一時期，秦孝公重用商鞅，厲行變法，採取了一系列迎合當時社會發展要求的法家政治、經濟措施，「移風易俗，民以殷盛，國以富強」[6]，使秦國一躍而成為屈指可數的強國，為隨後百餘年秦國的發展以至統一中國奠定了基礎；同時也使法家文化滲透到秦國的社會生活中，出現了「境內之民皆言治，藏商、管之法者家有之」[7]的局面。秦皇朝的建立者秦始皇本人，就對戰國法家的集大成者韓非子的學說推崇備至；他所重用的丞相李斯，是韓非的同學，也是一位法家學說的力行者。因此，秦文化可以說主要是吸收古樸的戎夷氏族部落文化和三晉法家文化的發展結果。在秦朝，重功利、輕倫理的法家文化又更為突出。韓非在《五蠹》篇中所說的：「上古逐於道德，中古競於智謀，當今爭於力氣」，可以說正是當時法家的宣言。由於秦文化中過分重視功利而輕視倫理，使它最終走上了迷信暴力的歧途，從而導致了秦朝的覆亡。

秦朝存在的歷史是短暫的，它在中華民族統一文化形成過程中的影響在深度

---

4　《史記·秦本紀》。
5　同上。
6　《史記·李斯列傳》。
7　《韓非子·五蠹》。

和廣度上也是有限的。政治和社會的變革是如此迅猛，以致它根本沒有時間為剛剛誕生的統一的大帝國創造一種新的、與之相適應的文化，帝國的大廈就在各種力量的作用下轟然倒塌。儘管如此，秦國的文化以及秦皇朝所採取的一系列統一措施，仍對中華民族傳統文化的形成與發展產生了深刻的影響。在政治方面，秦文化奠定了大一統的國家形式和大一統的國家觀念，並開創了中央集權制的政治模式。因此，有人評論說：「二千年之政，秦政也。」[8]「自秦以後，朝野上下，所行者，皆秦之制也。」[9]在經濟方面，自秦開始，基本上形成了我國封建社會以農為本、重農抑商、男耕女織的自然經濟模式。在思想文化方面，由於秦朝廣泛地、徹底地推行法家路線，在我國歷史上開創了文化專制主義傳統的先河，並對尊孔讀經傳統的形成，從反面起了重要的促進作用。

秦皇朝的滅亡，宣告了法家政治的終結。它充分說明了以法家文化為核心的秦文化已不可能成為民族文化的唯一代表，法家思想也不能作為鞏固封建統一帝國的統治思想。繼秦而起的西漢皇朝，其統治者大多來自楚地，出身於社會中下層，在缺乏可以依靠的統治思想理論的前提下，為了鞏固新成立的封建中央政權，迅速恢復社會生產和生活秩序，他們需要尋找自己的統治文化。西漢初年，以儒家思想為核心的鄒魯文化首先作了嘗試。其重要表現就是博士叔孫通向漢高祖劉邦進言，確立朝儀，並得到了劉邦的採納。但是，劉邦並沒有因此而將儒家作為治理國家的統治思想。面對連年戰爭對社會生產和生活所造成的破壞，人民要求安寧，漢初統治者根據黃老之學「清靜無為」的思想主張，採取了「與民休息」的政策。自漢初直至武帝上臺執政，黃老之學取代法家，成為漢初社會思想文化的主流。黃老之學大約產生於戰國中期，盛行於當時齊國的稷下，其思想主要是繼承和發揮了老子的道家思想，同時又兼採儒家的禮義、名家的形名諸說。因此，漢初黃老之學的盛行與發展，本身就是各地思想文化交流、融合的產物，其總結性著作為《淮南子》一書。

經過長達半個多世紀的社會經濟、文化的恢復和發展，到漢武帝統治時期，

---

8　譚嗣同：《仁學》卷上。
9　《大雲山房文稿》卷一《三代因革論》。

漢朝的國力趨於強盛。但與此同時，封建社會的固有矛盾也日漸暴露，有時還很尖銳，加之周邊匈奴等民族的侵擾，統治者再也不能採取所謂不干涉人民生活的「清靜無為」的統治政策了。黃老之學的統治地位發生了動搖，需要一種更符合封建社會統治階級根本利益、能起長治久安作用的思想學說。於是，由春秋時期魯人孔子首創的儒家學說，經過改頭換面，便粉墨登場。這種經過改頭換面的儒家學說，就是以董仲舒為代表的新儒學。董仲舒一方面直接繼承了先秦孔、孟、荀諸派儒學思想，另一方面又大量地融合了「百家爭鳴」中的陰陽五行家、法家、道家等多家思想，並使之成為一個有機的思想體系。這無疑是一個巨大的民族文化的創造性工程。由於新儒學吸取了各地、各家思想文化的精華，提出了「三綱五常」學說，集中反映了我國封建社會的政治制度、倫理關係和宗法制度的需要，反映了封建地主階級的根本利益，適應了鞏固封建大一統帝國的需要，因此，在董仲舒提出「罷黜百家，獨尊儒術」的建議之後，當即得到了漢武帝的首肯，此後儒家地位越來越高，成為漢皇朝的官方哲學，乃至整個封建社會的統治思想。而從文化交流、融合的角度看，它也意味著自春秋戰國以來各地區文化特點在統治思想文化方面已基本實現統一。並且，與秦皇朝的文化統一不同，它主要不是採取暴力形式，而更多地是文化本身發展的結果。

有必要指出，在漢武帝時代，儒家雖然在學術上被定為正統，但這並不意味著其他所有學派均已消亡。西漢皇朝雖然是在推翻秦朝後建立起來的，但在其推行的政治制度上，卻大部分繼承了秦代的制度。法家的思想仍在當時具有相當大的市場。法家人物不僅在社會上廣泛活動，還活躍於政治舞臺。如漢武帝時期，在中央有以治淮南王劉安之獄而起家的酷吏張湯和法家出身的著名理財家桑弘羊，他們都掌有實權。在地方，則有許許多多「好殺伐」的酷吏，著名的有杜周、寧成、周陽由、趙禹、王溫舒等。黃老之學與儒家的鬥爭也始終存在。漢武帝晚年也有向黃老之學返歸的趨向，昭宣時期所採取的許多統治策略措施也明顯具有黃老之學的思想痕跡。漢宣帝曾對「柔仁好儒」的太子劉奭厲聲訓斥說：「漢家自有制度，本以霸王道雜之，奈何純任德教，用周政乎！」[10]這是漢朝統

---

10 《漢書・元帝紀》。

治者有意識地綜合運用各家各派思想的明確表示。正是在這種思想指導下，原本存在的秦、晉、齊、魯、楚等區域文化在統治思想文化上，其差異性已不再重要了。

從中華民族傳統文化的角度著眼，形成於漢代的我國土生土長的宗教道教占有十分重要的地位。儘管漢朝以後，再也沒有出現如東漢末年由太平道、五斗米道那樣道教組織發動的大規模的農民起義，道教在我國封建文化中的地位也或上或下、時沉時浮，但它卻始終綿延不絕，在社會上具有廣泛的影響。道教的形成是多種文化因素的匯合，其中既有黃老思想，又有神仙觀念、讖緯迷信等。但是，作為一種在社會上廣泛流傳的教派，它的文化背景主要還是各地民間普遍流行的巫風俗，是各地巫風融合的結果。東漢末年太平道、五斗米道，及稍後葛玄等人的道派（此派後演變成靈寶派，為東晉後符籙派的大宗）形成和流傳的主要地區，是燕、齊、楚、蜀和吳越之地。這些地區均有濃厚的巫風，有久遠的鬼神崇拜的傳統。最初的方士都出於燕、齊，燕齊文化與方士的關係，原屬道教的前史，前人素有定論。「楚人信巫，重淫祀」[11]，簡直是顛撲不破的結論。在漢代，楚文化巫風特熾的色彩基本保持著，並且直接影響了道教。如道教對北斗的崇拜，初期道教崇拜太一，均起源於楚。吳、越在戰國時為楚國的一部分，其文化受楚的影響較大。《漢書‧地理志》說：「本吳粵（越）與楚接比，數相併兼，故民俗略同。」吳越的巫風絲毫不遜於楚。據應劭《風俗通義》卷九說：「武帝時，迷於鬼神，尤信越巫。」後來道教人物於吉去吳、魏伯陽在越的活動能夠順利開展，也說明了這一點。至於蜀地，文化精神也與楚相近。據《晉書‧李特傳》說：「漢末，張魯居漢中，以鬼道教百姓，賓人敬信巫覡，多往奉之。」以上這些，都說明燕、齊、楚、蜀和吳越在民俗中有信鬼重巫的共同特徵，同時它又是各地文化相互影響的結果。正因為如此，所以漢末近似巫覡的太平道、五斗米道能夠在這些地區迅速獲得大批的信徒。張角的太平道只經營了十餘年，便擁有「徒眾數十萬」，「自青、徐、幽、冀、荊、揚、兗、豫八州之人，皆無不畢應」。張道陵在蜀中創道，經張衡的增飾，張魯的發展，便在漢中建立起政教合

---

11 《漢書‧地理志》。

一的政權，「巴漢夷民多便之」。因此，道教能在中國傳統文化中持久地生存，占有一席之地，可以說與各地廣泛存在的民間巫風直接有關，它建立在深厚的民間文化、區域文化融合的基礎之上。

秦漢時期是我國區域文化大融合的時代。經過這一時期的區域文化大融合，中華民族統一文化的大格局已基本形成，並走向成熟。在政治上，確立了專制主義中央集權的政治模式與大一統的國家觀念；在經濟上，形成了以農為本、自給自足的小農經濟為主的經濟體制；在思想文化上，奠定了以董仲舒新儒家為主，輔以道教、佛教（佛教系中外文化交流的結果）三教並行的思想文化格局。秦漢時期形成的這一中華民族統一文化的大格局，一直延續至中國近代，並影響到社會生活的方方面面。如果把這一文化大格局比作一株樹幹，那麼由此而派生的諸如政治體制、政治思想、宗法倫理、價值觀念、文學藝術、飲食起居等，就是伸向各處的樹枝，在這些紛繁的樹枝上又結滿了豐碩果實。在我國長達兩千餘年的封建社會中，儘管也有無數次與周邊各族、海外諸國的文化交流，並從中吸取了許多文化營養，但是，中華民族統一文化的大格局卻始終未變，中華民族統一文化的核心沒有變。而中華民族統一文化的這一大格局之所以能延續那麼久，撇開其他因素不說，其深厚的文化根基、在長期的歷史發展進程中的文化積累與融合顯然是一個十分重要的原因。

當然，我們說秦漢時期中華民族統一文化已基本形成，各區域文化間的主要方面的差別逐漸縮小，並不是各地區之間的文化差別已不復存在；相反，甚至直到今天，各地文化習俗的不同仍不同程度地存在著。在秦漢時期，以農為主的經濟體系已經確立，但仍存在各地多樣化的經濟生活形式，如在長城以北、以西的廣大地區有廣大的牧業區，在碣石（今河北昌黎）經龍門（今陝西韓城）西南斜向天水、隴西以北、以西地區還有廣大的半農半牧地區。而在農業經濟為主的地區也還存在著不平衡的狀態，如「楚越之地，地廣人稀，飯稻羹魚，或火耕而水耨」[12]。至於邊遠的蠻荒地區，更有「食肉衣皮，不見鹽穀」[13]的少數民族。秦漢

---

12 《史記·貨殖列傳》。
13 同上。

時期的官方哲學，無論是法家、黃老思想，還是董仲舒的新儒家，都是思想文化融合的產物，但其他學說並沒有完全消失。至於全國的文化習俗，更顯示出我國文化的統一是建立在多樣化的基礎上這一特點。姑不論周邊的少數民族同中原的漢族在秦漢時期長期保持著不同的風俗禮儀，就是中原的漢族人民，各地區的風俗習慣也並不完全一致。如關中地區「其民猶有先王之遺風，好稼穡，殖五穀」；代（代州）、石（石邑）之地「人民矜懻忮，好氣，任俠為奸，不事農商」，「中山地薄人眾」，「民俗懁急，仰機利而食。丈夫相聚遊戲，悲歌慷慨」，「女子則鼓鳴瑟，跕屣，游媚貴富，入後宮，徧諸侯」[14]。定襄、雲中、五原，「其民鄙樸，少禮文，好射獵」。燕、薊之地，「其俗愚悍少慮，輕薄無威，亦有所長，敢於急人」[15]。齊地「其俗彌侈，織作冰紈綺繡純麗之物，號為冠帶衣履天下」。「其士多好經術，矜功名，舒緩闊達而足智。其失誇奢朋黨，言與行繆，虛詐不情，急之則離散，緩之則放縱。」[16]鄒魯之地「俗好儒，備於禮，故其民齪齪」，「地小人眾，儉嗇，畏罪遠邪」，西楚則「其俗剽輕，易發怒」[17]，如此等等，不一而足。以上這些，都足以說明我國各地區之間的文化融合與文化差異是始終並存的，不能強調統一而否認差異，也不能強調差異而否認融合與統一。兩者的有機結合，乃是中華民族文化的一大特點，也是其生命力之所在。

---

14 同上。
15 《漢書‧地理志下》。
16 《漢書‧地理志下》。
17 《史記‧貨殖列傳》。

## 第二節 ·
# 漢族與周邊少數民族
# 的文化交流

秦漢時期，隨著封建大一統帝國的建立與鞏固，社會經濟的恢復和發展，各地區、各民族之間的政治、經濟和文化交往也比以前更加密切，漢族與周邊各少數民族的關係也有了更大的發展。當然，其間也發生過無數次的戰爭。中央政權對其他各族的戰爭，有的屬於防禦性質，對維護國家安全、保障社會生產有積極的作用；有的則屬於對少數民族利益的侵犯，造成了破壞。但是，從總體上看，不論是戰爭，還是和平的交往，對於增進各民族之間的相互了解，加速各民族的政治、經濟和文化發展，都有一定的積極意義。

## 一、與匈奴的文化交流

漢族與匈奴的關係，可以說在秦漢時期的民族關係中占有最重要的地位。匈奴作為中國北方一支強大民族的族稱，始見於《史記·匈奴列傳》，是匈奴對本族人的自稱。匈奴人還自稱為「胡」，「胡」與「匈奴」可能為一音之轉。據《史記·匈奴列傳》記載，匈奴人「隨畜牧而轉移」，過著以畜牧業為主的遊牧生活。為求得豐盛的水草，匈奴人隨著畜群四處遷徙，「其畜之所多則馬、牛、羊」。其畜牧業十分發達，漢武帝時漢與匈奴幾次重大戰役所捕獲的匈奴牲畜數

目，或幾十萬，或百餘萬，就是明證。匈奴人的衣食住行，也多仰給於牲畜及與之有關的產品，即所謂「食畜肉，衣其皮革，被旃裘」。匈奴人的食物，以畜肉、乳漿和乾酪為主。他們以皮、革、裘為衣，用毯作帳幕房屋（即「穹廬」），其他如船隻、鎧甲也有用皮革製作的。除畜牧業外，狩獵業、農業和手工業等也有一定的發展。由於遊牧經濟很大程度上依賴於豐盛的水草和適宜的氣候，受自然條件的制約較大，因而每一次重大的自然災害往往導致匈奴民族的災難與遷徙。

大約在戰國末期，匈奴族開始進入鐵器時代。匈奴自進入鐵器時代以來，社會結構發生了質的飛躍，原來的氏族組織遭到破壞，氏族成員之間的貧富差別日趨明顯，形成了以單于為首的奴隸主階級。與此同時，以單于為首的匈奴貴族為了擴張私有財富，鎮壓奴隸的反抗，不斷地對外發動戰爭，掠奪性的戰爭成為匈奴首領的經常性職業，即所謂「以戰功為事」。由此也使匈奴族的社會組織具有明顯的特點，即它既是一個生產組織，又是一個軍事組織，所謂「士力能彎弓，盡為甲騎」。匈奴也逐漸成為中國北方漢族社會安寧的最大威脅。為了抵禦匈奴對邊境地區的騷擾，當時秦、趙、燕三國均在北部邊地築長城以禦之。秦滅六國、統一天下後，秦始皇又命蒙恬將十萬之眾北擊匈奴，並將原秦、趙、燕三國的長城連接起來，使之成為一道西起臨洮、東至遼東的舉世聞名的萬里長城。

西元前二〇九年，冒頓殺其父頭曼自立為單于，並不斷向鄰近的部族用兵，逐漸控制了東盡遼河、西至蔥嶺、北抵貝加爾湖、南達長城內外廣大地區，有「控弦之士三十餘萬」，建立了一個以漠北為中心的強大的奴隸制政權。而在這時，西漢皇朝則剛剛在秦末農民起義的浪潮中誕生，國力貧弱。針對匈奴不斷南下抄略漢邊，漢高祖劉邦曾試圖用武力打擊匈奴，結果反而被匈奴包圍於平城，只得以厚賂單于之妻閼氏方才解圍。漢朝無力正面抗禦匈奴的威脅，只有採取忍讓的辦法。其主要手段是「和親」，即以漢族女子嫁給匈奴首領，同時奉獻大量財物，以換取匈奴停止入侵。採取「和親」的辦法雖然對漢朝是一種屈辱，但它換取了漢匈兩大民族的和平，避免了更多漢族邊民的流血和財產的損失，這個代價比出動大軍與匈奴作戰還是要小得多。對匈奴來說，匈奴貴族可不通過戰爭，穩定地得到漢朝的財物；匈奴百姓則因漢朝開放關市，從與漢族人民的交易中獲

得利益。在當時，匈奴向漢朝皇帝贈送的禮品一般是：一峰駱駝、二匹騎馬、四匹駕車的轅馬。漢朝回贈的禮品常為絲綢衣服、黃金馬具、腰帶、各色錦緞數十匹。

西漢前期，匈奴雖然在軍事上很強盛，但就整個社會生產來說，仍是規模狹小，技術低下，手工業沒有充分發展，文化落後，與漢族高度發展的封建經濟文化比較起來，相差很遠。因此，在「和親」政策下，匈奴迫切地希望從漢族那裡學到先進的文化，分享漢族封建文化的發展成果。自冒頓單于起，匈奴人即樂於與漢人互通關市。文帝時，賈誼就曾說過：「夫關市者，固匈奴所犯滑而深求也。」[18] 景帝時，匈奴復與漢通關市。及「武帝即位，明和親約束，厚遇，通關市，饒給之，匈奴自單于以下皆親漢，往來長城下。」[19] 後來漢匈之間雖發生了大規模的戰爭，「然匈奴貪，尚樂關市，嗜漢財物」[20]。可見匈奴社會與中原地區發生經濟交流的迫切程度。在文化上，匈奴人從漢人那裡學會了計算和登記的方法，以稽核他們的人口、牲畜和事物。據《史記・匈奴列傳》記載：「（中行）說教單于左右疏記，以計課其人眾畜物。」匈奴的築城、穿井技術，原是長水胡人衛律教的，但因衛律在漢朝居官多年，是個受漢族文化影響很深的胡人，故築城、穿井的方法也是衛律從漢人那裡學會再轉教給匈奴人的。這對於匈奴擺脫落後的社會狀態、促進社會文化的發展，都有很大的意義。

漢武帝時代，漢朝數代積聚的國力已經足以與匈奴決戰。漢武帝視「和親」為屈辱，決心用武力打敗匈奴。於是漢朝連年出動大軍討伐匈奴，匈奴終於被擊敗。西元前一世紀中葉，匈奴因內亂，更為削弱。呼韓邪單于決定降漢，這樣匈奴便成為漢朝的屬部。漢元帝竟寧元年（前 33 年）呼韓邪入長安朝見漢天子，表示匈奴以成為漢家之婿為榮，希望漢朝繼續賜女子為閼氏。匈奴地區生活條件艱苦，漢朝皇室女皆以遠嫁為苦。這時，入宮數年不能見漢元帝一面的宮女王嬙，自請遠嫁匈奴，得到漢元帝的批准。這位遠嫁匈奴的女子王嬙便是著名的王

---

18 《新書・匈奴》。
19 《史記・匈奴列傳》。
20 同上。

昭君。昭君嫁到匈奴以後，被稱為「寧都閼氏」。昭君為呼韓邪單于生下一子名伊屠智牙師，後來成為匈奴的右日逐王。呼韓邪死後，昭君又「從胡俗」，改嫁大閼氏之子、新單于烏株累，並育有兩女。她的女兒須卜居次和女婿右骨都侯及其後代成為匈奴內部親漢勢力的代表，對於維持漢與匈奴之間的和平作出了重大貢

昭君墓

獻。因此，王昭君這位普通民間姑娘，以漢家宮女的身分遠嫁匈奴，成了一名和親使者。時至今日，王昭君的名字仍留在北方草原和內地人民的心中。今內蒙古呼和浩特南郊大黑河還存有昭君墓，供人紀念、遊覽。

自呼韓邪單于附漢、昭君出塞後，漢匈邊境無事，從此「邊城晏閉，中馬布野，三世無犬吠之警，黎庶無干戈之役」[21]，「邊人獲安，中外為一，生人休息六十餘年」[22]。這種和平局面的出現，不僅對匈奴有利，對漢人也有益。漢人的社會生產和生活有了一個較為安定的環境，同時也從匈奴人那裡學到了許多有益的東西。例如，漢朝政府和民間養馬業的空前發達，就和匈奴馬匹的大量輸入和養馬技術的傳授分不開。《漢書・景帝紀》顏師古注如淳引《漢儀注》：「太僕牧師諸苑之十六所，分布北邊西邊……養馬三十萬頭。」又《史記・驃騎列傳》載，元狩二年一戰，一次動員私馬十四萬匹；《匈奴列傳》載，元狩四年一戰，動員官馬十萬匹，私馬十四萬匹。可見當時政府和民間的養馬業都是很盛的。又《鹽鐵論・力耕》說：「夫中國一端之縵，得匈奴累金之物……是以騾驢、駱駝銜尾入塞，驒騱、騊駼盡為我畜。」可見漢朝養馬業之發達與匈奴地區馬匹的大

---

21 《漢書・匈奴傳贊》。
22 《後漢書・南匈奴傳》。

量輸入有很大的關係。匈奴人金日磾長於養馬，並為漢朝政府養馬，「馬……肥好」，武帝為之奇異，擢升他為馬監，可以作為傳授養馬技術方面的一個典型例證。[23]在漢代石刻藝術上，也可以看出匈奴遊牧生活的題材和風格的影響。如陝西興平縣漢茂陵附近霍去病墓前有關匈奴的巨型石刻的生動塑造，便是一個突出的例子。

兩漢交替之際，中原戰亂，匈奴重新強大。東漢建立以後，經過休養生息，國力復興。光武帝建武二十四年（48年），匈奴再度分裂成南北兩部，南部由呼韓邪單于之孫比率領，依附漢朝，仍稱為呼韓邪。北匈奴起初與漢朝為敵，後在南匈奴、漢朝和烏桓的聯合壓迫下，不得已於建武二十七年再向東漢請和。漢朝一面與北匈奴交通，一面派班超在西域活動，又動員軍隊和南匈奴騎兵，一起打擊北匈奴。漢和帝永元元年（89年），東漢大軍深入蒙古草原西部，大敗北匈奴，殺一萬餘人，北匈奴各部紛紛降漢，前後累計達二十餘萬人。北匈奴單于被迫率殘部越金山地區逃往烏孫，並在烏孫立足、發展。西遷的匈奴因距漢地遙遠，音訊不通，在漢籍中越來越少提及。未隨北匈奴單于西遷的部眾，從漠北南下，至蒲類海（今新疆東部巴里坤湖），向漢朝投降，不久復叛，被漢軍消滅。

縱觀秦漢時期漢與匈奴的關係，雖然也發生過戰爭，但經濟和文化的相互交流是主要的。蒙古的學者對漠北的匈奴墓葬進行了發掘，出土了大量中原器物，證明漢朝與匈奴的物質交換數量很大，而且非常頻繁。發現的中原文物有鐵器、銅器、陶器、木器、漆器、石器、工具、馬具、黃金、服飾及絲織品等，既包括日常生活用器，也包括生產用具。匈奴人自己也有鑄造銅器的能力，但原料仍然仰賴於中原，需要從中原輸入雜銅和礦石。漢文帝時，賈誼曾提出以控制向匈奴銷售的金屬數量來抵禦匈奴的辦法。一九四〇年，蘇聯葉尼塞河上游唐努烏梁海以北的哈卡斯州首府阿巴干市以南地區在修築公路時，發現古文化層，經學者確認，遺存物中有許多是來自漢地的瓦當和瓦。瓦上有漢字「天子千秋萬歲」，「長樂未央」。這是漢文化傳播到匈奴廣大地區的明證。

---

23 《漢書・金日磾傳》。

據《後漢書‧南匈奴列傳》記載，匈奴人「毌文書，以言語為約束」。在「主斷獄訟」諸事時，由貴族「口白單于，無文書簿領」。匈奴雖然沒有文字，卻與漢朝和西域有文書往來。其所使用的文字，就有漢文。匈奴利用降服的漢地文人為之服務。這些漢族文人教匈奴人書寫以便於「校課人眾畜物」[24]。他們所教的多半是漢字。匈奴與漢之間常有書信往來，保存在史籍中的均為漢文，說明匈奴與漢朝交往時使用漢文。又據史書記載，東漢初南匈奴在降服之前，曾派漢人郭衡奉獻匈奴地圖。這幅地圖當然不會是匈奴人繪的，當係在匈奴生活的漢人所繪。匈奴人還喜愛中原的音樂。西漢政府已經把中原樂器賜給匈奴，匈奴貴族十分珍視這些樂器，作為寶物世代相傳。東漢光武帝時北匈奴曾提出，西漢時代賜給呼韓邪單于的樂器因年久失修，要求朝廷再賜。東漢朝廷賜給南匈奴的器物中就有樂器。

匈奴的文化也為漢族所接受和喜愛。匈奴的民歌優美動人。河西的祁連山和燕支山樹木茂密，水草豐美，冬暖夏涼，宜於畜牧。漢武帝元狩二年（前 121 年），西漢擊敗匈奴，奪取了祁連山和燕支山，匈奴人極為悲傷，作歌悲歎。其詞譯云：

失我祁連山，使我六畜不蕃息；

失我燕支山，使我嫁婦無顏色。[25]

歌中「燕支山」的「燕支」既與漢語「胭脂」諧音，又與匈奴單丁之妻的匈奴語稱號「閼氏」同音。這種諧音造成了一語雙關的效果。胭脂是婦女美容的脂粉，匈奴失去了燕支山，猶如女子失去了脂粉，不能打扮得容顏美麗。這首歌詞巧妙的構思，受到歷代文人的讚歎。另一方面，匈奴的樂器也傳入漢地，為漢族人民所喜愛。胡笳是匈奴的傳統樂器，《後漢書‧竇憲傳》有「遠兵金山，聽笳龍庭」之語。東漢末年蔡文姬被擄入南匈奴，她曾描述這種音樂說：「胡笳動兮邊馬鳴，孤雁歸兮聲嚶嚶。」胡笳是一種吹奏樂器，與之相配的是鞞鼓。文姬的

---

24 《漢書‧匈奴列傳》。
25 《史記‧匈奴列傳》索隱引《西河故事》。

詩中說匈奴的鞞鼓夜間敲響，喧至天明。文姬博學多才，妙於音律，她在匈奴時留心過胡笳演奏的音樂，歸來時把這種音樂帶入中原，成為中原士人喜愛的一種樂器。

## 二、與烏桓、鮮卑的文化交流

在匈奴滅東胡以前，烏桓和鮮卑同為東胡族的組成部分，是東胡部族聯盟中兩個較大的部落集團。因其「在匈奴之東，故曰東胡」[26]。《後漢書·烏桓鮮卑列傳》記載：「烏桓者，本東胡也。漢初，匈奴冒頓滅其國，餘類保烏桓山，因以為號焉也。」一說烏桓最初為部落大人之名，後引申為部落之名，即「桓之以名，烏號為姓」[27]。秦漢時期，烏桓一直處於頻繁的遷徙之中。西漢初年，烏桓居住於烏桓山（一般認為是今阿魯科爾沁旗的烏遼山）。漢武帝時，霍去病遷烏桓於上谷、漁陽、右北平、遼西、遼東五郡塞外居住。其地大約西起今內蒙古錫林郭勒盟，中經今赤峰地區，東至今哲裡木盟地區，南至漢塞，北至今錫林郭勒盟中部的沙漠及西喇木倫河流域。東漢光武帝建武年間，烏桓又南遷五郡塞內，布列遼東屬國，遼西、右北平、漁陽、廣陽、上谷、代郡、雁門，太原、朔方界，約為今遼寧、河北、山西等省的北部。東漢末年，曹操征烏桓，破烏桓於柳城（今遼寧朝陽市），遷烏桓於中原。此後，留居於東北地區的烏桓人就為數不多了。由於烏桓不斷西遷，在每個地區居住僅百餘年，且分布甚廣，四處遊牧，因此很難形成一定的文化層。同時，烏桓對隨葬器物「皆燒送之」，墓葬中也保存不了什麼用品，所以至今還未發現烏桓的考古文化遺存。目前對於烏桓文化的了解，只能依靠《後漢書》及《三國志》中有限的文字材料。

從文獻記載看，烏桓文化屬畜牧為主的經濟文化類型。《後漢書·烏桓傳》載：「隨水草放牧，居無常處，以穹廬為舍，東開向日，食肉飲酪，以毛氈為

---

26 《史記·匈奴列傳》索隱引服虔語。
27 《史記·匈奴列傳》索隱引《續漢書》。

衣。……大人以下，各自畜牧營產。」這說明烏桓人屬於遊牧民族，各人從事畜牧營產，隨水草放牧，吃的是肉，飲的是酪，穿的是毛皮，住的是穹廬。同時，《後漢書・烏桓鮮卑列傳》還記載，在烏桓人的生活中，牛、馬、羊等牲畜占有重要的地位。嫁娶時，送牛、馬、羊以為聘娶之禮。喪葬則取亡者所乘馬……燒以送之。犯法者可用馬、牛、羊皮以贖死。烏桓人向匈奴納貢，也用馬、牛、羊皮。除畜牧業外，烏桓人還以狩獵活動作為其經濟生活的補充。《三國志・烏丸鮮卑傳》載：「俗善騎射……日弋獵禽獸，食肉飲酪，以毛毳為衣。」

有跡象表明，兩漢時期烏桓人已在一定程度上接受了中原漢人先進的封建文化。《後漢書・烏桓鮮卑列傳》載：「男子能作弓矢鞍勒，鍛金鐵為兵器。」這表明烏桓人已從漢族處引進了鍛製金鐵兵器的技術。但是《後漢書》及《三國志》都未提到烏桓人能自己冶金、鐵。可見，烏桓人所鍛的金、鐵，其原料無疑是從中原漢族引進的。在漢文化的影響下，烏桓人也有了一定的農業。《三國志・烏丸鮮卑東夷傳》載：「耕種常用布穀鳴為候，地宜青穄、東牆，東牆似蓬草，實如葵子，至十月熟。能作白酒，而不知作麴糵，米常仰中國。」這表明烏桓已與中原漢族建立了較為密切的文化交流關係，並從中原漢人處學會了做酒，但酒麴還要依賴漢人，靠從中原輸入。

另一方面，烏桓的社會習俗似乎也受到中原漢文化的影響。《後漢書・烏桓鮮卑列傳》載：「其嫁娶則先略女通情，或半歲百日，然後送牛馬羊畜，以為聘幣。婿隨妻還家，妻家無尊卑，旦旦拜之，而不拜其父母。為妻家僕役，一二年間，妻家乃厚遣送女，居處財物一皆為辦。」這表明烏桓當時已由母系向父系氏族社會過渡，新婚夫婦也已從母方居住過渡到父方居住。這是烏桓人本身社會發展的結果，又可能受到中原漢族文化的影響，在漢人影響下，烏桓人在葬俗上，在人死後也「斂屍以棺」。《後漢書・烏丸鮮卑列傳》載：「俗貴兵死，斂屍以棺，有哭泣之哀，至葬則歌舞相送。肥養一犬，以彩繩纓牽；並取死者所乘馬衣物，皆燒而送之，言以屬累犬，使護死者神靈歸赤山。」這種「斂屍以棺」的作法，是在漢文化影響下形成的新習俗。

據文獻記載，鮮卑是東胡的另一支裔。西漢時期，鮮卑已和烏桓分成兩個不

同的族群，他們居住在遼東塞外，不直接與漢接壤，而僅與烏桓相接。因此，在中原史籍中沒有記下西漢時鮮卑的經濟文化面貌。現在我們所知道的鮮卑的一些情況，已是東漢及三國時期的鮮卑。從東漢初烏桓遷到五郡塞內後，鮮卑才遷到烏桓故地，與漢朝接壤並通貢使。西元九十三年，漢破北匈奴，匈奴北遁，鮮卑轉徙據其地，匈奴餘種尚留十餘萬落，皆自號鮮卑，「東起遼東，西到西域」，「南抄緣邊，北拒丁零，東卻夫餘，西擊烏孫，盡據匈奴故地，東西方四千餘里，南北七千餘里。」[28]這時的鮮卑所包含的民族成分已相當複雜，其中有原來的鮮卑人，也有烏桓人、匈奴人及過去隸屬於匈奴的各族。例如，原來居住在大興安嶺北麓的拓跋部，本來不是鮮卑，此時也成為鮮卑的一部分了。這時，他們還來不及融合成一個統一的民族。《後漢書》、《三國志》並未具體論述鮮卑各部的文化特點，只不過概括地介紹了整個鮮卑文化的共同面貌。《後漢書·烏桓鮮卑列傳》載：「鮮卑，亦東胡之餘也。……其言語、習俗與烏丸同。」即大致認為鮮卑也屬於畜牧經濟文化類型，也是髡頭。並記載了「其獸異於中國者，野馬、原羊、角端牛。……又有貂、豽、鼲子。」所以特別記述鮮卑有這些野生動物，大概與鮮卑狩獵成分較重有關。

從史書記載看，東漢時鮮卑已從中原漢人處引進了金屬工具。《後漢書·烏桓鮮卑列傳》載：「自匈奴遁逃，鮮卑強盛，據其故地。稱兵馬十萬，才力勁健，意智益生。加以關塞不嚴，禁網多漏。精金良鐵，皆為賊有。漢人逋逃，為之謀主，兵利馬疾，過於匈奴。」是否所有鮮卑族部都已掌握精金良鐵，還很難確定。但至少可以肯定，鮮卑中一些靠近漢邊居住的部落已從漢人處引進了精金良鐵。一九六一年，在內蒙古巴林左旗南楊家營子發現了一至四世紀的鮮卑人墓葬。在這一墓葬中，出土了不少鐵器，有的葬具上還有鐵釘，表明鐵已傳入這一地區，並已大量使用。這裡還出土了輪製泥質灰色陶器，在器形、紋飾方面都與當地常見的手製夾砂紅褐色陶器不同。它們代表了長城以南鐵器時代陶器的特點，不是當地固有的陶器產品。此外，墓中還發現了一枚五銖錢，說明漢代的貨幣已傳入這一地區。同時，墓葬中大都發現有木質葬具的痕跡，也應當是受中原

---

28 《後漢書·烏桓鮮卑列傳》。

漢族棺具的影響。這一切都表明，東漢時期東部鮮卑已與中原漢人建立了一定的經濟文化聯繫。

# 三、與南方各族的文化交流

秦漢時期，在我國南方廣大地區，居住著百越、諸蠻和西南夷各族，他們與漢中央政府都有一定的聯繫，並在社會經濟、文化各方面有了較大的發展。

## （一）百越

越族是我國境內一個古老的民族。「越」本國名，國人皆為閩族，亦稱越族，居於東南沿海地區。越王勾踐滅吳稱霸後，「越」名聲大振。戰國之後，遂有「百越」之稱，是南方民族的統稱。所謂「越有百種」、「各有種姓」，說明百越是包括方言習俗各不相同的許多民族群體的統稱。大體說來，百越可分為吳越（包括東甌、閩越）、南越、駱越（西甌）三種。

東甌與先秦吳、越同族，為越王勾踐之後。秦併六國，將其後廢為君長。據《史記‧東越列傳》記載，東甌君長名搖，曾佐諸侯滅秦。漢惠帝三年（前192年），以「閩君搖功多」，立為東海王，都東甌（今浙江永嘉，一說為溫州）。景帝三年（前154年），吳王濞反，從吳反漢；吳王敗，又受漢指使，殺吳王子丹徒。建元三年（前138年），閩越擊東甌，漢遣兵往救，於是東甌請舉國內附。

閩越亦為越王勾踐之後，居今福建地區。戰國時，楚威王伐越，殺越王無疆，併其地。秦滅六國，廢閩越王無諸（亡諸）為君長，以其地為閩中郡。秦漢之際，無諸起兵，佐漢擊楚。漢高祖五年（前202年），封無諸為閩越王，都東冶（即建安，今福州），成為漢外藩諸侯國。武帝建元六年（前135年），閩越發兵擊南越，南越告急，漢皇朝遣將擊閩越，其王郢發兵拒之。郢弟餘善謀殺之，以報漢軍。漢罷兵，立無諸孫繇君丑為越繇王，又立餘善為東越王。後餘善反漢，東越諸將殺餘善以降，漢在其地設九江、臨淮、濟南、會稽諸郡統之，並

徙其民於江、淮間。越族遷居江淮後，漢朝將河東渠田予越人。越族俗尚「斷髮紋身」，初遷居時，其俗相雜，後逐漸與中原漢人融合，成為漢皇朝的編戶民。

秦漢時，東甌、閩越經濟文化有很大的發展。據《漢書·地理志》記載，當時「民食魚稻，以漁獵山伐為業，果蓏蠃蛤，食物常足」。可見其民以農業為主，並從事漁獵活動。越人的手工業尤其是紡織業也有相當發展，他們生產的苧、葛、帛之類的紡織品，成為東越王向漢皇朝進貢的禮物。此外，越人的造船業也有較大的發展。

南越主要生活於今廣東、廣西地區。秦朝時，在南越諸地設置了桂林、南海、象郡以管轄其居民。據《史記·南越列傳》記載：「秦時已併天下，略定南越，置桂林、南海、象郡，以謫徙民，與越雜處。」當時徙往「中縣之民」的人口達五十萬。趙佗以秦吏為南海郡龍川（今廣州）令。陳勝、吳廣起兵反秦時，南海尉任囂病死。死前委趙佗，行南海尉事。趙佗移檄關邑，「絕道聚兵自守」，並以法誅秦所置長吏，擊併桂林、象郡，自立為南越武王。趙佗本為秦人，祖居真定（今河北正定）。西漢初年，漢高祖劉邦「遣陸賈因立佗為南越王，與剖符通使，和集百越」[29]。呂后時，下令「毋予蠻夷外粵金鐵田器；馬牛羊即予，予牡，毋與牝」[30]，給南越經濟造成了一定的困難。趙佗對此不滿，宣布獨立。漢文帝為避免對南越用兵，再遣陸賈出使南越，趙佗取消帝號，恢復與漢的藩屬關係。史載趙佗治國有方，能順應南越之俗，「甚有文理」，對於制止南越內亂、促進越族經濟文化的發展起了積極作用。漢武帝時，派兵平定南越，並以南越、西甌及相鄰之地立為儋耳、珠崖、南海、蒼梧、郁林、合浦、交趾、九真、日南等九郡。

駱越或作雒越，也稱西甌，主要分布於今廣西南部和越南北部。秦時以其地置象郡。秦滅後，趙佗併其地，成為南越的一部分。其習俗既不同於東越，也不同於南越。據《後漢書·南蠻西南夷列傳》記載：「凡交趾所統，雖置郡縣，而

---

29 《史記·南越列傳》。
30 《漢書·西南夷兩粵朝鮮傳》。

言語各異，重譯乃通。……項髻徒跣，以布貫頭而著之。」隨著與漢族和其他民族往來的增多，該地文化也有了較大的發展。

## （二）蠻族

秦漢時期，在我國南方地區還居住著一個重要的民族，這就是蠻族。蠻族分布於各地，有不同的稱謂。西漢時期，在洞庭湖以西的山嶺中，居住著以龍為圖騰的盤瓠蠻，又稱武陵蠻。據《後漢書・南蠻西南夷列傳》記載：「秦昭王使白起伐楚，略取蠻夷。始置黔中郡，漢興，改為武陵。」漢代的武陵郡在今湖南西部和貴州東部，是苗族居住的中心地帶。武陵蠻以農耕為主，「田作賈販、無關梁、籌傳、租稅之賦。有邑君長，皆賜印綬，冠用獺皮，名渠帥曰『精夫』，相呼為『姎徒』」。

除武陵蠻外，還有莫徭蠻，與武陵蠻相錯而居。據《梁書・張纘傳》記載：「湘州零陵、衡陽等郡，有莫徭蠻者，依山險為居，歷政不賓，因此向化」，很可能是瑤族的祖先。又有廩君蠻，居於今湖北西部、四川東部，以虎為圖騰。據《後漢書・南蠻傳》記載：「巴郡南郡蠻，本有五姓：巴氏、樊氏、曋氏、相氏、鄭氏，皆出於武落鍾離山。」後來，巴氏子務相被立為君，是為廩君，「廩君於是君乎夷城，四姓皆臣之。……及秦惠王併巴中，以巴氏為蠻夷君長，世尚秦女。」秦漢政權一直向廩君蠻的君長和平民徵收賦稅。在四川嘉陵江邊，生活著板楯蠻。在秦代，秦政權與板楯蠻尚不存在隸屬關係。西漢初年，漢中央政府開始管轄其地，並向其民徵收賦稅。板楯蠻「俗喜歌舞，高祖觀之曰：『此武王伐紂之歌也』，乃命樂人習之，所謂巴渝舞也，遂世世服從。」[31]從當地出土的兩漢時期的墓葬看，其文化已明顯受中原文化的影響。

---

31 《後漢書・南蠻西南夷列傳》。

## （三）西南夷

秦漢時期，中國西南地區分布著許多語言習俗不同的民族，西漢時統稱為西南夷。《史記》和《後漢書》的作者根據西南夷各族的地理區域、經濟生活、社會組織、風俗習慣以及族屬的不同，將西南夷區分為以下幾類：第一類是貴州西部的夜郎、雲南滇池區域的滇、四川西南部的邛都。他們均以農業經濟為主，過著定居生活，「耕田，有邑聚」，有「椎結、左衽」的習俗，國有「君長」。第二類是洱海區域的嶲、昆明，他們以遊牧經濟為主，「隨畜遷徙無常」，有「辮髮」的習俗，無「君長」。第三類是在今成都西南的徙、筰和成都北部的冉駹，他們以農業和遊牧業為生，即所謂「或土著，或隨畜遷徙」，國有「君長」。第四類是在今甘肅南部的白馬氐，屬氐族的一支，以農業和遊牧業為主，國有「君長」。在西南夷各族中，屬於羌語系統的較多，有冉駹、筰都、邛都、滇、嶲、昆明、楪、叟、摩沙等。夜郎和哀牢，原出自百越。

漢族與西南夷諸族的聯繫起源甚早。西漢初年，漢人商賈從西南夷中販運筰馬、犛牛和楪人僮（奴隸），巴蜀的鐵器和其他商品也運到西南夷並轉販到南越，兩地之間有經濟上的交往。武帝時，漢發夜郎附近諸部兵攻南越，且蘭君反漢，殺漢使及犍為郡太守。漢攻下且蘭，設牂牁郡及越嶲郡、沈黎郡、汶山郡、益州郡。東漢時，西南夷各族中雖時有「反叛」事件發生，但更多的是經濟、文化上的往來。如夜郎人尹珍「從汝南許慎、應奉受經書圖緯，還鄉里教授，於是南越始有學焉」[32]。汶山以西白狼等部相率內附，「作詩三章」，歌頌漢朝恩德，詩文載於《後漢書·南蠻西南夷列傳》。此外，漢朝還通過哀牢地區，同滇西和緬甸境內的撣族發生往來。

---

32 《後漢書·南蠻西南夷列傳》。

# 四、與羌、氐族的文化交流

秦漢時期，在中國的西部地區還生活著氐族和羌族。羌族主要居住於湟水及黃河沿岸。西漢時期，羌人仍保持原有的種號，不另立種姓。當匈奴強盛時，羌人曾與匈奴連兵十萬攻令居塞，漢遣李息等率兵十萬將羌人征服，並設置護羌校尉。漢宣帝時，羌人反抗漢人統治，圍攻金城郡。漢宣帝令趙充國等率兵六萬，屯田湟中，取得勝利，設置金城屬國接納歸附的羌人，與漢人雜居。王莽時，又在羌人地區設置西海郡，並徙漢人入居此地。東漢時，羌人中迷唐種的勢力強大，人口多達三萬。每個種姓的最高首領稱「大豪」，其下每十人左右有一個「小酋」。各種姓之間為著某種軍事、政治上的共同目的，經常有不穩定的結盟關係，以便對付來自外族的威脅。由於漢朝政府的高壓統治，東漢時羌人經常舉行大規模的反抗鬥爭，屢屢打敗漢朝的軍隊。漢桓帝時，對羌人採取「招撫」政策，並懲治羌人所痛恨的貪虐官吏，羌人先後歸服達二十餘萬人。

羌人的經濟，以畜牧業為主，同時從事農業生產。據《漢書·趙充國辛慶忌傳》記載，趙充國擊敗先零羌，「虜赴水溺死者數百，降及斬首五百餘人，鹵馬牛羊十萬餘頭，車四千餘兩」。可見羌人畜牧業的發達。此外，羌人的農業也有所發展。僅青海湖以東湟水流域一段，「計度臨羌東至浩亹，羌虜故田及公田，民所未墾，可二千頃以上」。隨著羌人的大量內遷，並與漢人雜居，兩個民族在經濟、文化生活上相互影響，加速了彼此的融合。

兩漢時期，在今陝西、甘肅、四川交界地區，還生活著氐族。其中，武都郡是氐族聚居的地區，故有「武都氐」之稱。據《史記·西南夷列傳》記載：「自冉駹以東北君長以什數，白馬最大，皆氐類也。」《後漢書·南蠻西南夷列傳》也說：「（白馬氐所居武都）土地險阻，有麻田，出名馬、牛、羊、漆、蜜。氐人勇戇抵冒，貪貨死利。居於河池，一名仇池，方百頃，四面鬥絕。」氐族與羌族相鄰，但其經濟則以農業為主，過定居生活。在習俗上，氐族的衣服「尚青絳」，嫁婦時的服裝的緣飾「似羌」，「似中國袍」，「皆編髮」。過去有人以為氐與羌同源，氐出於羌，看來其說不確。

漢代與羌、氐等族經濟文化的交流，主要是通過各民族人員的相互交往、交錯雜居而實現的。其中首先要提到的是相互派遣的使者，他們是中原漢人與少數民族相互聯繫的橋梁和先驅。通過他們，中原與西北各民族之間建立了聯繫，加強了了解，促進了各民族之間的全面交往。如漢武帝時出使西域，穿過匈奴所控制的西北少數民族地區的張騫，在聯繫羌族部落中起過作用的義渠安國。中原與西北少數民族人員交往的另一類，是有組織、有計畫的移民。如西漢景帝時，研種羌以留何為首的羌族部落就曾遷徙到隴西郡，與漢族雜居。又如前文曾提及的宣帝設金城屬國以安置東遷的羌族。漢朝政府也不斷地在西北地方組織屯田，進行農業生產，促進了漢人與氐、羌等族的交往。此外，由於民族內部或民族間的戰爭，漢人或少數民族中，各種逃亡、投奔、被俘的人員，其數量還不少。這些人逃入或被俘到其他民族地區後，同時也將本民族的經濟文化與生活習慣帶入了該地區，並在該地區學習其他民族的文化，成為文化交流的使者。各民族人員的相互往來和交流，衝破了各民族的隔絕狀況，促進了友好合作，在一些地區出現了民族交錯雜處、相互依賴的局面，為而後各民族經濟文化的發展及相互交流創造了良好的條件。

第三節 ·

# 漢文化與西域及海外文化的交融

秦漢帝國的統一與強盛，不僅使境內各地區、各民族之間的經濟文化得到廣泛的交流與融合，而且還進一步與西域地區及海外諸國取得了密切的關係。尤其

是張騫兩次出使西域，開闢了陸上絲綢之路，對於漢文化與西域及海外文化的交流作出了不可磨滅的貢獻。漢文化之所以豐富多彩，具有永久的生命力，與其對外來文化的不斷融合、交流是分不開的。

拜謁圖

# 一、與西域的文化交流

漢代所說的西域，指玉門關、陽關以西包括新疆、中亞在內的廣大地區。漢人稱這一地區的居民為「西胡」，意即西部胡人，與「東胡」的取名意義相同。實際上，西域的居民不全是胡人。在當時，「自玉門、陽關出西域有兩道：從鄯善傍南北北波河，西行至莎車，為南道；南道西逾蔥嶺，則出大月氏、安息。自車師前王庭隨北山波河西行，至疏勒，為北道；北道西逾蔥嶺，則出大宛、康居、奄蔡、焉耆。」[33]西域的南道諸國多氐羌族居民；在北道還有「塞人」，即斯基泰人，為雅利安種。處於塔里木盆地邊緣的北道、南道諸國，多數以城郭為中心，以兼營、畜牧業為主要經濟生活，有的還能自鑄兵器。唯少數國家逐水草而

---

33 《漢書‧西域傳》。

居，糧食仰賴鄰國供給。這些國家語言不一，互相無統屬關係，人口少則千人，多則幾萬人。漢初，西域有三十六國，其主要國家有烏孫、大宛、車師、大月氏、鄯善、于闐、莎車、疏勒、龜茲、焉耆等。

西漢初期，由於匈奴強盛，西域諸地為匈奴所征服，對西漢皇朝的安全構成很大的威脅。西元前一三八年，漢武帝為了聯合西域，消除匈奴從右側包圍對漢政權構成的威脅，派遣張騫出使西域。不料，張騫這次出使，中途被匈奴扣留十三年，到西元前一二六年才重返長安。在被匈奴扣留期間，張騫了解了匈奴和中亞各民族的地理、民俗、軍事等方面的情況，並將這些情況報告給了漢中央政府。根據張騫的彙報，漢武帝派衛青、霍去病連連率軍出擊匈奴，把匈奴趕到大漠以北、河套以西直到羅布泊的廣闊地帶從此不見匈奴鐵騎。通往西域的道路暢通後，張騫再次出使西域，取得了前所未有的成功。

張騫的兩次出使西域，加強了漢同西域各國在政治、經濟和文化上的往來。自張騫偕同烏孫使者來長安後，張騫派往大宛、康居、大夏等國的副使，也同這些國家的使者陸續來到長安，漢皇朝每次派往西域的使者多則十幾批，少則五六批；每批百餘人到幾百人不等。這些使者「皆貧人子，私縣官齎物，欲賤市以私其利外國」，因而使者隊伍實際上也是商隊。當時，受匈奴控制的樓蘭、姑師常劫掠漢使，斷絕交通。為此，漢武帝派王恢率輕騎擊破樓蘭，趙破奴率軍擊破姑師；又與烏孫「和親」，藉以鉗制匈奴，為打破匈奴對大宛的控制並獲取大宛所產的汗血馬，武帝又派李廣利兩次西征大宛，迫使大宛與漢言和。漢宣帝神爵二年（前 60 年），在西域設立都護府，治烏壘城（今輪臺），護南道和北道，並「督察烏孫、康居諸外國動靜，有變以聞」。至此，西域各國與漢朝的臣屬關係已完全確立，西域正式納入漢皇朝的版圖。

東漢初期，匈奴勢力又控制了西域各國，漢皇朝無力西顧，漢與西域的聯繫被中斷。從漢明帝永平十六年（73 年）竇固、耿忠進擊匈奴，到漢和帝永元三年（91 年）竇憲擊破匈奴，匈奴主力被迫西遷，至永元六年焉耆等國歸漢，西域五十餘國方得全部內屬東漢，西域南、北二道交通得以暢通。這一時期，班超作為漢朝派往西域的特使，在西域苦心經營三十年，為幫助西域諸國解除匈奴的

威脅，使西域重新與內地聯為一體，作出了傑出的貢獻。班超的兒子班勇，繼承父業，擔任西域長史，對於加強漢與西域諸族的聯繫也作出了重大貢獻。

從總體上說，漢與西域之間雖發生過戰爭，但經濟和文化上的聯繫、交流是主要的。自南北通道打開後，中原漢族與西域乃至更遠地區經濟、文化上的聯繫日益密切：西域的葡萄、石榴、苜蓿、胡豆、胡麻、胡蒜、胡桃等農作物以及西域的良馬、橐駝等各種奇禽異獸和毛織品，以及西域各族的音樂、舞蹈等，源源不斷地傳入中原，並影響了漢朝經濟和文化的發展。同時，中原地區的冶鐵、鑿井等先進的生產技術和大量金屬工具與絲織品，也傳入到西域地區。西域作為陸上絲綢之路的重要環節，成為中國與南亞、西亞乃至歐洲聯繫的橋梁。

# 二、與西亞、羅馬、印度的文化交流

秦漢時期，中國通往西亞、羅馬和印度的道路已經開闢，並進行了廣泛的經濟與文化交流，在歷史上留下了深遠的影響。

## （一）西亞

隨著漢與西域關係的確立，絲綢之路開闢，中國與西亞各國的聯繫也隨之得到發展。漢武帝時期，張騫出使大夏，第一次獲得了安息（今伊朗）的資訊。這使那時自以為十分強大的漢帝國，初次獲悉在西域尚存在與自己相似的一個大國。張騫向漢中央報告說，安息是一個種植稻麥的農耕國家，境內有大小城鎮數百座，是域外最大的國家。安息東境直抵阿姆河，商旅通過陸、海兩道，遍布世界各地。在安息的西邊，有敘利亞王國，漢代譯為條支。

張騫在出使烏孫時，曾派遣副使率領龐大的使團經大宛、康居前往安息。安息王密司立但特二世（前 124-前 87 年）為了確保漢使的安全，還特意派兩萬名騎兵在東部邊境木鹿接引漢使，經過幾千里的護送，通過幾十座城市，才到達安息都城番兜城（番兜係由帕提亞 Parthia 轉音）。在漢使回國時，安息王還派使者

隨同到漢，沿途考察國情，參觀漢朝的倉庫、府藏，使他們知道漢朝的富庶和強盛。

絲綢之路開闢後，安息成為漢代物品的重要主顧。漢朝的絲織品，無論錦、綺、綾絹，在波斯語言中都留下了它的印記。漢朝生產的優質鋼鐵運至安息，裝備了安息騎兵，在戰場上大顯身手。漢朝生產的白銅，傳入安息，安息將它製成箭鏃，一中箭就會使人致命。漢代人穿井開渠的技術也傳到安息，解決了當地人生產和生活缺水的困難。同樣，安息的文化也源源不斷地傳入中

伎樂天彈豎箜篌圖

國。當時安息的美術、樂舞和雜技具有精湛的技藝、獨特的風格，在西方曾推動拜占庭藝術的發展，對漢代的文化也產生了廣泛的影響。如安息美術中駱駝、翼獸和獅子等動物題材和紋飾，豐富了漢代的藝術天地；安息的樂器和樂曲，如豎箜篌、四弦曲項琵琶和篳篥，自漢代傳入中國以後，對中國音樂的發展產生了深遠影響。

由於安息是當時西域最有威望的大國，所以它與中國的互派使團、相互交流對於其他中亞和西亞國家也產生了廣泛影響。如大宛西邊的驩潛、大益、康居小王蘇薤，以及新疆境內各城國，也紛紛派使團到中國。中國的物品也通過安息等國，傳到西亞和地中海諸國。

## （二）羅馬

西漢時代，安息控制了亞洲東部和地中海地區的絲綢貿易。羅馬帝國崛起以後，一躍而成為絲綢之路上與漢帝國、大月氏、貴霜、安息並稱的五大國之一。其中漢代中國和貴霜王朝分別控制著絲路東段，安息占據中段，羅馬占據西段。

漢代人稱羅馬為大秦，意思是泰西（極西）之國。因為在海西，又稱海西國。羅馬帝國強盛時，占領了敘利亞和埃及，並積極擴展東方貿易，迫切需要從中國運去絲綢和其他物品，以滿足羅馬上流社會生活的需要。

最初得知羅馬帝國的是那些奔波於絲綢之路上的中國商隊。這些販運絲綢的中國商人，被希臘人稱為賽里斯（Seres），意思是來自綺國或絲國的人。羅馬人約在奧古斯都時代才正式接觸到賽里斯人。東漢時，西域長史班超在和莎車的匈奴勢力角逐時，曾和月氏聯盟，並從月氏那裡獲悉了羅馬這個泰西之國。這大概是中國官方首次得悉羅馬帝國的存在。西元九十七年，班超遣其副使甘英出使大秦，以謀求與羅馬直接建交。甘英一行到達波斯灣，未能繼續西行到大秦，但為以後漢與羅馬帝國的直接聯繫起了推動作用。據《後漢書》記載，甘英到達波斯灣，所到之地均前所未聞，漢朝使者到那裡交換珍寶的消息一傳開，引得紅海彼岸莫恰（今葉門木哈）和阿杜利（今衣索比亞馬薩瓦港附近）也派使者到洛陽，向漢和帝進獻禮物，求結盟約。莫恰和阿杜利均為羅馬東方貿易盛榮時的海港。半個世紀後，羅馬皇帝馬可·奧理略在西元一六六年派使者自埃及出發、經印度洋由海路到漢朝統屬下的日南郡登岸，再北赴洛陽，羅馬與中國正式建立了外交關係。

從文獻記載看，漢與羅馬的交往是多方面的。普林尼在一世紀中葉估計，每年至少有一億枚羅馬銀幣被印度、中國和阿拉伯半島取走。這些錢幣曾在中國流通，在山西等地均有出土。當時羅馬從中國進口的主要物品是衣料（絲綢）、皮貨和鐵器。同時，羅馬的物產也大量地傳入中國。三世紀中葉寫成的《魏略》一書，曾詳細開列了羅馬的物產，其中有各種金屬製品、珍禽異獸、珠寶、織物、玻璃、香藥等。這些正是羅馬向中國的輸出物。

## （三）印度

印度是古代亞洲一個古老文明的發祥地。西漢時，印度被稱為身毒，東漢時代改稱天竺。印度的領土，在當時包有五河流域和恆河流域，轄境直抵恆河中游的華氏城（今巴特那），並且控制了恆河上游和坎貝灣間的交通樞紐馬土臘地

區。漢武帝時，張騫出使到大夏國都巴爾克時，見到當地的貨物中有來自中國西南的邛竹杖和蜀布。據大夏人相告，這些物品是由大夏東南數千里外的印度運來的。於是張騫向漢武帝建議開闢一條由中國西南往印度的通道。後因遭到散處大理、保山間的昆明部族的阻攔，漢使未能成行。官方的使團雖受阻，但民間的貿易卻在雲南中印邊境廣泛開展。印度的移民也進入中國的塔里木盆地和怒江、瀾滄江流域，帶來了印度的文化。一世紀以後，由於海上絲綢之路的開闢，中印兩國間的文化交流更加密切。

漢代中國和印度各地通過移民和貿易往來，建立了廣泛的聯繫。漢朝向印度輸出的物產，主要有絲、漆、鐵、玉、毛皮和黃金等；印度則主要向中國出口馬匹、棉布、玻璃、毛織物和珠寶等。桃、梨等中國果樹也由疏勒移植到印度，印度稱桃為「至那你」，意思是「漢持來」；稱梨為「至那羅闍弗照邏」，意為「漢王子」。

漢時與印度文化交流中最重要的事件，當推佛教的傳入。西漢末年，佛教已在一定範圍內得到流傳。如哀帝元壽元年（前 2 年），長安的博士弟子景盧跟隨大月氏的使者伊存，由他口授佛經。東漢初年，漢明帝派遣蔡愔、秦景等人組成使團到印度，正式探討佛學，引進印度學術。明帝的兄弟楚王劉英已正式供奉佛陀。在明帝支持下，在洛陽還修建了中國第一座佛教寺院白馬寺，以供整理、翻譯佛經和供奉佛像之用。此後，天竺、月氏、安息、康居僧侶相繼來到洛陽，既譯經，又布道，對於佛教在中國的傳播起了重要作用。佛教傳入中國以後，在歷史的發展進程中形成了具有中國特色的佛教，並成為中國傳統文化的重要組成部分。

# 三、與朝鮮、日本、越南的文化交流

朝鮮、日本和越南都是中國的近鄰，與中國有著悠久的文化聯繫。秦漢時期，中國與朝鮮、日本和越南的文化往來十分密切，中國文化對於這些國家的文化發展產生了深遠的影響。

## （一）朝鮮

秦漢時期中國與朝鮮的文化聯繫，主要是以戰爭中大批的中國移民為媒介的。自秦始皇時代大規模的統一中國戰爭，一直到西漢皇朝的建立，中國北方主要是河北、山東一帶的人民為了逃避戰亂，成群結隊地移居朝鮮。西元前二世紀末，燕人衛滿率一千多個流民擊敗朝鮮王箕準，在大同江南岸王險城（今平壤）成立衛氏政權，並不斷招募、收容來自燕齊的流民。自此以後，中國移民遍居朝鮮半島南北，尤其集中在朝鮮西海岸。漢武帝時，在朝鮮半島北部先後設置了樂浪、真番、沃沮、玄菟四郡，不久又將半島土地裁併於樂浪一郡。西漢末年，半島上先後出現新羅、百濟、高句麗三國，與樂浪郡並存。東漢末年，各地軍閥混戰，大批中國人或由遼東移居樂浪，或由山東半島經海路抵達朝鮮半島定居，形成新一輪移民熱潮。

秦漢時期中國移民大量入朝，對於中國文化的傳播起到了重要的作用。從大量的考古發現看，當時的中國移民也將鐵器、漆器等帶到了朝鮮，並發展了冶鐵等技術。如在樂浪故址出土的遺物中，有為數眾多的漆器，其形制和銘文中的「蜀郡西工」、「廣漢工官」及「元始」、「永平」等年號文字，說明其顯係漢代傳入。同時，中國人的大量遷入朝鮮也影響了當地的語言文字。在樂浪郡，漢話成為通用語言。西元一世紀時的揚雄所著的《方言》，將北燕和朝鮮洌水（今臨津江）劃作一個方言區。中國文字也流傳於朝鮮各地。古朝鮮留下的唯一的文字作品，是在西漢初年津卒霍里子高妻麗玉用漢字創作的詩歌《箜篌引》，詩中哀訴：「公無渡河，公竟渡河，墮河而死，當奈公何！」朝鮮西北部出土的明刀錢，錢文漢字多達三千個以上。一世紀初，不少朝鮮人已能背誦《詩》、《書》、《春秋》等中國典籍。

秦漢時中國與朝鮮文化交流的主要形式應該是民間交流，見於記載的官方交流很少，如《三國志‧高句麗傳》中提到的「置朝服衣幘其中，歲時來取之」，及「漢時賜鼓吹技人」。高句麗不斷入貢於漢，先後屬於漢玄菟郡及遼東郡，帶來其特有的物產、文化，同時又得到漢的回賜，帶走漢先進的文化。據文獻記載，古時朝鮮人的習俗與今有相同之處，「其民喜歌舞，國中邑落暮夜男女群

聚，相就歌戲」。「其人潔清自喜」，「善釀酒」，「其人性凶急、有氣力，習戰鬥，好寇鈔」[34]。朝鮮人的歌舞對中原漢人有一定的影響。東漢時，隨著中國與朝鮮、日本交通往來的開展，中國商船從樂浪起航，繞過朝鮮西海岸，可在半島東南端拘邪韓國（今朝鮮廣尚南道金海）停靠，再從拘邪韓國渡過朝鮮海峽，便可到達日本的北九洲。金海成為當時中國、朝鮮、日本三國經濟文化交流的樞紐。

## （二）日本

早在戰國時期，中國通向日本的航路就已開闢。秦始皇統一中國後，齊人徐福等人上書秦始皇，宣稱海中有三神山，請求秦始皇派童男女和他一起去求仙人。秦始皇採納了他的建議，派數千童男女下海東行。據記載，徐福曾兩次東行，並在日本本州和歌山建立了政權。徐福及其夥伴航行到日本，帶去了先進的海船、秬米和農耕技術，以及青銅和鐵器冶煉技術，使得早先已傳入的中國文化在日本列島上得以鞏固和延續，並影響日本社會經濟和文化的發展。為了紀念徐福東渡這一中日文化交流史上這個重大事件，至今在和歌山新宮町東南有蓬萊山，並有徐福墓，墓前石碑上刻有「秦徐福之墓」五個大字。

漢武帝時，在朝鮮西北部設立了樂浪郡，樂浪就成為中國向日本列島百餘國傳遞文化的重要途徑。大約在西元前一世紀，日本人結束了漁獵為生的漂泊生活，開始栽種水稻，並進入定居生活時代。日本人把傳入稻米的西國（中國）看成是美好的樂園，稱為「常晝國」。那時，在日本西部與漢代樂浪郡互通使驛的有三十多國。東漢初年，日本北九洲進入鐵器時代，出現了倭奴國，即以倭國與奴國為中心的部落聯盟國家。光武帝建武中元二年（57 年），倭奴國的使者越過樂浪，到達洛陽，受到光武帝賜的印綬。《後漢書・東夷傳》稱倭奴國使者自稱大夫，來自倭國極南界。此後，又有倭國王師升等來獻生口一百六十人。由於該國文化較為落後，只能以擁有各種專長的生口（奴婢）作為貢禮，以交換漢朝的絲綢和金屬製品。二世紀後，日本逐漸進入鐵器時代，出現了以邪馬臺國為中心

---

34 《三國志・高句麗傳》。

的部落聯盟國家，《三國志・魏志》稱之為邪馬臺國。這一時期，不僅中國的絲織品、鐵器、銅器等大量傳入日本，而且日本人還從中國學會了養蠶技術。據《日本書紀》記載，一九九年（日本仲哀天皇八年），中國的蠶種由一個自稱是秦始皇十一世孫的功滿王從朝鮮的百濟帶到日本。半個世紀後，《三國志・魏志》便提到日本產「紵麻、蠶桑、緝績，出細紵縑綿」。這是中日文化交流的結晶。

## （三）越南

中國與越南的文化交流歷史十分悠久。秦漢時期，中越兩國的文化交往進一步密切。秦始皇時，在越人居住地區設置桂林郡、南海郡和象郡，越南與秦朝的聯繫得到加強。秦朝末年，南越王趙佗據地獨立，擊敗建國於越北的安陽王，並占有其地。在趙佗統治時期，中國的鐵製農具和牛耕技術通過大批中國移民，在越南日漸推廣。今越南北部諒

南越王墓玉舞人

山的諒巴洞貝塚中，曾有一件雕刻中國牛犁圖形的石器，暗示了牛耕鐵犁在越南北部邊區曾和石器的使用同時並存。趙佗又注意制止各地宗族相互械鬥的惡習，穩定內部政局，使漢人和越人和睦相處。由於趙佗的南越政權積極與漢朝聯繫，與漢通商，傳播漢文化，並以漢文教導居民，《詩經》、《尚書》成為教化的範本，從此中國文化在越南逐漸生根。

漢武帝時，設立交趾、九真、日南三郡，中國與越南的文化聯繫進一步得到加強。越南人利用從中國傳入的先進的生產工具和生產技術，擺脫了原來依靠潮漲潮落灌溉農田的傳統生產方式，使勞動生產力得到很大提高。有一些越南人還遷居內地，接受中國文字和語言的訓練。漢水西邊中盧縣在東漢時有地名駱越，據說正是駱越人從紅河移居而得名。少數傑出的越南人還在漢代政府中擔任官職，如漢明帝時金城太守張重、漢獻帝時交州刺史李進、司隸校尉李琴等人，都

是越南人。中國的音樂、醫藥、佛學也都在這時傳入越南。而越南的水果如龍眼、荔枝，藥物如菖蒲、薏苡等也傳入中國。東漢末年，不少士人為逃避戰亂，遷入交趾，在越南北部宣揚中國文化，使中國文化在越南的影響進一步擴大。

在漢代，越南還是中國與東南亞、印度以及羅馬世界建立邦交、文化交流的前哨。如一三一年葉調國王（今印尼爪哇）派使者來中國，以及此後天竺（印度）和大秦（羅馬）使者來中國，都是航海來到日南，然後在今越南歸仁附近換船到廣東，北上洛陽進謁漢帝。

第四節 ·
# 對秦漢文化交流的思考

秦漢時代是中國文化交流史上的一個飛躍時期。秦漢以前，華夏族的文明也是在各族不斷融合的基礎上，並在不斷吸取外來文化的因素的過程中發展起來的；但是，這時的吸收、融合乃是逐步的、漸進的或是局部的，而不可能是大規模地進行的。這是由於有限的疆域和割據形勢所決定的。如戰國時期「胡服騎射」變易衣冠者僅限於武靈王時的趙國；廢揖讓之容、變禮俗者，也僅限於秦國。秦漢時期，由於統一的封建帝國的建立，為大規模地吸收外來文明創造了十分有利的條件。如秦朝統治者「致昆山之玉，有隨和之寶，垂明月之珠，服太阿之劍，乘纖離之馬，建翠鳳之旗，樹靈鼉之鼓」[35]，正反映了大規模吸收外來文

---

35 李斯：《上書秦始皇》，載《昭明文選》卷三十九。

化的狀況。尤其是漢武帝時期，統治者有意識地引進外來文明，使許多有益的物質和精神文明被大規模地吸收進來。漢武帝派張騫出使西域，開闢了漢向西域的通道，同時也開創了中西交通的新紀元。與此同時，漢文化也通過使者、商隊不斷地傳播到周邊少數民族地區乃至域外諸國，並影響了當地經濟和文化的發展。秦漢時期中外文化交流的規模與影響，在中國歷史上是空前的。

回顧秦漢時期文化交流的歷史，可以從中得到哪些有益的啟示呢？我們認為，至少有以下幾點是值得一提的。

第一，秦漢時期的文化交流走的是一條融合與鬥爭並存、以融合為主的道路。這也是中國歷史上文化交流的基本模式。早在戰國時期連年不斷的兼併戰爭中，中國文化走向統一與融合的趨勢就已十分明顯。戰國時期一些進步的思想家紛紛提出了統一的主張。如墨子主張「尚同一義為政」[36]；孟子提出「定於一」[37]；荀子提出「一天下」[38]；韓非子提出「事在四方，要在中央」[39]；呂不韋提出「王者執一」[40]等。與此同時，在當時的思想文化領域也出現了融合各地、各家思想文化因素的學派。如戰國中期盛行於齊國稷下的黃老之學，就是以道家思想為主、同時又融合各家思想的產物。戰國末期各派雖然不乏思想的交鋒，如荀子的《非十二子》，對道家、墨家、法家、名家乃至儒家的思孟學派提出了尖銳的批評；韓非子的《五蠹篇》，則對儒墨顯學進行了猛烈地抨擊。但荀子的儒學、韓非子的法家思想，也都是融合各家、各派思想的產物。秦始皇統一中國，在政治上代表了自戰國以來人民要求安定統一的歷史潮流。但是，秦朝在思想文化上主要推行的法家路線，對於法家以外的思想學說採取高壓政策，加以壓制，重法令而輕德教。這一思想文化政策最終成為其覆亡的一個重要原因。漢初統治者吸取秦朝覆亡的教訓，採取黃老「無為而治」的統治政策。由於黃老之學的政治主張適應了漢初社會的政治、經濟發展狀況，也由於黃老之學本身在思想上的

---

36 《墨子·尚同》。
37 《孟子·梁惠王上》。
38 《荀子·王霸》。
39 《韓非子·揚權》。
40 《呂氏春秋·貴公》。

相容性，使其較法家的思想適應面更為寬泛。到漢武帝時，董仲舒建立了新儒學，融合了「百家爭鳴」中的陰陽五行家、法家、道家等多家思想，更融合了先秦以來孔、孟、荀諸派儒學思想，使之成為一個有機的思想體系，基本完成了中國各地思想意識的統一。雖然，其間又經歷儒、道、法各家及儒家內部各派之間的鬥爭，但是，統一與融合則是主流。在中原漢族與周邊少數民族、中國與海外各國的文化交流中，儘管也發生過各種衝突、戰爭，但文化間相互吸收、融合也是主要的。

第二，秦漢時期，在中原漢族與周邊少數民族、中國與海外各國的文化交流中，曾有過不同的交流形式。但不論是採取何種形式，最終都促進了文明的進步。如漢同匈奴、羌、西南夷以及西域諸族的鬥爭，貫穿於整個秦漢歷史時期。這種鬥爭表現為軍事的、政治的和經濟的不同形式。其中，軍事鬥爭居於十分重要的地位。毋庸諱言，戰爭對雙方社會經濟和文化的發展起了一定的破壞和阻礙作用，例如匈奴的入侵「殺略人民畜產」，給邊地生產和人民生活帶來了極大的破壞。但是，縱觀漢匈之間的戰爭，無論哪方取勝，都對文明的發展產生了積極的影響。事實證明，漢皇朝在同匈奴、羌、西南夷及西域諸族的鬥爭中，不斷地吸取各族文明中有益的成分，並將先進的中原文明傳播於各地、各族人民。如漢武帝為了大量引進大宛（今費爾干納）良馬，曾多次派使者求之，「一輩大者數百、小者百餘人……漢率一歲多者十餘，少者五六輩」[41]。最後不惜訴諸武力，結果李廣利戰大宛，「獲善馬數十匹，中馬以下牝牡三千餘匹」[42]。從考古資料可知，武帝以後中原的傳統馬種已摻入了大宛馬的血液，得到較大的改善，從而對畜牧業和戰爭的形式都有深刻的影響。至於從西域等地傳入的物產如芝麻、胡麻、綠豆、黃瓜、大蔥、胡蘿蔔、大蒜、葡萄、苜蓿、香料、珠寶等，還有從匈奴、西域等地傳入音樂、舞蹈、雜技乃至宗教等，都已成為中華文明不可分割的一部分。而秦漢時期當年因戰爭的需要在邊境的屯田及移民活動，則起到了將先進的耕種、灌溉和興修水利等技術向外傳播的作用。從秦漢時期匈奴人遺址的考

---

41 《漢書·張騫傳》。
42 《漢書·李廣利傳》。

古發掘中，就有漢代生產的鐵器等物品。匈奴人向漢人學習了冶鐵技術，使匈奴迅速進入了鐵器時代，社會形態也由原來落後的原始社會過渡到奴隸社會。又據《史記‧大宛列傳》記載，李廣利征大宛，「宛王城中無井，皆汲城外流水」。後來「宛城中新得秦人（中國漢人），知穿井，而其肉食甚多」。可見，大宛人是在同漢人的戰爭中從漢人那裡學會了穿井技術。該傳還記載：「自大宛以西至安息……不知鑄鐵器，及漢使亡卒降，教鑄作它兵器，得漢黃、白金，輒以為器，不用為幣。」這是中國冶鐵技術向西傳播的證明。秦漢時期，中國的絲綢、鋼鐵、冶鑄和水利技術等傳到周邊各族，遠及中亞、羅馬和歐洲地區，對世界文明的發展產生了深遠的影響。直至今天，世界上不少國家仍把中國人籠統稱為「漢人」，正可說明秦漢時代對世界影響之深、其文化傳播之遠。至於中國的鄰邦朝鮮、日本、越南等，不僅從中國學到了許多實用的生產和生活經驗，而且在語言、文字及思想等方面也深受中國文化的影響。

第三，秦漢時期的文化交流史證明，儘管各地、各族乃至各國經濟文化發展水準總是存在著一定的差異，但是交流對於雙方都是有益的，任何一個民族不能以「老大」自居，以不平等的態度對待他族、他國，否則必然會招致反抗，並對文明的發展帶來負面影響。在中國古代，漢文化在與周邊各族文化的比較中，一直處於較為領先的地位，因而在社會中流行著一種輕視他族文化的「優越感」。如班固《漢書‧匈奴傳》說：「故先王度土，中立封畿，分九州，列五服，物土貢，制外內，或修刑政，或昭文德，遠近之勢異也。是以《春秋》內諸夏而外夷狄。夷狄之人貪而好利，被髮左衽，人面獸心，其與中國殊章服，異習俗，飲食不同，言語不通，辟居北垂寒露之野，逐草隨畜，射獵為生，隔以山谷，雍以沙幕，天地所以絕外內也。是故聖王禽獸畜之，不與約誓，不就攻伐；約之則費賂而見欺，攻之則勞師而招寇。其地不可耕而食也，其民不可臣而畜也，是以外而不內，疏而不戚，政教不及其人，正朔不加其國；來則懲而禦之，去則備而守之。其慕義而貢獻，則接之以禮讓，羈靡不絕，使曲在彼，蓋聖王制禦蠻夷之常道也。」這種以我為中心、以老大自居的思想，在中國古代的士大夫中相當普遍地存在，因此很具有代表性。如一代大儒董仲舒就認為，「義動君子，利動貪

人，如匈奴者，非可以仁義說也，獨可說以厚利，結之於天耳。」[43]很顯然，在董仲舒的心目中，漢文化與匈奴文化是不可同日而語的，兩者不是平等的關係，有優劣之別。這種心態有時也反映到政治上，並對秦漢時期的漢與其他民族的關係產生了消極的影響。典型的如王莽時期，本來漢與匈奴關係自宣帝以來一直較為穩定，數世不見烽火，生活在和平環境中。但是，由於王莽採取民族歧視政策，侮辱性將匈奴改為「恭奴」，單于改為「善于」，以不平等的方式壓迫人，結果導致漢與匈奴的關係再度惡化，戰火又起。又如東漢時期不斷內遷的羌人，本可以與漢族人民友好共居，但由於東漢政府官吏及豪強對他們的欺壓、奴役，引起羌人的不斷反抗，戰火連綿。東漢初年班彪就說：「今涼州部皆有降羌，羌、胡被髮左衽，而與漢人雜處，習俗既異，言語不通，數為小吏黠人所見侵奪，窮恚無聊，故至反叛。」因此他建議對羌人進行安撫，令護羌校尉「持節領護，理其怨結，歲時循行，問所疾苦」[44]。名將趙充國正是採取了這一策略，所以才在中國西北邊境取得了輝煌的業績。同樣，東漢時曾強盛一時的北匈奴，也因為採取民族壓迫政策而受到了歷史的懲罰，「南部攻其前，丁零寇其後，鮮卑擊其左，西域侵其右」[45]，最後被漢軍徹底擊潰，匈奴主力離開了中國邊境走上了遙遠的西遷路程。可以說，匈奴在與漢朝的鬥爭中之所以失敗，很大程度上應歸咎其對西域及其他民族的不平等政策。而漢族則通過與其他民族的交流與合作變得日益強大。總之，秦漢時期的文化交流史說明，民族與民族之間、國家與國家之間的交流，對於促進各自的文化發展都是有利的，那種排斥、壓制其他民族文化的政策是行不通的，最終要受到歷史的懲罰。

---

43 《漢書·匈奴傳》。
44 《後漢書·西羌傳》。
45 《後漢書·南匈奴傳》。

# 第五章

## 經學——
## 秦漢時期的學術主流

　　孔子以後，古來相傳的《易》、《書》、《詩》、《禮》、《樂》、《春秋》等著作逐漸被人們視為基本經典，稱六經，或六藝。儒家還把六經（其中《樂》有目無書，或說其書久已失傳，因而也稱五經）的創作及整理權壟斷過來，說它們是先王的舊典，經孔子整理才流傳下來。漢代，五經取得了官方認可的法定權威地位，對它們的傳習研究也形成專門學問。作為古代基本經典，五經對中國歷史產生了決定性的影響，經學也理所當然成為傳統學術的核心。

　　漢代是經學的正式形成時期，漢武帝獨尊儒術後，經學成為顯學，得到很大發

展。雖然由於天人感應學說的影響和利祿之路的誘引，出現了漸雜禨祥的神祕化和一經說至百餘萬言的繁瑣化傾向，其成績還是應該肯定的。首先，今文學派和古文學派，對於儒家經典的闡釋與研究都取得了相當大的成就，為後人研習提供了基本可靠的底本和基本可信的初步解說，奠定了經學的基礎。其次，經學與現時政治緊密相關，開創了通經致用的治學傳統，決定了中國學術的根本方向。

第一節 ·

# 博士與
# 漢代經學

## 一、六經的早期傳承與漢初經學

戰國時期，儒家學派便將闡釋六經之義與宣傳自己的思想主張緊密結合起來，經學已有了初始形態。

《韓非子‧顯學》稱：「孔子之死也，有子張氏之儒，有子思之儒，有顏氏之儒，有孟氏之儒，有漆雕氏之儒，有仲良氏之儒，有孫氏之儒，有樂正氏之儒……故孔墨之後，儒分為八……」八家的名字與傳承，現已難得其詳。晉陶潛《聖賢群輔錄》言：「顏氏傳《書》，為諷諫之儒；孟氏傳《書》，為疏通知遠之儒；漆雕氏傳《禮》，為恭儉莊敬之儒；仲良氏傳《樂》，為移風易俗之儒；樂正氏傳《春秋》，為屬辭比事之儒；公孫氏傳《易》，為絜靜精微之儒。」道出了六家的傳習重點和學派特色，但其言不知何所據依。

現在看法較一致的是，孔子弟子卜商（字子夏）為傳經重要人物。於《易》，子夏有《易傳》三卷；於《毛詩》，有人說是子夏授高行子，四傳至小毛公，也有人說子夏傳曾申，五傳而至大毛公；《春秋公羊傳》的始傳者公羊高為

子夏門人，《春秋穀梁傳》的始傳者穀梁赤也是子夏門人。對《尚書》、《儀禮》、《論語》等書，他都有所加工或疏解，所以東漢徐防有「《詩》、《書》、《禮》、《樂》，定自孔子，發明章句，始於子夏」[1]的說法。

孔門弟子中，單傳一經的有：子木（商瞿）曾受《易》，子開（漆雕開）曾習《書》，子輿（曾參）述《孝經》，子貢（端木賜）嘗問樂，仲弓（冉雍）、子騫（閔損）、言游（言偃）等人纂《論語》，孺悲傳《士喪禮》。

另一傳經大儒是荀子。有人說《毛詩》是由荀子傳給大毛公的；《魯詩》為漢申公所傳，申公受之於浮丘伯，浮丘伯為荀子門人；《韓詩外傳》中有荀子之說四十餘則；《春秋穀梁傳》漢初由荀子再傳弟子申公傳予瑕丘江公；《左傳》有人說由左丘明六傳而至荀子；荀子注重禮教，大、小戴《禮記》中均有荀子所撰之文；劉向嘗稱荀子善為《易》。可見，荀子在經學初創之時，傳經之功甚大。

秦始皇建立中央集權大帝國，在治國思想上重法家而貶儒術，儒學發展勢頭受到阻遏。

秦朝設有博士官，職能是通古今並參議朝政。當時朝中有博士七十人，掌理詩、書、百家語等各門學術，其中六經當居於主要地位。侯生、盧生等人議論秦始皇，「專任獄吏，獄吏得親幸，博士七十人，特備員弗用」[2]；博士淳于越以儒家學說為根據非議朝政；叔孫通、伏生等儒生曾任秦博士。上述三條史實大致可以說明儒生是構成秦博士的主要成分。可以想見：焚書坑儒之前，他們在傳習儒經方面，會有一些成績，至少，是在平穩中進行的。

焚書坑儒的實施，使儒學遭到幾乎是毀滅性的打擊。但強制性的行政法令不可能徹底禁絕某種思想與學術的流傳。《史記・儒林列傳》稱：「及高皇帝誅項籍，舉兵圍魯，魯中諸儒尚講誦習禮樂，弦歌之音不絕。」《史記・孔子世家》

---

1　《後漢書・鄧張徐張胡列傳》。
2　《史記・秦始皇本紀》。

也說魯諸儒，「講禮鄉飲大射於孔子塚」，「因廟藏孔子衣冠琴車書，至於漢二百餘年不絕」。秦末農民大起義，儒生們彷彿看到重返政壇的希望，於是「魯諸儒持孔氏之禮器往歸陳王。於是孔甲為陳涉博士，卒與涉俱死」。對於此舉，司馬遷評論：「陳涉起匹夫，驅瓦合謫戍旬月以王楚，不滿半歲竟滅亡，其事至微淺，然而縉紳先生之徒負孔子禮器往委質為臣者，何也？以秦焚其業，積怨而發憤於陳王也。」[3] 太史公此言只得其一，未得其二。我們可以這樣認識它的意義：一，起於草莽的農民英雄，號令天下之初，即知崇儒而立博士，表現出不同尋常的政治眼光；二，孔甲等人既有以經術濟世的胸懷，又深得孔夫子「禮之用，時為大」的學術旨趣，不愧為聖人子孫。總體看來，儒學在此時，可說是一息尚存，不絕如縷。

漢興，儒學發展出現轉機，「諸儒始得修其經藝，講習大射鄉飲之禮」。叔孫通以儒生身分為漢制禮儀，「因為太常，諸生弟子共定者，咸為選首，於是喟然歎興於學」[4]。漢惠帝四年（前 191 年），正式下詔廢除秦挾書之律，民間私藏典籍得以復出，私人講學也隨之取得名正言順的合法地位，傳經之儒先後繼出。雖然司馬遷和班固在《史記》和《漢書》的《儒林傳》中都表述了「孝文帝本好刑名之言。及至孝景，不任儒者，而竇太后又好黃老之術，故諸博士具官待問，未有進者」的看法，實際上，這一時期的統治者在經學建設上還是作了一些努力的：此時設置了研習經術的博士官，文帝時傳《魯詩》的申公、傳《韓詩》的韓嬰、傳《尚書》的伏生弟子歐陽生被任為博士，景帝時傳《齊詩》的轅固生、傳《春秋》的董仲舒和胡毋生都曾為博士。帝王尊禮經生之事也時有所聞：齊人田何以傳《易》著稱，惠帝時，年老家貧，守道不仕，惠帝親至其廬以受業。秦博士伏生當秦焚書時，曾壁藏《尚書》，後兵大起，流亡，漢興，伏生求其書，得倖存者二十九篇，教授於齊魯之間。文帝求能治《尚書》者，聞伏生之名，時伏生年九十餘，已無法行動，文帝下詔命太常掌故晁錯前往受其說。武帝即位之初，以安車駟馬禮請傳《魯詩》的老儒申培公入朝任太中大夫。由於儒生的自強

---

3　《史記‧儒林列傳》。
4　同上。

不息和政府不同程度的支持，漢興至武帝期間，「言《詩》於魯則申培公，於齊則轅固生，於燕則韓太傅（韓嬰）。言《尚書》自濟南伏生。言《禮》自魯高堂生。言《易》自菑川田生。言《春秋》於齊魯自胡毋生，於趙自董仲舒」[5]，經學為走向輝煌，奠定下堅實的基礎。

## 二、博士、博士弟子與漢代經學的發展

漢武帝服膺儒家學說，親政後重用儒生，以儒術取代黃老之學作為統治思想，經學獲得長足的發展。

竇太后去世後，武帝大舉起用儒生，以「武安君田蚡為丞相，黜黃老、刑名百家之言，延文學儒者以百數」。特別是「公孫弘以治《春秋》為丞相封侯」，使「天下學士靡然鄉風」，用政權的力量，樹起儒學的權威地位，為學者指明了努力的方向。

公孫弘占據要津後，深為道術的沉鬱不彰而憂慮，與太常孔臧等人上疏提出：「為博士官置弟子五十人，復其身。太常擇民年十八以上儀狀端正者，補博士弟子。郡國縣官有好文學，敬長上，肅政教，順鄉里，出入不悖，所聞，令相長丞上屬所二千石。二千石謹察可者，常與計偕，詣太常，得受業如弟子。一歲皆輒課，能通一藝以上，補文學掌故缺；其高第可以為郎中，太常籍奏。即有秀才異等，輒以名聞。其不事學若下材，及不能通一藝，輒罷之，而請諸能稱者。臣謹案詔書律令下者，明天人分際，通古今之誼，文章爾雅，訓辭深厚，恩施甚美。小吏淺聞，弗能究宣，亡以明布諭下。以治禮掌故以文學禮義為官，遷留滯。請選擇其秩比二百石以上及吏百石通一藝以上補左右內史、大行卒史，比百石以下補郡太守卒史，皆各二人，邊郡一人。先用誦多者，不足，擇掌故以補中二千石屬，文學掌故補郡屬，備員。請著功令。它如律令。」

---

5　以上引文均見《史記‧儒林列傳》。

這個奏疏得到武帝批准，實施後「公卿大夫士吏彬彬多文學之士矣」[6]。這是一個改變漢政權文化走向和政府人員構成的帶根本性的政策，實發「罷黜百家，獨尊儒術」之嚆矢。

戰國時，出現了博士這一文化官職，當時的詳情不得而知。秦始皇有博士七十人，已如前述。陳勝的張楚政權和劉邦稱帝前，都設有博士官，其職能大概是以學術備朝中顧問或因習禮而掌朝廷禮儀等事務。文景時期漢朝已步入平穩發展階段，文帝和景帝都很重視文化建設。此時朝中的博士多了起來，據說文帝有博士七十餘人。從陰陽家公孫臣以言漢為土德而拜為博士來看，文帝博士的性質與秦始皇時相近，也是兼掌各門學問。值得注意的是，當時已有了治《詩》、《書》、《論語》、《孝經》、《孟子》、《爾雅》的博士。景帝不任儒者，竇太后好黃老術，因此經生以至博士官都不得進用，僅為備員，可治《詩》、《書》、《春秋》及《論語》等儒家經典的經學博士畢竟仍在活動。

建元五年（前 136 年），武帝置五經博士，罷傳記百家語諸家之學。由此，戰國以來的博士制度發生了根本性變化：一，博士只掌管學術事業，一般不再參議朝政；二，其他學術均被排斥出去，只有儒家的經學立為官學，取得獨尊地位；三，改變各博士需兼通諸經或諸家學術的作法，每經設博士，由專人傳習，或某經的某家學說皆可立博士，專守其學。顧頡剛先生評論：「從此以後，博士始專向儒家和經學方面走去，把始皇時的博士之業『《詩》、《書》』和『百家之言』分開了。這是一個急劇的轉變，使得此後博士的執掌不為『通古今』而為『作經師』。換句話說，學術的道路從此限定只有經學一條了。這比之始皇的以高壓手段統一思想還要厲害。二千餘年來沒有生氣的學術思想就在這時行了奠基禮。」[7]此言很有見地。

博士收有弟子，大概初始即然，叔孫通便有弟子百餘人。漢武帝只立五經博士，博士弟子數量隨之減少。根據公孫弘的建議，博士弟子定員為五十人，由太

6　《漢書·儒林傳》。
7　顧頡剛：《秦漢的方士與儒生》，64 頁，上海，上海古籍出版社，1998。

常從十八歲以上儀表行為端正的人中選拔，每年考試一次，通一經者，可補文學掌故之缺，成績特別好的，可以選做郎中。看來經師雖專守一經，弟子卻要兼習諸經，並沒有某弟子專從某師習某經的規定。

武帝之後，博士和博士弟子的數量都在逐漸增加。

武帝初置五經博士時，《詩》已有齊、魯、韓三家，《書》有歐陽一家，《禮》為後氏，《易》為楊氏，《春秋》為公羊家。宣帝時，《書》又立大夏侯、小夏侯二家，《易》又立施、孟、梁丘三家，《禮》立大戴、小戴二家，《春秋》立穀梁家。元帝時，復立京氏《易》。

昭帝時，舉賢良文學，博士弟子增為百人。宣帝末年，增至二百。元帝好儒，能通一經者，蠲免賦役，後又設弟子員千人，郡國中設置五經百石卒史。成帝末年，有人說孔子布衣尚且養徒三千人，現國家太學中的人數反而比孔子少，於是增弟子員達三千人。平帝時王莽秉政，准許元士之子受業如弟子，不限名額。每年取考試中甲科四十人為郎中，乙科二十人為太子舍人，丙科四十人補文學掌故。

宣帝時曾於石渠閣召開經學會議，討論五經異同。這次會議使開始激化的經學各派的矛盾有所緩解。將梁丘《易》、大小夏侯《尚書》、穀梁《春秋》立為博士，就是此次會議的結果。

王莽的學術顧問劉歆是古文大師（關於經學的今古文問題，請見第三章第四節）。王莽託古改制，利用了經古文說。因之，古文經學在平帝和王莽時期驟然熱了起來。劉歆利用自己的權勢，將《左氏春秋》、《毛詩》、逸《禮》、古文《尚書》立了學官，又找出了《樂經》，也立於學官。他還增設博士與博士弟子，每經博士五人，六經共三十人，每一博士領三百六十名弟子，共一〇八〇〇名博士弟子。

東漢初的班固在《漢書·儒林傳贊》中，描述武帝到西漢末經學的繁盛景象，並指出其出現的偏差及原因：「自武帝立五經博士，開弟子員，設科射策，勸以官祿，訖於元始，百有餘年，傳業者浸盛，支葉蕃滋，一經說至百餘萬言，

大師眾至千餘人，蓋祿利之路然也。」

對於西漢的經學，蔣伯潛、蔣祖怡父子作了較精到的評論：「西漢諸儒承秦始皇焚禁之後，傳授群經，加以整理，致力於章句訓詁，使群經得復昌盛，其有功於經學誠不可沒，且重在『微言大義』，頗能兼義理、訓詁之長。雖司馬談已有『儒者博而寡要，勞而少功，其事難盡從』的批評，但比之後來『碎義逃難』的章句小儒，徒以繁博見長，使人丁年窮經，皓首不能終其業者，終覺稍勝一籌。而武帝以後迄於元成，為經學全盛時代，亦是很昭著的事實。且所傳之經都是今文，雖說解各有派別，各守師法，而於本經則並無懷疑。後世所以稱經學為『漢學』者，正因經學至西漢始能確立的緣故。」[8]

東漢光武帝劉秀重視經術，政權初建，「（四方學士）莫不抱負墳策，雲會京師，范升、陳元、鄭興、杜林、衛宏、劉昆、桓榮之徒，繼踵而集。於是立五經博士，各以家法教授，《易》有施、孟、梁丘、京氏，《尚書》歐陽、大小夏侯，《詩》齊、魯、韓，《禮》大小戴，《春秋》嚴、顏，凡十四博士，太常差次總領焉。」

明帝、章帝父子皆重儒學。明帝嘗於饗射禮畢，正坐講經，「諸儒執經問難於前，冠帶縉紳之人，圜橋門而觀聽者蓋億萬計」。此語顯係誇大其詞，但其盛況恐怕也是空前的。明帝還為功臣及部分貴族子弟另立校舍，授以儒學，「自期門羽林之士，悉令通《孝經》章句，匈奴亦遣子入學」。因此，史臣有「（儒學）濟濟乎，洋洋乎，盛於永平矣」之歎。

章帝建初四年（79年），大會諸儒於白虎觀，考詳五經異同。會議進行了幾個月，章帝親臨裁決、指導。班固將會議結果整理出來，形成封建社會法典性文獻——《白虎通義》。會後，「又詔高才受《古文尚書》、《毛詩》、《穀梁》、《左氏春秋》，雖不立學官，然皆擢高第為講郎，給事近署，所以網羅遺逸，博存眾家」。

---

8　蔣伯潛、蔣祖怡：《經與經學》，157頁，上海，上海書店出版社，1997。

從安帝到東漢滅亡，儒學雖偶爾振作，但衰落已成不可逆轉之勢：「安帝覽政，薄於藝文，博士倚席不講，朋徒相視怠散，學舍頹敝，鞠為園蔬，牧兒蕘豎，至於薪刈其下。順帝感翟酺之言，乃更修黌宇，凡所造構二百四十房，千八百五十室。試明經下第補弟子，增甲乙之科員各十人，除郡國耆儒皆補郎、舍人。本初元年，梁太后詔曰：『大將軍下至六百石，悉遣子就學，每歲輒於鄉射月一饗會之，以此為常。』自是遊學增盛，至三萬餘生。然章句漸疏，而多以浮華相尚，儒者之風蓋衰矣。黨人既誅，其高名善士多坐流廢，後遂至忿爭，更相言告，亦有私行金貨，定蘭臺漆書經字，以合其私文。……」[9]

總體說來，東漢經學與西漢有些不同。一是古文經學地位上升，逐漸達到與今文經學抗衡，甚至越居其上的地步，漢末又出現今古文混合的趨勢；二是與讖緯結合形成風氣，《白虎通義》可算是以讖緯雜經學的代表作；三是兼通諸經的學者增多，如許慎有五經無雙之譽，鄭玄遍注群經，這樣的事例在西漢並不多見；四是西漢經師文尚簡樸，研究經書注重大義，多口說流傳，不太重視著述，東漢經師文多氾濫，研究經書注重訓詁，解經之作大量問世；五是西漢經師傳業弟子多至千人者，已為極盛，東漢經師則弟子達萬人者，屢見不鮮。上述變化，從表面上看東漢經學是更加繁榮興盛了，可深入分析就會看出，經學已出現了諸多虛脫的徵兆，正依盛極而衰的法則，一步步走上末路。

---

9　以上引文均見《後漢書·儒林列傳》。

第二節 ·
# 五經的傳承

## 一、《易》的傳承

《易》又稱《周易》、《易經》，本為卜筮之書，以乾、坤、震、艮、離、坎、兌、巽八卦代表天、地、雷、山、火、水、澤、風八種物象，每卦由三個陰爻（--）或陽爻（—）搭配組成，將八卦兩兩相迭後得六十四卦，三百八十四爻，以此講說宇宙事物的變化。《易》不知何時被儒家奉為經典，於是有了伏羲氏始作八卦，周文王演為六十四卦，孔子喜讀《易》至於韋編三絕，並作十翼等等說法。儒家的這些說法不可盡信，但將《易》從占卜之書 · 變而為言哲理的經典著作，其功卻非儒家莫屬。

對於《易》的主旨，鄭玄總結為「三義」，即「易簡、變易和不易」。所謂易簡，是指它對宇宙物理的高度抽象，將繁雜的萬事萬物概括為簡易可知之理。變易，是指它對事物變化之理的把握。不易，是指它在講事物變化的同時，又強調變中有不變的東西存在。鄭玄的闡述，可說得《易》之精微。

《易》的文字部分有經有傳。經又分為講卦象的卦辭和解說爻的爻辭。傳有十種，即上文所言十翼，分別為《彖辭》上下、《象辭》上下、《繫辭》上下、《文言》、《說卦》、《序卦》、《雜卦》。《彖辭》是解說經的卦辭的。《象辭》分為解

釋全卦卦象的「大象」和解釋每爻之象的「小象」。因《易經》中的六十四卦分為上下篇，所以《彖辭》和《象辭》也分上下。《繫辭》偏重說理，大體內容為追述《易》的起源，講解《易》的作用，或解釋卦義以補充《彖辭》、《象辭》。此篇因內容眾多而分為上下。「《文言》所謂『文飾之言』，專解乾坤二卦：因為乾坤為《易》的門戶，其他卦爻都由乾坤而出，所以特作《文言》。……《說卦》偏於說象，大致陳說八卦的德業、變化與法象。《序卦》說明六十四卦相承相生的次序。《雜卦》雜舉六十四卦的卦義，或以同相類，或以異相明。」[10]

孔門弟子中子夏、子木曾從夫子受《易》。孔門後學中則有荀子，公孫子（疑即荀子）傳《易》學。據《漢書·儒林傳》記載，從孔子到漢初的傳《易》次序為：孔子傳商瞿子木，商瞿子木傳魯人橋庇（字子庸），橋庇傳江東人馯臂（字子弓），馯臂傳燕人周醜（字子家），周醜傳東武人孫虞（字子乘），孫虞傳齊人田何。

秦始皇焚書，《易》因為是卜筮之書，得以相傳不絕。漢興，田何因係田齊同宗，徙至杜陵，號杜田生，以《易》授東武人王同（字子中）、洛陽人周王孫、梁人丁寬和齊人服生。這四個人都著有《易傳》數十篇，《漢書·藝文志》著錄有周王孫的《易傳周氏》二篇、《服氏》二篇、《王氏》二篇、《丁氏》八篇。周王孫授業給衛人蔡公，同門丁寬也曾從之問業。王同傳授給淄川人楊何（字叔元）、楊何和周王孫弟子蔡公都有著作傳世。[11]王同門人還有齊人即墨成、廣川人孟但、魯人周霸、莒人衡胡和臨淄人主父偃。這些人中，楊何曾任太中大夫，即墨成官至城陽相，孟但任太子門大夫，周霸、衡胡和主父偃都任高官。

丁寬字子襄，起初是田何學生項生的從者，因讀《易》精敏，過於項生，遂從田何受業。學成東歸，田何有「《易》以東矣」之歎。在洛陽，又從同門周王孫受《易》之古父。景帝七國之亂時，任將軍拒吳楚之師，號「丁將軍」。嘗「作《易說》三萬言，訓故舉大誼而已」[12]。

10 周予同：《周予同經學史論著選集》(增訂本），224 頁。
11 《漢書·藝文志·六藝·易》著錄有《楊氏》二篇、《蔡公》二篇。
12 《漢書·儒林傳》。

丁寬授同郡田王孫。田王孫授施讎、孟喜、梁丘賀。施、孟、梁丘各自名家，都被立為官學。

施讎字長卿，沛人。施讎年少時曾從田王孫受《易》，田王孫為博士，又從之終其業。為人謙讓，常稱自己學業未成，不授徒。同學梁丘賀任少府，無暇傳業，遣子梁丘臨及學生張禹等前來就學，不得已乃授之。在梁丘賀推薦下，拜為博士。曾參與宣帝石渠閣經學會議。施讎弟子張禹位至丞相，魯伯任會稽太守。張禹弟子彭宣任大司空，戴崇官至九卿。魯伯弟子毛莫如和邴丹皆有清譽，毛莫如官至常山太守。張禹、彭宣傳施讎之學。

孟喜字長卿，其父孟卿善治《禮》、《春秋》，認為《禮》多而《春秋》繁雜，使孟喜從田王孫學《易》。孟喜好自稱譽，得到一部以《易》言陰陽災變之書，詐稱其師田生死時枕著他的膝頭，單獨將此書授給他，諸儒因此看重此書。同門梁丘賀揭穿了他的騙局，說：「田生死時只有施讎在身邊，當時孟喜回歸故鄉東海，怎麼會有這樣的事？」另外，蜀人趙賓好術數，並以此解《易》。此人善辯，諸《易》家無法將其駁倒，便攻擊他所言非古法。趙賓聲稱自己之說來自孟喜。孟喜予以承認。後來趙賓死，其說亡，孟喜又否認曾向趙授業。由此，他失去人們的信任。博士官缺員時，因口碑不佳未能繼任。孟喜授白光、翟牧，二人皆為博士。孟氏《易》有翟、孟、白三家之學。

梁丘賀字長翁，琅邪人，先從太中大夫京房（楊何弟子，非後來立於學官的京氏《易》創始者）受《易》。京房出任地方官，賀改從田王孫受業。宣帝聽說京房精於《易》，求其門人，得梁丘賀，拜為郎。一次因占卜靈驗使宣帝免於被人暗算，由此得到重用，從太中大夫一步步上升為少府。梁丘賀傳業與子梁丘臨，臨學術精湛，專習京房之法。宣帝選高材郎官十人前來聽講，名儒王吉請求讓其子王駿從臨受《易》。臨代五鹿充宗任少府，授士孫張、鄧彭祖、衡咸。士孫張為博士，官揚州牧，光祿大夫給事中，家中世代傳其業。鄧彭祖官真定太傅，衡咸任王莽講學大夫。士孫、鄧、衡三家傳梁丘氏《易》學。

梁人焦延壽自云曾從孟喜問《易》。京房從焦受《易》，以為得孟氏之學，而孟氏弟子翟牧、白光卻不予承認。成帝時劉向校書，考詳《易》說，認為諸

《易》家說都源自田何、楊何、丁寬，大義略同，只有京氏之說與之不同，懷疑是焦延壽得到無名高士之說而託名於孟喜。京房以明於災異之說著稱。傳業殷嘉、姚平、乘弘，三人皆為博士，京氏《易》立為官學。《漢書・藝文志》著錄有《孟氏京房》十一篇，《災異孟氏京房》六十六篇，《京氏段嘉》十二篇。

西漢傳《易》者，還有費氏之學和高氏之學，都未立於學官。費氏《易》傳自費直。費直字長翁，東萊人。以治《易》任郎官，官至單父令。其學為古文，號古文《易》。長於卦筮，無章句，只是以十翼解說《易》的經文。其學傳至王璜。

高氏《易》傳自高相。高相與費直同時，其學無章句，專說陰陽災異，自言傳自丁寬。高相將其學傳與兒子高康和蘭陵人毋將永。高康後因習方術得罪王莽，被斬。

東漢劉昆傳施氏《易》。他在西漢平帝時從戴賓受施氏《易》，王莽之世，常教授弟子五百多人，常演習儒家禮儀。東漢光武帝聞其賢，徵為江陵令，又任弘農太守，以多行仁政，拜光祿勳。受帝命教授皇太子及諸王子弟五十餘人。其子劉軼傳其業。

傳孟氏《易》者，有窪丹、觟陽鴻、任安等人。窪丹字子玉，世傳孟氏《易》，王莽時，避世教授，東漢初，為博士，漸升至大鴻臚。著有《易通論》七篇，研討深入，時人稱為大儒。觟陽鴻字孟孫，官至少府。任安字定祖，在太學受孟氏《易》，兼通其他各經，教授於家鄉。

范升習梁丘《易》，傳業楊政。楊政字子行，善說經，京師有謠諺稱其「說經鏗鏗楊子行」，教授數百人。曾捨命救范升出獄，以此知名天下，官至左中郎將。另一習梁丘《易》者張興，字君上。光武時由孝廉遷至博士。明帝時拜太子少傅，章帝數從之問經術，有弟子近萬人，號稱梁丘家宗。子鲂，傳其業。

傳京氏《易》者有戴憑、魏滿、孫期等人。戴憑字次仲，建武年間，以直言敢諫累遷至侍中，兼領虎賁中郎將。「正旦朝賀，百僚畢會，帝令群臣能說經者更相難詰，義有不通，輒奪其席以益通者，憑遂重坐五十餘席。故京師為之語

曰：『解經不窮戴侍中。』」魏滿，字叔牙，明帝時官至弘農太守。孫期字仲或，以仁孝著稱。

費氏《易》在東漢地位上升。光武帝建武年間，陳元、鄭眾皆傳費氏《易》，後來大儒馬融也習其學。馬融又傳給鄭玄，鄭玄作《易注》，荀爽又作《易傳》，「自是費氏興，而京氏遂衰」[13]。

## 二、《書》的傳承

《書》基本是虞夏商周時期的訓、誥、誓、謨、命等文書彙編，其中也包含部分紀事之文，因為是上古帝王之書，故稱《尚書》，因被儒家列為經典，又稱《書經》。按照儒家的說法，《尚書》由孔子刪定為百篇，並作序逐篇加以解說，《漢書·藝文志》言：「故《書》之所起遠矣，至孔子纂焉，上斷於堯，下訖於秦，凡百篇，而為之序，言其作意。」

《尚書》在諸經中糾紛最多。其他各經，只有文字字體的異同和經說的爭論，《尚書》則經典本身就有真與偽的不同。西漢以來《尚書》出現了五種本子：(1)西漢時立於學官的《今文尚書》；(2)相傳西漢時在孔子宅壁中發現的《古文尚書》；(3)東漢人杜林在西州所得的《漆書古文尚書》；(4)西漢時張霸偽造的《百二篇尚書》；(5)東晉時梅賾所獻《偽古文尚書》。其中第一種二十九篇，流傳至今；第二種較第一種多出十六篇，沒有流傳下來；第三種一卷，賈逵、馬融、鄭玄等經師曾為之作注，後失傳；第四種，當世即明其偽；第五種可能是三國魏王肅的「傑作」，長期盛行，直到清初才正式斷為偽作。現在通行的《十三經注疏》中的《尚書》，就是由《今文尚書》和《偽古文尚書》真偽雜糅的混合品。

西漢時，立於學官的是伏生所傳《今文尚書》。伏生名勝，字子賤，濟南人，故秦博士。其藏書始末，前文已有說明。所存二十九篇篇目如下：1.《堯

---

13 以上引文均見《後漢書·儒林列傳》。

典》、2.《皋陶謨》、3.《禹貢》、4.《甘誓》、5.《湯誓》、6.《盤庚》、7.《高宗肜日》、8.《西伯戡黎》、9.《微子》、10.《牧誓》、11.《洪範》、12.《金縢》、13.《大誥》、14.《康誥》、15.《酒誥》、16.《梓材》、17.《召誥》、18.《洛誥》、19.《多士》、20.《無逸》、21.《君奭》、22.《多方》、23.《立政》、24.《顧命》、25.《康王之誥》、26.《費誓》、27.《呂刑》、28.《文侯之命》、29.《秦誓》（《尚書》原分《虞書》、《夏書》、《商書》、《周書》四部分，今文二十九篇中，《堯典》和《皋陶謨》兩篇屬於《虞書》，《禹貢》和《甘誓》兩篇屬於《夏書》，《湯誓》至《微子》共五篇屬於《商書》，《牧誓》以下二十篇都是《周書》）。

漢初伏生以二十九篇教於齊魯之間，「齊學者由此頗能言《尚書》，山東大師亡不涉《尚書》以教」。除晁錯從之受業外，伏生還授業與濟南張生和千乘人歐陽生。張生任博士，伏生的孫子也因治《尚書》被徵入朝中，後來魯人周霸和賈誼的孫子賈嘉都很能講說《尚書》。

歐陽生字和伯，傳業給倪寬。倪寬又從孔安國學習古文《尚書》，見漢武帝，通過一番談話，使武帝改變了對《尚書》的看法。倪寬傳業給歐陽生之子，以後世世相傳，至曾孫歐陽高，為博士。歐陽高之孫歐陽地餘在元帝為太子時，以太子中庶子的身分向其授業，後亦為博士。元帝即位，地餘為侍中，遷至少府。臨死戒其子勿受其屬官賄禮，言：「汝九卿儒者子孫，以廉潔著，可以自成。」天子知其事，賜錢百萬。地餘少子歐陽政為王莽講學大夫。這是《尚書》的歐陽氏之學。《漢書·藝文志》著錄《歐陽章句》三十一卷，《歐陽說義》二篇。

歐陽高弟子林尊字長賓，宣帝時為博士，官至少府、太子太傅。授徒平當、陳翁生。平當官至丞相，授朱普、鮑宣。朱普為博士，鮑宣任司隸校尉。陳翁生官信都王太傅，家中世代傳其學，傳授殷崇、龔勝。殷崇為博士，龔勝任職右扶風。這是從歐陽氏之學中分出的平氏、陳氏之學。

張生授《尚書》於夏侯都尉，夏侯都尉傳族子夏侯始昌，始昌傳族子夏侯勝。勝字長公，又從倪寬門人蕳卿受業。夏侯勝傳兄子夏侯建。夏侯建字長卿，又從歐陽高問業。《漢書·眭兩夏侯京翼李傳》記載：「（建）自師事勝及歐陽

高，左右采獲，又從五經諸儒問與《尚書》相出入者，牽引以次章句，具文飾說。勝非之曰：『建所謂章句小儒，破碎大道。』建亦非勝為學疏略，難以應敵。建卒自顯門名經。」勝與建之學不同，人分稱之為《尚書》的大、小夏侯之學。《漢書‧藝文志》著錄大、小夏侯《章句》各二十九卷，大、小夏侯《解詁》二十九篇。

夏侯勝傳業與周堪、孔霸。周堪在石渠閣會議上講經最高，任太子少傅，元帝即位任光祿大夫，後擢光祿勳，被倚為柱石之臣。周堪授牟卿、許商。牟卿為博士。許商字長伯，善算學，著《五行論曆》，四次官至九卿，效孔子故事，號其門人唐林為德行，吳章為言語，王吉為政事，炔欽為文學。「王莽時，林、吉為九卿，自表上師塚，大夫博士郎吏為許氏學者，各從門人，會車數百兩，儒者榮之。」[14]吳章和炔欽都是博士，徒眾甚盛。夏侯勝門人孔霸為博士，以帝師身分賜爵褒成君。傳業與其子孔光。孔光也從周堪弟子牟卿問業，官至丞相。以上分別為大夏侯的許氏、孔氏之學。

夏侯建傳業與張山拊。張山拊字長賓，為博士，官至少府。授李尋、鄭寬中、張無故、秦恭、假倉。李尋字子長，以好言災異著稱。張無故字子儒，「善修章句，任廣陵太傅，守小夏侯說文」。秦恭字延君，「增師法至百萬言，為陽城內史」。假倉字子驕，以謁者身分參加石渠閣會議，官至膠東相。李尋善言災異，作騎都尉。鄭寬中字少君，「有俊材，以博士授太子，成帝即位，賜爵關內侯，食邑八百戶，遷光祿大夫，領尚書事，甚尊重」。死時，谷永上疏稱其「有顏子之美質，包商、偃之文學，嚴然總五經之眇論，立師傅之顯位，入則鄉唐虞之閎道，王法納乎聖聽，出則參冢宰之重職，功列施乎政事」。以上為小夏侯的鄭氏、張氏、秦氏、假氏、李氏之學。鄭寬中傳其學與趙玄。張無故傳其學與唐尊。秦恭傳其學與馮賓。趙玄哀帝時任御史大夫。唐尊任王莽太傅。馮賓為博士。

《古文尚書》亦稱《逸書》，相傳為漢武帝末年魯恭王壞孔子宅壁所得，比

---

14 以上引文均見《漢書‧儒林傳》。

《今文尚書》多出十六篇。篇目為：1.《舜典》、2.《汨作》、3.《九共》、4.《大禹謨》、5.《棄稷》、6.《五子之歌》、7.《胤征》、8.《湯誥》、9.《咸有一德》、10.《典寶》、11.《伊訓》、12.《肆命》、13.《原命》、14.《武成》、15.《旅獒》、16.《畢命》。孔子後裔孔安國以今文讀此書，擬獻於朝廷，因巫蠱事發，未立於學官。孔安國任諫大夫，傳授給都尉朝。都尉朝授庸生，庸生授胡常，胡常授徐敖、王璜、塗惲。塗惲授桑欽。王莽時劉歆為國師，古文學受重視，王璜、塗惲都貴顯一時。另外，司馬遷也從孔安國問業，《史記》中所載《堯典》、《禹貢》、《洪範》、《微子》、《金縢》各篇，多取古文說。

「世所傳《百兩篇》者，出東萊張霸，分析合二十九篇以為數十，又采《左氏傳》、《書敘》為作首尾，凡百二篇。篇或數簡，文意淺陋。成帝時求其古文者，霸以能為《百兩》徵，以中書校之，非是。霸辭受父，父有弟子尉氏樊並。時太中大夫平當、侍御史周敞勸上存之。後樊並謀反，乃黜其書。」[15]

東漢《古文尚書》頗興，《今文尚書》稍絀。傳習歐陽《尚書》者，有歐陽歙、陳弇、牟長、宋登、桓榮數家。傳習大夏侯《尚書》者，有牟融、張馴。傳習小夏侯《尚書》者，為東海人王良。

歐陽歙字正思，為歐陽生八世孫，歐陽家族從生至歙，世世為博士。歙東漢初任汝南太守，封夜侯，教授數百人，後入朝任大司徒。以臧罪下獄，諸生守闕為求情者千餘人，至有人上書求代其死。曹曾字伯山，從歙受《尚書》，有門徒三千人，位至諫議大夫。其子曹祉傳習父業，官河南尹。

陳弇字叔明，從司徒丁鴻受歐陽《尚書》。牟長字君高，少習歐陽《尚書》，不仕王莽世，東漢初拜博士，遷河內太守。任博士及河內太守期間，從之學者常有千餘人，前後共達萬人。本歐陽氏之學，著《尚書章句》，俗號之為《牟氏章句》。其子紆隱居教授，門生也達千人。宋登字叔陽，少傳歐陽《尚書》，教授數千人。善為政，官尚書僕射，順帝時「以登明識禮樂，使持節臨太學，奏定典

15 以上引文均見《漢書·儒林傳》。

律，轉拜侍中」。又出為潁川太守，死後「汝陰人配社祠之」[16]。

桓榮字春卿，沛郡人，西漢末入長安從博士九江人朱普習歐陽《尚書》。貧窮無資，常為人作工以自給，十五年不歸家園。朱普去世，桓榮赴九江奔喪，留其地授徒。王莽之亂，抱經書與弟子避於山谷，修業不輟。光武帝知其名，召入朝，為歐陽《尚書》博士。後任太子少傅，拜太常。明帝即位，優禮甚至。其子桓郁字仲恩，傳其業，門徒常數百人。明帝時，入授皇太子經書。和帝即位，遷長樂少府，入宮侍講，後為太常。「郁經授二帝，恩寵甚篤，賞賜前後數百千萬，顯於當世。門人楊震、朱寵，皆至三公。」起初，桓榮從朱普受章句四十萬言，文辭冗長，入宮授明帝時，減為二十三萬言，桓郁又刪成十二萬言，這就是《桓君大小太常章句》。郁傳其中子桓焉。焉字叔元，授經安、順二帝，兩任太傅，永和年間任太尉。弟子傳業者數百人，顯貴者有黃瓊、楊賜等。桓焉孫桓典字公雅，傳其業，以《尚書》教授潁川，門徒數百人，以節義著稱。桓榮弟子丁鴻字孝公，年十三，受歐陽《尚書》，明章句，善論難。參加白虎觀經學會議，論難最明，時人稱「殿中無雙丁孝公」[17]，官至司徒。門下弟子甚眾，遠方至者數千人。

張馴字子雋，以大夏侯《尚書》教授。與蔡邕共奏定六經文字，升侍中，多言政治得失，出任丹陽太守，入遷大司農。

傳《古文尚書》者，有尹敏、周防、孔僖、楊倫、張楷等人。

尹敏字幼季，初習歐陽《尚書》，後受古文，兼善《毛詩》、《春秋穀梁傳》、《左氏春秋》。以非圖讖著稱。周防字偉公，從徐州刺史蓋豫受《古文尚書》，撰《尚書雜記》三十二篇，四十萬言。由博士遷至陳留太守。孔僖字仲和，孔安國後人，其家自安國以下，世代傳習《古文尚書》、《毛詩》。孔僖章帝時任蘭臺令史，後遷拜臨晉令。楊倫字仲理，師事丁鴻，習《古文尚書》。講授於大澤之中，弟子至千餘人。安帝末年特徵為博士，任清河王傅，後以直諫不合去職。張

---

16 《後漢書・儒林列傳》。
17 以上引文均見《後漢書・桓榮丁鴻列傳》。

楷字公超，通《嚴氏春秋》、《古文尚書》，門徒常數百人。嘗被誣，在獄二年，「恆諷誦經籍，作《尚書注》」[18]。

東漢一代，研習《古文尚書》的學者很多，與西漢時期形成很大反差。賈逵、馬融、鄭玄等東漢經學大師都對此書作過專門研究。章帝好《古文尚書》，賈逵多次對之講說《古文尚書》與其他經傳及《爾雅》訓詁的相和之處。章帝命他撰寫出歐陽、大小夏侯《尚書》與《古文尚書》的同異。逵撰為三卷，得到章帝讚賞。但因《古文尚書》無師說，傳承缺乏系統，最後還是沒有流傳下來，以致清代今文學家多懷疑此書出於劉歆等人偽造。

另外，杜林「前於西州得漆書《古文尚書》一卷，常寶愛之，雖遭難困，握持不離身。出以示（衛）宏等曰：『林流離兵亂，常恐斯經將絕。何意東海衛子、濟南徐生（徐巡）復能傳之，是道竟不墜於地也。古文雖不合時務，然願諸生無悔所學。』宏、巡益重之，於是古文遂行。」[19]可惜此書後來失傳，杜林之志竟不得遂。


# 三、《詩》的傳承

《詩》又稱《詩經》，是古代傳下來的詩歌總集。相傳經孔子刪定，共三一一篇，其中六篇有目無詩，所存為三〇五篇，舉其成數，人稱《詩》三百篇。

《詩》由風、雅、頌三部分組成：

風，是由各地採集的民歌，《詩·大序》解說：「上以風化下，下以風刺上，主文而譎諫，言之者無罪，聞之者足戒，故曰風。」風按來源分成十五部分：1.《周南》十一篇、2.《召南》十四篇、3.《邶風》十九篇、4.《鄘風》十篇、5.《衛

---

18 《後漢書·鄭范陳賈張列傳》。
19 《後漢書·宣張二王杜郭吳承鄭趙列傳》。

風》十篇、6.《王風》十篇、7.《鄭風》二十一篇、8.《齊風》十一篇、9.《魏風》七篇、10.《唐風》十二篇、11.《秦風》十篇、12.《陳風》十篇、13.《檜風》四篇、14.《曹風》四篇、15.《豳風》七篇。

雅，是士大夫美刺朝政之作，分《小雅》、《大雅》兩部分。《小雅》共七十四篇，有：1.《鹿鳴》之什十篇、2.《南有嘉魚》之什十篇、3.《鴻雁》之什十篇、4.《節南山》之什十篇、5.《谷風》之什十篇、6.《甫田》之什十篇、7.《魚藻》之什十四篇。《大雅》共三十一篇，有：1.《文王》之什十篇、2.《生民》之什十篇、3.《蕩》之什十一篇。《詩·大序》言：「雅者，正也，言王政之所由廢興也。政有大小，故有《小雅》焉，有《大雅》焉。」

頌，分《周頌》、《魯頌》、《商頌》三部分。《周頌》共三十一篇，有：1.《清廟》之什十篇、2.《臣工》之什十篇、3.《閔予小子》之什十一篇。《魯頌》有四篇、《商頌》有五篇。頌是祭祀、慶典時用的廟堂詩歌，《詩·大序》講：「頌者，美盛德之形容，以其成功告於神明者也。」

除從體制講《詩》有風、雅、頌外，人們還從藝術手法上為《詩》總結出賦、比、興三義，二者合稱「六義」。朱熹在《詩傳綱領》中解說：「賦者，直陳其事；比者，以彼狀此；興者，托物興詞。」

《詩》有《大序》，在首篇《關雎》之前，是《詩》的總論；有《小序》，在各篇之前，論各篇宗旨。《大序》、《小序》以儒家思想解《詩》，不乏精到之論，也有不少牽強附會之詞。據《後漢書·儒林列傳》所云，《詩序》為東漢衛宏撰寫。

《詩》因為是韻文，容易記誦，秦焚書對之影響不大。《詩》今古文的分歧，主要在於解說而不在於原文的同異。

今文《詩》分為魯、齊、韓三家。《漢書·藝文志》評述：「漢興，魯申公為《詩》訓故，而齊轅固、燕韓生皆為之傳。或取《春秋》，采雜說，咸非其本義。與不得已，魯最為近之。三家皆列於學官。」

漢初傳《魯詩》者為魯人申培。戰國末年，荀子傳《詩》與齊人浮丘伯。浮丘伯授申培、劉邦少弟劉交、穆生、白生。劉交子郢亦與申培同從浮丘伯受《詩》。文帝時，申培以治《詩》為博士，「獨以《詩經》為訓故以教，亡傳，疑者則闕弗傳」[20]。弟子千餘，為博士者十餘人，官至大夫、郎、掌故者以百數，孔安國、周霸、夏寬、魯賜、繆生、徐偃、闕門慶忌皆任高官。漢武帝初立，申培弟子王臧、趙綰皆受重用，力薦其師。武帝安車駟馬迎之入朝，拜為太中大夫。

弟子瑕丘人江公（人稱大江公）盡得其傳，徒眾最盛。江公傳子至孫，皆為博士，世代為《魯詩》宗主。許生、徐公也守師說以教授。韋賢從大江公後人小江公、許生受業，官丞相，傳其業與子韋玄成，後亦為丞相。韋玄成與兄子韋賞以《詩》授哀帝。這是《魯詩》的韋氏之學。

王式字翁思，從徐公、許生受業。為昌邑王師，昌邑王被廢，當治其不諫之罪，對以素以《詩》三百篇當諫書，得免罪。歸家不復教授，原弟子張長安及唐長賓、褚少孫來問學，亦不授。後唐、褚應博士弟子選，禮儀與應對超凡出眾，自言受業於王式。諸博士共同薦舉王式，朝中下詔徵王式為博士。王式不得已前來，旋即謝病歸家。張生、唐生、褚生都任博士。張生官至淮陽中尉，唐生官楚太傅。他們分別為《魯詩》的張、唐、褚三家之學。張生兄子張游卿官諫大夫，以《詩》授漢元帝，他的弟子王扶官泗水中尉，許晏為博士，所傳為張家的許氏之學。起初，薛廣德也從王式問學，薛廣德又傳龔舍。薛廣德以博士身分參加石渠閣論議，官至御史大夫，龔舍官泰山太守。

傳《齊詩》者為齊人轅固，景帝時以治《詩》為博士。武帝時，年已九十餘，與公孫弘同被徵。嘗告誡公孫弘：「公孫子，務正學以言，無曲學以阿世！」[21]齊人以治《詩》而顯貴者，都是轅固的弟子，其中夏侯始昌學術最明。夏侯始昌通五經，董仲舒、韓嬰死後，漢武帝對他特別器重。始昌授後蒼。後蒼

---

20 《漢書‧儒林傳》。
21 同上。

字近君，通《詩》、《禮》，為博士，官至少府，傳業與翼奉、蕭望之、匡衡。翼奉字少君，善言災異，以中郎為博士、諫大夫，子及孫皆以學儒為官。蕭望之以通經為一代名臣。匡衡任丞相。匡衡授師丹、伏理、滿昌。師丹官大司空。滿昌字君都，官詹事，授張邯、皮容，二人皆至高官，徒眾甚盛，伏理字游君，官高密太傅，家族世代傳其業。以上分別為《齊詩》的翼、匡、師、伏之學。

《韓詩》的創始者為燕人韓嬰。韓嬰兼通《易》，文帝時為博士，景帝時至常山太傅，「推詩人之意，而作《內外傳》數萬言，其語頗與齊、魯間殊，然歸一也」。其《內傳》後失傳，《外傳》今猶存。當時燕、趙之間言《詩》者，都傳自韓嬰。韓嬰傳淮南人賁生，河內人趙子。趙子傳同郡人蔡誼，蔡誼官至丞相，授同郡食之公、王吉。食之公為博士，授泰山人栗豐。王吉官昌邑王中尉，授淄川人長孫順。以上為《韓詩》的王、食、長孫之學。栗豐官部刺史，傳山陽人張就。長孫順為博士，授東海人發福。張、發皆至高官，徒眾甚盛。

古文《詩》，傳自毛公，人稱《毛詩》。關於《毛詩》的傳授及其作者，有多種不同說法。《漢書·儒林傳》言：「毛公，趙人也。治《詩》，為河間獻王博士。」《漢書·藝文志》著錄「《毛詩故訓傳》三十卷」。小序中稱「毛公之學，自謂子夏所傳」。吳陸璣《毛詩草木鳥獸蟲魚疏》也說《毛詩》傳自子夏，還理出了從子夏到大小毛公的傳承順序：「孔子刪《詩》授卜商，商為之序，以授魯人曾申。申授魏人李克。克授魯人孟仲子。仲子授根牟子。根牟子授趙人荀卿。荀卿授魯國毛亨。毛亨作《訓詁傳》，以授趙國毛萇。時人謂亨為大毛公，萇為小毛公。」

《漢書·儒林傳》對小毛公以下《毛詩》的傳承，記述比較清楚：「（毛公）授同國貫長卿。長卿授解延年。延年為阿武令，授徐敖。敖授九江陳俠，為王莽講學大夫。由是言《毛詩》者，本之徐敖。」

東漢習《魯詩》者，有高詡、包咸、魏應等家。高詡字季回，家中世代傳《魯詩》。曾祖父高嘉以《魯詩》授元帝，父高容，傳嘉學，西漢末為光祿大夫。高詡，王莽時不仕於朝，東漢初徵為博士，後任大司農。包咸字子良，少從博士右師細君學《魯詩》，王莽時流落東海，立精舍講學。東漢光武帝時，入宮授皇

太子《論語》，明帝時任大鴻臚。魏應字君伯，東漢建武初年，從博士學《魯詩》，教授山澤中。明帝時，為博士，累遷至光祿大夫，弟子達數千人。章帝時參加白虎觀經學會議。

習《齊詩》者，有伏恭、任末、景鸞等家。伏恭字叔齊，入繼從父伏黯，受其學。伏恭建武年間拜博士，遷常山太守，在任興學校，教授弟子，其地多為伏氏之學。伏黯明《齊詩》，曾改定章句，作《解說》九篇。伏恭認為伏黯章句繁多，便刪減浮詞，定為二十萬言。任末字叔本，少習《齊詩》，在京教授十餘年。景鸞字漢伯，少時隨師學經。通《齊詩》、施氏《易》，以明圖緯災異著稱，作《詩解》等書五十餘萬言。

習《韓詩》者，有杜撫、召馴、楊仁、趙曄、張匡等數家。杜撫字叔和，受業於薛漢，定《韓詩章句》，後歸鄉里教授，有弟子千餘人。建武年間官公車令，「其所作《詩題約義通》，學者傳之，曰《杜君法》云」。召馴字伯春，少習《韓詩》，博通書傳，以節義稱鄉里，後任騎都尉，侍講章帝，入授諸王。楊仁字文義，光武帝時從師學《韓詩》，明帝任其為北宮令，以正直稱於世。趙曄字長君，從杜撫受業，著《詩細歷神淵》。「蔡邕至會稽，讀《詩細》而歎息，以為長於《論衡》。邕還京師，傳之，學者咸誦習焉。」張匡字文通，習《韓詩》，作章句。

《毛詩》西漢時未立於學官，但盛行於東漢。初傳者衛宏，字敬仲。謝曼卿善治《毛詩》，並為作訓，衛宏從之受學，作《毛詩序》，「善得風雅之旨，於今傳於世」[22]。《毛詩序》在《詩》學傳承上有重要影響。經學家鄭眾、賈逵也都是傳習《毛詩》的重要人物。以後馬融作《毛詩傳》，鄭玄作《毛詩箋》，都是研究《毛詩》的重要著作。

---

22 以上引文均見《後漢書·儒林列傳》。

# 四、《禮》的傳承

《禮》本指《儀禮》，後來人們又把《周禮》、《禮記》二書與之並列，稱為三《禮》，都視為儒家經典。《儀禮》本稱《禮》或《士禮》，《儀禮》是漢以後出現的名稱，是記載古代禮儀之書。《周禮》本名《周官》，是記載古代官制之書。《禮記》內容比較龐雜，有對典章制度的記載或考證，有對《儀禮》的解說，也有政治、學術、教育等方面的論述。

關於三《禮》的作者，有不同的說法。今文學家認為《儀禮》是孔子所修，古文學家則認為修於周公。《周禮》是古文學，稱出於周公，其實可能是戰國甚至漢代的作品。《禮記》為漢代今文學家戴聖編纂，就學派說屬於今文學，但內容又可說是今古文雜糅。

《儀禮》有今古文之分。《漢書·藝文志》著錄有：「《禮古經》五十六卷，《經》十七篇。」其中《古經》指古文本。《漢書·藝文志》禮類小序言：「《禮古經》者，出於魯淹中及孔氏，與十七篇文相似，多三十九篇。」《經》指今文本，即現傳《十三經注疏》中所收漢高堂生傳本。

西漢立於學官的是今文《儀禮》。《漢書·藝文志》言：「……至周曲為之防，事為之制，故曰：『禮經三百，威儀三千。』及周之衰，諸侯將逾法度，惡其害己，皆滅去其籍，自孔子時而不具，至秦大壞。漢興，魯高堂生傳《士禮》十七篇。……」西漢傳今文《禮》者皆以高堂生為宗。高堂生傳徐生。徐生在文帝時，為禮官大夫，由子傳至孫徐延。徐延和徐生弟子公戶滿意、桓生、單次都任禮官大夫，而蕭奮以明《禮》至淮陽太守。蕭奮傳孟喜之父孟卿。孟卿傳后倉、閭丘卿。后倉在曲臺殿著書數萬言，稱為《后氏曲臺記》。后倉授聞人通漢、戴德、戴聖、慶普。戴德字延君，為信都太尉，號大戴。戴聖字次君，為戴德之姪，號小戴，宣帝時為博士，後任九江太守。慶普字孝公，為東平太傅。以上三家為《禮》的大戴、小戴、慶氏之學，都立於學官。慶普授夏侯敬，又傳族子慶咸。大戴授徐良。徐良字斿卿，為博士、州牧、郡守，家中世代傳其業。小戴授橋仁、楊榮。橋仁任大鴻臚，家中世代傳其業。楊榮任琅邪太守。這是大戴

的徐氏之學和小戴的橋氏、楊氏之學。

東漢大、小戴《禮》仍立於學官，可是「雖相傳不絕，然未有顯於儒林者」[23]。慶氏《禮》的傳者有曹充、董鈞等人。董鈞字文伯，博通古今，永平初年為博士，參與制訂五郊祭祀及宗廟禮樂，當世稱為通儒，常教授弟子百餘人。曹充建武年間以習《禮》為博士，從封泰山，受詔議立七郊、三雍、大射、養老諸禮儀。傳其業與子曹褒。曹褒字叔通，章帝時為博士，建議修《漢禮》。「褒既受命，乃次序禮事，依準舊典，雜以五經讖記之文，撰次天子至於庶人冠婚吉凶終始制度，以為百五十篇，寫以二尺四寸簡。其年十二月奏上。帝以眾論難一，故但納之，不復令有司平奏。會帝崩，和帝即位，褒乃為作章句，帝遂以《新禮》二篇冠。」曹褒以博物識古，為儒者宗，「作《通義》十二篇，演經雜論百二十篇，又傳《禮記》四十九篇，教授諸生千餘人，慶氏學遂行於世」[24]。

《禮古經》也稱《逸禮》，漢興重現於民間。共五十六篇，較今文《禮》多出三十九篇，古文家據此攻擊今文《禮》殘缺不全。這三十九篇《逸禮》沒有流傳下來，《漢書·藝文志》稱：「……及《明堂陰陽》、《王史氏記》所見，多天子諸侯卿大夫之制，雖不能備，猶愈倉等推《士禮》而致於天子之說。」

《周禮》，《漢書·藝文志》著錄為《周官經》六篇，另有《周官傳》四篇。《周禮》六篇為：《天官冢宰》第一，《地官司徒》第二，《春官宗伯》第三，《夏官司馬》第四，《秋官司寇》第五，《冬官司空》第六，但《冬官》一篇早已亡佚，當時補以《考工記》，稱《冬官·考工記》。此書據說是景帝之子河間獻王劉德所上，《經典釋文敘錄》言：「河間獻王開獻書之路，時有李氏上《周官》五篇，失《冬官》一篇，乃購以千金，不得，取《考工記》以補之。」大概奏上後，此書即藏於中秘，直到劉向、劉歆父子校書時，才被劉歆發現，並介紹出來。王莽時，劉歆為國師，為《周禮》置博士。劉歆傳其學與杜子春、賈徽。杜子春傳鄭興。鄭興傳其子鄭眾。賈徽傳其子賈逵。賈逵奉詔作《周官解詁》。其

---

23 《後漢書·儒林列傳》。
24 《後漢書·張曹鄭列傳》。

後馬融、盧植、張恭祖等，都治《周禮》，有所述作。「馬融作《周官傳》，授鄭玄，玄作《周官注》。玄本習《小戴禮》，後以古經校之，取其義長者，故為鄭氏學。玄又注小戴所傳《禮記》四十篇，通為三《禮》焉。」[25]《周禮》是古文學重要的典籍，但對它的爭議頗多，可說是眾說紛紜，至今未決。

《禮記》四十九篇，關於此書的來源，有多種不同說法。《經典釋文敘錄》引晉陳邵《周禮論序》謂：「戴德刪古禮二百四篇為八十五篇，謂之《大戴禮》。（戴）聖刪《大戴禮》為四十九篇，是為《小戴禮》。後漢馬融、盧植考諸家同異，附戴聖篇章，去其繁重及所敘略，而行於世，即今之《禮記》是也。」《禮記》的傳授，沒有明文可錄。從《後漢書》等書的零星記載中，我們可知：傳《小戴禮》的橋仁，又兼傳其《禮記》，著有《禮記章句》四十九篇。曹褒除從其父受《慶氏禮》外，又傳《禮記》四十九篇。漢末馬融傳小戴之學，鄭玄從之受業，為《禮記》作注。此後《禮記》始與《儀禮》、《周禮》並稱三《禮》。

# 五、《春秋》的傳承

《春秋》本為春秋時各諸侯國史書的通稱，當春秋末年天下大亂之際，孔子在四處遊說受挫之後，為了表達自己王道政治的理想，以干預現實社會，對魯國舊史《春秋》加以改造，修成六經之一的《春秋》。此後所言《春秋》，一般即專指孔子所修《春秋經》。

《春秋》依魯國隱公到哀公十二公的順序編年紀事，共記二百四十二年史事，所記涉及各諸侯國史事，而以魯國為主。按照司馬遷的說法，孔子修《春秋》，貫徹了「據魯、親周，故殷，運之三代」的宗旨；筆法嚴謹，寓有微言大義，具有「約其文辭而指博」的特點，以至於「筆則筆，削則削，子夏之徒不能贊一辭」；產生了「《春秋》之義行，則天下亂臣賊子懼」[26]的效果。

---

25 《後漢書·儒林列傳》。
26 《史記·孔子世家》。

司馬遷在《史記‧太史公自序》中對《春秋》作了集中評述，代表著漢代人對《春秋》的基本看法：

余聞董生曰：「周道衰廢，孔子為魯司寇，諸侯害之，大夫壅之。孔子知言之不用，道之不行也，是非二百四十年之中，以為天下儀表，貶天子，退諸侯，討大夫，以達王事而已矣。」子曰：「我欲載之空言，不如見之於行事之深切著明也。」夫《春秋》，上明三王之道，下辨人事之紀，別嫌疑，明是非，定猶豫，善善惡惡，賢賤不肖，存亡國，繼絕世，補敝起廢，王道之大者也。……撥亂世反之正，莫近於《春秋》，《春秋》文成數萬，其指數千。萬物之散聚皆在《春秋》。《春秋》之中，弒君三十六，亡國五十二，諸侯奔走不得保其社稷者不可勝數。察其所以，皆失其本已。故《易》曰「失之毫釐，差以千里」。故曰「臣弒君，子弒父，非一旦一夕之故也，其漸久矣」。故有國者不可以不知《春秋》，前有讒而弗見，後有賊而不知。為人臣者不可以不知《春秋》，守經事而不知其宜，遭變事而不知其權。為人君父而不通於《春秋》之義者，必蒙首惡之名。為人臣子而不通於《春秋》之義者，必陷篡弒之誅，死罪之名。其實皆以為善，為之不知其義，被之空言而不敢辭。夫不通禮義之旨，至於君不君，臣不臣，父不父，子不子。夫君不君則犯，臣不臣則誅，父不父則無道，子不子則不孝。此四行者天下之大過也。以天下之大過予之，則受而弗敢辭。故《春秋》者，禮義之大宗也。

《春秋》有今古文之分。今文著重闡述《春秋》的微言大義，有《公羊傳》、《穀梁傳》二家，先後立於學官。古文為《春秋左氏傳》，著重補充有關史實。另有鄒氏、夾氏，其中鄒氏無師承，夾氏有錄無書，二家之學遂失傳。

《春秋公羊傳》是漢代的顯學，以創傳於公羊氏而得名，徐彥《公羊傳疏》引東漢戴宏序曰：「子夏傳與公羊高，高傳與其子平，平傳與其子地，地傳與其子敢，敢傳與其子壽。至漢景帝時，壽乃與齊人胡母子都著於竹帛。」以上傳承順序不可盡信，但到漢初此書著於竹帛的說法大體無誤。

胡母子都以治《公羊春秋》為景帝博士，與董仲舒同業，齊之言《春秋》者以他為宗主，公孫弘也是他的學生。董仲舒精於《春秋》公羊學，為一代儒宗，

著有《春秋繁露》。弟子著名者有褚大、段仲、嬴公、呂步舒等。褚大任梁相，呂步舒官丞相長史。嬴公「守學不失師法，為昭帝諫大夫，授東海孟卿、魯眭孟」。

孟卿兼善《詩》、《禮》，已見上文。眭弘字孟，昭帝時官符節令，因言災異獲罪被誅。眭弘弟子百餘人，「唯（嚴）彭祖、（顏）安樂為明，質問疑誼，各持所見」，因而，眭弘有「《春秋》之意，在二子矣」之歎。嚴彭祖與顏安樂各專門教授，由此《公羊》學有顏、嚴兩家之學。

嚴彭祖為宣帝博士，後遷太傅。性廉直，嘗言：「凡通經術，固當修行先王之道，何可委曲從俗，苟求富貴乎！」[27]彭祖授王中。王中為元帝少府，家中世代傳其業。王中授公孫文、東門雲。公孫文官東平太傅，徒眾甚盛。東門雲為荊州刺史。

顏安樂字公孫，官至齊郡太守丞。授泠豐、任公。泠豐字次君，官淄川太守。任公官太府。二家是顏家的泠、任之學。另外，貢禹事嬴公，其學成於眭弘。貢禹傳業與堂谿惠，惠傳冥都。疏廣事孟卿，授業與筦路。筦路、冥都又從顏安樂問業，所以顏氏又有筦氏、冥氏之學。筦路傳孫寶。孫寶官大司農。泠豐傳馬宮、左咸。馬宮官大司徒。左咸官至九卿。

東漢傳《公羊》嚴氏學的有丁恭、周澤、甄宇、程曾等人。從西漢嚴氏後學中公孫文徒眾尤盛的情況分析，他們可能都傳自公孫文。丁恭字子然，東漢初任少府，「諸生自遠方至者，著錄數千人，當世稱為大儒。太常樓望、侍中承宮、長水校尉樊鯈等皆受業於恭」。樓望字次子，建初年間官左中郎將。「教授不倦，世稱儒宗，諸生著錄九千餘人。」丁恭的另一著名弟子為鍾興。鍾興字次文。光武時任左中郎將，受詔定《春秋》章句，以授皇太子，及宗室諸侯。周澤字稚都，初隱居教授，門徒常數百人。建武末年徵試博士，後官太常，並曾任司徒，居官以廉直稱。甄宇字長文，教授常數百人，建武年間為博士，遷太子少傅。傳

---

27 以上引文均見《漢書·儒林傳》。

業與子甄普。甄普復傳子甄承。甄承好學，不視家事，「諸儒以承三世傳業，莫不歸服之」。程曾字秀升，「受業長安，習《嚴氏春秋》，積十餘年，還家講授。會稽顧奉等數百人常居門下」。

東漢《公羊》顏氏學似不及嚴氏學興盛，傳其學者為張玄。張玄字君夏，少習《顏氏春秋》，兼通數家法，光武時為《顏氏春秋》博士。「清淨無欲，專心經書，方其講問，乃不食終日。及有難者，輒為張數家之說，令擇從所安。諸儒皆伏其多通，著錄千餘人。」

東漢傳《公羊》學的還有李育和何休。李育字元春，因班固薦舉而名重一時。對古文學有所涉獵，以為《左傳》雖有文采，但不得聖人深意，針對時人多引圖讖不據理證之弊，作《難左氏義》四十二事。建初年間為博士，參與白虎觀經學會議，「以《公羊》義難賈逵，往返皆有理證，最為通儒」[28]。

何休字邵公，可說是《公羊》學大師。《後漢書‧儒林列傳》介紹他「精研六經，世儒無及者。……作《春秋公羊解詁》，覃思不窺門，十有七年，……妙得《公羊》本意。……與其師博士羊弼，追述李育意以難二傳，作《公羊墨守》、《左氏膏肓》、《穀梁廢疾》。」

《穀梁傳》，《漢書‧藝文志》著錄「《穀梁傳》十一卷，穀梁子，魯人。」顏師古注：「名喜。」其他各書則有穀梁子名嘉、赤、真、俶、淑等多種說法。大概此書本口耳相傳，後著於竹帛。

漢初傳《穀梁》學者為治魯《詩》的申公。申公傳瑕丘江公。武帝時，江公與董仲舒論《公》、《穀》二傳，江公不善言辭，加上丞相公孫弘也治公羊學，武帝便讓太子受《公羊春秋》。太子通《公羊春秋》後，又私下向江公請教《穀梁傳》。江公傳子至孫皆為博士，又有榮廣、皓星公從之受業。榮廣字王孫，盡得江公之學，多次與《公羊》學大師眭弘辯論，常常取勝，擴大了《穀梁》學的影響。

---

28 以上引文均見《後漢書‧儒林列傳》。

榮廣傳蔡千秋、周慶、丁姓。蔡千秋字少君，又從皓星公受業，深得其旨。宣帝聽說其祖父戾太子喜好《穀梁春秋》，求得蔡千秋，選郎十人從之受學。蔡千秋病死，宣帝徵江公之孫為博士。江公孫死，宣帝又召周慶、丁姓授業與郎十人。蔡千秋本來傳業與尹更始，宣帝命劉向也受《穀梁傳》。十位郎官經十餘年學習，學業大成。宣帝「乃召五經名儒太子太傅蕭望之等大議殿中，平《公羊》、《穀梁》同異，各以經處是非。時《公羊》博士嚴彭祖、侍郎申輓、伊推、宋顯，《穀梁》議郎尹更始、待詔劉向、周慶、丁姓並論。《公羊》家多不見從，願請內侍郎許廣，使者亦並內《穀梁》家中郎王亥，各五人，議三十餘事。望之等十一人各以經誼對，多從《穀梁》。由是《穀梁》之學大盛。」[29]

周慶字幼君，丁姓字子孫，二人皆為博士。丁姓官至中山太傅，授申章昌。申章昌字曼君，為博士，官至長沙太傅，徒眾甚盛。尹更始字翁君，為諫大夫，作《穀梁章句》，授其子尹咸及翟方進、房鳳。翟方進宮丞相，尹咸官大司農。房鳳字子元，官五宮中郎將，因支持劉歆立《左氏春秋》而外放九江太守。以上是《穀梁春秋》的尹氏、申章氏、房氏之學。另外，江公孫傳與胡常，胡常授蕭秉。蕭秉字君房，王莽時為講學大夫，這是《穀梁傳》的胡氏之學。

後漢以來，《穀梁》學遠不及《公羊傳》、《左傳》流行，其傳承情況也難得其詳。

關於《左傳》，爭論頗多。現在較多的人相信《左傳》本是獨立於《春秋》的一部史書，經劉歆改造才成為解經之著。按《經典釋文》之說，其最初傳承的順序是：「左丘明作傳以授曾申。申傳衛人吳起。起傳其子期。期傳楚人鐸椒。椒傳趙人虞卿。卿傳同郡荀卿名況。況傳武威張蒼。蒼傳洛陽賈誼。誼傳至孫嘉。嘉傳趙人貫公。貫公傳其少子長卿。長卿傳京兆尹張敞及御史大夫張禹。」此處所言漢以前《左傳》的傳授或多臆度之辭，漢興之後的傳承，大體與《漢書‧儒林傳》的記載相同。《漢書‧楚元王傳》說：「（劉）歆校秘書，見古文《春秋左氏傳》，大好之。丞相史尹咸以能治《左氏》，與歆共校經傳。歆略從咸

---

29 《漢書‧儒林傳》。

及翟方進受，質問大義。初《左氏傳》多古字古言，學者傳訓詁而已，及歆治《左氏》，引傳文以解經，轉相發明，由是章句義理備焉。」可見劉歆對《左傳》確實下了很大工夫，在他之後《左傳》始大行於世。經劉歆努力，平帝時《左傳》立於學官。

東漢《左傳》之學大興。劉歆傳《左傳》學與賈徽、鄭興。賈徽撰《春秋條例》，傳其子賈逵。賈逵受詔奏《公》、《穀》二傳不如《左傳》四十事，名為《左傳長義》，又撰《左氏解詁》。鄭興傳其子鄭眾。鄭眾撰《左氏條例章句》。另東漢陳元從其父陳欽受《左傳》，陳欽則受業於尹咸。建武年間，「尚書令韓歆上疏，欲為《左氏》立博士，范升與歆爭之未決，陳元上書訟《左氏》，遂以魏郡李封為《左氏》博士。後群儒蔽固者數廷爭之。及封卒，光武重違眾議，而因不復補」。

東漢末傳《左傳》者，有服虔、潁容、謝該等人，馬融、延篤、鄭玄也治《左氏》學。鄭玄撰《箴膏肓》、《發墨守》、《起廢疾》三書，以駁何休。服虔字子慎，「有雅才，善著文論，作《春秋左氏傳解》，行之至今。又以《左傳》駁何休之所駁漢事六十條」。潁容字子嚴，著《春秋左氏條例》五萬餘言。謝該字文儀，善《左傳》，「為世名儒，門徒數百千人。建安中，河東人樂詳條《左氏》疑滯數十事以問，該皆為通解之，名為《謝氏釋》，行於世。」[30]

---

30 以上引文均見《後漢書·儒林列傳》。

第三節 ·
# 漢代經學的成就

　　兩漢經學成就卓著,在中國思想學術史上有很重要的地位。董仲舒、劉向、劉歆、鄭眾、賈逵、馬融、何休、許慎、鄭玄等經學大師都卓有建樹,其中董仲舒、何休對《公羊傳》意蘊的闡發,劉歆對古文學的倡導,許慎的文字學研究,鄭玄對今古文的調和,可視為代表性成果。為避免重複,這裡只對何休、鄭玄的經學成就略作評述。

## 一、何休的《公羊》三世說

　　董仲舒和何休是當之無愧的《公羊》學大師,董仲舒撰有《春秋繁露》,何休撰有《春秋公羊解詁》,對於《春秋公羊傳》都有傑出建樹。正是通過他們的努力,「春秋公羊學」成為一門系統的學問,產生了特殊的社會影響。他們的共同特點是在闡發經義時,作了創造性發揮。在他們的學說中,有對《春秋公羊傳》深入堂奧的獨到理解,也有以時學解經的牽強附會和傳達內心款曲的借題發揮。大體說來董仲舒重在闡發奧義,援陰陽五行之說解經,時時觀照著大一統的封建政局;何休重在解析條例,詳辨其「非常異義可怪之論」[31],在董仲舒學說

---

31　何休:《春秋公羊經傳解詁序》。

基礎上建立起一套便於比附的歷史哲學。

何休（129-182 年）字邵公，「為人質樸訥口，而雅有心思，精研六經，世儒無及者」。除代表作《春秋公羊解詁》外，還「注訓《孝經》、《論語》」，並「與其師博士羊弼，追述李育意以難二傳，作《公羊墨守》、《左氏膏肓》、《穀梁廢疾》」[32]。

何休認為《公羊傳》的義例有五始、三科、九旨、七等、六輔、二類、七缺等。他對此的解釋是：「五始者，元年、春、王、正月、公即位是也；七等者，州、國、氏、人、名、字、子是也；六輔者，公輔天子、卿輔公、大夫輔卿、士輔大夫、京師輔君、諸夏輔京師是也；二類者，人事與災異也。」[33]這些過於繁瑣的解析，確實可稱得上是「非常異義可怪之論」。但所謂三科九旨，卻是非常重要的創見。徐彥在《春秋公羊傳疏》中引何休之言介紹：「三科九旨者：新周，故宋，以《春秋》當新王，此一科三旨也。又云：所見異辭，所聞異辭，所傳聞異辭，二科六旨也。又，內其國而外諸夏，內諸夏而外夷狄。是三科九旨也。」三科九旨也可稱作「通三統、張三世、異內外」，把握的都是《公羊》學的重大原則問題，何休把它們抽繹出來，又作了獨到的解說。其中影響最大的是由此引發的三世遞進的歷史演化說和與此緊密結合的大一統思想。

《公羊傳》幾次指出《春秋》在記述上的「所見異辭，所聞異辭，所傳聞異辭」[34]，尤其是在《春秋》開篇的隱公元年和結尾的哀公十四年都做了這樣的強調，引起了《公羊》學者們的注意。他們認為公羊子這樣的提示，不只是道出記述原則的不同，而是另有深意在內。董仲舒從中看到了歷史分期的意義和「異辭」是由係於時代遠近的情之親疏所決定的。他說：「《春秋》分十二世，以為三等：有見、有聞、有傳聞。有見三世，有聞四世，有傳聞五世。故哀、定、昭，君子之所見也；襄、成、宣、文，君子之所聞也；僖、閔、莊、桓、隱，君子之所傳聞也。所見六十一年，所聞八十五年，所傳聞九十六年。於所見微其

---

32 《後漢書·儒林列傳下》。
33 徐彥：《春秋公羊傳疏》引何休《文諡例》。
34 《春秋公羊傳》隱公元年、桓公二年、哀公十四年。

辭，於所聞痛其禍，於傳聞殺其恩，與情俱也。」[35]董仲舒抓到了「情」這一儒家思想的要害，且對三世作出明確劃分，三世成了變化的具體歷史過程，但沒有成為具有哲學意義的歷史演進程序。

何休使「三世說」得到昇華。他把所見、所聞、所傳聞的三世，與由衰亂、升平到太平的歷史演化結合起來，作了哲學的抽象。他說：「於所傳聞世，見治起於衰亂之中，用心尚粗糙；故內其國而外諸夏，先詳內而後治外，錄大略小，內惡書，外小惡不書，大國有大夫，小國略稱人，內離會書，外離會不書是也。於所聞世，見治昇平，內諸夏而外夷狄，書外離會，小國有大夫……至所見之世，著治大平，夷狄進至於爵，天下遠近大小若一，用心尤深而詳。」[36]在他這裡：(1)《春秋》筆法與社會發展階段性特點是緊密結合的，這樣以《春秋》為新王法，便有了更普遍的指導意義。(2)三世說與「異內外」原則相一致，三世的遞進與內外、夷夏的合一步伐統一起來，為大一統說找到了一個牢固的理論支點。(3)三世是由衰亂到昇平，再進至太平的遞進過程，這是強調變化發展的進步的歷史觀。理論意義是合於社會發展規律，有唯物主義因素；實踐意義是指明了社會發展的前景，為後來的改革家、革命者提供了有力的思想武器。(4)三世遞進說，是歷史與哲學的分離。何休從字裡行間揣摩孔子的微言大義，在對亂世的記錄中，看到了「魯愈微而《春秋》之化益廣」，「世愈亂而《春秋》之義益治」[37]的理想表述。從史學上看，這近乎臆語；從哲學上看，卻可說是精闢的高論。

與何休同時的仲長統，也發表了歷史演化說，在歷史動力上作出唯物主義的解釋，以具有人文主義特色而引起人們關注，在歷史趨勢上，卻認為是「變而彌猜，下而加酷，推此以往，可及於盡矣」[38]，表現為歷史倒退論。何休的三世說，沒有涉及歷史動力問題，但在歷史趨勢的看法上，是進步的，是樂觀向上的。在東漢末年的衰亂之世，何休能跳出現實的限制，以哲學的眼光道出歷史的

---

35 董仲舒：《春秋繁露・楚莊王》。
36 何休：《春秋公羊傳解詁》隱公元年。
37 劉逢祿：《春秋公羊經何氏釋例・張三世例》。
38 《後漢書・王充王符仲長統列傳》。

光明前途，實在難能可貴。

何休的《公羊》三世說產生了很大歷史影響。晚清《公羊》學大興，康有為賦予三世說以進化意義，改造成為披著傳統外衣的資產階級學說，推進了中國社會的近代化進程。

「大一統」本為《公羊傳》開宗明義揭示的要旨，在諸侯紛爭之世表達了天下統一的思想，董仲舒在漢武帝時期，把大一統說置於天人合一體系之中，強調：「《春秋》大一統者，天地之常經，古今之通誼也。」[39] 為鞏固中央集權封建制度提供了有力的思想武器。而何休將大一統思想的闡發與張三世、異內外結合起來，構築成一套具有內在邏輯聯繫的思想體系，使大一統說有了更堅實的理論基礎和更豐富的思想內涵。


# 二、鄭玄對今古文的調和

東漢末年，已有不少經師意識到今古文各自的侷限而兼通今古文經，這為兩個學派的交匯創造了條件。在這種形勢下，大經學家鄭玄以他淵博的學識，進行了對今古文的調和工作，成為漢代經學的集大成者。

鄭玄（127-200 年）字康成，北海高密（今山東高密西南）人。少年時不願為吏，入太學。初從第五元先受業，通《京氏易》、《公羊春秋》、《三統曆》、《九章算術》等。又從張恭祖受《周官》、《禮記》、《左氏春秋》、《韓詩》、《古文尚書》。後來以為山東無足問者，乃西入關，經盧植介紹，師事經學大師馬融。當其學成東歸時，馬融對其他學生慨歎：「鄭生今去，吾道東矣。」[40]

鄭玄兼通今古文諸經，勤於著述。他的著作，據本傳載有：「門人相與撰玄答諸弟子問五經，依《論語》作《鄭志》八篇。凡玄所注《周易》、《尚書》、《毛

---

39 《漢書·董仲舒傳》。
40 《後漢書·張曹鄭列傳》。

詩》、《儀禮》、《禮記》、《論語》、《孝經》、《尚書大傳》、《中候》、《乾象曆》。又著《天文七政論》、《魯禮禘祫義》、《六藝論》、《毛詩譜》、《駁許慎五經異義》、《答臨孝存周禮難》，凡百余萬言。」

鄭玄治學不專主一家，講求旁徵博引，取長補短，見當時今古文互相攻擊無有休止，欲摻合其學，成一家之言，於是遍注群經。在注經時首先是突破師法家法的侷限，綜觀眾說，轉相發明；其次是今古文兼採，並作出自己的判斷，做到既有不同又有定見。如「注《詩》宗毛為主，毛義若隱略，則更表明。如有不同，即下己意，使可識別」[41]；注《尚書》雖用古文，而又和馬融不同，或從今文說；注《儀禮》，於今文之外，並參考當時發現的古文《逸禮》，經從今文則注內疊出古文，經從古文則注內疊出今文，對於今古文字的取捨殊不一致。這樣的作法，衝破了壁壘森嚴的經學傳統，為此後經學的傳承和發展開闢了新的道路。

漢代經學傳承主要採用口耳相傳的方式，雖然已出現不少解經著作，也有《爾雅》、《方言》、《說文》等輔助工具書問世，但在體例方法上一般還沒有整體性、實質性的突破。鄭玄治經綜合採用「就其原文字之聲類，考訓詁，捃秘逸」[42]的方法，不但解決了許多經典中的疑難問題，而且樹起了治經的新範例，在經學史上具有開創性意義。當代學者張舜徽著有《鄭氏校讎學發微》、《鄭氏經注釋例》，對此做了詳盡的分析闡述。

鄭玄在五經中，於諸《禮》尤多所用心。晚清今文學家皮錫瑞在《三禮通論》中評述：「漢《禮經》通行，有師授而無注釋。馬融但注《喪服》經傳，鄭君始全注十七篇。鄭於禮學最精，而有功於《禮經》最大。向微鄭君之注，則高堂傳《禮》十七篇，將若存若亡，而索解不得矣。《周官》晚出，有杜子春之《注》，鄭興、鄭眾、賈逵之《解詁》，馬融之《傳》。鄭注《周禮》，多引杜子春、鄭大夫、鄭司農，前有所承，尚易為力。而十七篇前無所承，比注《周禮》

---

41 鄭玄：《六藝論・毛詩正義》。
42 鄭玄：《周禮注序》。

六篇為更難矣。大小《戴記》亦無注釋，鄭注小戴《禮記》四十九篇，前無所承，亦獨為其難者。向微鄭君之注，則小戴傳《記》四十九篇，亦若存若亡，而索解不得矣。」正是由於鄭玄的工作，三《禮》作為古代禮學基本經典的格局才正式確立。所以清代學者戴震言：「鄭康成之學，盡在《三禮注》，當與《春秋三傳》並重。」[43]這對古代禮制研究具有重要意義，與此後數千年封建典章制度的興革有直接聯繫。

鄭玄的學術博大而精深，被稱為鄭學。他的諸種經注在當世便風靡學界，獨領風騷。鄭玄是混同古今的通學家，他雖以古學為宗，但兼採今學以附益其義，經過他的注解，今古文的區別混合起來，那時的學者正苦於家法的繁雜，又見他閎大淹博，無所不包，便翕然歸之，不復捨此趨彼，於是鄭注行而齊、魯、韓三家《詩》，歐陽、大小夏侯《尚書》，大小戴《禮》都廢掉了，鄭學成為當時天下所宗的儒學。范曄評價：「自秦焚六經，聖文埃滅。漢興，諸儒頗修藝文。及東京，學者亦各名家。而守文之徒，滯固所稟，異端紛紜，互相詭激，遂令經有數家，家有數說，章句多者或乃百餘萬言，學徒勞而少功，後生疑而莫正。鄭玄括囊大典，網羅眾家，刪裁繁誣，刊改漏失，自是學者略知所歸。」[44]是十分中肯的。

鄭玄在中國經學史上有重大的影響。漢代解經之作留存至今的共有六部，除何休的《春秋公羊解詁》、趙岐的《孟子章句》外，其餘的四部：《周禮注》、《儀禮注》、《禮記注》、《毛詩箋》，都是鄭玄所作。它們作為研究儒家經典的基本參考著作，給歷代經學家提供了有益的幫助指導；作為漢代經學的代表作，後世學者捨此則難窺漢學門徑。清代樸學大興，學者更奉鄭玄為經學鼻祖，有人甚至認為漢學就是鄭學。張舜徽嘗論：「清代二百六十餘年的學術界，特別是乾、嘉學者，都圍繞了『許鄭之學』努力用功。凡是探討文字的，便以許慎的《說文解字》為依據；研究經學的，便奉鄭玄的群經注說為宗主。……道、咸以下，治學的道路雖已變化，但是宗尚『許鄭』的學術氣氛，從來沒有輕淡過。所以我們

---

43 《戴東原集》附段玉裁《戴氏年譜》。
44 《後漢書·張曹鄭列傳》。

說，有清一代的學術界，完全為『許鄭之學』所籠罩了，也不失之誇大！」[45]

鄭玄的工作對於經學也有一些消極影響：一是多引緯書以注經；二是混淆了今古文的區別，現在的許多經書，如《詩》、《三禮》、《論語》注本，往往是今文、古文、鄭注三種說法混在一起的，很難弄清各自的本來面目。

## 第四節 ·
# 語言文字學的
# 創立與初步發展

秦漢在我國語言文字學發展史上，有特殊的地位。學術界一般認為漢代是小學創立的時期。這一時期不但漢字由小篆演變為隸書，確定了漢字的基本形態，而且小學釋形音義的三個分支門類：文字、音韻、訓詁三方面都有最早的專著問世。特別值得提出的是《方言》和《說文解字》的誕生，標誌著中國語言文字學在早期發展中已取得相當高的成就。

## 一、從小篆到隸書

統一文字是秦統一後的重大文化措施之一。

---

45 張舜徽：《鄭學叢著·前言》，濟南，齊魯書社，1984。

中國古代的文字，經過長期發展，到秦統一六國之前已具有較成熟的形態。但諸侯分立，使各國的文字存在著或大或小的差異，在長期傳習的過程中，文字在民間又出現了許多不規範的變體，即所謂的「俗書」。秦皇朝為適應統一後的政治與文化需要，進行了文字改革工作。

許慎在《說文解字敘》中說：「……其後諸侯力政，不統於王，惡禮樂之害己，而皆去其典籍。分為七國，田疇異畝，車途異軌，律令異法，衣冠異制，言語異聲，文字異形，秦始皇帝初兼天下，丞相李斯乃奏同之，罷其不與秦文合者。斯作《倉頡篇》，中車府令趙高作《爰曆篇》，太史令胡毋敬作《博學篇》，皆取史籀大篆，或頗省改，所謂小篆者也。」可見這次文字改革就是以秦文字為基準，去掉與其不相合者，再對原有文字進行減其繁重，改其怪奇的加工工作，然後通過《倉頡篇》等字書公佈出來，作為標準文字，其餘不合於此體的文字一律作廢。這種標準文字就是小篆，又稱秦篆，而此前的文字一般統稱為籀文或大篆。

小篆是在對已通行的漢字進行規範化後形成的。它在中國文字發展史上有特殊的地位。以前的甲骨文和金文都是從圖畫直接發展來的，基本是隨著物體的曲線描畫的，沒有規律性可尋。小篆用圓轉勻稱的線條代替古文的曲線，使文字抽象化，書寫有了規律，確立了漢字的符號性。古文多異體字，有的一個字的異體字多達三四十個，並且字的組合也很隨意、義符也不固定。小篆在統一和定型的過程中，一方面淘汰了異體字，精簡了字數，同時也相對固定了義符，實現了筆劃和結構的簡化。

小篆主要通行於秦代，特別是秦始皇時代。隸書興起後，小篆只用於公私印章等個別場合，另以書法篆刻等藝術形式保留下來。

小篆雖較古籀有很大進步，但仍不便書寫，於是隸書代之而起。晉人衛恆介紹：「秦既用篆，奏事繁多，篆字難成，即令隸人佐書，曰隸字。」[46]

---

46 衛恆：《四體書勢》。

隸書有古隸、今隸兩種。古隸多有篆書成分，是從小篆到今隸的過渡形態。這種書體通行於秦末到西漢末年。它本身也經過了一個篆體逐步減少，隸體逐步增多的變化過程。在湖北省雲夢縣睡虎地秦墓中出土的秦簡和長沙馬王堆漢墓出土的漢簡、山東臨沂銀雀山漢墓出土的漢簡使用的文字便是古隸。它們形雖隸體，但筆劃不十分方折。今隸由古隸直接演變而來，從東漢初沿用到晉初。它在形體上較古隸更加方正，在筆劃上增添了波折和挑法，已完全隸化，徹底擺脫了篆體的束縛。

十二字方磚

《熹平石經》上的隸書可看作東漢今隸的代表作。

隸書把小篆的長方形變為扁方形，把小篆勻稱彎曲的線條變為方折平直的筆劃，徹底消滅漢字中的象形面貌，基本確定了此後漢字的方塊形狀、筆劃特點和字體結構，是漢字發展史上的一次革命。

中國在西周宣王時已出現了字書《史籀篇》。秦始皇統一文字時，李斯作《倉頡篇》七章，趙高作《爰曆篇》六章，胡毋敬作《博學篇》七章。它們的作用都是規範文字，提供標準文字的範本，同時供學童識字使用。

西漢政府關心文化事業，對文字的識讀與規範十分重視，《漢書‧藝文志》記載：「漢興，蕭何草律，亦著其法。曰：『太史試學童，能諷書九千字以上，乃得為史。又以六體試之，課最者以為尚書御史史書令史。吏民上書，字或不正，輒舉劾。』」這樣的法律要求與社會的客觀需要，使漢人形成重視文字的風氣。於是「閭裡書師合《倉頡》、《爰曆》、《博學》三篇，斷六十字以為一章，凡五十五章，並為《倉頡篇》」。此書收字三三○○，當包括了小篆的主要常用字。此後字書不斷出現。武帝時，司馬相如作《凡將篇》，它的特點是去掉了重複收錄的文字。元帝時，黃門令史游對《凡將篇》加以擴充，作《急就篇》。「成

帝時將作大匠李長作《元尚篇》，皆《倉頡》中正字也。《凡將》則頗有出矣。至元始中，徵天下通小學者以百數，各令記字於庭中。揚雄取其有用者以作《訓纂篇》，順續《倉頡》，又易《倉頡》中重複之字，凡八十九章。臣復續揚雄作十三章，凡一百二章，無複字，六藝群書所載略備矣。」[47]東漢和帝時，郎中賈魴又續揚雄《訓纂篇》，而作《滂喜篇》。

以上字書除《急就篇》留存至今外，其餘都已亡佚。這些字書為便於記誦，都採用或三言，或四言，或七言的韻語形式，以類相從，用文理編排起來。《急就篇》間用三言、四言、七言，舊分三十二章，共收二〇一六字，都是當時的日常用字。開篇五句說明編書宗旨：「急就奇觚與眾異，羅列諸物名姓字，分別部居不雜廁，用日約少誠快意，勉力務之必有喜。」以下三字為句，列舉常用的一百餘字姓名，如宋延年、鄭子方、衛益壽、史步昌、周千秋、趙孺卿等。接下來以七言為句，依次敘述飲食、服飾、器物、動物、植物等各類事物。以下再以七言形式講述詩書禮儀職官等政治生活內容。最後用四字句「漢地廣大，無不容盛。萬方來朝，臣妾使令。……災蝗不起，五穀孰成。賢聖並進，博士先生」，及七字句「長樂無極老復丁」，歌頌漢家功德作為收尾。

漢代除這些字書外，還出現了文字研究性質的著作。由於《倉頡篇》所收都是古字，在流傳中逐漸出現「俗師失其讀」的問題。漢宣帝乃「徵齊人能正讀者，張敞從受之，傳至外孫之子杜林，為作訓故」[48]。揚雄在元始年間，朝廷集中通小學者整理文字的基礎上，也對《倉頡篇》作了訓釋工作。揚雄和杜林的著作在《漢書‧藝文志》中都有著錄。東漢時期文字學進一步發展，誕生了文字學巨著《說文解字》。

---

47 以上引文均見《漢書‧藝文志》。
48 《漢書‧藝文志》。

## 二、《爾雅》、《方言》、《釋名》

「漢代為小學創立的時代。那創立的重大標誌，便是西漢初年成書的《爾雅》，西漢末年揚雄的《方言》，東漢前期許慎的《說文》和東漢末年劉熙的《釋名》。《爾雅》著重釋古今之異言，《方言》主要是通方俗之殊語，《說文》更由本字推求本義，《釋名》由語音探求語源，它們依次出現，正展示漢人研究小學的歷史進程。」[49]

《爾雅》是一部通釋詞義的專著，大約在西漢初年由諸儒生綴輯周秦舊文整理成書。它是漢代小學名著中最早出現的一部，也是地位非常特殊的一部，被列為十三種儒家基本經典（十三經）之一。唐朝陸德明在《經典釋文序錄》中言：「眾家皆以《爾雅》居經典之後，在諸子之前。」

《爾雅》十九卷，原分為上、中、下三篇。上篇有《釋詁》、《釋言》、《釋訓》、《釋親》；中篇有《釋宮》、《釋器》、《釋樂》、《釋天》、《釋地》、《釋丘》、《釋山》、《釋水》；下篇有《釋草》、《釋木》、《釋蟲》、《釋魚》、《釋鳥》、《釋獸》、《釋畜》。這些訓釋對象，按內容性質可分為兩大類。一是普通語詞部分，包括《釋詁》、《釋言》、《釋訓》三卷。二是百科名詞部分，共十六卷。

普通語詞，多採取同義為訓的方法加以訓釋，用一個當代的常用詞，去解釋一個或一串同義詞。如《釋詁》第一條「林、烝、天、帝、皇、王、后、辟、公、侯，君也」。而釋普通語詞的三卷又有不同分工：「大體說來，《釋言》是『約取常行之字，而以異義釋之』，如云：『矢，誓也。』《釋訓》則『道物之貌以告人』，著重在釋字義，如云：『明明，斤斤，察也』；或者釋文意，如云：『子子孫孫，引無極也。』而《釋詁》主要是『舉古言，釋以今語』，所舉的『古言』，大抵是一串同義詞，實為近義詞。」[50]

《爾雅》被認為是世界上第一部百科辭典。對百科名詞的訓釋，書中又分為

---

49 胡奇光：《中國小學史》，56頁，上海，上海人民出版社，1987，本目參據此書有關內容。
50 胡奇光：《中國小學史》，60頁。原書注云：「釋言從郝懿行說，釋訓、釋詁亦從郝說。」

釋社會生活專名和釋自然萬物專名兩部分。社會生活專名中包括反映人的社會關係的《釋親》一卷，和反映人的日常生活的《釋宮》、《釋器》、《釋樂》三卷。自然萬物專名又包括天文、地理、植物、動物四大類。釋天文的有《釋天》一卷，釋地理的有《釋地》、《釋丘》、《釋山》、《釋水》四卷，釋植物的有《釋草》、《釋木》兩卷，釋動物的有《釋蟲》、《釋魚》、《釋鳥》、《釋獸》、《釋畜》五卷。這樣的分類，反映出秦漢時代人們對生活於其中的世界的認識程度。

「詞義訓釋不外乎普通語詞及百科名詞兩個方面，而《爾雅》兼而有之，因而就由《爾雅》為首，歷史地形成了源遠流長的『雅學』，作為我國訓詁研究的主體。」[51]

《方言》的成書，是漢代語言文字學的另一重大成就。《方言》原名《殊言》，全稱為《輶軒使者絕代語釋別國方言》，是我國第一部比較方言詞彙書。作者揚雄（前 58 年-18 年）字子雲，西漢末年成都人。他在多年實際調查基礎上，歸納整理寫出此書。

中國文化悠久，幅員遼闊，語言也隨之有古今之異和地區之別。為了溝通各地的聯繫，有效推行政令，必須弄懂各地方言，了解各地民風，因此中國古代就有派輶軒使者去各地記錄方言，搜集民間謠諺的制度。到了揚雄的時代，這種古制隨著中央政權對地方的直接管理而式微，但了解方言差異，對於大一統政權下地區間的聯繫與交往，仍然十分需要，《方言》就是在這樣的背景下問世的。

《方言》的基本體例是列出被釋之語，然後加以解說。如卷一第一條「黨、曉、哲，知也。楚謂之黨，或曰曉，齊宋之間謂之哲」。在解說中，他很注意用全國或某地域的通用語，去串解各地方言。如卷一第十四條「嫁、逝、徂、適，往也。自家而出謂之嫁，由女而出為嫁也。逝，秦晉語也。徂，齊語也。適，宋魯語也。往，凡語也。」凡語，即通用語。

《方言》有很高的學術價值。

---

51 同上書，67 頁。

它揭示了漢語發展變化的兩個規律性現象。其一，許多漢代的同義詞來自古代不同的方言詞。卷一第十二條在解說戎、京、壯、將等同義詞後，說：「皆古今語也。初別國不相往來之言也，今或同。」對部分同義詞的成因，作了精闢說明。其二，許多古今語、方言詞的差異，是由「轉語」所致。這種轉語就是以同聲或疊韻為由，發生地域上或古今間的不同語義變化。轉語現象後來成為人們以音求義、探求語源的主要方法。

它揭示出漢代漢語方言分布的情況，成為方言地理學的先驅。揚雄不僅比較全面地記錄了當時漢語方言的詞彙，而且較為準確地標出了它們的空間分布。在書中，有些地名經常並提，如秦晉、趙魏、齊魯、陳楚等，這表明雖然他不可能具有明確的現代方言區劃意識，但已有了隱約的方言分區思想。他的工作為我們運用方言地理學方法，比較準確地劃出漢代漢語方言分區提供了可信材料。在二千年前，能在方言研究上有這樣的見識，取得這樣大的成就，是十分了不起的。

《釋名》八卷二十七篇，成書於東漢末年，是我國第一部由音訓求語源的專門著作。它的作者劉熙字成國，是經學大師鄭玄的弟子。《釋名》的特點有二：一是探求事物得名的由來。書中主要採取以音同音近的同根語互訓的方法，解釋事物命名的原因，因而在音韻學上有重要地位。它還論到了依據形體、特徵、功用、產地、變化等為事物命名的原則。這樣全面探求事物得名的原則，在中國小學史上是第一次。二是與《爾雅》、《說文解字》等書不同，不是把重點放在經典的訓釋上，而是放在漢代名物的解釋上。它及時反映了漢代社會中生活中出現的新事物，為研究漢代社會文化，提供了珍貴的材料。

# 三、《說文解字》的成就

《說文解字》是許慎研究、整理當時經學、文字學成果編成的一部文字學著作，是我國語言文字學史上第一部分析字形、解說字義、辨識聲讀的字典，也是我國古代研究漢字的最主要經典著作。在漢代的語言文字學諸專著中，《說文解

字》的學術地位最高，學術影響也最大。

　　許慎（約西元 58-約西元 147 年）字叔重，從學於名儒賈逵，是東漢著名的古文經學大師，在當時有「五經無雙許叔重」之譽。他認為文字是「經藝之本，王政之始」，具有「前人所以垂後，後人所以識古」[52]的作用。他纂著《說文解字》一方面是為了搞清古文字的源流，從而準確訓解儒家經典──在這個意義上，它證明了古文經學治學方法上的原原本本而有依據，抬高了古文經學的地位；另一方面是為了從根本上糾正當時人們隨意說解文字的混亂現象，正確解釋文字的由來與發展。

　　《說文解字》原書分為十四篇，另有《敘目》一篇，共十五篇，今本每篇分為上下兩卷，共三十卷。全書分五四〇部，收正篆九三五三字，重文一一六三字，連同說解文字共一三三四四一字。對於此書的體例，許慎在《說文解字敘》中作了明白闡述：「今敘篆文，合以古、籀，博采通人，至於小大，信而有證。……分別部居，不相雜廁。萬物咸睹，靡不兼載，厥誼不昭，爰明以諭。」其子許沖在《上書表》中又說明：「其建首也，立『一』為專，方以類聚，物以群分，同牽條屬，共理相貫，雜而不越，據形系聯，引而申之，以究萬原，畢終於『亥』，知化窮冥。」

　　《說文解字》是最早按部首編排的一部字書。許慎根據小篆形體，把漢字分成五四〇個部首。這五四〇個部首，按「據形系聯」的原則，合併為十四大類，再按從「一」部開始，以「亥」部結尾，即「始一」而「終亥」的順序排列起來。然後把所收全部漢字按部首歸類編排，這就是他所說的「分別部居」。收入各部的字，一般是按先實後虛，先美後惡等原則順次安排，如遇到本朝皇帝名諱，則必排於本部開頭。《說文解字》釋字總是從部首字開始，說明以這個部首為形旁的字，字義都和這個部首字有關。漢字是形、音、義三位一體的，許慎通過對漢字形體構造的分析來闡釋本義。對於每個字都是先說明造字時的意義，然後分析造字法以為證，有時還指出其音讀。對於漢字的音讀，或用「從某、某聲」，說

---

52 許慎：《說文解字敘》。

明形聲字造字的音讀；或用「讀若」、「讀同」，擬出漢代人的讀音。

對《說文解字》的價值，我們可以從以下幾個方面來分析：

1.它總結並發展了「六書」理論，為中國文字學的創立和發展奠定了基礎。「六書」是文字構成和運用的六種基本方法。它出現得較早，但在許慎之前，只有「象形」、「指事」等名目，沒有人給以系統的解說。許慎給「六書」下了具體的定義：「一曰指事，指事者，視而可識，察而可見，上下是也；二曰象形，象形者，畫成其物，隨體詰詘，日月是也；三曰形聲，形聲者，以事為名，取譬相成，江河是也；四曰會意，會意者，比類合誼，以見指撝，武信是也；五曰轉注，轉注者，建類一首，同意相受，考老是也；六曰假借，假借者，本無其字，依聲託事，令長是也。」[53]其中，前四種是漢字的構成方法，後兩種是在運用中的新創造。他還將「六書」理論運用到對具體文字的說解上。書中對每個漢字，都注明「象形」、「指事」，或「從某，某聲」等。根據象形、指事、會意、形聲四種構形方法，從形、聲、義三方面入手來分析漢字，探索字源，這是許慎的創造。所以學界認為：「到許慎撰《說文》，『六書』的理論才算業已成熟，他的《說文解字》的問世標誌著中國漢字學的正式創立，《說文解字》一書是我國歷史上第一部自成系統的漢文字學著作，它是我國文字學的奠基之作。」[54]

2.它研究並吸取了以往字書編纂的成果和經驗，創造了符合漢字特點的部首編纂法。許慎從漢字中抽取出部首，再用部首統攝同類漢字，做到「分別部居，不相雜廁」，使數以萬計的漢字，可各歸其位，確實是一項偉大的創舉。清代學者段玉裁評論：「故合所有之字，分別其部為五百四十。每部各建一首，而同首者則曰『凡某之屬皆從某』，於是形立而音義易明。凡字必有所屬之首，五百四十字可以統攝天下古今之字。此前古未有之書，許君之所獨創，若網在綱，如裘挈領，討原以納流，執要以說詳，與《史籀篇》、《倉頡篇》、《凡將篇》亂雜無章之體例，不可以道里計。」[55]這種方法一直沿用到現在。後代的漢語字

---

53 許慎：《說文解字敘》。
54 孫鈞錫：《中國漢字學史》，66 頁，北京，學苑出版社，1991，本目參據此書有關內容。
55 段玉裁：《說文解字注·敘注》。

典，雖然部首的建類有所變更，編次有所改易，但用偏旁立部，彙集漢字的方法，仍然是在遵循《說文解字》所創立的體例。

3.它掌握並抓住了漢字作為表意文字的根本特點，創造了結合字義和字音分析漢字字形的方法。漢字從本質上說是表意性的文字，它有固定的形態，具有一定的讀音，表示一定的意義，是形、音、義三結合的統一體。因此，漢字學研究必須照顧到形、音、義三個方面。在《說文解字》問世之前，所有的文字學著作，都沒能兼顧這三者。許慎全面把握了漢字的這個特點，揭示了三者之間的關係，建立起漢字研究的科學體系。所以，《說文解字》的出現，標誌著我國古代的語言文字研究，已經進入成熟的階段。

4.它保存了大量小篆及其以前的古文字資料，為後人辨識研究先秦古文字提供了重要依據。《說文解字》所有字頭的字體都是小篆。如果一個字還有古文、籀文、或體、今體及俗體等不同寫法，就將它們列在這個正字之後，加以說明，這些不同的文字，稱為「重文」，或是春秋戰國時期各國文字的保留，或是小篆之外的異體字。《說文解字》不但保存了秦漢時期的全部小篆，而且保存了部分其他古文字。它們成為我們今天辨識和研究先秦古文字的重要依據。

5.它保存了漢代及漢以前的音韻訓詁及歷史文化材料，為今天人們了解上古漢語的詞彙面貌和古代語音系統，提供了方便，也為人們研究古代社會及歷史情況，提供了方便。許慎在對文字的說解部分，對每個字都通過形體的分析而抓住本義，為人們研究古文字提供了根本指導。書中提供的語音資料大致有假借字、轉注字、形聲字、讀若、通假、重文、聲訓、聯綿詞八類。其中形聲字有七千多，保存了東漢末年以前表意兼標音的全部漢字，它們是研究古漢語語音和詞彙的豐富資料。清代學者正是根據這些材料，再參照《詩經》、《楚辭》的用韻，考定先秦語音結構和整個語音系統，研究古音，成為音韻學的。書中所收九千字都是組成漢語的詞素，漢語由單音節詞發展為雙音節詞，在書中可以找到根源。根據《說文解字》，還可以探求古漢語詞彙的演變。書中提供的其他方面知識相當豐富，正如許沖在《上書表》中所言：「六藝群書之詁，皆訓其意。而天地、鬼神、山川、草木、鳥獸、昆蟲、雜物、奇怪、王制、禮儀，世間人事，莫不畢載。」可以說它是古代歷史文化的寶庫。

# 第六章

# 天人分際與
# 古今之義

　　秦漢哲學在中國哲學史上居重要地位。這一時期人們普遍有探討天人關係和古今通義的理論興趣。以董仲舒為代表的正宗思想家建構起天人合一的宇宙觀，宣傳大一統政治思想，為新生封建大一統政權奠定下牢固的理論基礎。司馬遷、王充等人在對哲學與社會的思考中，表述出理性的見解，為中國思想史寫下了光彩奪目的燦爛篇章。

# 秦統治者對法家以外
# 思想學說的吸收與運用

　　秦朝統治時間短，但其統治思想卻有不容忽視的影響。對秦皇朝以法家為治國思想的利弊，我們已在第一章和第三章作了較詳細的分析，這裡只對秦統治者對其他思想學說的看法略作評介。

　　秦代以法家學說為統治思想，又採取了焚書坑儒等措施打擊其他思想學說，但其思想並不是純粹單一的結構。一則，任何政權都不可能完全禁絕非主流思想的流傳，即使在極端專制的鐵幕之下，有生命力的思想成果也會找到自己生存的方式。再則，任何思想在其創立發展過程中，都必然要從其他思想學說中吸取有益的成分以充實自己。不同因子的滲透，是學術思想存在的正常形態。蔑視其他思想，也就意味著自身生命力的衰竭。其實，思想學說總是以多元混合的形態出現，即使在當政者和思想家頭腦中，一般也很難對某一思想劃出一條界限十分嚴明的鴻溝。在對秦代思想的考察中，我們看到在以法家思想為主的同時，陰陽家、儒家、道家以及神學宗教等思想也都擁有自己的生存空間，有時甚至得到青睞。

　　呂不韋當政時吸收各家學說編纂的《呂氏春秋》，一直被目為雜家之言，其實不但有豐富的內容，而且有相對嚴整的體系。「全書從論天、治國到做人、養身；從政治、經濟、軍事，到哲學、歷史、道德、音樂，一個封建國家中央政權

所應處理的各個領域的問題，它基本上都設想到了。因此，它應該被看作我國封建社會初期一部較完備的治國法典。」書中在社會政治思想方面提出「國家要有天子，實行封建宗法等級制度」；「天子與國君要效法天地，去私貴公，以天下國家利益為重」；「在君臣關係上，君應當因而不為、任賢使能，臣應當公而不私、直而不阿」；「為政要順民心，興民利，借民力，不可專恃威勢刑罰」；「在經濟方面，採取封建私有制，實行重農兼工商的政策」；在文化教育方面，主張「一是百家兼收」，「形成一種綜合性的意識形態」，二是「養士、尊士，以士為師，重視學問」[1]。這些主張在秦及以後封建政權的施政中都可找到印記，產生了一定社會影響。

陰陽家創立的五德終始說是一種政治哲學，在論證政權合理性方面，有特殊的效用。為了給新生大一統政權找到合法的根據，秦始皇也借用了這種學說。《史記·封禪書》記載：「自齊威、宣之時，騶子之徒論著終始五德之運，及秦帝而齊人奏之，故始皇採用之。」《史記·秦始皇本紀》也記載：「始皇推終始五德之傳，以為周得火德，秦代周德，從所不勝。方今水德之始，改年始，朝賀皆自十月朔。衣服旄旌節旗皆上黑。數以六為紀，符、法冠皆六寸，而輿六尺，六尺為步，乘六馬。更名河曰德水，以為水德之始。剛毅戾深，事皆決於法，刻削毋仁恩和義，然後合五德之數。於是急法，久者不赦。」可見陰陽家的學說不但被用作有力的宣傳工具，而且成了確立施政方針的根據之一。從中我們還可以清楚地看到陰陽家與法家學說的交匯與融合。

儒家學說也在秦代的思想領域中占有一席之地。漢興之後，續傳儒家經典的伏生和為漢制禮作樂的叔孫通都是秦時傳習儒學的博士。《漢書·藝文志》在儒家類中著錄的《羊子》四篇，也是秦博士所著。秦始皇東巡時，還選拔了齊魯儒生博士七十餘人，作為隨從。這說明至少在焚書之前，儒家在政府中有自己的席位，在政治上有時還能起些作用。秦始皇很重視儒家思想的教化功能。在統治階層內部，他是很提倡禮義孝悌等倫理行為的。儒家倫理教育，在他的家族有顯著的效果。公子扶蘇、公子高面對死亡時，都強調對忠孝的恪守，表現出儒家觀念

---

1　以上引文分別見任繼愈主編：《中國哲學發展史》秦漢卷，14、41-45 頁，北京，人民出版社，1985。

的影響。秦始皇把倫理思想的統一作為施政要點之一，刻石上多次出現「以明人事，合同父子。聖智仁義，顯白道理」[2]等語言，反映了儒家思想在秦始皇心目中有一定的位置。

如同任何封建統治者一樣，秦始皇在借助宗教力量神化自己統治的同時，也懷有一份對冥冥上蒼的虔誠。統一全國後，他到處巡遊，一面宣傳統一的功績，一面祈禱山川，希望在為天下作敬神的示範時，也求得上蒼的庇佑。封泰山禪梁父把他敬天事神的宗教活動推向了高潮。他還相信世上有神仙存在，乞求用方術使自己長生不老，飛升成仙。司馬遷用諷刺的筆調記下了他一次次被術士戲弄，卻始終執迷不悟的癲狂。

分析秦代思想的複雜性，絕不意味著否定秦統治者倚重法家這一事實。秦二世而亡當然有著多方面的歷史原因，濫用酷刑無疑是致命的關鍵。

第二節 ·
# 漢初黃老的樸素唯物論

## 一、《黃老帛書》的樸素唯物主義思想

司馬談在《論六家要指》中評論：「道家使人精神專一，動合無形，贍足萬

---

2　《史記·秦始皇本紀》。

物。其為術也，因陰陽之大順，采儒墨之善，撮名法之要，與時遷移，應物變化，立俗施事，無所不宜，指約而易操，事少而功多。」這裡說的道家，其實指的是黃老之學。黃老之學萌生於戰國末期，流行於漢初，因托始於黃帝、老子而得名。它屬於道家，但與先秦時期老子創立的道家有所不同，在老子學說基礎上吸收了儒墨名法等學說中的成分，形成有很濃政治學說色彩的哲學思想。在哲學上，它強調天道、自然，有唯物主義傾向，在政治上講無為而治，適應了漢初休養生息的社會要求。

長沙馬王堆三號漢墓出土的帛書《老子》乙本卷前古佚書四篇，是目前可見較集中闡述黃老思想主張的著作，任繼愈先生稱之為《黃老帛書》。[3]

《黃老帛書》在自然觀上以「道」作為宇宙本原，對自然界的存在作出唯物主義的解釋。《道原》講：「道」或者「一」就是宇宙未形成的太虛狀態，當「恆無之初，迥同大虛。虛同為一，恆一而止。濕濕夢夢，未有明晦，神微周盈，精靜不配（熙）。古（故）未有以，萬物莫以。古（故）無有刑（形），大迥無名」。而「天弗能復（覆），地弗能載」的「道」便「小以成小，大以成大。盈四海之內，又包其外。在陰不腐，在陽不焦。一度不變，能適規（蚑）僥（蟯）。鳥得而蜚（飛），魚得而流（游），獸得而走，萬物得之以生，百事得之以成。人皆以之，莫知其名。人皆用之，莫見其刑（形）」。「道」既是宇宙發生的根源，又規定著宇宙萬物生存發展的普遍原則。它廣大無邊，產生和支配天地萬物，它無名無形，卻比有形之物更真實，更根本，因為有形之物是它的外化物，是它在各種情況下的具體表現。它無始無終，先天地生而永恆存在，它的存在從有始有終的事物中得到體現。

對於這個「道」的屬性，《黃老帛書》傾向於把它形容為原初物質狀態，因而具有唯物主義性質。所謂「濕濕夢夢，未有明晦」，是形容一種混沌之氣的狀態。

---

3　四篇為《十六經》、《經法》、《道原》、《稱》。此書基本為戰國末期作品，詳見任繼愈主編：《中國哲學發展史》秦漢卷《漢初黃老學派》，本目參據此書有關內容。

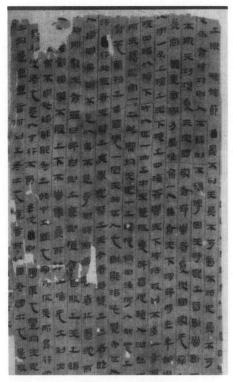

**馬王堆出土帛書**

「道」雖無始無終，無形無名，卻有規律可循：「道有原而無端，用者實，弗用者雚（即『華』）。合之而湦（即『化』）於美，循之而有常。」[4]人們通過認識自然萬物的運動變化而把握「道」，就掌握了生存的主動權：「反索之無刑（形），故知禍福之所從生。」

《黃老帛書》中的「天」基本指的是自然界本身，而不是具有道德意志的最高主宰。《經法・國次》中說：「天地無私，四時不息。」明確表述天地沒有意志，四時代序只是個自然而然的過程。天地雖無意志，但卻有自己的運行變化規律：「天地之恆常，四時，晦明，生殺，輮（柔）剛。」[5]天地按照自己特有的方式作無休止的運動，這個特有的方式即「恆常」，便是今天所說的客觀規律。有時書中也把它叫作「稽」。《經法・四時》論述：「日月星辰之期，四時之度，〔動靜〕之立（位），外內之處，天之稽也。」這裡的「期」、「度」、「位」、「處」，指的都是一定的界限和範圍，說明事物的存在與運行，都有自身的嚴格規定，而不是雜亂無章的。

人處於天覆地載之中，「卬（仰）天而生，侍（待）地而食。以天為父，以地為母」[6]，要在天地提供的自然條件裡，找到自己生存的位置，明確自己的職責。要做到：「天制寒暑，地制高下，人制取予」，在自然界無意識提供的寒暑高下的環境中，充分發揮主觀能動性，獲取自己的勞動果實。《十六經・姓爭》

---

4　《十六經・前道》。
5　《經法・道法》。
6　《十六經・果童》。

總結出「順天者昌，逆天者亡」，這一條人與自然相處的基本規律，在今天仍有其存在的價值。

在天人關係上，《黃老帛書》強調天是自然的存在，有不以人的意志為轉移的客觀規律，人須利用自然的規律維持自己的生存，但不能違背這些規律，具有唯物主義傾向。

與自然觀相一致，在社會政治觀上，《黃老帛書》講順天合人，循道應理。既論證了新生封建大一統制度的合法性，也順應於漢初休養生息的客觀歷史要求。

書中把天、地、人統一起來，作為政治的立足點，認為：「王天下者之道，有天焉，有人焉，又（有）地焉，參（三）者參用之，[故王]而有天下矣。」[7]所謂天道地道指的都是自然條件，這是它的一貫思想。人道最主要的是指社會的基本秩序。《經法・四度》論述：「君臣不失其立（位），士不失其處，任能毋過其所長，去私而立公，人之稽也。」把尊主卑臣，明上下貴賤的等級秩序與去私立公等原則作為人道的基本規律來強調。人道的另外含義是為治要順從自然變化而合於人性，即「聖（人）舉事也，闔於天地，順於民，羊（祥）於鬼神，使民同利，萬夫賴之，所謂義也」[8]。它還論述由順自然之宜，可循序得到物質財富的豐厚、社會習俗的改變以至社會秩序的好轉，從而立於不敗之地：「人之本在地，地之本在宜，宜之生在時，時之用在民，民之用在力，力之用在節。知地宜，須時而樹，節民力以使，則財生。賦斂有度則民富，民富則有佴（恥），有佴則號令成俗而刑伐不犯。號令成俗而刑伐不犯則守固單（戰）朕（勝）之道也。」[9]這是很有政治遠見的根本性看法。

以循道應理為原則，它兼採儒、法思想之長，提出一系列治國主張。它在政治上較多吸收了儒家的仁義學說，並將之與道家的貴柔相結合，講「安徐正靜，

---

7　《經法・六分》。
8　《十六經・前道》。
9　《經法・君正》。

柔節先定。濕共（恭）僉（儉），卑約生柔。常後而不失（先），膿（體）正信以仁，茲（慈）惠以愛人。」[10]把仁義、慈惠作為達到天下大治的根本措施，在當時具有很強的現實性。它還把爭取民心作為施政的最高準則，在《經法·四度》中說：「參於天地，闔（合）于民心，文武並立，命之曰上同。」它還提出君主應禮賢下士，任用賢才而斥遠奸佞，這也是儒家很重視的施政原則。對法家的法術，它也很重視。認為法可以「引得失以繩，而明曲直」[11]，因而應當「是非有分，以法斷之，虛靜謹聽，以法為符」[12]。這裡，法與虛靜無為相得益彰，凸顯出黃老本色。書中主張德刑並用，但須以德為本。它有針對性地指出：「動靜不時胃（謂）之逆，生殺不當胃之暴」，「暴則失人」[13]。顯然，此書講的道理在秦亡之後很容易被人理解、接受。這應當是漢初重黃老的最重要原因。

## 二、《淮南子》以道為本的宇宙生成論

景帝、武帝時淮南王劉安組織人撰寫的《淮南子》（又稱《淮南鴻烈集》），是《呂氏春秋》之後又一部集體創作的理論著作。其書牢籠天地，博極古今，內容龐雜，思想豐富，但主導思想屬於道家，可看作黃老之學的又一部代表性作品，也可說是西漢道家的集大成之作。

《淮南子》把「道」作為自己宇宙觀的最高範疇。認為「道」是宇宙的本體，又是萬物的生成變化根源，還是事物運動變化所遵循的根本法則。

書中描述「道」：「夫道者覆天載地，廓四方柝八極，高不可際，深不可測，包裹天地……施之無窮而無所朝夕，舒之幠於六合，卷之不盈於一握。」它在空間上包容一切，在時間上無窮無盡，變化無常，不可測度。因為其無限，獨一無二，所以又稱為「一」，這個「道」或「一」也就是宇宙全體。它無形無聲無味

---

10 《十六經·順道》。
11 《經法·道法》。
12 《經法·名理》。
13 《經法·四度》。

無色，卻又是充盈一切的客觀實在，有形有聲有味有色的所有事物都真實地體現著這一客觀實在。所以說：「夫無形者，物之大祖也。……所謂無形者，一之謂也。……無形而有形生焉，無聲而有聲鳴焉，無味而有味形焉，無色而有色成焉。是故有生於無，實出於虛。」

「有生於無，實出於虛」，可以理解為世界萬物這個「有」、「實」，化生於「無」、「虛」的「道」；也可以理解為外化的有形之物，體現著內在的無形的「道」，即「道」是支配萬物運動的普遍內在規律。對於這兩點，書中都有明確的說明。

對於「道」是宇宙事物變化所遵循的客觀法則，《繆稱訓》宣稱：「道者，物之所導也，德者，性之所扶也。」「道」規定著事物的性質與運動方向，事物如體現了「道」即稟賦了「德」，便獲得了生存與發展的根據。它舉出物象的具體特徵說明「道」的這個稟性：「山以之高，淵以之深，獸以之走，鳥以之飛，日月以之明，星曆以之行，麟以之遊，鳳以之翔。」

關於「道」是宇宙的本初形態，由它化生天地萬物，書中論述：「其全也純兮若樸，其散也混兮若濁。……萬物之總，皆閱一孔，百事之根，皆出一門。」[14]「道始於一，一而不生，故分而為陰陽，陰陽合而萬物生。」[15]「道」化生萬物是個自然的過程。它無目的、無意識，不主宰萬物，也不施行賞罰，具有物質屬性：「夫太上之道，生萬物而不有，成化象而弗宰。蚑行喙息，蠉飛蠕動，待而後生，莫之知德；待之後死，莫之能怨。」[16]「其生物也，莫見其所養而物長，其殺物也，莫見其所喪而物亡」[17]，其實這個意義上的「道」也就是大自然本身。《淮南子》對「道」的性質和功用的論述，代表了當時人們對宇宙自然認識所能達到的最高程度。

對於宇宙的生成過程，《淮南子》以「道」為本，作了唯物主義的描述。《天

---

14 以上引文均見《淮南子・原道訓》。
15 《淮南子・精神訓》。
16 《淮南子・原道訓》。
17 《淮南子・泰族訓》。

文訓》說:「天地未形,馮馮翼翼,洞洞灟灟,故曰太昭。道始於虛霩,虛霩生宇宙,宇宙生元氣,元氣有涯垠,清陽者薄靡而為天,重濁者凝滯而為地。清妙之合專易,重濁之凝蔱難,故天先成而地後定。天地之襲精為陰陽,陰陽之專精為四時,四時之散精為萬物。」本初形態的「道」,由虛霩生出宇宙,宇宙又生出元氣,混沌無象的「道」至此有了「涯垠」,元氣向清、濁兩個方向分化,從而形成天地,天地間之氣分為陰陽,表現出四時,化合成萬物。對於人類的形成,書中解說:當天地形成,萬物成形之時,「煩氣為蟲,精氣為人。是故精神天之有也,而骨骸者地之有也;精神入其門,而骨骸反其根,我尚何存?」[18]天的清陽之氣形成精神,地的重濁之氣形成軀體。人死後,精神上歸於天,形骸下消於地,個體便不存在了。這是對人類起源和形神關係的唯物主義解釋,儘管它與人類起源的真相還有相當大的距離。對於萬物生成和自然物象的生成,書中還用陰陽氣化論作了具體說明:「積陽之熱氣生火,火氣之精者為日;積陰之寒氣為水,水氣之精者為月;日月之淫氣精者為星辰。……天地之偏氣,怒者為風。天地之合氣,和者為雨。陰雨相薄,感而為雷,激而為霆,亂而為霧。陽氣勝,則散而為雨露。陰氣勝,則凝而為霜雪。毛羽者飛行之類也,故屬於陽。介麟者蟄伏之類也,故屬於陰。」把世界萬事萬物及其形成與表現,都說成是陰陽氣化的結果,是很徹底的氣一元論觀點,對王充的元氣自然論當有直接影響。

對於《淮南子》的宇宙生成論,任繼愈先生在他主編的《中國哲學發展史》(秦漢卷)中作了充分的肯定:「《淮南子》把物質世界的活生生的內在力量展示出來,這正是素樸唯物論所具有的辯證特點,因為自然力本來就是具有活力的。……《淮南子》書中,有著中古時代最為系統的宇宙生成論,標誌著人類視野的擴大和認識能力的提高。……《淮南子》憑藉當時有限的自然科學知識,發揮其極高的想像力和推斷力,窮究天地剖判、宇宙演化,其間架結構成為以後整個中國封建時代宇宙論的傳統格式。」這是很恰當的評價。

---

18 《淮南子·精神訓》。

## 三、《淮南子》體道而無為的社會歷史觀

從宇宙自然觀出發，《淮南子》提出人的生存活動與社會行為應以「體道」為根本原則。要在弄清自然規律的基礎上，通過自己順應自然的行為求得生存與發展。《原道訓》中所言：「體道逸而無窮」，「循天者，與道遊者也」。說的都是這個意思。

書中論述天地萬物的本性和相互關係都本於自然：「天致其高，地致其厚，月照其夜，日照其晝，列星朗，陰陽化，非有為焉，正其道而物自然。」[19]自然萬物既然如此，那麼由自然化生出來的人當然也要順自然之宜，才能得其所：「陸處宜牛馬，舟行宜多水。匈奴出穢裘，於越生葛絺。各生所急，以備燥濕，各因所處，以禦寒暑。並得所宜，物便其所。」因此，書中推導出「萬物固以自然，聖人又何事焉」的理論命題。把這一結論引入社會領域，便得出因自然而清靜無為的主張。

書中將人事區分為「天」與「人」兩個高低不同的層次：「達於道者，反於清淨，究於物者，終於無為。以恬養性，以漠處神，則入於天門。所謂天者，純粹樸素，質直浩白，未始有與雜糅者也，所謂人者，偶眂智故，曲巧偽詐，所以俯仰於世人而與俗交者也。……循天者與道遊者也，隨人者與俗交者也。」[20]所以「聖人舉事也，豈能拂道理之數，詭自然之性，以曲為直，以屈為伸哉？未嘗不因其資而用之也」。君主執政要順其天而應其人，須行無為政治。它論道：君主要「處靜以修身，儉約以率下」，君主之道要圓，即「虛無因循」，臣子之道要方，即「守職分明」。通過主圓臣方，建立起上下人等各得其所的政治秩序，便能達到「乘眾人之智，則無不任也；用眾人之力，則無不勝也」[21]的境界了。《淮南子》講順自然之宜、循事務之理是正確的，一定歷史條件下在施政上因循而無為也是適當的。它從體道的角度論證無為而治的道理，也有很強的說服力，

---

19 《淮南子·泰族訓》。
20 以上引文均見《淮南子·原道訓》。
21 《淮南子·主術訓》。

具有一定的理論高度。可惜的是當此書撰寫之時，歷史條件已發生變化，社會已產生全面興革、開拓進取的客觀要求，它的論點，只能給政治家、思想家提供對施政原則的進一步思考了。

《淮南子》繼承了孟子等人的重民思想，認為民是治國之本。《泰族訓》論述：「國主之有民也，猶城之有基，木之有根，根深則本固，基美則上寧。」把民眾作為君主生存的根基，比喻非常貼切。《主術訓》闡述：「食者，民之本也；民者，國之本也；國者，君之本也。」將食物、民眾、國家、君主的命運聯繫起來，講述它們之間互相依存的關係，清晰而扼要。這裡所言以民為本，並不是說民比君更重要，而是說君主離不開民眾的支持，民心向背關係著政權的存亡。書中還講到安民之術在於「足用」、「勿奪時」、「省事」、「節欲」，這裡著重強調經濟對民生的重要，反映了見解的切實。同時，我們看到在這個問題上，它又回到了無為而治的根本原則上。

《淮南子》對歷史有豐富的見解，對歷史與現實的關係有很深入的思考。

書中有反對崇古循古的思想傾向。它批評「世俗之人，多尊古而賤今」，以致出現「邯鄲師有出新曲者托之李奇，諸人皆爭學之，後知其非也，而皆棄其曲」，「為道者必託於神農黃帝而後能入說」[22]等怪現象。它認為歷史是變化的，持崇古思想以論當世，必然鑿枘難合，無補於世：「今儒墨者稱三代文武而弗行，是言其所不行也；非今時之世而弗改，是行其所非也。稱其所是，行其所非，是以盡日極慮而無益於治，勞形竭智而無補於主也。」[23]邏輯的悖亂導致行為的乖張，至少從表面上看，這一論證是有力的。它論述：「世異則事變，時移則俗易。故聖人論世而立法，隨事而舉事。」這是理智而通達的古今關係之論。它還能挖掘歷史的內涵，從表象深入到實質去借鑒歷史：「故不法其已成之法，而法其所以為法，所以為法者，與化推移者也。」[24]「與化推移」是光輝的理論命題，其實踐意義是可以指導人們獲取掌握歷史、利用歷史的自由，而不被歷史

---

22 《淮南子‧修務訓》。
23 《淮南子‧氾論訓》。
24 《淮南子‧齊俗訓》。

的重負所壓倒，理論意義是把古代的歷史鑒戒思想向縱深大大推進了一步。

與歷史變化的觀點相聯繫，《淮南子》特別強調「時」和「勢」的作用。書中經常可以看到「貴其周於數而合於時也」，「故聖人不貴尺之璧，而重寸之陰，時難得而易失」[25]這樣的話語。在它看來，時不是空洞的歷史過程，而是充滿內容的與客觀存在交融在一起的特殊時段。所以《齊俗訓》中說：「聖人知時之難得也，務為趣也。」抓住時機，因時而作，便可取得事半功倍之效；逆時而動，則必然在現實面前碰得頭破血流。時既然是個流動變化的過程，那麼不同的時世，便有不同的行為要求，也就有不同的是非評價標準。《齊俗訓》對此作了論述：「天下是非無所定，世各定其所是，而非其所非。」這個是非相對的觀點，對於因時立事的主張是有力的理論支持。《淮南子》還論到了形勢與個人作用的關係。所謂形勢就是由諸多客觀情況所造成的事物發展的必然趨勢，《俶真訓》講：「治世，則愚者不能獨亂，世亂，則智者不能獨治。」個人不能改變客觀歷史形勢，只有與特定的形勢相結合才能顯示出個人的作用，這個看法雖然有悲觀色彩，但還是有一定道理的。

---

25 《淮南子・原道訓》。

# 董仲舒天人合一
# 的神學思想體系

## 一、以神學目的論為核心的宇宙觀

董仲舒的思想體系比較完整系統，宇宙觀在其中起著主導作用，是社會政治思想、倫理觀、歷史觀的出發點與總歸宿。

董仲舒吸收前輩思想成果，引入陰陽五行學說，建立起恢弘龐大，包羅萬象的宇宙系統。

他把這個總系統稱之為「天」，是這樣構成的：「天有十端，十端而止已。天為一端，地為一端，陰為一端，陽為一端，火為一端，金為一端，木為一端，水為一端，土為一端，人為一端，凡十端而畢，天之數也。」[26] 這十端的生成順序和運行規律是：「天地之氣，合而為一。分為陰陽，判為四時，列為五行。」[27] 在作為宇宙總相的「天」之中，又有構成宇宙要素之一的「天」。這個天與地之

---

26 董仲舒：《春秋繁露·官制象天》。
27 董仲舒：《春秋繁露·五行相生》。

氣匯合起來，分為陰、陽兩種不同的氣，由於陰陽之氣的作用，世界上發生四季的變化。陰陽之氣在四季的運行中又產生出五行，人就置身於這樣的世界之中。五行也有自己的運行規則。他們在陰陽兩氣的作用下有相生相勝的關係。

這個宇宙模式似乎具有物質屬性，其實不然。因為這天地之氣並不是世界的本原，它歸根結柢產生於天，是天道施地道化的結果。在董仲舒看來「無天而生，未之有也。天者萬物之祖，萬物非天不生」[28]，天才是萬物的創造者。而且，作為世界本原的天是具有道德屬性的人格神，對於世界的一切都有生殺予奪之權。他所施的氣，以及陰陽、四時、五行、萬物都是體現他意志的外化物。陽體現了天的恩德，陰體現了天的刑威；五行的相生相勝要由天欲施德還是施刑來決定；四時的更迭則表現了天的喜怒哀樂。

在這個宇宙體系中，董仲舒重點論述的是天人關係。他根據當時的社會需要，把先秦以來的神意史觀進一步系統化，建立起天人感應的政治哲學。

他論述在宇宙中，天地居於較高層次。他說：「何謂本？曰天地人，萬物之本也。」[29]這其中，「為人者天也」[30]，人是天造出來的。地也從屬於天：「天高其位而下其施……地卑其位而上其氣……卑其位所以事天也。」[31]這樣，在他的系統中，天作為最高範疇被突出出來。天既是整個宇宙，又是宇宙的創造者與最高主宰。天具有人格力量，是「百神之君也，王者

董仲舒像

---

28 董仲舒：《春秋繁露‧順命》。
29 董仲舒：《春秋繁露‧立元神》。
30 董仲舒：《春秋繁露‧為人者天》。
31 董仲舒：《春秋繁露‧天地之行》。

之所最尊也」<sup>32</sup>。他「有和有德，有平有威，有相受之意，有為政之理」<sup>33</sup>，統轄著人們的行為，規定著人間的事理。人間的君主只有順從了天意，「予奪生殺，各當其義，若四時；列官置吏，必以其能，若五行；好仁惡戾，任德遠刑，若陰陽」<sup>34</sup>，才會得到天的福佑，世間才表現出陰陽得序，風調雨順，物阜年豐，甚至還會出現祥瑞表示天對人間事務的讚許。

天對人間事務的管理職能主要有兩點：

一是任命人間的君主作為代理人，所謂「德侔天地者，皇天佑而子之，號稱天子」<sup>35</sup>。這就是君權神授說。天的這個意思往往通過符瑞顯示出來，即「天之所大奉使之王者，必有非人力所能致而自致者，此受命之符也。天下之人同心歸之，若歸父母，故天瑞應誠而至。《書》曰：『白魚入於王舟，有火復於王屋，流為烏。』此蓋受命之符也」<sup>36</sup>。這就是符命說。君權神授說為封建統治者服務的意圖是明顯的。長期以來它作為神化皇權的工具，起著瓦解民眾反抗意志的消極作用。在國家衰敗，政府反動之時，這種消極作用尤為顯著。當然，它在為封建社會初期統治者服務時，也不只具有反動的作用。而且，對於君權神授，董仲舒還提出了一個前提，即「天之生民非為王也，而天立王以為民也。故其德足以安樂民者，天予之；其惡足以賊民者，天奪之」<sup>37</sup>。說明董仲舒以民作為國家政治的根本，君主所以成為人世最高權威，只是因為他在代行天管理民眾的職能，一旦對此不能勝任，他的皇權也就被剝奪了。這對皇權是個有力的限制。

二是譴告說。董仲舒在《春秋繁露》的《必仁且知》篇中對此有系統的論述：「天地之物，有不常之變者，謂之異，小者謂之災。災常先至而異乃隨之。災者，天之譴也；異者，天之威也。譴之而不知，乃畏之以威。……凡災異之本，盡生於國家之失。國家之失乃始萌芽，而天出災害以譴告之，譴告之而不知

---

32 董仲舒：《春秋繁露·郊義》。
33 董仲舒：《春秋繁露·威德所生》。
34 董仲舒：《春秋繁露·如天之為》。
35 董仲舒：《春秋繁露·順命》。
36 《漢書·董仲舒傳》。
37 董仲舒：《春秋繁露·堯舜不擅移湯武不專殺》。

變，乃見怪異以驚駭之，驚駭之尚不知畏恐，其殃咎乃至。」譴告說主要針對統治者而發，在皇權至高無上的情況下，請出上帝對之加以約束，用自然的災異儆戒人君，這是神道設教。儘管方法很不科學，但在當時，對於改善政治，調整政策，促使皇帝恭儉愛民等方面的積極作用都是相當大的，應該適當承認。

董仲舒認為人是天創造出來的：「為人者天也。人之為人，本於天，天亦人之曾祖父也。人之形體，化天數而成；人之血氣，化天志而仁；人之德行，化天理而義；人之好惡，化天之暖清；人之喜怒，化天之寒暑；人之受命，化天之四時。人生有喜怒哀樂之答，春秋冬夏之類也。……天之副在乎人，人之情性有由天者矣。」[38]「天地之符，陰陽之副，常設於身。身猶天也，數與之相參，故命與之相連也。天以終歲之數成人之身，故小節三百六十六，副日數也；大節十二分，副月數也；內有五臟，副五行數也；外有四肢，副四時數也；乍視乍暝，副晝夜也；乍剛乍柔，副冬夏也；乍哀乍樂，副陰陽也；心有計慮，副度數也；行有倫理，副天地也。」[39]天完全以他自己為模型塑造人類，把人作為實現他意志的代理人，這是聯結天人的通道。人既然有如此特性，自然「超萬物之上而最為天下貴」，也就被賦予了「下長萬物，上參天地」[40]的特殊本領。

董仲舒以人副天數為基礎，在《春秋繁露‧同類相動篇》用同類相應的道理論證了他的天人感應說。他說：「百物去其所與異，而從其所與同，故氣同則會，聲比則應，其驗皎然也。……美事召美類，惡事召惡類，類之相應而起也，如馬鳴則馬應之，牛鳴則牛應之。」從直觀的物之相應，引申　步便進入了他的神學領域：「天有陰陽，人亦有陰陽。天地之陰氣起，而人之陰氣應之而起；人之陰氣起，而天地陰氣，亦應之而起。其道一也。」「非獨陰陽之氣可以類進退也，雖不祥禍福所從生亦由是也。無非己先起之，而物以類應之而動者也。」

他認為在人對天的影響中，王是關鍵：「王正則天氣和順，風雨時，景星

---

38 董仲舒：《春秋繁露‧為人者天》。
39 董仲舒：《春秋繁露‧人副天數》。
40 董仲舒：《春秋繁露‧天地陰陽》。

見，黃龍下。王不正則上變天，賊氣並見。」[41]王的貌、言、視、聽、思，都與五行相配合，而影響萬物與天象，如「王者與臣無禮貌，不肅敬，則木不曲直，而夏多暴風。……王者言不從，則金不從革而秋多霹靂。……王者視不明，則火不炎上，而秋多電。……王者聽不聰，則水不潤下，而春夏多暴雨。……王者心不能容，則稼穡不成，而秋多雷。」[42]這就是說：「唯人道為可以參天」[43]，而王擔負著通合天地人的特殊職責。

天人之間感應的媒介是陰陽五行之氣。天把陰陽四季五行都賦予了道德屬性，比如「春氣愛，秋氣嚴，夏氣樂，冬氣哀。愛氣以生物，嚴氣以成功，樂氣以養生，哀氣以喪終，天之志也。是故春氣暖者，天之所以愛而生之；秋氣清者，天之所以嚴而成之；夏氣溫者，天之所以樂而養之；冬氣寒者，天之所以哀而藏之。」[44]將之與人事相聯，則「治亂之故，陰陽順逆之氣，乃損益陰陽之化而搖盪四海之內」。人如果順應了天意，陰陽四季五行之氣就會正常運行，「故人氣調和而天地之化美」[45]。「世治而民和，志平而氣正，則天地之化精而萬物之美起。」如果世事乖戾，那麼陰陽及五行的正常狀態就會隨之而錯亂，即「世亂而民乖，志僻而氣逆，則天地之化傷，□氣生災害起」[46]。這種災異出現既是天意的表露，也是人們行為的直接後果，二者是一致的。

由於作為媒介的陰陽五行均被天賦予一定的道德特性，它們的運行和人們的行為對它們的感應又有固定的表現形式，就產生了通過陰陽變異來揣摩天意和探求人事失誤的陰陽災異學說。「天意難見也，其道難理。是故明陰陽入出實虛之處，所以觀天之志，辨五行之本末順逆，小大廣狹，所以觀天道也。」[47]是這一學說的理論根據。「五行變至，當救之以德，施之於天下，則咎除。」是這一學說的綱領。「木有變，春凋秋榮，秋木冰，春多雨，此繇役眾，賦斂重，百姓貧

41 董仲舒：《春秋繁露・王道》。
42 董仲舒：《春秋繁露・五行五事》。
43 董仲舒：《春秋繁露・王道通三》。
44 董仲舒：《春秋繁露・陽尊陰卑》。
45 董仲舒：《春秋繁露・如天之為》。
46 董仲舒：《春秋繁露・天地陰陽》。
47 同上。

窮叛去，道多饑人。救之者省繇役，薄賦斂，出倉穀，振困窮矣。」[48]則是這一學說的具體運用。這一學說並非董仲舒首創，但把它發揚光大，完成漢代儒學神學化、方術化的「功勞」，卻非董仲舒莫屬。

董仲舒的天人感應說有一個優點，就是強調了人在自然與社會中的一定主觀能動作用。「天德施，地德化，人德義。天氣上，地氣下，人氣在中間。……天地之精所以生萬物者，莫貴於人，人受命乎天也，故超然有以倚。物疢疾莫能為仁義，唯人獨能為仁義，物疢疾莫能偶天地，唯人獨能偶天地。」[49]在天施地化的宇宙體系中，只有人能以仁義之行，順乎天地而成就事功。在人世上，人不但修德可以得到天佑，就是犯有過失，也可以通過修正行為而免除災禍，求得正常發展。這種樂觀向上的精神，體現了新生封建地主階級對自我力量的充分認識，是對前途充滿信心的表現。

## 二、大一統的社會政治思想

董仲舒以中央集權制度為現實基礎，進一步發揮《春秋公羊傳》中的大一統思想，把以天為中心的宇宙模式搬到現實社會，創立了他的大一統的社會學說。

董仲舒以尊天為尊君的邏輯起點，用神意史觀論證了以君主為中心的封建統治的合法性。他說：「唯天子受命於天，天下受命於天子。國則受命於君，君命順則民有順命，君命逆則民有逆命。」[50]所以「《春秋》之法以人隨君，以君隨天。……故屈民而伸君，屈君而伸天，《春秋》之大義也。」[51]君主必須具有絕對崇高的權威，只有「立於生殺之位」，才能「與天共持變化之勢」[52]。如果不把君主作為國家的根本，不尊敬君主，社會秩序就會混亂：「君人者國之本也，

---

48 董仲舒：《春秋繁露・五行變救》。
49 董仲舒：《春秋繁露・人副天數》。
50 董仲舒：《春秋繁露・為人者天》。
51 董仲舒：《春秋繁露・玉杯》。
52 董仲舒：《春秋繁露・王道通三》。

夫為國，其化莫大於崇本。崇本則君化若神，不崇本則君無以兼人。無以兼人，雖上峻刑重誅而民不從，是所謂驅國而棄之者也，患孰甚焉？」[53]

董仲舒認為人世是宇宙的縮影，他把貴賤有等、衣服有別、朝廷有位、鄉黨有序的封建等級秩序絕對化、宗教化，闡述：「吾聞聖王所取儀金（法）天之大經，三起而成，四轉而終。官制亦然者，此其儀與？……盡人之變合之天，唯聖人者能之，所以立王事也。……先王因人之氣而分其變，以為四選；是故三公之位，聖人之選也；三卿之位，君子之選也；三大夫之位，善人之選也；三士之位，正直之選也。分人之變，以為四選，選立三臣，如天之分歲之變，以為四時，時有三節也。天以四時之選，與十二節相合而成就歲；王以四位之選與十二臣相砥礪而致極。道必極其所致，然後能得天地之美也。」[54]封建社會的絕對皇朝與天上的神國取得一致，封建等級制度的萬世一系也就不言而喻了。

董仲舒把大一統作為「天地之常經，古今之通誼」[55]，論證了一統政權的合法性，適應了武帝時期強化健全中央集權制度的要求，也為中華民族的長久統一奠定了牢固的理論基礎。這是他在政治上建樹的最大功績。以君主作為國家政治核心是當時最現實的選擇，無可厚非。使用荒謬的宗教化哲學進行理論論證和把封建秩序絕對化，則是他的致命之傷。

在《天人三策》的最後，董仲舒提出「罷黜百家，獨尊儒術」的建議。他說：「今師異道，人異論，百家殊方，指意不同，是以上亡以持一統，法制數變，下不知所守。臣愚以為諸不在六藝之科，孔子之術者，皆絕其道，勿使並進。邪僻之說滅息，然後統紀可一，而法度可明，民知所從矣。」董仲舒對思想統一意義的論證是相當有力的。西漢政權建立後，皇權不斷受到挑戰。統一思想以保證政治上的統一，已成為社會的迫切需要。這時西漢統治者在尋求鞏固中央集權的思想工具方面，經過七十餘年的探索，已逐步認識到儒家思想的重要。因此，以儒家思想作為一統政權的主導思想，雖由董仲舒創議，實際卻是社會與歷

53 董仲舒：《春秋繁露·立元神》。
54 董仲舒：《春秋繁露·官制象天》。
55 《漢書·董仲舒傳》。

史的選擇。

董仲舒為大一統政權的建立提出了一套治國方略。

他論述：「夫為國，其化莫大於崇本。……何謂本？曰天地人，萬物之本也。天生之，地養之，人成之。天生之以孝悌，地養之以衣食，人成之以禮樂。三者相為手足，合以成體，不可一無也。」何謂崇本？他的回答是：「郊祀致敬，共事祖禰，舉顯孝悌，表異孝行，所以奉天本也；秉耒躬耕，採桑親蠶，墾草殖穀，開闢以足衣食，所以奉地本也；立辟雍庠序，修孝悌敬讓，明以教化，感以禮樂，所以奉人本也。」<sup>56</sup>在《天人三策》裡他也有類似的論述：「天令之謂命，命非聖人不行；質樸之謂性，性非教化不成；人欲之謂情，情非度制不節。是故王者上謹於承天意，以順命也；下務明教化民，以成性也；正法度之宜，別上下之序，以防欲也。修此三者，而大本舉矣。」這是他的治國總綱。其中包括敬天尊祖。這裡敬天是尊祖的邏輯前提，尊祖是敬天的現實基礎。根本意義在於推親親及尊尊，用擴大血親聯繫的辦法鞏固封建秩序；又以尊尊統領親親，通過逐層擴展天的權威，維護天人一系的中央集權制度。包括發展生產，通過滿足人們衣食住行的需要，而安定社會秩序。也包括以禮儀制度節制人們的欲望，維持等級關係和用思想教化方法從根本上保證社會的穩定。這些都是封建政治的根本問題。在諸多主張中，董仲舒尤其重視教化的功能。他用神意史觀論證了先德而後刑的主張：「天道之大者在陰陽。陽為德，陰為刑；刑主殺而德主生。是故陽常居大夏，而以生育養長為事；陰常居大冬，而積於空虛不用之處。以此見天之任德不任刑也。」所以「王者承天意以從事，故任德教而不任刑。刑者不可任以治世，猶陰之不可任以成歲也。為政而任刑，不順於天，故先王莫之肯為也。」他也用歷史的方法為這一主張張目：「……古之王者明於此，是故南面治天下，莫不以教化為大務。立大學以教於國，設庠序以化於邑，漸民以仁，摩民以誼，節民以禮，故其刑罰甚輕而禁不犯者，教化行而習俗美也。」「道者，所由適於治之路也，仁義禮樂皆其具也，故聖王已沒，而子孫長久安寧數百歲，此皆禮樂

---

56 董仲舒：《春秋繁露・立元神》。

教化之功也。」<sup>57</sup>

董仲舒認為君主能否任用賢才，對於國家興亡關係甚大。他指出：「任非其人，而國家不傾者，自古至今未嘗聞也……任賢臣者，國家之興也。」<sup>58</sup>他強調在推行國家政策法令方面，地方官吏居於承上啟下的地位，作用尤其重要。「今之郡守、縣令，民之師帥，所使承流而宣化也；故師帥不賢，則主德不宣，恩澤不流。」他舉實例說明不能任用賢者的後果：「今吏既亡教訓於下，或不承用主上之法，暴虐百姓，與奸為市，貧窮孤弱，冤苦失職，甚不稱陛下之意，是以陰陽錯繆，氛氣充塞，群生寡遂，黎民未濟，皆長吏不明，使至於此也。」在人才的選拔上，他認為漢代實行的任子、貲選制度有很大的弊病。他也反對「累日以取貴，積久以致官」的論資排輩辦法。主張「毋以日月為功，實試賢能為上，量材而授官，錄德而定位」，「小材雖累日，不離於小官；賢材雖未久，不害為輔佐」。為了保證封建人才的來源不致匱乏，他建議武帝「興太學，置明師，以養天下之士」，用「數考問以盡其材」的辦法，選拔英俊。他還建議州郡舉賢良茂材，以便使人才盡入朝廷，避免浪費。這些建議都對社會政治產生了很大影響。

漢武帝之世，社會兩極分化已相當嚴重，分配的不公一方面造成社會生產力的下降，一方面激化了階級矛盾。董仲舒對此十分不安，為了緩解社會危機，他主張限制統治階層經濟勢力的擴充，反對封建官僚憑藉特權與民爭利。在這個最現實的問題上，他又一次借助了天意的武器。他說：「夫天亦有所分予，予之齒者去其角，傅其翼者兩其足，是所受大者不得取小也。古之所予祿者，不食於力，不動於末，是亦受大者不得取小，與天同意者也。夫已受大，又取小，天不能足，而況人乎？此民之所以囂囂苦不足也。身寵而載高位，家溫而食厚祿，因乘富貴之資力，以與民爭利於下，民安能如之哉！是故眾其奴婢，多其牛羊，廣其田宅，博其產業，畜其委積，務此而亡已，以迫蹙民，民日削月朘，浸以大窮。富貴奢侈羨溢，貧者窮急愁苦，窮急愁苦而上不救，則民不樂生，民不樂生，尚不避死，安能避罪！此刑罰之所以蕃而奸邪不可勝者也。故受祿之家，食

---

57 以上引文均見《漢書‧董仲舒傳》。
58 董仲舒：《春秋繁露‧精華》。

祿而已，不與民爭業，然後利可均布，而民可家足。此上天之理，而亦太古之道，天子之所宜法以為制，大夫之所當循以為行也。」[59]針對當時土地兼併等嚴重的社會問題，他提出「限民名田，以澹不足，塞並兼之路。鹽鐵皆歸於民。去奴婢，除專殺之威。薄賦斂，省繇役，以寬民力」[60]等主張。這對於緩解民眾疾苦，緩和階級矛盾，發展生產，安定社會，是有積極意義的。

# 三、三綱五常的倫理道德觀

董仲舒的倫理道德學說立足於社會現實，卻發端於神學目的論的宇宙觀。他把自己構建的天國秩序移到人間，確定了君臣、父子、夫婦之間的尊卑與隸屬關係。他論證「王道之三綱，可求之於天」，是這樣的：「君臣父子夫婦之義，皆取諸陰陽之道。君為陽，臣為陰；父為陽，子為陰；夫為陽，妻為陰。……是故仁義制度之數，盡取之於天；天為君而復露之，地為臣而持載之，陽為夫而生之，陰為婦而助之，春為父而生之，夏為子而養之。」[61]人世的君臣父子夫妻之間的倫理關係都有天的道德屬性為依據，夫權、父權、君權與神權取得了和諧的統一，具有不可違抗的權威力量。這個王道之三綱，在西漢末年成書的《禮緯》中被明確表述為「君為臣綱，父為子綱，夫為妻綱」，成為封建倫理制度的最高法則，成為維護封建統治的最有力武器和中世紀束縛人性的最大枷鎖。

董仲舒贊成孔子「天地之性人為貴」的觀點，他進一步發揮說：「人受命於天，固超然異於群生，入有父子兄弟之親，出有君臣上下之誼，會聚相遇，則有耆老長幼之施；粲然有文以相接，歡然有恩以相愛，此人之所以貴也。」因此，調節人與人之間的關係，建立倫理秩序，應以人的自我修養為根本。充分認識自我，自覺完善自我，就是王道政治的起點。在他看來，只要人們「明於天性，知自責於物；知自責於物，然後知仁誼；知仁誼，然後重禮節；重禮節，然後安處

---

59 以上引文均見《漢書・董仲舒傳》。
60 《漢書・食貨志》。
61 董仲舒：《春秋繁露・基義》。

善；安處善，然後樂循理」[62]，天下大化就可逐步實現了。

為了使人人都成為重禮節、安處善、樂循理的君子，董仲舒特別強調教化的功能。他把人性分為三類：一類是不教而善的聖人之性，一類是雖教也不能為善的斗筲之性，一類是可善可惡的中民之性。這開了性三品說的先河。他又認為「聖人之性，不可以名性。斗筲之性，又不可以名性。名性者，中民之性。」[63]他把少數聖人和極惡分子排除於討論範圍之外，著重強調對中民——包括統治階層與勞動人民在內的普通人開發善質，進行教化的重要。他不同意孟子、荀子等人的性善論或性惡論，而認為像天有陰陽兩種屬性一樣，人性中也有貪和仁兩個方面。既然「天有陰陽禁」，人就應該節制貪欲，做到「身有情欲栣」。而且人性中雖然有善的品質，卻並不等於已經成為善的現實。「善出性中，而性未可全為善也。」「性有善質，而未能善。」[64]性好比是繭或卵，善好比是絲或雛。如同繭和卵需要加工、孵化才能成為絲和雛一樣，性只有經過改造，才能臻於善：「性待漸於教訓而後能為善。善教訓所然也，非質樸之所能至也。」[65]可見他的人性論是德教說的理論基礎，要把可善之質轉化為善性，抓住了倫常的根本。

在《天人三策》中，董仲舒還提出以五常之道作為德教的根本綱領。對此，我們將在第八章第四節專門論述。


# 四、三統循環的歷史觀

「道之大原出於天，天不變，道亦不變」，是董仲舒理論學說的綱領。它反映了董仲舒形而上學的思想方法，更道出了他對天人合一的永恆宇宙秩序的貫通理解。既然天國的秩序是永恆的，那麼由天所規定的歷史演化程式、統治政策、人倫準則等在本質上也都永恆不變。董仲舒認為「《春秋》大一統者，天地之常

---

62 《漢書・董仲舒傳》。
63 董仲舒：《春秋繁露・實性》。
64 董仲舒：《春秋繁露・深察名號》。
65 董仲舒：《春秋繁露・實性》。

經，古今之通誼也」。大一統就是世間的根本法則，這與當時的社會需要是一致的。把天地之常經與古今之通誼統一起來，意味著古今的推移按照天地法則進行。他提示：「道者萬世亡弊，弊者，道之失也。」這種道萬世無弊，永遠適用。人類社會只要循道而行就會昌盛繁榮，反之則會政亂國危。如果一個朝代滅亡了，問題絕不是出在道本身，而只能是這個皇朝的統治者背離了道。這樣看來，人類史也就成了一部循道與背道而導致的興衰史。「古之天下，亦今之天下；今之天下，亦古之天下。」[66] 在本質上，古今沒有什麼不同。

以「天不變，道亦不變」為指導思想，董仲舒表述了三統循環的歷史觀。他指出：「天之道，終而複始。」[67] 歷史是一個循環過程。它按照三統遞嬗的固定形式進行。所謂三統就是黑統、白統和赤統，三者依次循環，與改朝換代相配合。在歷史上夏朝是黑統，商朝是白統，周朝是赤統，他們受天命而王，按氣運的演變決定統系，確立正月（即建「三正」）。比如夏朝是黑統，以寅月為正月，其時「天統氣始通化物，物見萌達，其色黑」。商朝是白統，以丑月為正月，其時「天統氣始蛻化物，物始芽，其色白」。周朝以子月為正月，其時「天統氣始施化物，物始動，其色赤」。他們都要按天運的改變，根據自己的統系，來改正朔、易服色、定制度，以順從天意，表示天命攸歸。

董仲舒大概也覺得三統的簡單循環距離豐富的歷史現象相去太遠，又在三統的網絡裡加上了「有不易者，有兩而復者，有三而復者，有四而復者，有五而復者，有九而復者」等等繁瑣化補充。這些往復變換的中心內容是一代尚文，一代尚質的質文遞變，以及質文遞變與法天法地相配合構成的四法。而「四法如四時然，終而復始」[68]，歸根到底還是與三統互相配合的大循環而已。質文遞變也好，按統系改正朔、易服色也好，都只是統治形式的改變，絕不意味著在實質內容上有什麼變化。豐富復雜的社會現象，在董仲舒看來，只是論證天道萬世無弊的證據。拋開歷史的表象，他強調的只是三統無休止的輪迴。所以他說：「今所

---

66 以上引文均見《漢書‧董仲舒傳》。
67 董仲舒：《春秋繁露‧陰陽終始》。
68 以上引文均見董仲舒：《春秋繁露‧三代改制質文》。

謂新王必改制者，非改其道，非變其理。……必徙居處、更稱號、改正朔、易服色者，無他爲，不敢不順天志而明自顯也。若其大綱，人倫、道理、政治、教化、習俗、文義，盡如故，亦何改哉？故王者有改制之名，無易道之實。」[69]

董仲舒畢竟是個成熟的思想家，歷史的治亂興衰，政治的風雲變幻，社會的繁富多彩，不會不引起他的關注與思考。「繼治世者其道同，繼亂世者其道變」[70]，既是他爲帝王開的治國之方，也是他對三統循環粗疏之處的理論補充。在治世，道不需要任何改變更張，到了亂世，爲了根據具體情況補弊起廢，就必須在總原則不變的前提下，作局部的損益調整。這與他的道者萬世無弊的思想並無二致，只是進一步豐富了它的內涵。

## 第四節 ·
# 兩漢之際
# 的正宗思想

## 一、劉向、劉歆的折衷思想

劉向（約前 79-前 5 年）字子政，初名更生，是漢高祖弟弟楚元王劉交的後代，元帝、成帝之世，他眼見漢皇室大權旁落，同外戚、宦官集團進行了不屈不

---

69 董仲舒：《春秋繁露·楚莊王》。
70 《漢書·董仲舒傳》。

撓的鬥爭，被視為漢家柱石之臣。他的歷史著作多同政治鬥爭有關。他著《疾讒》、《摘要》、《救危》及《世頌》，是為了「依興古事，悼己及同類」。著《列女傳》，「採取詩、書所載賢妃貞婦、興國顯家可法則，及孽嬖亂亡」的故事，是為了讓趙飛燕等后妃及家人受到循禮守制的教育。著《新序》、《說苑》，是要以前人言論行為，作為施政的借鑒。著《洪範五行傳論》，是結合災異講說政治。他以天人感應學說為理論依據，縱論歷代興亡，宣傳「天命所授者博，非獨一姓」，「自古及今，未有不亡之國」，「明者起福於無形，銷患於未然」，「和氣致祥，乖氣致異，祥多者其國安，異眾者其國危，天地之常經，古今之通義也」[71]。雖然歷史觀是神學的、唯心的，其中包含的人事可以在政治中有所作為，人事可以影響天意的思想觀點，卻有鼓舞人們積極進取的意義。他的滿腔政治熱忱和頑強鬥爭的精神，得到當時和後世人們的讚譽。

劉歆字子駿，後改名劉秀，是劉向最小的兒子。他繼承了父親的治學與政治才能，卻以與父親相反的政治立場走上歷史舞臺。劉歆年輕時與王莽同為黃門郎，私交很深。王莽篡漢，他是重要幫凶；王莽復古改制，他是主要策劃者。劉歆也信奉陰陽五行學說，把它作為服務於政治的工具。他著有《三統曆譜》，以三統學說比附歷代興衰。他也著有《洪範五行傳論》，由於政治立場和學術觀點與其父不同，在對災異的具體解說上，與劉向有一些差異。

侯外廬先生評述：「我們統計《漢書》五行志所載，劉氏父子推演災異者，共一百八十二事，上起西周幽王二年，下逮西漢成帝元延元年，言論凡二百二十六則。就思想內容來看，比之於董仲舒，雖有鼠牙雀角的異同，而本質上則同為神學的世界觀；其牽強附會尤與董仲舒異曲而同工。」[72]劉向、劉歆父子宣傳運用神學世界觀，為政治鬥爭服務，在當時有很大的影響，但在理論上卻沒有太多新的建樹。

侯外廬先生認為他們一進入文史整理領域，便表現出人文主義思想，因此其

---

71 以上引文均見《漢書‧楚元王傳》。
72 侯外廬、趙紀彬、杜國庠、邱漢生：《中國思想通史》第 2 卷，197 頁，北京，人民出版社，1957。

思想有折衷主義特色，很有見地。其實在對社會問題的思考中，他們思想的折衷性質也有很明顯的體現。

處於西漢政權風雨飄搖的元成之世，劉向多次向帝王進言：「自古及今，未有不亡之國也。」「王者必通三統，明天命所授者博，非獨一姓也。」「世之長短，以德為效。」[73]這對劉向來說，絕不是危言聳聽，而是實實在在的社會危機使他產生的憂患意識。這種天命靡常，有德者居之的思想，雖然仍屬於唯心主義範疇，卻可起到規諫帝王，調節統治政策，改善社會政治的有益作用。

在國家政治中，劉向認為君主和群臣百姓是相互依存的關係：「夫君臣之與百姓，轉相為本，如循環無端。……君以臣為本，臣以君為本，父以子為本，子以父為本。棄其本，榮華槁矣。」[74]他們互相為本，如果不把對方作為自己生存的根基，那麼自身也就只能衰亡了。這較之「君為臣綱，父為子綱，夫為妻綱」的思想通達多了。劉向繼承了先秦時期的一些民本思想，著重強調君主「無得罪於群臣、百姓」。他借麥丘人之口說：「子得罪於父，可以因姑姊叔父而謝之，父能赦之。臣得罪於君，可以因便辟左右而謝之，君能赦之。昔桀得罪於湯，紂得罪於武王，此則君之得罪於臣者也，莫為謝，至今不赦。」[75]這是警戒君主的金玉良言。劉向還進一步闡述君臣之間不存在絕對的隸屬關係：「君道義，臣道忠」[76]，只有君臣雙方都自守其道，才會形成默契的合作，相反「臣不能死無德之君」[77]。人臣對於庸君「三諫而不用則去」[78]。這對中世紀無條件尊君的愚忠觀念是理性的抗爭。

劉向認為君主要治理好國家，就必須任用賢才而斥逐奸佞。他說：「治亂之端，在乎審己而任賢也。國家之任賢而吉，任不肖而凶，案往世而視已事，其必

---

73 《漢書‧楚元王傳》。
74 《說苑‧建本》。
75 《新序‧雜事第四》。
76 《說苑‧建本》。
77 《說苑‧談叢》。
78 《說苑‧正諫》。

然也如合符。」[79]所以「舉賢者，百福之宗也」[80]。君主任賢貴在不疑，斥遠佞人貴在決斷，「夫執狐疑之心者，來讒賊之口；持不斷之意者，開群枉之門。讒邪進則眾賢退，群枉盛則正士消。……故治亂榮辱之端，在所信任；信任既賢在於堅固而不移。……故出令則如反汗，用賢則如轉石，去佞則如拔山，如此望陰陽之調，不亦難乎！」[81]

針對當時矛盾重重、衰微破敗的政治局面，劉向提出了一些緩和社會危機的積極主張。他借古人之口強調：「人君之道，清靜無為，務在博愛。」[82]君主正身修己，愛護百姓，不煩擾民眾，是治國的關鍵。他還認為只有百姓富足，國家才會安定：「王者以民為天，而民以食為天。」[83]「夫穀者，國家所以昌熾，士女所以姣好，禮義所以行，而人心所以安也。」[84]為了保證百姓的富足，就要限制統治者奢侈腐化的貪欲。他在《說苑·反質》篇中引用李克的話論道：「雕文刻鏤，害農事者也；錦繡纂組，傷女工者也。農事害，則饑之本也；女工傷則寒之源也。」對於成帝大起園陵造成的「死者恨於下，生者愁於上，怨氣感動陰陽，因之以饑饉，物故流離以十萬數」的嚴重後果，他異常痛心，上疏勸諫成帝棄奢就儉「以息眾庶」。[85]為保證社會的穩定，他還提出改變貧富懸殊的狀況，使士農工商財富均勻的設想。這些思想多借古人之口闡發，反映的卻是劉向為解決社會現實問題而進行的思考。


# 二、《白虎通義》的社會政治思想

《白虎通義》適應東漢重建的大一統政權的需要，援入讖緯神學內容，把論

---

79 《說苑·尊賢》。
80 《說苑·政理》。
81 《漢書·楚元王傳》。
82 《說苑·君道》。
83 《新序·善謀》。
84 《說苑·建本》。
85 《漢書·楚元王傳》。

證帝王獨尊的地位作為確立封建秩序的首要環節。書中首先把世人劃分成等級，肯定以特殊身分而居最高地位的就是帝王：「天子者爵稱也。爵所以稱天子者何？王者父天母地，為天之子也。」[86]帝王的獨尊地位來自上蒼的指令，他們「受之於天，不受之於人」[87]。這與和諧的宇宙秩序相一致，因為「君臣法天，取象日月」[88]。又與人間倫理秩序完全吻合，因為「夫臣之事君，猶子之事父」[89]。君主又是人間美好事物的代表：「皇，君也、大也，天人之總美大之稱也。」這迎合了當時人們崇拜自然至大至美的心理。至大至美中寓含著權威的力量，所謂「號之為皇者，煌煌人莫違也」。於是書中在確認帝王具有獨尊地位的同時，賦予他執行溝通天人與管理人間事務的雙重職能：「接上稱天子者，明以爵事天也；接下稱帝王者，明位號天下至尊之稱，以號令臣下也。」[90]

《白虎通義》指出君主既是政治軸心，又是統一的思想標誌，他所以為人間所必須，是因為他具有維繫人心的作用。書中強調「……逾年稱公者，緣民臣之心不可一日無君也。……故逾年即位，所以繫民臣之心也。」[91]這裡講一統尊君，是以帝王作為統一國家的特殊標誌，強調中央政權對全國的統一管理。

書中論證帝王獨尊的突出之點在於融合當時流行的陰陽五行學說，通過強調五行尊土來比附一統尊君。它說：「土在中央，中央者土，土主吐含萬物……地，土之別名也，比於五行最尊，故不自居部職也。……土尊，尊者配天……土尊不任職，君不居部。」[92]在五行中把土剝離出來，在人間職務中把帝王剝離出來，讓他們處於不與其他混雜的特殊地位。這比董仲舒的有關論述詳明確實得多。[93]尊土與尊君相一致，反映了當時人們重視土地的觀念，反映的是中國古代社會以土地為本的經濟思想。「溥天之下，莫非王土，率土之濱，莫非王臣」，

---

86 《白虎通義·爵》。
87 《白虎通義·三正》。
88 《白虎通義·三綱六紀》。
89 莊述祖輯《白虎通闕文·朝聘》。
90 《白虎通義·號》。
91 《白虎通義·爵》。
92 《白虎通義·五行》。
93 董說見《春秋繁露》中《五行對》、《五行相生》、《五行相勝》等篇。

在這裡有了更實在的內容，帝王獨尊的觀念找到了牢固的根基。這是《白虎通義》論證的成功之處。

《白虎通義》還有值得注意的民本思想，書中多次講：「謹敬，重民之至也。興禮義，正法度，同律曆，葉時月，皆為民也。」[94]「王者所以勉賢抑惡，重民之至也。」[95]《白虎通義》把重土與重民結合起來，應當說抓住了支撐政權的兩條大綱，這在封建社會中是至關重要的。

封建一統政權是個等級嚴格的金字塔，帝王居於塔尖，以下是逐級遞減的官僚群體，平民百姓則是承負重載的基礎。在當時的社會條件下，這是一種最穩定的政權結構。

對等級結構的作用，書中從順天應人的角度進行論述：「王者所以立三公九卿何？曰：天雖至神，必因日月之光；地雖至靈，必有山川之化。聖人雖有萬人之德，必須俊賢。三公九卿二十七大夫八十一元士以順天成其道。司馬主兵，司徒主人，司空主地。王者受命，為天地人三職，故分職以置三公，各主其一，以效其功。一公置三卿，故九卿也。天道莫不成於三，天有三光日月星，地有三形高下平，人有三尊君父師。故一公三卿佐之，一卿三大夫佐之，一大夫三元士佐之。天有三光然後能遍照。各自有三，法物成於三，有始有中有終。明天道而終之也。」[96]對於封建制度的永恆合理，這是一個重要補充。

維護等級結構的實質就是維護封建秩序，對此封建統治者有著足夠的認識，所以他們把制禮作樂，建立倫理秩序作為施政的中心環節。

西漢武帝時期，董仲舒把儒家倫理原則同大一統封建制度糅合起來，使之與統一政權下的封建等級結構相適應，建立起一套統治中國兩千多年的禮治法則。《白虎通義》在理論上對此沒做太多的補充，但卻著力把它進一步規範化、制度化，因而對後世產生了相當深遠的影響。

---

94 《白虎通義・巡狩》。
95 《白虎通義・考黜》。
96 《白虎通義・封公侯》。

制禮作樂的意義是通過各守尊卑本分來穩定社會秩序，書中對此的論述頗為明晰：「禮樂者何謂也？禮之為言履也，可踐履而行，樂者樂也，君子樂得其道，小人樂得其欲。王者所以盛禮樂何？節文之喜怒（句有訛）。樂以象天，禮以法地。人無不含天地之氣有五常之性者，故樂所以蕩滌反其邪惡也，禮所以防淫佚節其侈靡也。故《孝經》曰：『安上治民莫善於禮，移風易俗莫善於樂。』子曰：『樂在宗廟之中，君臣上下同聽之，則莫不和敬；在族長鄉里之中，長幼同聽之，則莫不和順；在閨門之內，父子兄弟同聽之，則莫不和親。故樂者所以崇和順比物飾節，節奏合以成文，所以合和父子君臣，附親萬民也，是先王立樂之意也。……』夫禮者陰陽之際也，百事之會也，所以尊天地擯鬼神，序上下正人道也。」[97]

禮儀制度是外在的行為規範，倫理觀念則是內在的制約機制，禮樂通過行為規範強化等級制度，倫理觀念則要把這套規範化為人們的自覺行動，作為天經地義的遵奉原則。儒家的倫理觀以血緣關係為根本出發點，封建大一統政權以宗族為構建基礎，二者緊密結合形成統治中國兩千餘年的禮治秩序。

《白虎通義》以「三綱六紀」作為普遍倫理法則，建立起個人無所逃於其間的網路。對此，本書有關章節作了評述。書中論證建立正常的倫理秩序，不但可以出現王道政治的理想局面，而且會因順應了上蒼的意願而使天人相得，物阜民豐：「君父有節，臣子有義，然後四時合，四時合然後萬物生。……有貴賤焉，有親疏焉，有長幼焉。朝廷之禮貴不讓賤，所以明尊卑也。鄉黨之禮長不讓幼，所以明有年也。宗廟之禮親不讓疏，所以明有親也。此三者行然後王道得，王道得然後萬物成，天下樂之。」[98]這並不是一句空言。

按照天人合一的宇宙觀，以帝王為代表的人間政權是溝通天人的中間環節，所以「明天人相向而治」[99]是封建統治者的施政綱領。從宗教禮儀到日常政務，封建國家機器大致是圍繞這一目標運轉的。

---

97 《白虎通義·禮樂》。
98 《白虎通義·禮樂》。
99 《白虎通義·五行》。

《白虎通義》對國家職能的論述充斥著大量敬順昊天崇祀先祖的宗教內容。如政權建立要行封禪之禮，「王者易姓而起，必升封泰山何？報告之義也。始受命之日，改制應天，天下太平，功成封禪以告太平也。」[100]中央政府要建靈台，是為了「考天人之心，察陰陽之會，揆星辰之證驗，為萬物獲福」。要立明堂，是為了「通神靈，感天地，正四時，出教化，宗有德，重有道，顯有能，褒有行者也」[101]。遇到災變不但要檢查施政過失，而且要用宗教儀式來禳除，如「日食必救之何？陰侵陽也。鼓用牲於社。社者眾陰之主，以朱絲縈之，鳴鼓攻之，以陽責陰也。」[102]表面上看敬天尊祖似乎只具宗教意義，其實卻有著很現實的效用，因為順天與理人本是二而一之事。「王者所以祭天何？緣事父以事天也。祭天必以祖配何？自內出者無匹不行，自外至者無主不止，故推其始祖，配以賓主，順天意也。」[103]還有點宗教的虔誠。「緣生以事死，敬亡若事存……尊人君，貴功德，廣孝道」[104]，就完全著眼於現實了。

　　《白虎通義》把教化作為執政的中心，論述相當充分。關於教化的意義，它說：「學之為言覺也，以覺悟所不知也。故學以治性，慮以變情。故玉不琢不成器，人不學不知道。……是以雖有自然之性，必立師傅焉。」[105]「王者設三教何？承衰救弊，欲民反正道也。……教者何謂也？民有質樸，不教不成。故《孝經》曰：『先王見教之可以化民。』」在諸多教化手段中，有兩個是根本性的。其一，按書中所言是「教者效也。上為之，下效之……《詩》云：『爾之教矣，欲民斯效。』」[106]此舉有一箭雙雕之效：一來身教有直觀的顯著的效果；二來層層官員都是施教者，他們自身的封建道德水準更直接地關係著政權的興亡。其二，通過從中央的辟雍直到鄉里的庠序這樣一套嚴密的道德教育網絡，施行對各等級的普遍教育，使「有賢才美質知學者足以開其心，頑鈍之民亦足以別於禽

---

100 《白虎通義·封禪》。
101 《白虎通義·辟雍》。
102 《白虎通義·災變》。
103 莊述祖輯《白虎通闕文·郊祀》。
104 莊述祖輯《白虎通闕文·宗廟》。
105 《白虎通義·辟雍》。
106 《白虎通義·三教》。

獸，而知人倫」[107]。這樣的網絡一旦正常運行起來，其效用是不言而喻的。書中沒有忘記教化之柄要操在中央政府手中，強調「王者所以即土中者何？所以均教道，平往來，使善易以聞，為惡易以聞。」[108]

# 三、《白虎通義》的歷史觀

《白虎通義》對歷史運作的看法基本來自董仲舒。在體系的完整和理論的深入上，它遜色於董仲舒。可在結合社會現狀而對歷史所作的具體闡釋上，卻表現出一些值得注意的特點。

書中把紛紜複雜的歷史現象歸納為質文遞變，三統循環等運動方式。它們是由對物象的參悟發展而成的宗教臆說：「王者必一質一文者何？所以承天地順陰陽，陽之道極則陰道受，陰之道極則陽道受。明二陰二陽不能相繼也，質法天文法地而已，故天為質，地受而化之，養而成之，故為文。《尚書大傳》曰：『王者一質一文，據天地之道。』《禮三正記》曰：『質法天，文法地也。帝王始起先質後文者，順天地之道，本末之義，先後之序也。事莫不先有質性，乃後有文章也。』」「正朔有三何？本天有三統，謂三微之月也，明王者當奉順而成之，故受命各統一正也，敬始重本也。……三微者何謂也？陽氣始施黃泉，萬物動，微而未著也。十一月之時，陽氣始養根株黃泉之下，萬物皆赤，赤者盛陽之氣也，故周為天正，色尚赤也。十二月之時，萬物始牙而白，白者陰氣，故殷為地正，色尚白也。十三月之時，萬物始達，孚甲而出皆黑，人得加功，故夏為人正，色尚黑。……不以二月後為正者，萬物不齊，莫適所統，故必以三微之月也。」把這一假說套入歷史，便成了頗能眩人耳目的假像：「《尚書大傳》曰『夏以孟春月為正，殷以季冬月為正，周以仲冬月為正。』夏以十三月為正，色尚黑，以平旦為朔。殷以十二月為正，色尚白，以雞鳴為朔。周以十一月為正，色

---

107 《白虎通義·辟雍》。
108 《白虎通義·京師》。

尚赤以夜半為朔。」<sup>109</sup>人間政權以得統系之正作為得天命的標誌，這是困惑了中國二千年的正統論的發端。既得天命又需以所得統系特點施政，又成了二千年來政治舞臺不斷上演的鬧劇。

中國古代歷史哲學有鮮明的政治色彩，與三正相配合的是三教：「王者設三教何？承衰救弊，欲民反正道也。三正之有失，故立三教以相指受。夏人之王教以忠，其失野，救野之失莫如敬。殷人之王教以敬，其失鬼，救鬼之失莫如文。周人之王教以文，其失薄，救薄之失莫如忠。繼周尚黑制與夏同，三者如順連環，周則復始，窮則反本。」<sup>110</sup>統系與政教相配合，它們各有所長也各有所短，在互補中做永遠的循環運動。這個觀點中有辯證因素。

上述歷史觀表面上強調歷史的運動，本質上卻是不變論。我們有兩點論據：一是所謂周則復始，是在封閉的圓內畫圈，無進步之可言。二是它特別強調在變中有不變在，變化的是外在的形式，不變的是內在的本質。書中發揮董仲舒「道之大原出於天，天不變道亦不變」<sup>111</sup>的觀點，論述：「王者受命而起，或有所不改者何也？王者有改道之文，無改道之實。如君南面臣北面，皮弁素積，聲味不可變，哀戚不可改，百王不易之道也。」<sup>112</sup>就是說雖然人間政權可以在上蒼的安排下像走馬燈一樣輪換，可由上蒼設定的宇宙秩序卻永遠不變，作為宇宙體系一部分的人間封建等級結構也永恆不變。於是歷史學說中的政治意圖顯露了出來，封建制度的萬世一系找到了牢固的理論依據。

109 《白虎通義・三正》。
110 《白虎通義・三教》。
111 《漢書・董仲舒傳》。
112 《白虎通義・三正》。

# 王充對神學體系的詰難

## 一、天地自然無為的觀點和對天人感應說的非議

王充繼承樸素唯物主義傳統，在天人關係的探討方面取得了很大進展。

王充對天的性質做了唯物主義的說明。他有時說：「天地，含氣之自然也。」[113]有時說：「夫天者，體也，與地同。」[114]不論天是體，還是含氣的自然，都從根本上肯定了天的自然物質屬性。這是他天人關係學說穩固的唯物論基石。

從天的自然屬性出發，王充闡發了天地自然無為的理論觀點。所謂天地自然無為就是：「天動不欲以生物，而物自生，此則自然也。施氣不欲為物，而物自為，此則無為也。」他認為天地的運行是一個自然變化過程，不具備什麼精神因素，人和萬物都是在天地運行中自然產生的，是「天復於上，地偃於下，下氣蒸上，上氣降下，萬物自生其中間矣」[115]，而絕不是「天地故生人」，「天故生萬物」[116]。他用氣和氣化說解釋萬物的生成、變化，豐富了古代的樸素唯物論，他

---

113 王充：《論衡·談天篇》。
114 王充：《論衡·祀義篇》。
115 王充：《論衡·自然篇》。
116 王充：《論衡·物勢篇》。

的自生說在同神學目的論的故生說對抗中顯示出強大的理論力量。

王充用直觀、淺近的道理對他的天道自然無為觀點做了論證：「何以知天之自然也，以天無口目也。案有為者，口目之類也。口欲食而目欲視，有嗜欲於內，發之於外，口目求之，得以為利欲之為也。今無口目之欲，於物無所求索，夫何為乎！」「物自然也。所謂天地為之，為之宜用手，天地安得萬萬千千手，並為萬萬千千物乎？」[117]把天還原為無意志、無目的的自然，這從根本上動搖了神意史觀的根基。

在天人感應說甚囂塵上之時，王充的天道自然無為思想具有鮮明的戰鬥性。

他對當時盛行的君權神授之說和讖緯符命的種種神異傳說做了有力駁斥。他闡明帝王與普通人沒什麼兩樣，並非天神或天神以某種奇異之物產生的後代。為了神化漢代皇權，當時流行著劉邦母親與龍交感而生劉邦的傳說。王充大膽提出異議。他用當時人們能理解的科學知識論證：「含血之類，相與為牝牡。牝牡之會，皆見同類之物。精感欲動，乃能授施。若夫牡馬見雌牛，雄雀見牝雞，不相與合者，異類故也。今龍與人異類，何能感於人而施氣？」[118]他反問：兒子的本性應與父親相同，如果劉邦真是龍的兒子，那麼他為什麼不像龍那樣會乘雲駕霧呢？撕開帝王臉上神意的面紗，王充不僅顯示出卓越的見識，也表現出足夠的膽量。

對美化統治者的符瑞說，如周代文王得赤雀，武王得白魚、亦烏以受命等神話，王充在《論衡・初稟篇》用偶然巧合加以解釋：「文王當興，赤雀適來；魚躍烏飛，武王偶見。非天使雀至白魚來也。」

所謂譴告說是漢代天人感應說的核心。根據這個學說，自然界的一切災異，都被解說成了天意的體現，陰陽五行學者即以天意附會人事作為自己的理論宗旨。王充不但因「夫天無為，故不言災變」，而且以「譴告於天道尤詭，故重論

---

117 王充：《論衡・自然篇》。
118 王充：《論衡・奇怪篇》。

之」[119]。對它進行了重點批駁。災異說特別重視日食月食，認為這是統治者失德所致。王充抓住這一核心問題，用科學道理闡釋：「在天之變，日月薄蝕，四十二月日一食，五月六月月亦一食。食有常數，不在政治。百變千災，皆同一狀，未必人君政教所致。」[120]對於旱災是天神對君主驕橫暴虐的譴責，潦災是天神對君主迷戀酒色的懲罰，蟲食穀物、老虎吃人是天神對官吏為奸的警告等神學囈語，王充逐一用有力的事實做了批駁。他還運用矛盾律對譴告說進行總的清算：「天能譴告人君，則亦能故命聖君。……今則不然，生庸庸之君，失道廢德，隨譴告之，何天不憚勞也。」[121]對於這個反詰，五行學者是無言以對的。

王充的高明之處還在於他對譴告說追根尋源，對其產生的原因及實質做了人文主義式的考察與說明。他說：「六經之文，聖人之語，動言天者，欲化無道，懼愚者。欲言非獨吾心，亦天意也。及其言天，猶以人心，非謂上天蒼蒼之體也。變復之家，見誣言天，災異時至，則生譴告之言矣。……上天之心，在聖人之胸，及其譴告，在聖人之口。」[122]這是非常深刻的見解。

封建統治者抬出上帝來神化皇權，把神學目的論當作皇權存在的理論依據。王充用「人不能以行感天，天亦不隨行而應人」的鮮明論點，斬斷了天人之間聯繫的通道，他的天道自然無為思想是中世紀漫漫長夜中一盞理性的明燈。

## 二、無鬼思想和對世俗迷信的批判

鬼神之說是祖先崇拜的立腳點，也是世俗迷信賴以存在的前提。王充針鋒相對地提出「死人不為鬼，無知，不能害人」[123]的無鬼論主張。

---

119 王充：《論衡·自然篇》。
120 王充：《論衡·治期篇》。
121 王充：《論衡·自然篇》。
122 王充：《論衡·譴告篇》。
123 王充：《論衡·論死篇》。

王充首先從形神關係上對無鬼論加以論證：「人之所以生者，精氣也，死而精氣滅。能為精氣者，血脈也，人死血脈竭，竭而精氣滅，滅而形體朽，朽而成灰土，何用為鬼？」他還吸收前輩思想家桓譚用燭火比喻形神的觀點，強調「形須氣而成，氣須形而知。天下無獨燃之火，世間安得有無體獨知之精？」王充從物質決定精神的哲學觀念入手，否定鬼的存在，立論具有相當的高度。這為後來范縝的神滅論奠定了堅實的理論基礎。這個論點也對精神與物質的關係作出了比較明確的回答，推進了古代樸素唯物論的發展。

其次，從生命現象上講，「人未生，在元氣之中；既死，復歸元氣。元氣荒忽，人氣在其中。人未生無所知，其死歸無知之本。……陰陽之氣，凝而為人，年終壽盡，死還為氣。」在他看來，人的生命只是氣化的一種暫時形態，元氣並無知覺，精氣只有成為人的生命組成部分時，才有知覺作用，死後又歸於無知之本。王充從死生的運轉中剔除了鬼神存在的依據。

對於無鬼說，他還做了一個風趣卻又很有說服力的論證：從古以來，死者億萬，「計今人之數，不若死者多。如人死輒為鬼，則道路之上，一步一鬼也。人且死見鬼，宜見數百千萬，滿堂盈廷，填塞巷路，不宜徒見一兩人也。」[124]

鬼神觀念是如何產生的呢？王充用生理和心理的原因加以說明：「凡天地之間有鬼，非人死精神為之也，皆人思念存想之所致也。致之何由？由於疾病。人病則憂懼，憂懼則鬼出。……畏懼則存想，存想則目虛見。」[125]所謂鬼不過是人們由於疾病、畏懼而產生的一種幻覺而已。這個說明很接近客觀實際。

王充的無鬼論在當時具有現實批判意義。他把無鬼論引入薄葬說，批判了儒家的厚葬與墨家的右鬼。他深刻地指出儒者雖時言無鬼，但不可能積極宣傳人死無知，因為「夫言死無知，則臣子倍其君父，故曰『喪祭禮廢，則臣子恩泊。臣子恩泊，則倍死亡先。倍死亡先，則不孝獄多』」。所以「聖人懼開不孝之源，故不明死無知之實」。儒家用推親親及尊尊，放大血親聯繫來建立統治秩序，祖

---

124 以上引文均見王充：《論衡·論死篇》。
125 王充：《論衡·訂鬼篇》。

先崇拜、喪葬祭祀是其禮樂教化鏈條的中心環節，因而他們不可能徹底主張無鬼論。雖然他們一般強調以儉為德，但因為理論上的漏洞，只能聽任厚葬之風愈煽愈熾。「墨家之議，自違其術，其薄葬而又右鬼，右鬼引效，以杜伯為驗。杜伯死人，如謂杜伯為鬼，則夫死者審有知。如有知而薄葬之，是怒死人也。人情欲厚而惡薄，以薄受死者之責，雖右鬼，其何益哉？如以鬼非死人，則其信杜伯非也；如以鬼是死人，則其薄葬非也。術用乖錯，首尾相違，故以為非。」既然右鬼、薄葬之說必然無法實行，只有「明死人無知」，才能定「厚葬無益」[126]。王充揭示儒、墨兩家學說的片面性和內在矛盾，把薄葬主張與無鬼論結合起來，使這一主張立足於堅實有力的理論基礎上，在封建社會裡對於進步的思想家、政治傢俱有重要的理論指導價值。

王充用有生必有死，有始必有終的樸素辯證思想，否定了成仙得道，長生不死等迷信觀念。他指出：「有血脈之類，無有不生，生無不死。以其生，故知其死也。天地不生，故不死；陰陽不生，故不死。死者，生之效；生者，死之驗也。夫有始者必有終，有終者必有始。唯無終始者，乃長生不死。」因而「諸學仙術為不死之方，其必不成」[127]。對於沉迷此道的封建帝王及眾多善男信女，此言無異當頭棒喝！

在王充的時代，由於相信鬼神禍福，各種迷信禁忌之說十分盛行。舉凡蓋房遷居、喪葬嫁娶、沐浴裁衣等等日常生活中的事情都要擇良日、卜吉凶，唯恐得罪鬼神，觸犯忌諱，招來禍患。王充在《論衡》中，專門寫了《四諱》、《調時》、《譏日》、《辨祟》、《難歲》、《詰術》、《解除》、《卜筮》等篇章對世俗迷信的各種說法一一做了批駁。在《辨祟篇》中，他論道：「夫倮蟲三百六十，人為之長。人，物也，萬物之中有知慧者也。其受命於天，稟氣於元，與物無異。……人有死生，物亦有終始；人有起居，物亦有動作……而鬼神之禍獨加於人，不加於物，未曉其故也。」人是萬物之一，萬物沒有禁忌，作為萬物之靈的人，反而有這麼多禁忌，這不是十分奇怪的事情嗎？因而「或有所犯，抵觸縣

---

126 以上引文均見王充：《論衡·薄葬篇》。
127 王充：《論衡·道虛篇》。

官，羅麗刑法，不曰過所致，而曰家有負。居處不慎，飲食過節，不曰失調和，而曰徙觸時。死者累屬，葬棺至十，不曰氣相汙，而曰葬日凶。有事歸之於有犯，無為歸之所居。居衰宅耗，蜚凶流屍，集人室居，又禱先祖，寢禍遣祟。疾病不請醫，更患不修行，動歸於禍，名曰犯觸禍」，實在是捨本逐末的行為，是「用知淺略，原事不實，俗人之材也」。這是非常清醒的藥石之言，不但在長期的封建社會有指點迷津的作用，就是在今天也有著很重要的現實意義。

王充對卜筮迷信的批判也很深刻。天地既無意志，鬼神又不存在，那麼求卦問卜又有何效用呢？況且「試使卜筮之人空鑽龜而卜，虛揲蓍而筮，戲弄天地，亦得兆數，天地妄應乎？又試使人罵天而卜，毆地而筮，無道至甚，亦得兆數。苟謂兆數天地之神，何不滅其火，灼其手，振其指而亂其數，使之身體疾痛，血氣湊湧？而猶為之見兆出數，何天地之不憚勞，用心不惡也？由此言之，卜筮不問天地，兆數非天地之報，明矣。」[128]王充認為人世間的禍福吉凶，決定於人事，也決定於時命，唯獨不決定於鬼神。他說：「行堯舜之德，天下太平，百災消滅，雖不逐疫，疫鬼不往。行桀紂之行，海內擾亂，百禍並起，雖日逐疫，疫鬼猶來。……夫論解除，解除無益；論祭祀，祭祀無補；論巫祝，巫祝無力。竟在人不在鬼，在德不在祀，明矣哉！」[129]這是可貴的見解。

為什麼會產生諸多忌諱迷信之說呢？他認為一方面是統治者神道設教，「明與鬼神同意共指，欲令眾下信用不疑」。另一方面是人們對於吉凶禍福產生種種錯覺，把許多偶然事件作為吉凶的根據。另外也是迷信工作者利用人們的恐懼心理，「積禍以驚不慎，列福以勉畏時」，用來「驚惑愚暗，漁富偷貧」[130]。迷信最根本的規律則是「衰世好信鬼，愚人好求福」[131]。

---

128 王充：《論衡・卜筮篇》。
129 王充：《論衡・解除篇》。
130 王充：《論衡・辨祟篇》。
131 王充：《論衡・解除篇》。

## 三、實知的認識論主張和對經傳虛妄諸說的質疑

對於知識來源問題，王充否認生而知之的觀點。他認為感覺是認識的基礎，知識源於後天的學習。他論說：「不學自知，不問自曉，古今行事，未之有也。……故智能之士，不學不成，不問不知。……人才有高下，知物由學。學之乃知，不問不識。……天地之間，含血之類，無性（生）知者。……實者聖賢不能性知，須任耳目以定情實。」用認識論劃開了與先驗論的界限。

對於「儒者論聖人，以為前知千載，後知萬世，有獨見之明，獨聽之聰，事來則名，不學自知，不問自曉，故稱聖則神矣」[132]的離奇妄語，他以公認的聖人孔子為例，在《知實篇》裡用孔子不能先知先覺的十六件事實加以詰難。如「匡人之圍孔子，孔子如審先知，當早易道，以違其害。不知而觸之，故遇其患」。又如經書講「子入太廟，每事問」，如果真的生而知之，又何勞詢問呢？

王充還強調實踐對知識技能的決定作用：「齊部業刺繡，恆女無不能；襄邑俗織錦，鈍婦無不巧。日見之，日為之，手狎也。使材士未嘗見，巧女未嘗為，異事詭手，暫為卒睹，顯露易為者，猶憒憒焉。方今論事，不謂希更，而曰材不敏，不曰未嘗為，而曰知不達，失其實也。」[133]把實踐納入認識論中，表明王充的哲學思想已達到一定高度。

可貴的是，王充的認識論並未到此結束。他強調感覺經驗的重要，也看到了直觀感覺的侷限性，因而提出要想得到正確的知識，還必須經過一個「揆端推類」[134]、「以心而原物」的邏輯推理和思維判斷過程。他說：「夫論不留精澄意，苟以外效立事是非，信聞見於外，不詮訂於內，是用耳目論，不以心意議也。夫以耳目論，則以虛象為言，虛象效，則以實事為非。是故是非者不徒耳目，必開心意。」[135]這把古代唯物主義認識論大大推進了一步。

---

132 以上引文均見王充：《論衡·實知篇》。
133 王充：《論衡·程材篇》。
134 王充：《論衡·實知篇》。
135 王充：《論衡·薄葬篇》。

王充的哲學還有向唯物主義真理觀邁進的趨向。他在認識論中提出「效驗」的概念。所謂效驗就是用事實來檢驗言論的當否，按王充的說法就是「凡天下之事，不可增損，考察前後，效驗自列。自列，則是非之實有所定矣。」[136]因此，他主張「凡論事者違實不引效驗，則雖甘義繁說，眾（終）不見信」[137]。效驗論的提出，使王充本人即獲益匪淺。它提高了王充辨別是非的能力，也增強了他論定是非的力量。

王充用「以心而原物」和「效驗」的方法，展開了對儒家經傳中虛妄失實之處的質詢與攻訐。

王充認為，古書和傳說中的堯、舜、禹、湯、文、武之治，都經過了增飾與放大。他在《論衡》的《語增》、《儒增》、《藝增》等篇章中，列舉了很多經傳和傳說中美化上古之世的實例，加以反駁。比如：「儒書稱堯、舜之德，至優至大，天下太平，一人不刑；又言文、武之隆，遺在成、康，刑錯不用四十餘年。」王充指出：「堯、舜雖優，不能使一人不刑；文武雖盛，不能使刑不用。言其犯刑者少，用刑希疏，可也。言其一人不刑，刑錯不用，增之也。」他論道：「夫能使一人不刑，則能使一國不伐，能使刑錯不用，則能使兵寢不施。案堯伐丹水，舜征有苗，四子服罪，刑兵設用。成王之時，四國篡畔，淮夷、徐戎，並為患害。夫刑人用刀，伐人用兵，罪人用法，誅人用武。武、法不殊，兵、刀不異，巧論之人，不能別也。夫德劣故用兵，犯法故施刑。刑之與兵，猶足與翼也。……刑之與兵，全眾禁邪，其實一也。」[138]堯、舜、文、武，既然人動干戈，四出征伐，怎麼可能「一人不刑」，「刑錯四十餘年」呢？對於所謂「堯、舜之民，可比屋而封」，「武王伐紂，兵不血刃」，「堯、舜之儉，茅茨不剪，采椽不斫」等等，他都認為是誇大其詞。他正確地闡明，這些說法的本意是要褒美先王，但是「為言不益，則美不足稱，為文不渥，則事不足褒」[139]，誇張、虛美，是起不到預期宣傳效果的。

---

136 王充：《論衡·語增篇》。
137 王充：《論衡·知實篇》。
138 王充：《論衡·儒增篇》。
139 同上。

王充在批判「好褒古而毀今，少所見而多所聞」的尊古卑今之論時，表述了今勝於古的歷史發展觀點。指出：「語稱上世之人，侗長佼好，堅強長壽，百歲左右；下世之人，短小陋醜，夭折早死。……上世之人，質樸易化；下世之人，文薄難治。上世之人，重義輕身……今世趨利苟生……」統統都是虛妄之言。古人與今人俱稟元氣而生，受性相同，怎麼會出現今人在體質、稟性、品格、習尚諸方面都不如古人的怪事呢？至於「上世之時，聖人德優，而功治有奇……及至秦漢……德劣不及，功薄不若」[140]的說法，更是毫無根據的妄言。他把周與漢進行比較後得出結論：「夫實德化則周不能過漢，論符瑞則漢盛於周，度土境則周狹於漢，漢何以不如周？」[141]理直氣壯地聲言當今勝於三代盛世，這既是進步的哲學觀點，又是進步的政治思想。

　　在王充心目中不存在偶像崇拜，他認為既然「聖賢之言，上下多相違，其文，前後多相伐者」，那麼「苟有不曉解之問，追難孔子，何傷於義？誠有傳聖業之知，伐孔子之說，何逆於理？」[142]為了求真求實，他把質詢的矛頭指向儒家學說的創始人孔子。在《論衡·問孔篇》中，他揭示出孔子學說中的多處矛盾。比如「子貢問政，子曰：『足食，足兵，民信之矣。』曰：『必不得已而去，於斯三者何先？』曰：『去兵。』曰：『必不得已而去，於斯二者何先？』曰：『去食，自古皆有死，民無信不立。』」這裡說信是最重要的。可是在另一處，孔子的說法卻有不同：「子適衛，冉子僕。子曰：『庶矣哉！』曰：『既庶矣，又何加焉？』曰：『富之。』曰：『既富矣，又何加焉？』曰：『教之。』」那麼「語冉子先富而後教之，教子貢去食而存信。食與富何別？信與教何異？二子殊教，所尚不同，孔子為國，意何定哉？」不論孔子說話時的背景和意旨如何，這個外在矛盾是被王充敏銳地捕捉到了。其他反詰大都類此。如果細加研討，應該說王充是用邏輯方法吹求孔子宏大思想體系中的細小紕漏，未免得其小者。但是作為同是儒者的王充來說，能夠有這樣的理論勇氣，已經相當令人敬佩了。

---

140 王充：《論衡·齊世篇》。
141 王充：《論衡·宣漢篇》。
142 王充：《論衡·問孔篇》。

王充對《論衡》的寫作旨意做了明確的說明:「《論衡》篇以十數,亦一言也,曰:『疾虛妄。』」[143]求真求實是王充理論學說的根本出發點,是《論衡》一書的靈魂。在對真理的追求中,王充既闡發了他卓越的思想見解,又表現出疑古惑今的可貴精神,為中國思想史增添了寶貴的財富。從司馬遷、王充、劉知幾到李贄、王夫之,構成了一條千古躍續的異端系統,為中華文明平添了無限風光。

<br>

## 第六節·
# 王符、仲長統
# 的社會批判思想

東漢末年是個戰亂頻仍,人心浮動,儒家神學正宗思想卻力圖發揮它維繫封建統治作用的年代;對於眼光冷峻、思想敏銳的思想家來說,這又是一個易於發現社會痼疾,易於激發天才思想火花,又難以掙脫傳統勢力羈絆的特殊年代。王符和仲長統承擔起了衝破止宗思想束縛,為社會尋找出路的歷史使命。他們在天道觀上,闡發出與天人感應說不同的理論觀點,在社會政治思想方面,對當時的種種社會弊端進行深刻的揭露與批判,提出補弊起廢的改良設想。他們的主張雖然沒能為封建統治者採納,但在長期的封建社會中,卻產生了很大的影響。

---

143 王充:《論衡·佚文篇》。

# 一、王符以元氣為本的宇宙觀

王符認為宇宙的本原是「元氣」，元氣化生萬物，開闢宇宙。對此，他有一段精闢的論述：「上古之世，太素之時，元氣窈冥，未有形兆，萬精合併，混而為一，莫制莫禦。若斯久之，翻然自化，清濁分別，變成陰陽。陰陽有體，實生兩儀，天地壹郁，萬物化淳，和氣生人，以統理之。」這段論述有幾個可注意之點：首先，他把元氣混沌作為本初形態，元氣充塞的太素之時就是他理解的宇宙起點，這裡自然確定了唯物主義的前提。其次，他強調元氣是宇宙的本原。這種元氣無邊無際，由不受任何力量控制與主宰的不具形體、萬精合一狀態，經過自身運動，翻然自化，生成宇宙萬物。這種自化說排斥了外力，包括超自然力的推動與創造作用，同唯心主義神創說劃清了根本界限。再次，元氣的內動首先分出陰陽，由陰陽二氣的矛盾運動化生出天地萬物，不但抓住了內因作為變化的根本，而且把握了對立統一的矛盾運動方式。以陰陽運動解釋物的變化是中國古老的辯證思維傳統，王符把它運用過來充實於宇宙發生理論之中，使其宇宙起源說具有較強的理論思辨力量，能夠更好地同神學目的論進行鬥爭。

王符不但認為元氣是萬物發生的根源，而且認為元氣是物質運動的基本力量。他說：「天之以動，地之以靜，日之以光，月之以明，四時五行，鬼神人民，億兆丑類。變異吉凶，何非氣然？及其乖戾，天之尊也氣裂之，地之大也氣動之，山之重也氣徙之，水之流也氣絕之，日月神也氣蝕之，星辰虛也氣隕之，旦有晝晦，宵有□□，大風飛車拔樹，債電為冰，溫泉成湯，麟龍鸞鳳，蝨賊蟓蝗，莫不氣之所為也。」在解說宇宙運動方面，他又一次站在唯物主義立場上。

元氣之外，王符還提出了另一個重要觀念──「道」。在他看來，元氣化生出宇宙萬物，在宇宙中又需要有行為法則來制約，「是故天本諸陽，地本諸陰，人本中和，三才異務，相待而成，各循其道，和氣乃臻，機衡乃平」。如果氣的運行合於道，那就是和氣占了上風，就會表現為祥瑞和順；如果氣的運行違逆了道，那就是戾氣占了上風，就會表現為乖戾災異。「所以道德之用，莫大於氣。

道者氣之根也，氣者道之使也。必有其根，其氣乃生，必有其使，變化乃成。」[144]
這段話可以這樣理解：在「氣」化生出宇宙之後，就產生了作為觀念形態的
「道」。「道」是宇宙的根本法則，「氣」反而成了體現「道」的工具，於是「道」
就成為「氣」的根本，順、逆之氣的生成與變化都要表現出「道」的原則。需要
指出的是，這種「道」本身並不是一種實體，只是一種觀念，是一種原則，它自
發地起著調節與衡量「氣」的運行的作用，而不是「氣」本身受「道」的支配。
因此，王符引入「道」的觀念，只是豐富了「氣」的運動學說，只能說明他認為
世界運動是有序的、和諧的。對這個「道」的調節作用，他可能強調得有些過
頭，但不能由此得出他是「道」、「氣」二元論者的結論。

王符的宇宙觀中還有一個突出的特點，就是看重人的作用。他認為元氣化生
出人，人又承擔著統理世界的責任。他把世界劃分成天、地、人三大塊，對他們
各自的屬性做了說明：「天道曰施，地道曰化，人道曰為。為者，蓋所謂感通陰
陽而致珍異也。」這段話初看起來與董仲舒的天人感應說頗為相近，仔細分析卻
有很大差異。一是人的行為直接感通陰陽作用於自然界；二是在他的宇宙系統
中，人的作用更大一些。對於人在世界上的作為，他有一個很貼切的比喻：「人
行之動天地，譬猶車上御馳馬，篷中擢舟船矣，雖為所覆載，然亦在我何所之
可。」因此，人在宇宙中的位置就是「天呈其兆，人序其勳，《書》故曰『天工
人其代之』」。順應自然界的規律，創造人類的理想世界，這就是他的結論。

王符氣一元論的實踐意義在於為他的德治說提供理論依據。因此，在對氣、
道和人為作出系統論述的基礎上，他把議論歸結到政治上去，告訴人們：「是故
法令刑賞者，乃所以治民事而致整理爾，未足以興大化而升太平也。夫欲歷三王
之絕跡，臻帝、皇之極功者，必先原元而本本，興道而致和，以淳粹之氣，生敦
龐之民，明德義之表，作信厚之心，然後化可美而功可成也。」[145]這個結論與劉
向的「和氣致祥，乖氣致異，祥多者其國安，異眾者其國危，天地之常經，古今

---

144 以上引文均見王符：《潛夫論・本訓》。
145 以上引文均見王符：《潛夫論・本訓》。

之通義也」[146]的理論是相合的。所不同的是，在劉向那裡，氣所依託的是天人感應的神學目的論，氣與人之間多出一個神的環節；在王符這裡，氣所依託的是唯物主義的元氣自然論，氣與人之間沒有其他中間環節。

王符的唯物論是不徹底的，進入社會歷史領域，他的世界觀就出現了二元論的傾向。他一方面強調人為，一方面又承認天命，依違於二者之間，形成了他的折衷特色。他說：「凡人吉凶，以行為主，以命為決。行者，己之質也，命者，天之制也。在於己者，固可為也，在於天者，不可知也。巫覡祝請，亦其助也，然非德不行。巫史祝祈者，蓋所以交鬼神而救細微爾，至於大命，未如之何。」在他看來，天命是前定的，雖然不可知，但人總應該修正行為，以求得吉祥，這是人生在世的基本態度。巫覡祝史等宗教職業者及他們的宗教活動，只可以解救細微的過失，起不到太大作用，如果把命運抵押在他們身上，則是捨本逐末的愚蠢行為。可見他的基本觀點還是修德義而遠鬼神，在他的天平上，人的作用還是很重的。因此，他說：「妖不勝德，邪不伐正，天之經也。雖時有違，然智者守其正道而不近於淫鬼。」個人如此，國家也不例外，「人君身修正賞罰明者，國治而民安，民安樂者，天悅喜而增歷數」。對於看相、解夢、卜筮、祈禳等迷信活動，他認為它們有一定的合理根據，但作用範圍相當有限。對於沉迷其中不能自拔者，他進行了理智的規勸：「人不可多忌，多忌妄畏，實致妖祥。」[147]

在中世紀的歷史條件下，我們不能要求王符對宗教迷信有完全清醒的認識，他在保留鬼神、天命的形式下，盡可能地強調人的作為，並對世俗迷信的氾濫進行充分說理的批判，在東漢時期鬼神迷信活動搞得昏天黑地之時，有很積極的現實意義。王符對世俗迷信的批判不及王充尖銳，但對命定的看法比王充少了些神秘主義意味，這是值得注意的。

---

146 《漢書・楚元王傳》。
147 以上引文均見王符：《潛夫論・巫列》。

## 二、王符的德教思想

　　王符對社會治亂安危有全面的見解。他認為德教是國家政治的根本環節。他說：「人君之治，莫大於道，莫盛於德，莫美於教，莫神於化。道者所以持之也，德者所以苞之也，教者所以知之也，化者所以致之也。」道、德、教、化的持之、苞之、知之、致之，簡單地說就是管理、包容、教育、改造。為什麼對民眾要實行這些措施呢？他有一個詳細的分析：「民有性、有情、有化、有俗。情性者，心也，本也。化俗者，行也，末也。末生於本，行起於心。是以上君撫世，先其本而後其末，順其心而理其行。心精苟正，則奸匿無所生，邪意無所載矣。」由改造民心入手，導致世風的淳樸，從而達到天下大治，這是由他的哲學思想推導出來的治國路線。王符德化說是對儒家傳統德化思想的闡揚，只是理論根據更科學一些。看看他對德化根據的論證，對這一點會有更深的理解：「民之有心也，猶種之有園，遭和氣則秀茂而成實，遇水旱則枯槁而生蘗。民蒙善化，則人有士君子之心；被惡政，則人有懷奸亂之慮。……上智與下愚之民少，而中庸之民多。中民生世也，猶鑠金之在爐也，從篤變化，唯冶所為，方圓薄厚，隨鎔制爾。」[148] 人心可以隨環境改變，是唯物主義的觀點。這個人心可塑的論點成為他德化說的又一理論支柱，由此可見他的理論的成熟。當然，把封建統治者看作改造民心的主導力量，有宣揚英雄史觀的味道。把人性分成上、中、下三品，只講對中庸之民的改造，又落入董仲舒「性三品說」的窠臼。這是他思想的侷限性。

　　王符對於教化與經濟的關係有清楚的認識。他知道教的前提是百姓富足。「五穀豐則民眉壽，民眉壽則興於義」[149]，它們之間有緊密的邏輯聯繫。所以「孔子稱庶則富之，既富之則教之。是故禮義生於富足，盜竊起於貧窮」[150]。既然如此，他把富民與教化結合起來，指出抓住這兩個環節就抓住了治國的關鍵。他說：「凡為治之大體，莫善於抑末而務本，莫不善於離本而飾末。夫為國者以富

---

148 以上引文均見王符：《潛夫論‧德化》。

149 王符：《潛夫論‧本政》。

150 王符：《潛夫論‧愛日》。

民為本，正學為□。民富乃可教，學正乃得義，民貧則背善，學淫則詐偽，入學則不亂，得義則忠孝。故明君之法，務此二者，以為成太平之基，致休征之祥。」[151]他的德化說既講化民，又講富民，是全面賅備的。

在社會經濟領域，他主張農桑日用為本，反對浮游末作、奇技淫巧；主張足衣足食，反對奢侈腐化。對於當時社會上頹靡奢侈的種種表現，他深惡痛絕，進行了系統批判。

在國家政治中，王符認為君主居於關鍵地位。他指出：「國之所以治者，君明也；其所以亂者，君暗也。」[152]對此，他做了具體論證：「是故世之善否，俗之薄厚，皆在於君。上聖和德氣以化民心，正表儀以率群下，故能使民比屋可封，堯、舜是也。其次躬道德而敦慈愛，美教訓而崇禮讓，故能使民無爭心而致刑錯，文、武是也。再次明好惡而顯法禁，平賞罰而無阿私，故能使民辟奸邪而趨公正，理弱亂以致治強，中興是也。治天下，身處汙而放情，怠民事而急酒樂，近頑童而遠賢才，親諂諛而疏正直，重賦稅以賞無功，妄加喜怒以傷無辜，故能亂其政以敗其民，弊其身以喪其國者，幽、厲是也。」[153]在封建社會裡，這個觀點是很現實的，對於君主的規箴意義也是很突出的。勵精圖治、奮發有為的君主當會從中獲得教益。

治理國家除德教外，還必須抓住法制這一環。王符不是那種以為只有德教就可以收到萬能效果的腐儒，他對刑法的作用有很正確的認識。他特別說明：「議者必將以為刑殺當不用，而德化可獨任。此非變通者之論也，非叔（救）世之言也。」對於法令的地位，他這樣強調：「且夫法也者，先王之政也；令也者，己之命也。先王之政所以與眾共也，己之命所以獨制人也，君誠能授法而時貸之，布令而必行之，則群臣百吏莫敢不悉心從己令矣。己令無違，則法禁必行矣。故政令必行，憲禁必從，而國不治者，未嘗有也。」[154]

---

151 王符：《潛夫論·務本》。
152 王符：《潛夫論·明暗》。
153 王符：《潛夫論·德化》。
154 王符：《潛夫論·衰制》。

與法制思想相一致，他特別強調信賞必罰。他認為賞罰是君主手中的兩種法寶，使用得當會使善行受到鼓勵，惡人受到威懾，促成世道太平。他論說：「聖主誠肯明察群臣，竭精稱職有功效者，無愛金帛封侯之費；其懷奸藏惡別無狀者，圖鈇鑕鈇鉞之決。然則良臣如王成、黃霸、龔遂、邵信臣之徒，可比郡而得也；神明瑞應，可期年而致也。」[155]反之，賞罰不當則會成為敗壞國家的禍階。他特意標舉漢代的例子，說明：「聖漢踐阼，載禮四八，而猶未者，教不假而功不考，賞罰稽而赦贖數也。」[156]針對當時敗亂的社會狀況，他特別強調在衰落之世，賞必重、罰必痛才能收到預期效果：「夫積怠之俗，賞不隆則善不勸，罰不重則惡不懲，故凡欲變風改俗者，其行賞罰也者，必使足驚心破膽，民乃易視。」[157]此言很有道理。

# 三、仲長統的天人關係論

仲長統繼承並發展了王充、王符等人的思想成果，以嚴密的理論思維和大膽的反傳統勇氣，對正宗神學思想的核心——天人感應說進行挑戰，明確提出「人事為本，天道為末」的理論命題，表現出他哲學思想的唯物主義傾向和歷史進步性。

仲長統認為人事與天道是治理國家的兩個要素，但他所取的天道是指「順四時之宜」的自然法則，而「備於天人之道」的神學虛構則被他摒棄於「治天下之本，理生民之要」之外。

他引用漢代的史實說明：劉邦、劉秀以及蕭何、曹參、丙吉、魏相、陳平、周勃、霍光等「二主數子之所以震威四海，布德生民，建功立業，流名百世者，唯人事之盡耳，無天道之學焉。然則王天下，作大臣者，不待於知天道矣」。人

---

155 王符：《潛夫論·三式》。
156 王符：《潛夫論·考績》。
157 王符：《潛夫論·三式》。

們的行為與施政措施是關乎社會興衰的主要因素，災異祥瑞的所謂天道則居於次要地位。他從正反兩個方面論證了這個觀點。

他說如果人事修正，自然會天下大治：「王者官人無私，唯賢是親，勤恤政事，屢省功臣，賞錫期於功勞，刑罰歸乎罪惡，政平民安，各得其所，則天將自從我而正矣，休祥將自應我而集矣，惡物將自舍我而亡矣，求其不然，乃不可得也。」而如果人事悖亂，對於上蒼再頂禮膜拜也無法避免敗亡的下場。他得出結論：「人事為本，天道為末，不其然歟？」既然天道居末，對它不學、不知、不信是理智的正確的態度，沉迷其中則是下愚之人所為。他不便指出的當世昏主庸臣敗國亡家的現實則告訴人們：「故知天道而無人略者，是巫醫卜祝之伍，下愚不齒之民也。信天道而背人事者，是昏亂迷惑之主，覆國亡家之臣也。」仲長統明確劃開具有神學意味的天道與人事的界限，強調人事、人謀的重要，把「知天道」、「信天道」，作為下愚不齒之民、昏亂之主、覆國亡家之臣才從事的低級迷信活動，表現出對天人感應神學目的論的否定態度，在當時具有鮮明的戰鬥性和積極的現實指導意義。

仲長統認為應該遵從的天道是星辰運行、四時代序等自然界變化的法則，而不是吉祥災異的神學虛構。他說：「所貴乎用天之道者，則指星辰以授民事，順四時而興功業。其大略吉凶之祥，又何取焉。」[158]他以農業為例，說明順應自然的重要：「天為之時，而我不農，穀亦不可得而取之。青春至焉，時雨降焉，始之耕田，終之簞筥，惰者釜之，勤者鐘之。」[159]對天賦予自然屬性，強調自然的變化有一定規律，人們根據其變化規律決定自己的行為，就會得到成功。這反映了對自然界認識的深化，具有唯物主義因素。

仲長統還對當時流行的巫祝、祈禳、祭祀、丹書、厭勝、時日、風水等神學迷信活動作了揭露批判。他指出要想壽考吉祥，就要從講究衛生、醫治疾病和修正行為等方面努力來求得。捨此而求諸鬼神迷信，是迷、誤、惑的表現。他說：

---

158 以上引文均見《群書治要》引《昌言》佚篇。
159 《齊民要術序》引《昌言》佚篇。

「且夫掘地九仞以取水,鑿山百步以攻金,入林伐木不葡日,適野刈草不擇時,及其構而居之,制而用之,則疑其吉凶,不亦迷乎?簡郊社,慢祖禰,逆時令,背大順,而反求福佑於不祥之物,取信誠於愚惑之人,不亦誤乎?彼圖家畫舍,轉局指天者,不能自使室家滑利,子孫富貴,而望其德致之於我,不亦惑乎?」[160]這個揭露很深刻。

## 四、仲長統對歷史變化趨勢的理論探索

仲長統的歷史理論發端於他的樸素唯物主義的天人關係論。神學宇宙觀是中國古代唯心主義體系的理論核心,在社會歷史領域,三統循環、五德終始的歷史演化程序,是神學目的論合乎邏輯的推理結果。作為對立面,由天意反對論進而推廣到人文主義的歷史演化說,則是唯物主義思想家理論擴展的客觀必然。仲長統的思想帶有明顯的政治理論色彩。他在社會動力的探索上,抬出人事來與天道對抗,但在立論上只限於社會歷史的說明。就現有材料看,他沒有從哲學角度對世界本原及世界的物質屬性進行理論闡述,因而在理論體系的嚴密和立論根據的堅實程度上稍遜於王充、王符。可在社會歷史領域,他在對人事作用的闡述,對三統循環、五德終始理論體系的破壞,特別是對天命論的較徹底拋棄方面,卻較王充前進了一步。

仲長統對歷史的變化趨勢做了比較精闢的分析。他指出社會的治亂經歷著一個由盛而衰的歷史過程。這個過程有由人事而決定的演進程序,與天命、歷數沒有關係。三統循環、五德終始、五行生剋、質文相救等等學說理論,被排斥於他的理論構架之外。他將歷史變化劃分為三個階段:

第一階段:以武力兼併天下,建立政權。「豪傑之當天命者,未始有天下之分者也。無天下之分,故戰爭者競起焉。於斯之時,並偽假天威,矯據方國。擁

---

160 《群書治要》引《昌言》佚篇。

甲兵與我角才智，程勇力與我競雌雄，不知去就，疑誤天下，蓋不可數也。角知者皆窮，角力者皆負，形不堪復伉，勢不足復較，乃始羈首繫頸，就我之銜紲耳。」政權和秩序的建立完全是爭鬥的結果，所謂天命只不過是鬥爭的輿論工具或鬥爭勝利的標誌而已。仲長統的歷史分析雖然離社會演化實際還有相當的差距，但把鬥爭作為歷史槓桿還是有些真理因素的。它對君權神授說也是個有力的駁斥。

第二階段：人心思安，社會穩定。「及繼體之時，民心定矣。普天之下，賴我而得生育，由我而得富貴，安居樂業，長養子孫，天下晏然，皆歸心於我矣。豪傑之心既絕，士民之志已定，貴有常家，尊在一人。當此之時，雖下愚之才居之，猶能使恩同天地，威侔鬼神，暴風疾霆，不足以方其怒；陽春時雨，不足以喻其澤；周、孔數千，無所復角其聖；賁、育百萬，無所復奮其勇矣。」[161]由於歷史的慣性，這一時期即便是無德、無能的平庸君主，也可作威作福，不至於有傾覆的危險。仲長統對歷史的觀察，常有獨到之處。他超越了對治亂安危之勢的直觀把握，準確揭示了關乎治亂的歷史事件或措施與治亂之勢的形成，在歷史進程上的不同步性。這個滯後效應的提出，中世紀是很不尋常的。他在歷史治亂趨勢的分析上，還站在理論高度，揭示出某些帶有規律性的東西。如「大治之後，有易亂之民者，安寧無故，邪心起也；大亂之後，有易治之勢者，創艾禍災，樂生全也」[162]。不但對社會的觀察獨具慧眼，非他人所能及，而且在理論思維上頗具辯證特點。在政治上，對於執政者這是個有益的指導；在理論上，對於人們認識歷史規律則富有啟迪。

第三階段：運徙勢去，天下大亂。「彼後嗣之愚主，見天下莫敢與之違，自謂若天地不可亡也。乃奔其私嗜，騁其邪欲，君臣宣淫，上下同惡。目極角觝之觀，耳窮鄭衛之聲。入則耽於婦人，出則馳於田獵。荒廢庶政，棄亡人物，澶漫彌流，無所底極。信任親愛者，盡佞諂容說之人也；寵貴隆豐者，盡后妃姬妾之家也。使餓狼守庖廚，饑虎牧牢豚，遂至熬天下之脂膏，斫生人之骨髓。怒毒無

---

161 以上引文均見《後漢書·仲長統傳》引《昌言·理亂篇》。
162 《群書治要》引《昌言》佚篇。

聊，禍亂並起，中國擾攘，四夷侵叛，土崩瓦解，一朝而去。昔之為我哺乳之子孫者，今盡是我飲血之寇仇也。」統治者驕奢淫逸，罪惡多端，使禍亂並起，生靈塗炭，秩序破壞，自身威權隨之喪失。爭權奪勢，重建秩序的新的循環過程又在這動亂之勢中重新開始。

歷史的變化大勢從爭奪權勢開始，經過繼體之君憑藉威權進行統治，到濫用威權造成天下大亂，這樣反覆循環進行。這個趨勢是由人們的行為決定的，一旦形成，又非人力所能挽回。「存亡以之反覆運算，政亂從此周復，天道常然之大數也。」這就是他的結論。把君主專制作為社會動亂的根源，是他歷史眼光的敏銳之處。指出「富貴生不仁，沉溺致愚疾」的客觀態勢，顯示了他歷史思考的深度。用人文主義的歷史治亂說同三統循環的神意史觀相對抗，更表現出他歷史觀的珍貴思想價值。但把歷史治亂看作周而復始的過程，落入了歷史循環論的窠臼。滿目瘡痍的動亂現實限制了他的眼界，「亂世長而化世短」的基本估計和「變而彌猜，下而加酷，推此以往，可及於盡矣」的歷史結論雖然有揭露封建統治反動本質的思想意義，卻是違背歷史規律的主觀臆斷。他對社會似乎已完全絕望，「不知來世聖人救此之道將何用也？又不知天若窮此之數，欲何至邪？」[163]他感到世事茫茫，一片漆黑，看不到社會的出路在哪裡，看不到歷史發展的光明前景，這種悲觀主義的歷史懷疑論，是消極無益的。

# 五、仲長統的社會批判與改良設想

仲長統對東漢黑暗的社會現實有較深刻的觀察，他看到了社會的兩極分化是造成國家衰敗、社會殘破的根本原因。他的批判筆觸尖銳地指向以帝王為中心的封建統治階級。他指斥帝王，「今為宮室者，崇台數十層，長階十百仞，延袤臨浮雲，上樹九大旗，珠玉翡翠以為飾，連幃為城，構帳為宮，起臺榭則高數十百尺。壁帶加珠玉之物，木土被綈錦之飾。不見夫之女子，成市於宮中，未曾御之

---

163 以上引文均見《後漢書·仲長統傳》引《昌言·理亂篇》。

婦人，生幽於山陵。」[164]他批判王公貴族驕奢淫逸，嚴重破壞社會秩序：「漢之初興，分王子弟，委之以士民之命，假之以殺生之權。於是驕逸自恣，志意無厭。魚肉百姓，以盈其欲，報烝骨血，以快其情。上有篡叛不軌之奸，下有暴亂殘賊之害。」[165]對於惡性發展起來的豪強地主勢力，他也進行了抨擊：「豪人之室，連棟數百，膏田滿野，奴婢千群，徒附萬計。船車賈販，周於四方，廢居積貯，滿於都城。琦賂寶貨，巨室不能容，馬牛羊豕，山谷不能受。妖童美妾，填乎綺室，倡謳伎樂，列乎深堂。賓客待見而不敢去，車騎交錯而不敢進。三牲之肉，臭而不可食；清醇之酎，敗而不可飲。睇盼則人從其目之所視，喜怒則人隨其心之所慮。」這是一個「苟能運智詐者，則得之焉，苟能得之者，人不以為罪焉」[166]的顛倒世界。這一端是運用詐力，聚斂財富，擅作威福的超級享樂；另一端卻是勞苦大眾在死亡線上的苦苦掙扎：「盜賊凶荒，九州代作，饑饉暴至，軍旅卒發。……所恃者寡，所取者猥，萬里懸乏，首尾不救，徭役並起，農桑失業，兆民呼嗟昊天，貧窮轉死溝壑矣。」[167]正是社會分配的不公，階級剝削壓榨的加酷，導致階級矛盾的激化，不獨東漢社會如此，整個封建社會概莫能外，這是個普遍的規律。

仲長統認為東漢政權一蹶不振的另一個重要原因是外戚、宦官們的干政。他指出東漢政權建立以來，「而權移外戚之家，寵被近習之豎，親其黨類，用其私人，內充京師，外布列郡，顛倒賢愚，貿易選舉，疲駑守境，貪殘牧民，撓擾百姓，忿怒四夷，招致乖叛，亂離斯瘼。怨氣並作，陰陽失和，三光虧缺，怪異數至，蟲螟食稼，水旱為災，此皆戚宦之臣所致然也。」[168]在外戚、宦官弄權造成的混亂局勢下，苟延殘喘尚難乎為繼，又何談治國安民呢？仲長統具有超眾的膽略，他敢於直接披陳東漢末年史實來論證宦官的危害，給人的教育是切實、深刻的。他論道：桓帝時「侯覽、張讓之等，以亂承亂，政令多門，權利並作，迷荒

164 《群書治要》引《昌言》佚篇。
165 《後漢書‧仲長統傳》引《昌言‧損益篇》。
166 《後漢書‧仲長統傳》引《昌言‧理亂篇》。
167 《後漢書‧仲長統傳》引《昌言‧損益篇》。
168 《後漢書‧仲長統傳》引《昌言‧法誡篇》。

帝王，濁亂海內」。靈帝繼位後，「中常侍曹節、侯覽等，造為維綱，帝終不寤，寵之日隆，唯其所言，無求不得。凡貪淫放縱，僭淩橫恣，撓亂內外，螫噬民化。」這樣「前後五十餘年，天下亦何緣得不破壞耶？」[169]

仲長統對於治理國家有一套系統的想法。他認為治國的原則應根據具體的社會情況而定，不可泥古不化，也不可頻繁更張。他說：「作有利於時，制有便於物者，可為也；事有乖於數，法有玩於時者，可改也。故行於古有其跡，用於今無其功者，不可不變；變而不如前，易而多所敗者，亦不可不復也。」有變有復的思想是切合實際的。仲長統把它作為調整國家政策的原則，很得要領。

在以農業為主的中國封建社會，土地是國家的命脈。仲長統對土地私有、自由兼併造成經濟秩序的破壞，有清楚的認識。他指出：「井田之變，豪人貨殖，館舍布於州郡，田畝連於方國，身無半通青綸之命，而竊三辰龍章之服，不為編戶一伍之長，而有千室名邑之役。榮樂過於封君，勢力侔於守令。財賂自營，犯法不坐，刺客死士，為之投命。……雖亦由網禁疏闊，蓋分田無限使之然也。」所以，他認為「今欲張太平之紀綱，立至化之基趾，齊民財之豐寡，正風俗之奢儉，非井田實莫由也」。實行土地公有，防止兼併擴張，使民財均勻，是走向太平治世的根本措施。這個主張觸及到了封建制度的根本。仲長統不會了解，封建國家本質上就是維護封建地主利益的，想以侵削地主利益的方法來培植國本，在當時不過是個善良的願望而已。當然，這個問題的提出還是有意義的。仲長統大概也明白實行土地國有，由國家統一組織生產的艱難，所以他主張即使一時不能復井田，也要採取變通措施，由國家牢牢抓住管理土地這一環節，「限夫田以斷並兼」，維護正常的生產秩序。就是在「土廣民稀，中地未墾」的情況下，也應防微杜漸，「猶當限以大家，勿令過制。其地有草者，盡曰官田，力堪農事，乃聽受之」。絕不能任人自取，變土地為私人利藪。這樣，通過對墾荒和官田的管理，改變「田無常主，民無常居」的狀況，再逐步建立制度，「畫一定科，租稅什一，更賦如舊」[170]，使經濟活動進入良性運轉狀態，就可由百姓的安居樂業，

---

169 《群書治要》引《昌言》佚篇。
170 以上引文均見《後漢書·仲長統傳》引《昌言·損益篇》。

演為民俗淳樸，而使王道徐還了。仲長統的主張不一定完全切合實際，但他把這一環作為治理國家的根本，還是相當有見地的。

在封建政權中，仲長統特別強調君主的率先垂範作用。他說：「我有公心焉，則士民不敢念其私矣；我有平心焉，則士民不敢行其險矣；我有儉心焉，則士民不敢放其奢矣。此躬行之所徵也。」他認為只要「人主臨之以至公，行之以至仁，壹德於恆久，先之用己身」，清明有為的政治就奠定了較好的基礎。他還主張逐層選拔人才，充實到各級政府和政府的各個部門之中，「使通治亂之大體者，總綱紀以為輔佐；知稼穡之艱難者，親民事而布惠利。政不分於外戚之家，權不入於宦豎之門，下無侵民之吏，京師無佞邪之臣。」[171]通過稱職人才的選用，整肅吏治，矯正弊端，使國家機器正常運轉，德惠布於百姓，這樣的政權必定是蓬勃向上，富有朝氣的健康政權。在這個政權結構中，他強調選任稱職宰相總領朝政，或給三公以重權，把他們作為貫通上下的樞紐，取代外戚宦官的權勢。為了從根本上解決外戚干政問題，他還建議：「夫使為政者，不當與之婚姻，婚姻者，不當使之為政也。」[172]這在當時是很切實的救弊措施。

在《昌言·損益篇》中，他還提出了改良社會的十六條政綱：「明版籍以相數閱，審什伍以相連持，限夫田以斷並兼，定五刑以救死亡，益君長以興政理，急農桑以豐委積，去末作以一本業，敦教學以移情性，表德行以厲風俗，核才藝以敘官宜，簡精悍以習師田，修武器以存守戰，嚴禁令以防僭差，信賞罰以驗懲勸，糾遊戲以杜奸邪，察苛刻以絕煩暴。」這是個粗線條的治國綱要，包羅的內容是全面賅備的。雖然他沒有提出進一步的實施細則，但其原則指導性卻不容忽視。正如他自己所言：「審此十六者以為政務，操之有常，課之有限，安寧勿懈墮，有事不迫遽，聖人復起，不能易也。」

---

171 《群書治要》引《昌言》佚文。
172 《後漢書·仲長統傳》引《昌言·法誡篇》。

# 第七章

# 天與神佛
# 的世界

　　宗教是人們精神寄託的方式之一。當樸素的敬順昊天、崇祀先祖昇華為系統的神秘理論時，宗教就產生了。宗教或在本土的文化氛圍中產生，或經各種管道由外域傳入。不斷根據社會狀況和客觀需要，調整充實自己的教義，是宗教發展、傳播和興盛的不二法門。宗教是一種精神需要，具有雙重功能，既可以用作統治者安撫民眾的麻醉劑，也可成為被統治者號召民眾進行反抗鬥爭的思想武器。在秦漢宗教初步發展的過程中，我們已可以看到這兩種功能的交互使用。

　　秦漢時期思想界瀰漫著天人感應的神秘氣息，陰陽五行災異等神秘學說的流行，

占主導地位的儒學表現出強烈的神學化、宗教化傾向，成為封建大一統政權的理論支柱。一般民眾則在對冥冥上蒼的虔誠禮拜中，祈盼著生活的安定與幸福。秦漢在中國宗教發展史上有著重要地位，道教由原始形態，初步具有了正式宗教的規模與體系。佛教由西土傳入，並落腳生根。在以後的中國歷史上，特別是在民間社會生活中產生了無可替代精神影響的釋、道二教，正是在此時奠定下它們生存基礎的。

# 正宗神學理論
# 與郊祀、封禪

　　中國傳統的官方宗教神學在秦漢時期表現出新的特點：一是由騶衍創建的五德終始說和董仲舒建構的三統循環歷史演化模式，受到封建統治者青睞，在政治領域得到落實。這一帶有宗教色彩的政治哲學，一直被當作中國封建社會政治理論的核心。二是陰陽災異學說盛行，伴之以思想史上的怪胎——讖緯的流行。可以說秦漢時期的精神世界，籠罩著天人感應的神秘氣氛。正是在陰霾密布的暗夜中，司馬遷、王充、張衡理性的呼喚，成為震鑠古今的金石之音。

## 一、五德終始說

　　古代人們在長期的生產生活實踐中，逐步從自然界中歸納出水、火、木、金、土五種基本物質，並把它們視為構成天地萬物的基礎，陰、陽是人們對物質對立屬性所作的高度抽象，用來說明天地、日夜、男女、寒熱等物質性質和物象變化。它們都是具有唯物主義特色的。但在神人雜糅的思想氛圍中，人們不可避免地對它們賦予了道德和神秘屬性，並由此派生出久盛不衰的陰陽五行學說。

　　歷來人們都把戰國時齊人騶衍視為陰陽五行學說的創始者。史載：「（騶衍）

乃深觀陰陽消息而作怪迂之變⋯⋯稱引天地剖判以來，五德轉移，治各有宜，而符應若茲。」[1]「自齊威宣之時，騶子之徒論著終始五德之運⋯⋯」[2] 騶衍以物質的自然屬性比附社會現象。按照他的理論，有史以來的社會變化是依照木勝土、金勝木、火勝金、水勝火、土勝水這樣五行相勝的順序，循環進行的，每一個受天命而興的朝代都依照這樣的順序稟賦著某一種德運。在施政方針、曆法、服色、朝儀等方面，都必須合於這一德運的特點，以順天應人，上天為表示對這一朝代統治的確認，也就會現出諸多與其德運相應的祥瑞。如果這一朝代德運已衰，就會有按五行相勝順序勝其德運的新朝興起，歷史進入一個新的循環過程。這就是所謂的五德終始說。這是一種以循環為特色的歷史觀，更是一種以神秘主義為依託的政治理論。

秦始皇統一天下，第一次在社會政治領域落實了這一學說。他「推終始五德之傳，以為周得火德，秦代周德，從所不勝。方今水德之始，改年始，朝賀皆自十月朔。衣服旄旌節旗皆上黑。數以六為紀，符、法冠皆六寸，而輿六尺，六尺為步，乘六馬。更名河曰德水，以為水德之始。剛毅戾深，事皆決於法，刻削毋仁恩和義，然後合五德之數。於是急法，久者不赦。」[3] 五德終始說成為他政權合法性最主要的理論根據，他也把這一學說推到政治思想陣地的前沿，此後，歷代封建皇朝都把德運看作支撐自己政權的根基。

按五德終始說，代水德的應是土德，可西漢建立之初，卻以為自己的政權也是水德。對此，人們有各種不同解釋。筆者以為這可能有多種原因：一來五德終始說在初創時，還不夠細密，給人們留下了隨意解釋的餘地。二來五德終始說本來還沒有產生足夠的影響，自吹稟賦水德的秦朝二世而亡，不免使人們對德運說有所懷疑，因此當時人們對此也不會那麼較真。在這樣的情況下，以因循無為為指標的漢初統治者當然樂得承秦制而勿革。

漢文帝之世，國家經二十幾年休養生息，已顯示出繁榮興旺的氣象，渴望漢

---

1　《史記・孟子荀卿列傳》。
2　《史記・封禪書》。
3　《史記・秦始皇本紀》。

政權大有作為的青年政治家賈誼,認為漢屬土德,「固當改正朔,易服色,法制度,定官名,興禮樂,乃悉草具其事儀法,色尚黃,數用五,為官名,悉更秦之法」[4]。賈誼提出的,實際上是改變漢政權施政方針的重大原則問題,在周勃、灌嬰等守舊大臣反對下,這一改制方案未能實行。稍後,魯人公孫臣又提出漢依土德改制的建議,起初,也遭到舊臣反對。文帝十五年(前 165 年),有「黃龍」現於成紀(今甘肅秦安),這一天意的顯示立刻使改制派占了上風。於是公孫臣被拜為博士,受命籌畫改制之事。可是,不久術士新垣平偽造天意詐騙事發,文帝對宗教活動失去興趣,改制之事也不了了之。銳意進取的武帝執政後,配合一系列新政策的出臺,於實行新曆法的太初元年(前 104 年),正式宣布改從土德,在正朔、服色、制度諸方面作了全面改進。

「不知何時,起了一種與五德說大同小異的論調,喚做『三統說』。他們說:歷代的帝王是分配在三個統裡的,這三個統各有其制度。他們說:夏是黑統,商是白統,周是赤統,周以後又輪到黑統了。」[5]武帝時的董仲舒創立了一套適應封建政權需要的天人合一的系統神學理論。他大力闡揚三統說,把它作為歷史演化模式之一,豐富了對於歷史運動形式的解說。此後,三統循環與五德終始互相配合,成為封建政權得天下之正的根本依據,正統之辨也成為中國封建政治的核心。

王莽有無限膨脹的篡漢政治野心,又無力袪除時時襲上心頭的做賊心虛的恐懼心理。為了自欺欺人,他把三統五德之說做了徹底的改造,以論證自己是受天命而王,自己的政權有合法的統系與德運。他搬來遠古的黃帝和虞舜作為祖先,確定下自己政權的德運與他們相同,為土德。因為他是靠「禪讓」方式篡奪的政權,正與祖先舜從堯禪一致,而和漢靠征戰定天下不同,所以就拋棄開五行相勝說,而採用五行相生說(即木生火,火生土,土生金,金生水)來解釋政權的更迭。他給平民出身的劉邦找到堯作為先祖,堯與漢同樣屬於火德,按火生土的順序,他從劉家手中得天下,正像舜從堯手中得天下一樣名正言順。按五行相生的

---

4  《史記·屈原賈生列傳》。
5  顧頡剛:《秦漢的方士與儒生》,3 頁。

原則往上推，漢是火德，周是木德，商是水德，夏是金德，舜是土德。從舜到他這裡，正是五德的一個輪迴。這樣一來，漢就從土德變成了火德。而原來自認為是水德的秦，被擠出五德循環的順序之外，便成了「閏統」，其所以二世而亡，正是因為未得正統之故。王莽的這一套說法，一來靠政權的力量強制宣傳，二來有一流的學術大師劉歆為他在儒家經典上做手腳，製造理論根據，慢慢便積非成是，在當時和以後的人們心目中扎下根來。

劉秀以西漢宗室的身分建立東漢政權，沿用了漢為火德之說。在他受命稱帝的關鍵性讖言中。就明明白白寫著「四七之際火為主」這樣的上天昭示。具有諷刺意味的是，劉氏以火德再受命，王莽的上德也失去了存在的依據，於是他給秦代安上的閏統之冠，正好又扣到了他自己的頭上。

陰陽五行說在流傳中，還與四時、晝夜、寒暑、天地、四方等自然物象掛上了鉤，從而與日常施政及社會生活建立了聯繫。在董仲舒等正宗神學理論看來，陰陽表示著天地的意志，五行之氣則是天人感應的媒介。如果天人相得，則會物阜民豐，風調雨順，否則便會出現災害或者反常的物象即所謂的異。關於陰陽五行災異說，請參看第六章第三節。


## 二、讖緯的流行

讖緯是秦漢思想界的一道特殊景觀。它的起源可以追溯到春秋時期，秦始皇時，神秘主義的讖言就對社會產生了影響。兩漢之際，在儒學宗教化的氣氛下，讖緯形成一股強大的社會思潮。

「讖」是一種神秘的預言或隱語，它有時也用難解的符號或圖來表示，「緯」是用宗教神學語言附會或闡釋儒家經典之書，二者結合成為宗教化儒學的特殊組成部分。讖緯的興起，固然由於方士化儒生迎風希旨，要世取資，更重要的是統治者大力提倡，用作思想武器。

秦始皇派方士盧生入海求仙，盧生在海中沒見到神仙，卻得到一本圖書，上

面有「亡秦者胡也」的讖言，把秦始皇弄得十分緊張，派出三十萬大軍去打匈奴。後來秦二世而亡，人們將之與二世皇帝胡亥的名字聯繫，覺得此讖得到了驗證。當時又有「始皇帝死而地分」的刻石，這顯然是人們不滿於秦暴政而發出的詛咒。秦始皇查不出刻石的人，索性把附近的居民全部殺死。

董仲舒將陰陽五行學說與儒學融合起來，推進了儒學宗教化的進程，為讖緯的流行，奠定了理論基礎。漢宣帝對符瑞有特殊興趣，為讖緯的發展營造了適宜的氣候。西漢末年，統治者與民眾普遍感到政治危機，尋找出路時，首先想到的是從冥冥上蒼中得到某種啟示。哀帝建平二年（前 5 年）六月，夏賀良等人獻上赤精子之讖，言：「漢家歷運中衰，當再受命，宜改元易號。」哀帝信其言，下詔：「漢興二百載，歷數開元。皇天降非材之佑，漢國再獲受命之符，朕之不德，曷敢不通！夫基事之元命，必與天下自新，其大赦天下。以建平二年為太初元將元年。號曰陳聖劉太平皇帝。漏刻以百二十為度。」當年九月，哀帝又下詔：「待詔夏賀良等建言改元易號，增益漏刻，可以永安國家。朕過聽賀良等言，冀為海內獲福，卒亡嘉應。皆違經背古，不合時宜。六月甲子制書，非赦令也，皆蠲除之。賀良等反道惑眾，下有司。」[6]這場改元易號的鬧劇上演了兩個月便草草收場，夏賀良等人本以為會成為佐命元勳，沒想到卻丟了性命。

王莽篡漢，讖緯發揮了重要作用。在逐漸長大的平帝不明不白死去，王莽立兩歲兒童為帝不久，便有人「浚井得白石，上圓下方，有丹書著石，文曰『告安漢公莽為皇帝』」。對這樣的把戲，連王莽的姑姑王太后都看出，「此誣罔天下」，可王莽怎肯放過這到手的良機，於是這個讖符就成了他居攝的階梯。到了

**新莽銅嘉量銘**

6　《漢書·哀帝紀》。

他「自謂威德日盛，獲天人之助，遂謀即真之事」時，又有梓潼無賴哀章「作銅匱，為兩檢，署其一曰：『天帝行璽金匱圖』，其一署曰：『赤帝行璽某傳予黃帝金策書』」[7]。這裡的某就是漢高祖劉邦。意謂劉邦順應天命，要把江山讓給王莽。哀章在黃昏時分，穿著黃色的衣服，獻上了這個精心製造的寶貝。王莽聞訊大喜，馬上登上垂涎已久的皇帝寶座。即位後，王莽恐江山不穩，又派出五威將十二人，頒布符命四十二篇於天下，大講自己是順天命而行，代漢是不得已而為之。哀章之流以獻符命而驟得高官，引得利慾薰心之徒眼中冒火，「是時爭為符命封侯，其不為者相戲曰：『獨無天帝除書乎？』」王莽恐怕別的野心家如法炮製，會「開奸臣作福之路而亂天命」[8]，形成對自己政權的威脅，下詔規定，所有符命都要由專門人員驗治，把讖緯的發明權壟斷起來。

劉秀建立東漢政權，也利用了讖緯這一工具。劉秀在李通鼓動下起兵，與讖語「劉氏復起，李氏為輔」有關。爭奪天下之時，他就「帝軒轅受命，公孫氏握」等讖語，與公孫述展開天命歸屬的辯論。天下在握之際，劉秀還扭捏作態，遲遲不肯稱帝，他的老同學強華適時地從關中送來了《赤伏符》。其中有言：「劉秀發兵捕不道，四夷雲集龍鬥野，四七之際火為主」，把他當天子的「天意」說得清清楚楚、明明白白，於是劉秀心安理得地做了東漢開國之君。在向別人宣傳時把自己也弄得昏頭昏腦的光武帝，服膺圖讖已到了顛之倒之的癡迷程度。他在讖文中讀到一句「孫咸征狄」的話，便找到一個叫孫咸的人，任命為平狄將軍。在舉行封禪大典，向上帝報告治理天下功績這一年，他正式宣布圖讖於天下，把讖緯奉為「內學」，尊為「秘經」。上有所好，下必甚焉，光武帝此舉引得「儒者爭學圖讖，兼復附以妖言」[9]，一時間思想界和政壇瀰漫著朽腐的神秘主義氣息。

對讖緯符命的氾濫，桓譚、尹敏、王充、張衡等進步思想家進行了針鋒相對的鬥爭。他們用理性對抗神性，揭露讖緯之偽，力圖還儒學以清純。張衡直接提

---

7 《漢書·王莽傳上》。
8 《漢書·王莽傳中》。
9 《後漢書·張衡傳》。

出禁絕讖緯的建議：「宜收藏圖讖，一禁絕之，則朱紫無所眩，典籍無瑕玷矣。」[10]桓譚甚至為此送掉了性命。統治者深知讖緯是竊國篡權的有力工具，當江山在握之時，往往害怕別人也利用這一工具，構成對自己的威脅，所以經常有帝王對此加以禁止。至隋代，「煬帝即位，乃發使四出，搜天下書籍與讖緯相涉者，皆焚之。為吏所糾者至死。自是無復其學，秘府之內，亦多散亡」[11]。讖緯這一思想史上的怪胎，終於壽終正寢。

# 三、郊祀與封禪

古代帝王的重大祀典主要包括對天、地、祖先、名山大川的祭祀。秦漢政權重視以神道設教，在先秦古制基礎上建立起一整套祭祀制度，確立了封建政權祭天祀祖的基本模式。

帝王祭天的儀式在都城郊外進行，因此稱為「郊」。古代把地神稱為「社」，祭地之禮也稱「社」。「郊」與「社」都是國家重大祀典。戰國以來有天有五帝之說，秦和漢初祭天以之為主要對象，武帝又以泰一為最尊的天神來奉祀。戰國以來，在以誰為地神問題上，一直存在著不同意見，漢代從武帝時開始確立以共工之子後土作為地神祠祀。

秦在雍立祀白、青、黃、赤四帝的四時，規定了三年一郊的祭天之法。當祭之年的歲首，天子親臨郊外舉行祠祀儀式。

劉邦建漢之初，問屬下：「故秦時上帝祠何帝也？」當聽說秦祠四帝時，他感到奇怪：「吾聞天有五帝，而四，何也？」屬下不知所云，劉邦自己卻獨有心會，說：「吾知之矣，乃待我而具五也。」「乃立黑帝祠，名曰北畤。」他還下詔：「吾甚重祠而敬祭。今上帝之祭及山川諸神當祠者，各以其時禮祠之如故。」把

---

10 同上。
11 《隋書·經籍志一》。

確立宗教禮儀作為政權建設的一項重要內容。

武帝在宗教活動方面屢有更張。元光二年（前133年），他親郊雍之五畤，以後基本行三歲一郊之制。亳人謬忌獻上祭祀泰一之方：「天神貴者泰一，泰一佐曰五帝。古者天子以春秋祭泰一東南郊，曰一太牢，七日，為壇開八通之鬼道。」武帝照此辦理，命太祝在長安城東南立祠，「常奉祠如忌方」。後來，又有人上書，言：「古者天子三年用太牢祠三一：天一、地一、泰一。」武帝從之，「令太祝領祠之於忌泰一壇上」。後來，武帝又在甘泉仿謬忌泰一壇另造一座泰一壇。壇分三層，「五帝壇環居其下，各如其方。黃帝西南，除八通鬼道」。在貢物和祭祀禮儀上，泰一與五帝有嚴格區別。設壇同年十一月初一日淩晨，武帝親自郊拜泰一。據說「是夜有美光，及晝，黃氣上屬天」。讓五帝分司五方，而由泰一加以統攝，正是用天國的秩序照應著人世的大一統政局。

漢代在國家的祭祀活動中，一直偏重祭天。元鼎四年（前113年），武帝郊雍時意識到祭地之禮缺，會影響神祇賜福。太史令司馬談和祠官寬舒等人議奏：「天地牲，角繭栗。今陛下親祠後土，後土宜於澤中圜丘為五壇，壇一黃犢牢具。已祠盡瘞，而從祠衣上黃。」「於是天子東幸汾陰。汾陰男子公孫滂洋等見汾旁有光如絳，上遂立後土祠於汾陰脽上，如寬舒等議。上親望拜，如上帝禮。」[12]至此，從甘泉泰一、雍之五畤，到汾陰后土，漢皇朝祭天地之禮算是齊備了。

成帝時，天地之祀改作較大。成帝即位之初，丞相匡衡、御史大夫張譚奏言：「帝王之事莫大乎承天之序，承天之序莫重於郊祀，故聖王盡心極慮以建其制。祭天於南郊，就陽之義也；瘞地於北郊，好陰之象也。天之於天子也，因其所都而各饗焉。往者，孝武皇帝居甘泉宮，即於雲陽立泰畤，祭於宮南。今行常幸長安，郊見皇天反北之泰陰，祠後土反東之少陽，事與古制殊。……甘泉泰畤、河東后土之祠宜可徙置長安，合於古帝王。」[13]經過一番討論，成帝批准了

---

12 以上引文均見《漢書‧郊祀志上》。
13 《漢書‧郊祀志下》。

這個建議。後來匡衡等人又建議簡化祭天地的儀式，裁撤不合古禮的祠廟，成帝一一照准。因為那些祠廟多是歷朝在方士建議下興建的，所以顧頡剛先生論說此舉「是儒生對方士的威脅，他們用了純粹的陰陽五行說把隨時隨地發生的神仙廟祀打倒了」[14]。可這個勝利為時甚短，因災異頻仍，「眾庶多言不當變動祭祀者」，不久被廢祠廟又次第恢復起來。從哀帝到王莽篡漢之前，諸祠或廢或興，「三十餘年間，天地之祠五徙焉」。

王莽為了篡漢的政治需要，在祠祀上大做文章，建立了一套繁雜的祭祀制度。他用陰陽學說定了南北郊之禮。「分群神以類相從為五部」，分屬於五帝之峙。又以為「帝王建立社稷，百王不易。社者，土也。宗廟，王者所居。稷者，百穀之主，所以奉宗廟，供粢盛，人所食以生活也。王者莫不尊重親祭，自為之主，禮如宗廟」，遂在官社之後立官稷，並以夏禹配食官社，以后稷配食官稷，把所謂的古社稷之禮全部恢復。他還建起明堂，以行明堂之禮。對自己慘澹經營的事業缺乏信心，使王莽迷戀鬼神淫祀，一發而不可收拾。「至其末年，自天地六宗以下至諸小鬼神，凡千七百所，用三牲鳥獸三千餘種。後不能備，乃以雞當鶩雁，犬當麋鹿。」[15]給後人留下談說不盡的笑柄。

東漢以王莽政權為餘分閏位，在天地祀典上卻基本繼承了王莽所定制度。

與天地同等重要的供奉對象是自己的祖先。古代從帝王、諸侯，到大夫、士，祭祖之所均稱宗廟。商周以來，對廟制有嚴格規定。對於宗周的廟制，《禮記·王制》記載：「天子七廟，三昭三穆，與大祖之廟而七；諸侯五廟，二昭二穆，與大祖之廟而五；大夫三廟，一昭一穆，與大祖之廟而三；士一廟；庶人祭於寢。」天子七廟中，始祖居中，以下按左昭右穆順序排列。昭穆之間是父子關係，即父為昭，子為穆。除始祖世世供奉外，在世帝王從父、祖向上奉六世祖之祀。秦在宗廟制度方面，基本承周制，故賈誼《過秦論》中有「一夫作難而七廟墮」之言。漢代廟制有自己的特點。主要是七世祖以上仍以各種理由繼續供奉，

14 顧頡剛：《秦漢的方士與儒生》，115 頁。
15 《漢書·郊祀志下》。

第八章第二節的《宗廟迭毀之議》，對此有詳細介紹。

秦始皇陵

秦始建園寢之制，以祀先祖。園寢就是在先帝陵墓旁，建「正寢以象平生正殿，又立便殿為休息閑宴之處」[16]。在園寢設祭制度為漢所繼承。

宗廟與園寢之祭的內容與形式都很複雜。漢代二者常常合為一體，有「日祭於寢，月祭於廟，時祭於便殿」[17]的規定。在日祭、月祀、時享的常制之外，還有古來相傳的「禘」、「祫」廟祭大禮。「禘」是在始祖廟以始祖配祭而舉行的追祀大典，「祫」是集合遠近祖先的神主，在太祖廟舉行的大合祭。原則上說「禘」五年一次，「祫」三年一次，實際上古人常以「禘」、「祫」通稱宗廟合祭大典，二者並無太大區別。

對名山大川的祭祀稱「旅」、「望」。古代祭山川的原則是天子祭天下名山大川，諸侯祭山川之在其境內者。秦統一後，規定了在全國範圍內所祭祀的山川。崤山以東，禮祠嵩山、恆山、泰山、會稽、湘山、濟水、淮水等五山二川；華山以西，禮祠華山、薄山、嶽山、岐山、吳嶽、鴻塚、瀆山、黃河、沔水、湫淵、長江等七山四川。漢興，山川祭祀之禮或興或廢。雖然高祖有上帝及山川諸神各以其時禮祠的詔令，但較多採用的可能仍是帝王巡行，「所過禮祠其名山大川」[18]的方式。文帝十五年（前 165 年），曾「修名山大川嘗祀而絕者，有司以歲時致禮」[19]。武帝建元元年（前 140 年），也曾下詔：「河海潤千里，其令祠官修山川之祠，為歲事，曲加禮。」[20]宣帝神爵元年（前 61 年），對泰山、嵩山、灉山、華山、常山等五嶽和河、江、淮、濟等四瀆，都定下禱祠時間與地點，「皆使者

---

16 顏師古：《漢書注‧武帝紀》。
17 《漢書‧韋玄成傳》。
18 《漢書‧武帝紀》。
19 《漢書‧文帝紀》。
20 《漢書‧武帝紀》。

持節侍祠。唯泰山與河歲五祠，江水四祠，餘皆一禱而三祠」。「自是五嶽四瀆皆有常禮」[21]，漢代山川祭祀之制基本固定下來。

封禪是一種特殊的祭祀天地儀式，起於何時已不可考，其意義是帝王得天下、致太平後，因「天命以為王，使理群生」，所以要「告太平於天，報群神之功」[22]。封禪儀式是在「泰山上築土為壇以祭天，報天之功」，即所謂「封」，和在「泰山下小山上除地，報地之功」，即所謂「禪」。「言禪者，神之也」[23]，而「或曰封者，金泥銀繩，或曰石泥金繩，封之印璽也」[24]。

秦始皇統一六國後，為宣傳自己的功烈為三皇五帝所不及，以鞏固大一統政權，想起了古來相傳的封禪大典。

即帝位的第三年，秦始皇巡行郡縣，來到泰山。他與隨行的七十餘名齊魯儒生博士商議封禪的具體步驟。可是這些人說法各異，讓他感到無所適從，於是貶黜儒生，「而遂除車道，上自泰山陽至巔，立石頌秦始皇帝德，明其得封也。從陰道下，禪於梁父。其禮頗采太祝之祀雍上帝所用，而封藏皆秘之，世不得而記也」[25]。秦始皇上泰山途中，正遇上暴風雨，這使得被斥退未能參與其事的儒生有了譏諷的口實。後來秦二世而亡，人們便把這次封禪看成了無其德而用其事的典型事例。

漢初實行無為而治的政策，從高祖到景帝，都未有過封禪之舉。武帝在數年積累起來的雄厚物資力量基礎上，大興功業，取得了「制度遺文，後世莫及」的成就，報功上蒼成了官僚士大夫階層的普遍願望，武帝本人又十分信奉天人感應的神學理論，這樣，封禪大典便勢在必行了。

武帝為舉行這個曠世盛典，做了數年的準備。他與公卿儒生商議此事，可這

21 《漢書‧郊祀志下》。
22 張守節：《史記正義‧封禪書》引《五經通義》。
23 張守節：《史記正義‧封禪書》。
24 張守節：《史記正義‧封禪書》引《白虎通》。
25 《史記‧封禪書》。

種事古來少見，誰也說不清具體的形式，有的儒生從《尚書》、《周官》等古書中找到天子望祀山川要親射牲的記載，九十多歲的丁公說如果不遇到風雨，就可以行封，武帝覺得可行，命諸儒習射牛事，並草封禪之儀。他又聽方士們說黃帝封禪時，曾出現許多神奇怪誕之物，便留意羅致。大典將行之時，他拿出封禪時用的禮器徵求儒生們的意見，可迂腐的儒生們沒有揣摩透武帝急於向上天稟告功業的心思，「既已不能辯明封禪事，又拘於《詩》、《書》古文而不敢騁」，不能提出建設性的意見，只知道說與古書如何不同，或是挑些習禮上的毛病。武帝在失望之餘，「盡罷諸儒弗用」[26]，「乃自製儀，采儒術以文焉」[27]。在做了「先類祠泰一」、「東幸緱氏，禮登中嶽太室」、「令人上石立之泰山巔」、「東巡海上，行禮祠八神」[28]等一系列準備活動之後，西元前一一〇年四月，正式開始封禪大典。對這個盛典，《史記‧封禪書》作了詳細記載：「天子至梁父，禮祠地主。乙卯，令侍中儒者皮弁薦紳，射牛行事。封泰山下東方，如郊祠太一之禮。封廣丈二尺，高九尺，其下則有玉牒書，書秘。禮畢，天子獨與侍中奉車子侯上泰山，亦有封，其事皆禁。明日，下陰道。丙辰，禪泰山下址東北肅然山，如祭后土禮。天子皆親拜見，衣上黃而盡用樂焉。江淮間一茅三脊為神藉。五色土益雜封。縱遠方奇獸蜚禽及白雉諸物，頗以加禮。兕牛犀象之屬不用。皆至泰山祭后土。封禪祠。其夜若有光，晝有白雲起封中。」封禪期間，天公作美，無風雨災，這使武帝十分得意。回甘泉後，宣布當年改元元封。不過，單獨與他行封泰山事的奉車子侯在歸途中暴卒，不免讓人們對封禪真相有所懷疑。

首次封禪後，武帝定下每五年一封禪的制度，但除了他自己外，子孫們可能都未舉行過這樣的大典。

東漢光武帝為保住拚命打下的江山，增強新生政權的凝聚力，於建武三十二年（56 年）也舉行了一次封禪大典。這次典禮基本採用武帝成式，不同的是摻雜了大量讖緯內容，蒙上了更濃的神秘色彩。

---

26 《漢書‧郊祀志上》。
27 《漢書‧公孫弘卜式兒寬傳》。
28 《漢書‧郊祀志上》。

第二節·

# 民間信仰
# 與世俗迷信

　　民間信仰是民眾精神生活的重要組成部分，對於社會經濟文化有穩定的影響。由於文明程度的限制，中國古代的民間信仰摻雜著大量迷信內容，有時成為宗教的溫床。世俗迷信雖荒誕不經，卻能歷數千載而不衰。「夫論解除，解除無益；論祭祀，祭祀無補；論巫祝，巫祝無力。竟在人不在鬼，在德不在祀，明矣哉！」[29]不要說古人沉迷其中難以自拔，就是今日，像王充這樣的清醒者，又能有幾人？

## 一、淫祀

　　古代統治者以神道設教，崇祀天地祖先山川百神。按照禮制，各等級的人有不同的祭祀內容。一般是天子祭天地、五嶽、四瀆，諸侯祭名山大川之在其地者，大夫祭五祀，士祭門、戶，庶人祭祖。關於祭五祀，王充解說：「五祀，報門、戶、井、灶、室中霤之功。門戶，人所出入，井灶，人所飲食，中霤，人所

---

29 王充：《論衡・解除篇》。

託處，五者功鈞，故俱祀之。」[30]他說：庶人祭祖是因為「宗廟，己之先也。生存之時，謹敬供養，死不敢不信，故修祭祀，緣生事死，示不忘先。」[31]在他看來，「凡祭祀之義有二：一曰報功，二曰修先。報功以勉力，修先以崇恩。力勉恩崇，功立化通，聖王之務也。」所以上述祭祀「皆法度之祀，禮之常制也。」[32]

可當時人們的普遍心態是「世信祭祀，以為祭祀必有福，不祭祀必有禍。是以病作卜祟，祟得修祀，祀畢意解，意解病已，執意以為祭祀之助，勉奉不絕。謂死人有知，鬼神飲食，猶相賓客，賓客悅喜，報主人恩矣」。就有些失去祭祀本意了，所以「其修祭祀，是也；信其享之，非也」[33]。由祈福的功利心態發展下去，便出現了更普遍存在的淫祀問題。

所謂淫祀，是指在禮制所規定範圍之外的祭祀活動。孔子言：「非其鬼而祭之，諂也。」[34]淫祀雖為正宗士大夫所不齒，但由於人們對天地自然一直懷有非常崇敬的神秘感，又無法擺脫禳災趨福的世俗心理，所以它具有廣泛的社會基礎，連統治者有時也趨之若鶩。這裡主要討論普通民眾的淫祀問題。

下面的兩個例子很可以說明淫祀的產生真相。其一：「汝南鮦陽有於田得麇者，其主未往取也。商車十餘乘經澤中行，望見此麇著繩，因持去。念其不事，持一鮑魚置其處。有頃，其主往，不見所得麇，反見鮑魚，澤中非人道路，怪其如是，大以為神，轉相告語，治病求福，多有效驗。因為起祀舍，眾巫數十，帷帳鐘鼓，方數百里皆來禱祀，號鮑君神。其後數年，鮑魚主來歷祠下，尋問其故，曰：『此我魚也，當有何神？』」其二：「汝南南頓張助於田中種禾，見李核，意欲持去，顧見空桑中有土，因植種，以餘漿溉灌。後人見桑中反覆生李，轉相告語。有病目痛者息陰下，言：『李君令我目愈，謝以一豚。』目痛小疾，亦行自愈。眾犬吠聲，因盲者得視，遠近翕赫，其下車騎常數千百，酒肉滂沱。

---

30 王充：《論衡·祭意篇》。
31 王充：《論衡·祀義篇》。
32 王充：《論衡·祭意篇》。
33 王充：《論衡·祀義篇》。
34 《論語·為政》。

間一歲餘，張助遠出來還，見之，驚云：『此有何神，乃我所種耳。』因就斫也。」[35]

衰亂之世，社會缺乏向上的活力，民眾失去生活信心，人心惶惶，善驚難安，更容易造成迷信活動的氾濫。王充之言：「衰世好信鬼，愚人好求福」[36]，實為至理名言。哀帝之時，出現了傳行西王母籌的怪事。《漢書·哀帝紀》載：「（建平）四年春，大旱，關東民傳行西王母籌，經歷郡國，西入關，至京師。民又會聚祠西王母，或夜持火上屋，擊鼓號呼相驚恐。」《漢書·五行志》記載稍詳：「哀帝建平四年正月，民驚走，持稾（禾稈）或栿（麻稈）一枚，傳相付與，曰行詔籌。道中相過逢多至千數，或被髮徒踐，或夜折關，或逾牆入，或乘車騎賓士，以置驛傳行，經歷郡國二十六，至京師。其夏，京師郡國民聚會里巷仟佰，設張博具，歌舞祠西王母。又傳書曰：『母告百姓，佩此書者不死。不信我者，視門樞下，當有白髮。』至秋止。」

淫祀給民眾造成沉重負擔，影響百姓的正常生活，有時也會衝擊政治。因而不少清正官員上書痛陳其弊，呼籲禁絕之。各政府也時而下令予以禁止。東漢和熹鄧皇后就曾令有司罷諸祠官不合典禮者。因各種複雜原因，禁淫祀的詔令和建議都沒有得到很好貫徹。

賢明的地方長官也常嚴厲禁絕以勵風俗。第五倫禁會稽淫祀是較典型的例子：「會稽俗多淫祀，好卜筮，民常以牛祭神。百姓財產以之困匱，其自食牛肉而不以薦祠者，發病且死者先為牛鳴，前後郡將莫敢禁。倫到官，移書屬縣，曉告百姓。其巫祝有依託鬼神詐怖愚民，皆案論之。有妄屠牛者，吏輒行罰。民初頗恐懼，或祝詛妄言，倫案之愈急，後遂斷絕，百姓以安。」[37]更高明的長官則以興教化來抵制陋俗，達到移風易俗的目的。

---

35 《風俗通義·怪神》。
36 王充：《論衡·解除篇》。
37 《後漢書·第五鍾離宋寒列傳》。

## 二、神與自然崇拜

自然崇拜源於原始社會，秦漢時期內容更加廣泛。概括起來有三類：

一是山神崇拜。它是人類早期的一種自然崇拜。一些名山後為官方祭祀所壟斷，西漢時期，更確立了以五嶽（東嶽泰山、中嶽嵩山、西嶽華山、南嶽衡山、北嶽恆山）為代表的山嶽祭祀系統。自東漢始，對山神興雲作雨的自然功能的崇拜逐步消失，而其主宰人們仕途升遷、人間生老病死的社會功能日益被突出出來。如泰山，秦西漢時一直是君主溝通天地的封禪聖地。自東漢起卻一變而為治鬼之府，泰山神被稱為「泰山府君」，掌管陰府。當時被人們視為藏神臥仙之所的山或岩石主要有崑崙山、嵩山、華山、恆山、霍太山、會稽山、茅山、管涔山、敬亭山、慈姥山、石鹿山、母雨山、陰陽山、送子石等。

二是水神崇拜。古人認為河流是由神靈掌握的，為了防止河流神懲罰，就須舉行祭祀。這種傳統信仰也一直傳到了秦漢時期。河流崇拜的地方性很強，無統一的河流神。漢代官方祭祀「四瀆」，即長江、黃河、淮水、濟水四條著名河流。但民間卻仍保留自己獨特的地方水神。如江神（長江）在各地就很不一樣，蜀地以奇相為江神，楚地則以湘夫人為江神，吳越卻以伍子胥為江神。

三是植物、動物崇拜。古人對一些動植物旺盛的生命與神秘的自然屬性感到不可理解，從而產生崇拜。秦漢時代，動植物崇拜開始由複合型怪物的圖騰崇拜轉變為具有社會職能的人化神崇拜。如西王母，《山海經》上描述為「其狀如人，豹尾虎齒而善嘯」的怪異動物，可是到漢代，卻已是皓齒而白髮的老嫗，後來又成了容顏絕世的「靈人」，因其有禳災增福，增壽添祿等功能而受到民間崇拜。此外流行於秦漢的動植物神，主要還有狐仙（漢魏時多稱阿紫，且是女仙）、稷神、「四靈」（麟、鳳、龜、龍，西漢時與「四方」觀念結合，稱為「四方神獸」）、蠶神等。這一時期，動植物崇拜的範圍十分廣泛。一些樹能預兆吉凶，如嘉禾生、木連理為吉祥之兆，樹上結冰掛或樹久枯而復榮則為不祥之兆。一些樹木能避邪驅鬼，如元日人們掛桃符於門以避邪。當時人們認為吉祥的動物有鳳凰、鸞、烏龍、麒麟、雀、雉、白虎、白狼、白鵝、白兔等。此外，一些動

物的變異（如兩足虎、雌雞變雄雞等）則會給人們帶來災難。

秦漢時期，人神、人鬼崇拜也很盛行。一些著名的歷史人物和傳說中的人物已被神化而受到人們的祭祀。這些被神化的人物主要有黃帝、蚩尤、伏羲、女媧、赤松子、堯、舜、禹、奚仲、周文王、姜太公、趙武靈王、衛靈公、晉王、孫叔敖、介子推、西門豹等。此外，一些當時的官吏帝王也被神化而為民間所祭祀，他們是秦始皇、項羽、劉邦、戚夫人、張良、漢武帝等。還有一些當時民間普通人也被神化。

秦漢人們對生活器具的崇拜主要有灶神崇拜、門神崇拜和槎（一種木或竹做的筏子）、船神崇拜。祭門神一般是在陰曆年除夕（或正月初一），家家戶戶貼門神畫於門，漢代門神有其具體的形象和姓氏，即神荼和鬱壘。在正月十五日這一天，人們先用楊枝插於左右門上，然後在楊枝所指向的地方擺上酒脯飲食、豆粥、糕，並插上筷子供其享用。灶神，其職能從西漢開始，已由掌管飲食轉向掌管人的壽夭禍福。後來，則成為天帝派駐人間的使者，負責督察人們的過失，定期向其彙報。祭灶神具體作法是，在一個月的最後一天夜晚，擺上供品讓其享用，以便讓它這夜升天後為主人說好話。槎、船崇拜多發生在南方。

# 三、方士與巫術

秦漢時期方術之士活躍，一方面由於有流行的陰陽五行學說作為知識背景，另一方面是由於秦始皇、漢武帝等帝王的倡導。

秦始皇和漢武帝都對得道成仙有執著的追求，因而都受盡了方士們的戲弄。漢武帝先是尊重善祠灶、穀道、卻老方的李少君。可不久李少君自己卻病死了。齊人少翁接踵而來，因為用方術使武帝隔著帷幕隱約見到了想念的已故王夫人，便被拜為文成將軍，並「賞賜甚多，以客禮禮之」。少翁在武帝身邊呆了一年有餘，「其方益衰，神不至」，為了保住地位，他靈機一動，用自己寫好的帛書餵牛，然後報告說：這只牛腹中有奇物。將牛殺死後，得到了帛書。正當少翁得意

之際，武帝認出了他的筆跡，盛怒之下將其殺掉。沒有方術在身邊活動，武帝時感寂寞難耐，後悔不該將少翁殺死。這時有人向他推薦了少翁的同學欒大。欒大「為人長美，言多方略，而敢為大言，處之不疑」。武帝一見大喜，拜他為五利將軍，不到一個月光景，又加拜天士將軍、地士將軍、大通將軍，封為樂通侯。「賜列侯甲第，僮千人。乘輿斥車馬帷幄器物以充其家。又以衛長公主妻之，齎金萬斤，更命其邑曰當利公主。天子親如五利之第。使者存問供給，相屬於道。自大主將相以下，皆置酒其家，獻遺之。於是天子又刻玉印曰『天道將軍』，使使衣羽衣，夜立白茅上，五利將軍亦衣羽衣，夜立白茅上受印，以示不臣也。」折騰得天翻地覆，五利將軍也沒有入海為他求來神仙。為了矇騙武帝，欒大謊稱在求神時見到了自己的神仙師傅，可是武帝派去偷偷監視他行蹤的人，一直沒有窺探到什麼奇蹟。武帝在失望之餘，又將欒大殺死。可笑的是，武帝在一次次上當之後，仍執迷不悟，明知「方士之候祠神人，入海求蓬萊，終無有驗」。「然羈縻不絕，冀遇其真。」

上有所好，下必甚焉，統治者的優禮，使天下方士靡然向風。武帝優寵欒大之時，使得「海上燕齊之間，莫不搤捥而自言有禁方，能神仙矣」。此後「方士言神祠者彌眾」[38]。把全國弄得烏煙瘴氣。

神仙禱祠之外，最流行的巫術為厭勝之法。當時婦人多習之，以詛咒怨家。王公貴族的深宅大院之中，此類把戲被作為爭寵奪嗣的工具，不斷上演著。「巫術多端，詒害最甚者，莫如厭詛。武帝之世，敗及皇后、太子、宰相，其後，廣陵厲王、中山孝王太后，亦以此敗。息夫躬以祝詛敗東平王，卒亦自及。後漢和帝陰皇后、靈帝宋皇后、和帝幸人吉成、光武子阜陵質王延、三國吳孫亮，無不遭此禍者，亦云酷矣。」[39]

因巫術大行，操其術的巫祝漸多。「巫師有時被描繪成動物或其他的奇形怪狀；他們可能被畫成一棵樹，或者有蛇作伴。他們通過念咒或舞蹈，有時進入迷

---

38 以上引文均見《史記・封禪書》。
39 呂思勉：《秦漢史》，811 頁。

惘狀態和胡言亂語,來達到他們預期的效果。他們除了在長江流域大肆活動,在淮河流域和山東半島也特別活躍。……這只能推論出,他們也普遍地在其他地方活動。」[40]武帝曾奉巫人神君若神明。昭帝時「世俗飾偽行詐,為民巫祝,以取厘謝,堅頟健舌,或以成業致富,故憚事之人,釋本相學。是以街巷有巫,閭里有祝」[41]。巫祝已成為令人羨慕的職業。

東漢時期,巫術五花八門,有的漸成習俗。如「五月五日,以五彩絲繫臂者,辟兵及鬼,令人不病溫」。「五月五日續命縷,俗說以益人命。」[42]「八月一日是六神日,以露水調朱砝蘸小指,宜點灸去百病。」[43]「又永建中京師大疫,云癘鬼字野重遊光。亦但流言,無指見之者。其後歲歲有病,人情愁怖,復增題之,冀以脫禍。今家人織縑新,皆取著後縑絹二寸許繫戶上,此其驗也。」[44]由巫風導致時俗奢靡,進步思想家王符在《潛夫論》中痛陳此弊:「《詩》刺『不績其麻,女也婆娑。』今多不修中饋,休其蠶織,而起學巫祝,鼓舞事神,以欺誣細民,熒惑百姓。婦女羸弱,疾病之家,懷憂憒憒,皆易恐懼,至使奔走便時,去離正宅,崎嶇路側,上漏下濕,風寒所傷,奸人所利,賊盜所中,益禍益祟,以致重者不可勝數。或棄醫藥,更往事神,故至於死亡,不自知為巫所欺誤,乃反恨事巫之晚,此熒惑細民之甚者也。或裁好繒,作為疏頭,令工采畫,雇人書祝,虛飾巧言,欲邀多福。或裂拆繒綵,裁廣數分,長各五寸,縫繪佩之。或紡彩絲而縻,斷截以繞臂。此長無益於吉凶,而空殘滅繒絲,縈悸小民。或剗削綺縠,寸竊八采,以成榆葉、無窮、水波之紋,碎刺縫紩,詐為笥囊、裙襦、衣被,費縑百縑,用功十倍。」[45]

40 《劍橋中國秦漢史》,718頁,北京,中國社會科學出版社,1992。

41 《鹽鐵論·散不足》。

42 《藝文類聚》卷四引《風俗通》。

43 《天中記》卷五引《風俗通》。

44 《太平御覽》卷二十三引《風俗通》。

45 王符:《潛夫論·浮侈》。

# 四、卜筮與相法

占卜、風角、相術、解夢等都是流傳數千年的傳統方術。秦漢時期，這些方術都曾盛行一時。

占卜在此時有著廣泛的社會基礎。人們或以占卜進行預測，或以之決定行止，或在數種意向並存時做出選擇。陳平、周勃等群臣誅滅諸呂之後，迎立時為代王的文帝。文帝「猶與未定，卜之龜，卦兆得大橫。占曰：『大橫庚庚，余為天王，夏啟以光。』」[46]於是文帝下定入朝即位的決心。此事成為卜者自炫之資，「代王之入，任於卜者。太卜之起，由漢興而有」[47]，以後占卜之事更興。武帝在位，「數年之間，太卜大集」。「會上欲擊匈奴，西攘大宛，南收百越，卜筮至預見表象，先圖其利。及猛將推鋒執節，獲勝於彼，而蓍龜時日亦有力於此。上尤加意，賞賜至或數千萬。如丘子明之屬，富溢貴寵，傾於朝廷。」有時占卜與巫蠱等術合用，成為剷滅政敵的工具：「至以卜筮射蠱道，巫蠱時或頗中。素有睚眥不快，因公行誅，恣意所傷，以破族滅門者，不可勝數。」[48]占卜的方法，主要是以龜占卜和以蓍草占卜兩種。漢武帝時曾從南越引進雞卜之法，到東漢時，又出現了逢占、挺專、孤虛、元氣、六日七分等諸多占卜花樣。

「『風角』之詞用來指漢代最常見的祈求神諭的形式之一。它依靠對風向、起風處、起風時、風速及其猛烈程度的觀察。根據這類自然現象，就可以斷定即將發生的事：或者它們能預先提出將發生暴力搶劫或失火等事件的警告。在元旦拂曉，人們通常把風作為未來的預兆來觀察。蔡邕稱這種風為『天之號令，所以教人也』。包括張衡、李固及諸如鄭玄等人在內的一批中國的主要的思想家和政治家也精於風角的玄秘之說。……在東漢，可能設置了負責觀察風的情況的官員。漢以後，風角的占卜逐漸與兵法結合起來。」[49]風角和星占、擇日等方術有龐雜的知識系統，而運用之妙，則存乎一心。

---

46 《史記·孝文本紀》。
47 《史記·日者列傳》。
48 以上引文均見《史記·龜策列傳》。
49 《劍橋中國秦漢史》，722-723 頁。

相信相術的人歷代不絕，連很多史家都信之不疑，熱衷於對其進行宣傳。史書中記載相者之言應驗的例子不勝枚舉。呂公善相人，看出劉邦相貌不凡，於是以女兒妻之。劉邦未發跡時，呂后與兩個孩子在田中勞作，有客過，相其母子皆大貴。漢末朱建平以善相稱，曾於宴席之上，為曹丕等座中三十餘人看相，預言禍福，後皆應驗。其實，這類傳聞或是億則屢中的巧合，或是在傳播中增飾放大的結果，再有就是相家自炫其術或別有用心者編造的謊言。東漢順帝梁皇后入宮前，其父梁商便對她寄予厚望。十三歲入宮時，「相工茅通見後，驚，再拜賀曰：『此所謂日角偃月，相之極貴，臣所未嘗見也。』」[50]於是被封為貴人。這類把戲在中國政治舞臺屢屢上演。以骨相預測人生，至今猶有市場。王充這樣的思想家也認為「富貴之骨，不遇貧賤之苦；貧賤之相，不遭富貴之樂。」[51]以為人生的命運與相貌之間存在著某種必然的聯繫。難怪庸人沉迷其中，不可自拔了。

解夢雖無根據，然信者言之鑿鑿，皆以為有驗。《三國志‧方技傳》記漢末人周宣為人解夢之事非常有趣：「嘗有問宣曰：『吾昨夜夢見芻狗，其占何也？』宣答曰：『君欲得美食耳！』有頃，出行，果遇豐膳。後又問宣曰：『昨夜復夢見芻狗，何也？』宣曰：『君欲墮車折腳，宜戒慎之。』頃之，果如宣言。後又問宣：『昨夜復夢見芻狗，何也？』宣曰：『君家失火，當善護之。』俄遂火起。語宣曰：『前後三時，皆不夢也。聊試君耳，何以皆驗邪？』宣對曰：『此神靈動君使言，故與真夢無異也。』又問宣曰：『三夢芻狗而其占不同，何也？』宣曰：『芻狗者，祭神之物。故君始夢，當得餘食也。祭祀既訖，則芻狗為車所轢，故中夢當墮車折腳也。芻狗既車轢之後，必載以為樵，故後夢憂失火也。』」占夢術也可作為政治工具。和帝鄧皇后未貴前，「嘗夢捫天，蕩蕩正青，若有鐘乳狀，乃仰嗽飲之。以訊諸占夢，言堯夢攀天而上，湯夢及天而咶，斯皆聖王之前占，吉不可言」。對此的渲染成為她地位上升的重要階梯。

術士中有隱於市的高士。《史記‧日者列傳》記：楚人司馬季主卜於長安東市，以一番高論說得「宋忠、賈誼，忽而自失，芒乎無色，悵然噤口不能言。於

50 《後漢書‧皇后紀下》。
51 王充：《論衡‧骨相篇》。

是攝衣而起,再拜而辭。行洋洋也,出門僅能自上車,伏軾低頭,卒不能出氣」。也有託名隱居以求顯者。樊英「習《京氏易》,兼明五經,又善風角、星算,河洛七緯,推步災異。隱於壺山之陽,受業者四方而至。州郡前後禮請不應,公卿舉賢良方正、有道,皆不行。……至(永建)四年三月,天子乃為英設壇席,令公車令導,尚書奉引,賜几杖,待以師傅之禮,延問得失。英不敢辭,拜五官中郎將。……英初被詔命,僉以為必不降志,及後應對,又無奇謨深策,談者以為失望。張楷與英俱徵,既而謂英曰:『天下有二道,出與處也。吾前以子之出,能輔是君也,濟斯人也。而子始以不訾之身,怒萬乘之主,及其享受爵祿,又不聞匡救之術,進退無所據矣。』」[52]

秦漢時期流行的方術還有占星、望氣、相宅等。

「詳觀眾術,抑惟小道,棄之如或可惜,存之又恐不經。」《晉書‧藝術列傳序》中的這段話,表現出正宗史家對此的矛盾態度。傳統文化中很多神秘的東西,就是在疑似之間曲折地存活下去並發展起來的。

# 五、禁忌

禁忌是世俗迷信的重要一端,「世俗信禍祟,以為人之疾病死亡,及更患被罪,戮辱歡笑,皆有所犯。起功、移徙、祭祀、喪葬、行作、入官、嫁娶,不擇吉日,不避歲月,觸鬼逢神,忌時相害。故發病生禍,絓法入罪,至於死亡,殫家滅門,皆不重慎,犯觸忌諱之所致也。」[53]樂此不疲者動輒得咎,無所措手足。

秦漢時期的忌諱,僅《論衡》中列舉出來進行批判者,便足以讓人們眼界大開。「俗有大諱四。一曰西益宅。西益宅謂之不祥,不祥必有死亡,相懼以此,故世莫敢西益宅。……二曰諱被刑為徒,不上丘墓。但知不可,不能知其不可之

---

52 《後漢書‧方術列傳上》。
53 王充:《論衡‧辨祟篇》。

意。問其禁之者，不能知其諱；受禁行者，亦不曉其忌。連相仿效，至或子被刑，父母死，不送葬，若至墓側，不敢臨葬。其失至於不行吊傷，見佗人之柩。……三曰諱婦人乳子，以為不吉。將舉吉事，入山林，遠行，度川澤者，皆不與之交通。乳子之家，亦忌惡之，舍丘墓廬道畔，逾月乃入，惡之甚也。……四曰諱舉正月、五月子。以為正月、五月子殺父與母，不得舉也。已舉之，父母偶死，則信而謂之真矣。」[54]這是王充歸納出來的四種當時人最重視的忌諱。

其他忌諱眾多，如「葬曆曰：『葬避九空、地臽，及日之剛柔，月之奇耦。日吉無害，剛柔相得，奇耦相應，乃為吉良。不合此曆，轉為凶惡。』」「又曰『雨不克葬，庚寅日中乃葬。』」「沐書曰：『子日沐，令人愛之；卯日沐，令人白頭。』」「裁衣有書，書有吉凶。凶日制衣則有禍，吉日則有福。」「工伎之書，起宅蓋屋必擇日。」「又學書諱丙日，云倉頡以丙日死也。禮不以子、卯舉樂，殷、夏以子、卯日亡也。」[55]真是舉手投足，無不觸忌遇諱。此風綿延數千年，至今未絕。

與禁忌相配合的是解除之法。「解逐之法，緣古逐疫之禮也。昔顓頊氏有子三人，生而皆亡，一居江為虐鬼，一居若水為魍魎，一居區隅之間主疫病人。故歲終事畢，驅逐疫鬼，因以送陳、迎新、內吉也。世相仿效，故有解除。」解除之法亦有多端，如「世間繕宅舍，鑿地掘土，功成作畢，解謝土神，名曰解土。為土偶人，以象鬼神，令巫祝延以解土神。」[56]

對於禁忌之失，王充有很好的論說：「或有所犯，抵觸縣官，羅麗刑法，不曰過所致，而曰家有負。居處不慎，飲食過節，不曰失調和，而曰徙觸時。死者累屬，葬棺至十，不曰氣相汙，而曰葬日凶。有事歸之有犯，無為歸之所居。居衰宅耗，蜚凶流屍，集人室居，又禱先祖，寢禍遺殃。疾病不請醫，更患不修行，動歸於禍，名曰犯觸。用知淺略，原事不實，俗人之材也。」[57]這是清醒的

54 王充：《論衡・四諱篇》。
55 王充：《論衡・譏日篇》。
56 王充：《論衡・解除篇》。
57 王充：《論衡・辨祟篇》。

理性認識，可惜庸人沉迷既深，良方亦難解其蔽。

王充認為應把迷信鬼神的忌諱，與行為謹慎和禮義之禁區別開來。「若夫曲俗微小之諱，眾多非一，咸勸人為善，使人重慎，無鬼神之害、凶醜之禍。世諱作豆腐惡聞雷，一人不食，欲使人急作，不欲積家逾至春也。諱厲刀井上，恐刀墮井中也；或說以為刑之字，井與刀也，厲刀井上井刀相見，恐被刑也。毋承屋簷而坐，恐瓦墮擊人首也。毋反懸冠，為似死人服；或說惡其反而承塵溜也。毋偃寢，為其象屍也。毋以箸相受，為其不固也。毋相代掃，為修冢之人冀人來代己也。諸言毋者，教人重慎，勉人為善。《禮》曰：『毋搏飯，毋流歠。』禮義之禁，未必吉凶之言也。」[58]這個看法很有見地。仔細分析起來，他所列上述忌諱，有些是暗含科學道理的。

## 第三節 ·
# 道教的創立

## 一、道教產生的思想根源

漢代統治者為鞏固大一統政權，穩定社會秩序，大力宣揚神學化的儒學，用天人合一的宇宙觀，把人間政權與上帝的永恆天國對應起來，論證封建制度的合理。他們把陰陽五行作為天人感應的媒介，宣傳符命讖緯以神化統治。普通民眾

---

58 王充：《論衡·四諱篇》。

則懷著對上蒼的虔誠，祈盼著生活的安定幸福，祈福禳災的世俗迷信相當流行。兩漢的精神世界彌漫著濃厚的神秘主義氣息，成為道教產生的溫床。

讖緯之學是道教的思想淵源之一。在儒學宗教化過程中，出現了讖緯這一怪胎。在圖讖和緯書中，有大量星象預示吉凶、善惡影響壽夭、巫術驅鬼、西王母靈異、黃帝原為北斗黃神、孔子是黑龍之種等神異內容。它大量吸收當時流行的神仙思想和鬼神觀念，並把它們系統化、理論化。一方面使儒學進一步宗教化，另一方面也豐富了宗教思想，為道教的產生提供了很多營養，造成了合適的氣候和土壤。

傳統的鬼神觀念是道教的又一思想淵源。秦漢時期統治者重鬼神祠祀，秦始皇、漢武帝都樂此不疲。漢武帝還把奉祠天神與巫道混合為用，推進了高級迷信與低級迷信的聯合。這一時期陰陽五行學說與鬼神信仰進一步結合，形成五方五色神靈等神異觀念，為道教所吸取。「鬼神崇拜由來已久，秦漢王朝各代統治者對鬼神的廣泛崇拜，乃是當時社會上普遍存在的宗教迷信思潮的反映，這種普遍存在的宗教迷信思潮，為產生新的宗教或接受外來宗教造就了適宜的氣氛。」[59]

從戰國到漢代流行的黃老之學，逐漸衍生成與刑名法術結合的道德學術家、與陰陽五行結合的陰陽數術家和與養生之術結合的神仙方技家三大流派。講君王南面之術的道德說淡出政壇後，陰陽數術家和神仙方技家在社會上卻產生相當大的影響，黃帝和老子都越來越被神化、仙化。奉黃老以求長生、求成仙的風氣遍及朝野，體現出濃郁的宗教氣息。道教形成宗教體系，崇奉黃帝、老子，推他們為始祖、教主，正是這種社會風氣薰陶的結果。

道教以「道」為最高信仰，打著老子的旗號，其實它的「道」（即根本教義）與老子、莊子創立的道家學說是不同的。老、莊崇尚自然，主張清心寡欲，清靜無為。莊子雖講過神仙之類的寓言，但並不主張求仙。道教以修道成仙思想為核心，鼓吹世上有神仙存在，相信人通過修煉可以長生不老，得道成仙，與神仙方

---

59 卿希泰主編：《中國道教史》第 1 卷，42-43 頁，成都，四川人民出版社，1988，本節參據此書有關內容。

術學說有更直接的聯繫。卿希泰先生認為戰國以來神仙術士們鼓吹的方仙道,是道教孕育產生的前奏。他說:「方仙道是戰國至秦漢間方士所鼓吹的成仙之道,其著名的代表人物,在戰國末年為宋毋忌、正伯橋、充尚、羨門高等人;秦始皇時有徐福、韓終、侯公、石生、盧生等人;漢武帝時有李少君、謬忌、少翁、欒大、公孫卿等神仙方士。他們宣揚長生成仙的信仰;聲稱黃帝是長生成仙的榜樣而倍加推崇,儼然奉之為祖師;提出了多種修煉成仙的方術。主要是尋仙人和不死之藥,以及祠灶祭神等,特別是宣導化丹砂為黃金的煉丹術,是方仙道的突出特點和重大貢獻。方仙道所具有的這些信仰神仙、崇奉黃帝、主張服食丹藥成仙等特徵,表明它是道教孕育過程的重要階段。」[60]

對於道教的醞釀產生,《老子河上公注》、《太平經》等重要理論著作起了直接推動作用。

《老子河上公注》是用宗教學說闡釋《老子》的重要著作,後來被列為道門必讀的經典。它利用漢代的哲學、醫學和養生學成果注釋《老子》,闡明修道養生的理論和方法。它認為道就是元氣,是萬物的本源;治國與治身是統一的,得道應道則安康、失道背道則傷亡;要通過除情去欲、安靜無為、愛氣養神,達到安樂長生的目的。它也宣傳天道報施,行善積福的修道思想。

《太平經》又名《太平清領書》,是一部百七十卷的鉅著。《後漢書‧襄楷傳》記載東漢順帝時宮崇曾詣闕上其書,「後張角頗有其書焉」。「它繼承了道家哲學、陰陽五行學說、傳統的宗教思想、巫術以及儒家的倫理觀念,吸收了當時的天文學、醫藥學、養生學等自然科學成就,建立起一套宗教神學的龐雜的理論體系。這部自稱為神書或天書的《太平經》,論述了天地人和萬物的起源及其相互協力的生存法則;描繪了公平、大樂、無災的太平世道藍圖;發展了天人感應的善惡報應說;提出了『樂生』、『好善』的傳教依據;強調了敬奉天地、忠、孝、順、慈仁、誠信等為人準則的教義,使道教成為具有中國傳統特色的宗教。」[61]

---

60 同上書,56-57 頁。
61 卿希泰主編:《中國道教史》第 1 卷,121 頁。

## 二、道教的興起

東漢末年，各種社會矛盾交織錯雜，百姓生命財產得不到基本保證，士大夫階層也因政治變故頻仍而感到人命危淺，朝不保夕。越是生活無著，命運多舛，人們越是對可望不可即的美好生活充滿嚮往，越是需要精神安慰。望梅止渴、畫餅充饑，總可以使精神得到滿足。在這樣的情況下，宗教因其特有的精神感召力，往往會顯示出蓬勃的生命力。隨著順帝、桓帝時政局動盪，在長時間早期鬆散宗教活動的基礎上，由於宣傳道教教義的理論著作傳播的推動，產生了組織起來統一活動的客觀要求，一些法師們也開始了有意識的布道活動。於是道教具備了初步的形態，以獨立的宗教形式出現在中國大地上。

東漢晚期，出現了兩個比較大的道教教派。在漢中有張陵創立的五斗米道，在青州、徐州等東方一帶有張角創立的太平道教。

五斗米道，因奉其道者要出五斗米而得名，歷代道教徒則稱之為「正一盟威之道」、「正一道」或「天師道」。「正一」，據道書解釋為「真正不二」的意思。「天師」一詞出自《莊子》，意為得自然無為之道的人。創立者張陵字輔漢，沛國豐（今江蘇豐縣）人。道教徒稱之為張道陵、張天師、正一真人、祖天師等。順帝時入蜀，作道書，傳其教。五斗米道是一種具有主神崇拜特徵的多神教。主神為「太清玄元」、「上三天無極大道」和「太上老君」等，以下則有「玉女君」、「無上方官君」等不勝枚舉的諸多天君天神。五斗米道以長生成仙為最高目標。其道術主要是上章招神和符咒劾鬼，相傳有塗炭齋等簡單的齋醮儀式。張陵認為疾疫身死者多由病人過錯或道路不通所致，因此令病人自己悔過，或修復道路以解過。行氣導引、房中術等在張陵的道術中也占一定地位。據說他建立了二十四治（即教區），分布於陝西南部及四川地區，包括少數民族聚居地。在他的教徒中可能也有不少少數民族民眾。張陵死後，其子張衡繼續傳道，被道教徒尊稱為「嗣師」。

光和年間，另一傳五斗米道的張修，如異軍突起，形成較大勢力。張修是巴郡人，主要活動於巴郡、漢中一帶。他的道法略同於張角，而「加施靜室，使病

者處其中思過。又使人為奸令祭酒。祭酒主以《老子》五千文，使都習，號為『奸令』。為『鬼吏』，主為病者請禱。請禱之法：書病人姓名，說服罪之意，作三通，其一上之天，著山上；其一埋之地；其一沉之水，謂之『三官手書』。使病者家出米五斗以為常，故號曰『五斗米師』。實無益於治病，但為淫妄。然小人昏愚，競共事之」。張角起義，他起而回應，「後角被誅，修亦亡」[62]。

張衡的兒子張魯，擴大了其祖其父的事業。張魯字公祺，以宗教勢力盤踞漢中，「以鬼道教民，自號『師君』，其來學道者，初皆名『鬼卒』。受本道已信，號『祭酒』。各領部眾，多者為治頭大祭酒。皆教以誠信不欺詐，有病自首其過，大都與黃巾相似。諸祭酒皆作義舍，如今之亭傳。又置義米肉，縣於義舍，行路者量腹取足，若過多，鬼道輒病之。犯法者，三原，然後乃行刑。不置長吏，皆以祭酒為治，民夷便樂之。」張魯建立起從鬼卒、祭酒、治頭大祭酒到師君的等級制的政教合一的政權，「雄據巴、漢垂三十年」[63]。建安二十年（215年），曹操率十萬大軍西征張魯。張魯之弟張衛以數萬兵眾拒守陽平關，被攻破，張魯降操，宗教政權隨著崩潰。張魯降操後，大批道眾北遷，五斗米道的勢力發展到中原地區。

太平道因《太平經》而得名，創立者為張角。張角，冀州鉅鹿（今河北平鄉）人。宮崇、襄楷曾分別向順帝、靈帝獻上《太子經》。此後張角得到此書，於是以宗教救世為己任。他從建寧年間（168 年-172 年）開始布道，利用《太平經》中的某些宗教觀念和社會政治思想，創立起一支龐大的道教組織。太平道的宗教特徵，已很難說清。現在可知的是太平道信奉的是所謂「中黃太一」之道。「太一」秦漢時被看作居於天中，主宰四方的最高天神。「中黃」二字不僅與「太一」居中的觀念有關，而且與五行觀念相通，可能還隱含推翻東漢政權的意味。其神仙系統還有黃帝、老子。太平道以陰陽五行、符籙咒語等為根本教法，用符水療疾等方術吸引信徒，「師持九節杖，為符咒，教病人叩頭思過，因以符水飲

---

62 《三國志·張魯傳》裴松之注引魚豢《典略》。
63 《三國志·張魯傳》。

之，得病或日淺而愈者，則云此人通道，其或不愈，則為不通道」[64]。

張角創教之初自稱「大賢良師」。在擁有一定信徒，事業初起之時，「遣弟子八人使四方，以善道教化天下，轉相誑惑。十餘年間，眾徒數十萬，連結郡國，自青、徐、幽、冀、荊、揚、兗、豫八州之人，莫不畢應」。太平道得到迅速發展。張角及時建立起軍教合一組織，兄弟三人分別稱「天公將軍」、「地公將軍」、「人公將軍」，在各地設三十六方。「方猶將軍號也，大方萬餘人，小方六七千，各立渠帥」。張角利用這一組織，以「蒼天已死，黃天當立」為口號，於西元一八四年發動了聲勢浩大的黃巾大起義。

黃巾起義在幽、冀、荊、揚、兗、豫六州同時發動，「所在燔燒官府，劫略聚邑，州郡失據，長吏多逃亡。旬日之間，天下回應，京師震動」。東漢政府「發天下精兵，博選將才」[65]，組織軍事力量，與黃巾軍展開生死搏鬥。當年，張角病死，其弟張寶、張梁戰死，黃巾主力軍失敗。中平五年（188 年），青、徐等州的黃巾餘部再起，兵眾先後達百餘萬人，鬥爭一直堅持到獻帝建安十二年（207 年）。黃巾軍失敗後，太平道隨之衰亡，此後銷聲匿跡。

「當廉價的符水道教隨著農民起義的失敗而終結時，高貴的金丹道教即代之而興起，其代表人物即為葛洪。此後，神仙家便和巫祝分手，金丹派便和符水派分手，道教的一部分更變質而為統治階級所御用，走上了朝廷。農民道教只是在生命無保障之下作幻想式的抗議，而貴族道教卻是違反生死自然的辯證規律而顛倒一切人生的道理來尋求長生久視的神仙世界。」[66]進入三國兩晉南北朝，道教從早期形態步入新的發展階段。

---

64 《三國志·張魯傳》裴松之注引《典略》。
65 以上引文均見《後漢書·皇甫嵩傳》。
66 侯外廬、趙紀彬、杜國庠、邱漢生：《中國思想通史》第 3 卷，268 頁。

# 佛教的傳入和
# 在中國的早期活動

關於佛教傳入中國的時間，史界還沒有一致的說法。據傳秦始皇之世，佛教已在西域一帶流傳，並有僧徒在做向中國傳教的嘗試。隋費長房在《歷代三寶記》中稱：「始皇時，有諸沙門釋利防等十八賢者，齎經來化。始皇弗從，遂禁釋利防等」，隨後將他們放逐回國。《魏書·釋老志》則稱：漢武帝元狩年間，霍去病討匈奴，獲休屠祭天金人，「金人率長丈餘，不祭祀，但燒香禮拜而已。此則佛道流通之漸也」。張騫通西域，知大夏「旁有身毒國，一名天竺，始聞浮屠之教」。多數人認為可信的材料是「哀帝元壽元年（前 2 年），博士弟子秦景憲受大月氏王使伊存口授浮屠經」。這可看作佛教從西域傳入中原地區的開始。但此時對於佛教，「中土聞之，未之信了也」[67]。

白馬寺齊雲塔

---

67 以上引文均見《魏書·釋老志》。

東漢時，佛教在中原地區逐漸傳播開來。東漢初，明帝在給楚王劉英的詔書中褒獎他「誦黃老之微言，尚浮屠之仁祠」[68]。詔書中還提到「伊蒲塞（菩薩）」、「桑門（沙門，即和尚）」等名稱，說明當時已有人信奉佛教。「後孝明帝夜夢金人，項有日光，飛行殿庭，乃訪群臣，傅毅始以佛對。帝遣郎中蔡愔、博士弟子秦景等使於天竺，寫浮屠遺範。愔仍與沙門攝摩騰、竺法蘭東還洛陽。中國有沙門及跪拜之法，自此始也。愔又得佛經《四十二章》及釋迦立像。明帝令畫工圖佛像，置清涼臺及顯節陵上，經緘於蘭臺石室。愔之還也，以白馬負經而至，漢因立白馬寺於洛城雍門西。」[69]白馬寺有可能是中國的第一座佛教寺院，佛教由於最高統治者的支持，從此正式在中國本土傳播。

佛教在民間大舉傳播的最早記載見於《三國志‧吳書‧劉繇傳》。傳中說：笮融「督廣陵、彭城漕運……斷三郡委輸以自入。乃大起浮圖祠，以銅為人，黃金塗身，衣以錦采，垂銅槃九重，下為重樓閣道，可容三千餘人。悉課讀佛經，令界內及旁郡人有好佛者聽受道，復其他役以招致之，由此遠近前後至者五千餘人戶。每浴佛，多設酒飯，布席於路，經數十里。民人來觀及就食者且萬人，費以巨億計。」據傳中其他材料可知，笮融造像立寺，當在漢獻帝初平四年（193 年）到興平二年（195 年）之間。

坐佛

漢末信佛之人漸漸增多，但傳教奉祠者都是西域僧人，政府對漢人出家為僧是明令禁止的。直到曹魏甘露五年（260 年）前一、二年，才有潁川人朱士行第一個出家當和尚，費長房稱之為「漢地沙門之始」[70]。此後，漢人出家為僧者，

68 《後漢書‧楚王英傳》。
69 《魏書‧釋老志》。
70 見王仲犖：《魏晉南北朝史》，第十章《魏晉南北朝的哲學思想與宗教》，上海，上海人民出版社，1979。

便漸漸多了起來。

最初傳入之時，人們對佛教的認識還不十分清楚。一般認為佛教與黃老之學相近，都是主張清靜無為的。東漢初，明帝曾將黃老與浮屠並舉。東漢末，桓帝在宮中，還是將黃老與浮屠並祠。也有人把佛形容成能飛騰變化，刀槍不入，水火不傷的神人。[71]佛教由傳入到為廣大士人以至平民百姓了解，經過了很長時間。對佛經的翻譯和宣講，是佛教在中國初傳之時最重要的工作。

攝摩騰和竺法蘭被接至中原後，就開始了翻譯佛經，以宣傳教義的工作。攝摩騰將《四十二章經》譯成漢文一卷。竺法蘭也譯出《十地斷結》、《佛本生》、《法海藏》、《佛本行》、《四十二章》等佛經五部。二位高僧受到明帝禮遇，引得月氏、安息高僧接踵而至。他們都非常重視翻譯佛經，宣講經義，為佛教在中國的傳播作出了貢獻。柳詒徵先生在《中國文化史》第二編第二章《佛教入中國之初期》中徵引《高僧傳》、《開元釋教錄》等書，對東漢時期僧徒入中原傳譯佛經情況做了綜述：「『安清，字世高，安息國太子也。諷持禪經，備盡其妙，游方弘化，遍歷諸國。以漢桓之初，始到中夏。才悟機敏，一聞能達。至止未久，即通習華言。於是宣譯要經，改梵為漢，先後所出經論，凡三十九部。』『支婁迦讖，亦直云支讖，月支人。漢靈帝時，游於洛陽。以光和、中平之間，傳譯梵文，出《般若道行》、《般舟》、《首楞嚴》等三經。』『竺佛朔，天竺沙門，亦漢靈時齎道行經來適洛陽，即轉梵為漢，棄文存質，深得經意。』『安玄，安息國人，亦以漢靈之末，游賈洛陽。以功號曰騎都尉，常以法事為己任。漸解漢言，志宣經典，常與沙門講論道義。』『康僧會，康居人，世居天竺。其父因商賈移於交趾。會年十餘歲，二親並亡，出家。篤志好學，明解《三藏》。』『支謙，字恭明，月氏人。來遊漢境，桓靈之世，有支讖譯出眾經。』『有支亮，字紀明，資學於讖，謙又受業於亮，博覽經籍，通六國語。謙以大教雖行，而經多梵文，未盡翻譯，已妙善方言，乃收集眾本，譯為漢語。』」「後漢明帝永平十年至獻帝延康元年，緇素一十二人，所出經律並新舊集失譯諸經總二百九十二

---

71 見《弘明集》卷一引牟子《理惑論》。

部，計三百九十五卷。」

　　當時翻譯過來的佛經，在內容上主要有兩類，一是小乘禪學，一是大乘「般若」學。在初期佛教普及宣傳中影響較大的佛經是《四十二章經》。它「大概是小乘教徒撮取佛教群經要義而編輯的屬於概論一類的書」[72]。「經中所言，與漢代流行的道術比較，在與漢代道術相合。此經為東漢社會中最流行之佛教經典，人們遂取經義與道術相附會，因而把佛教和黃老捏合在一起。佛教借黃老而傳布。」[73]般若空宗一派的學說接近玄學思想，合乎玄學家的口味，後來在東晉得到廣泛傳播。佛教初傳就顯示出與中國固有文化的親合傾向。

　　初期的佛經翻譯事業，一般都由私家進行，普遍缺乏通盤的計畫。佛經大都由僧人暗誦後譯出，多是從大經中分離出來的小品。當時譯經者都是外域之人，漢語修養較差，往往不能使用確切的詞彙來詮釋或表達佛教教義，譯作中不得不經常借用玄學家的現成術語。這些因素造成了早期譯經品質較低的狀況，對佛教的傳播有一定影響。

72 王仲犖：《魏晉南北朝史》，第十章《魏晉南北朝的哲學思想與宗教》。
73 白壽彝總主編：《中國通史》第 5 卷，439 頁。

# 第八章

# 尊尊親親的
# 宗法與倫理

　　隨著秦漢皇朝大一統局面的形成，適應這種統一局面的宗法與倫理觀念也在先秦宗法倫理思想的基礎上形成與發展。象徵統一皇朝威儀的朝儀制度確定下來，禮法制度逐步完善，德孝之治在全國推行。尤其是以董仲舒為代表的儒家學派，創造了一個以三綱五常為中心，以天人感應、陰陽五行學說為理論形式，把神權、君權、父權和夫權結合在一起，以維護封建君權為目的的神學倫理思想體系。這個體系適應了當時鞏固統一國家、安定社會局面的需要，並深刻地影響著後世。這一時期，重義輕利的義利觀與男尊女卑的婦女觀雖被人堅持，但各人理解不同，又表現出豐富多彩的特點。

# 秦代的倫理規定

　　秦以法治國，凡事皆決於法，但在倫理思想上，又雜糅儒家，提出了具有法制思想觀念的倫理規定。

　　早在秦統一以前，韓非就以法家思想為主幹，吸收儒、墨思想中有利於自己的一面，提出了具有法制思想的忠孝倫理觀。他說：「臣事君，子事父，妻事夫，三者順則天下治；三者逆則天下亂，此天下之常道也。」[1]這與儒家「三綱」思想極其相似。而且，韓非還將這種忠孝觀推到極端，宣揚臣子對君父的絕對無條件的服從，他說：「所謂明君者，能蓄其臣者也；所謂賢臣者，能明法辟、治官職，以戴其君者也。」這就是說，明君的標準是能控制其臣，賢臣的標準是能擁戴其君，二者是絕對服從的統治和被統治關係。「倍主強諫，臣不謂忠」[2]，連臣下諍諫都被視為不忠的一個方面，反映出韓非高度集權的思想。韓非的忠孝倫理觀是沒有民主成分的，他同意儒家等級觀念之說，但認為儒家「父而讓子，君而讓父」的賢人禪讓政治是反君臣之義的，不是「定位一教之道」。他所謂的忠孝，必須是「孝子之事父也，非競取父之家也；忠臣之事君也，非競取君之國也」，只有這樣，才能使「人主雖不肖，臣不敢侵也」[3]。

---

1　《韓非子·忠孝》。
2　同上。
3　同上。

由於秦始皇對韓非思想的極端服膺，因此秦統一以後，韓非的這些政治倫理觀念就轉變為現實，成了秦始皇制定一整套專制措施的理論依據。同時，我們還要看到，由於韓非、李斯諸人對家庭倫理沒有過多論述，儒家綱常觀念對秦有影響但較輕，因此秦的家庭倫理具有區別於漢的特殊風貌。

秦始皇翦滅六國，一統天下後，馬上就制定了顯示君主無上權威的尊君抑臣的朝儀。據史書記載：「至秦有天下，悉內六國禮儀，采擇其善，雖不合聖制，其尊君抑臣，朝廷濟濟，依古以來。」[4]這就是說秦采擇六國禮儀，尊君抑臣，依照六國典制施行。可惜秦禮焚於火，已難評述。後來叔孫通在漢代制朝儀，曾參考過「秦儀」，大概保留了一些內容。為了強化這種尊君抑臣的政治倫理觀念。秦始皇議定帝王稱號，君主稱皇帝，命曰制，令曰詔，書曰奏，天子自稱朕，並規定了母號及妻妾之號，帝母稱皇太后，帝妻稱皇后，妾皆稱夫人、美人、良人等等。這套稱號所反映的實質就是君主的絕對權威。

祭祖是封建時代重要的盡孝方法，也是倫理文化的中心。而祭祖禮制又主要反映在宗廟制度上。秦人建國於周王畿故地，因此在宗廟祭祀方面，又有繼承周人習俗的方面。秦重視宗廟祭祀，秦始皇在世時，命李斯「修宗廟」[5]，秦始皇死後，秦二世於西元前二〇九年「令群臣議尊始皇廟」[6]。群臣依《禮記·王制》所講「天子七廟」、「諸侯五廟」、「大夫三廟」的規定，置七廟，尊始皇帝為「帝者祖廟」。可見，秦雖以法治國，然議定宗廟制度，卻是儒家的作法。

官史是國家政策的直接執行者，為保證新建立的一統國家千萬世地統治下去，秦代對官吏的道德規範和行為標準進行了規定。睡虎地秦簡中的《為吏之道》為我們提供了這方面的材料，「凡為吏之道」，「嚴剛毋暴」，「寬裕忠信，和平毋怨」，「慈下勿陵，敬上勿犯」，「施而喜之，敬而起之，惠以聚之，寬以治之」，「有嚴不治」。這當中有慈下敬上，對最高統治者絕對服從的要求，又有寬以臨下的規定。是一種德刑並施，寬猛相濟的吏治之道。這些倫理規定與法家

---

4　《史記·禮書》。
5　《史記·李斯列傳》。
6　《史記·秦始皇本紀》。

嚴刑重罰的思想很不一致。而且，簡文還要求官吏「剛能柔、仁能忍」，「毋喜富，毋惡貧，正行修身」，這簡直就與孔子安貧樂道、儒家修身言論如出一轍了。之所以出現這種情況，大約有兩個原因，一是秦始皇初年，儒生博士能夠參與議政，如議禪儀、議分封等等，這就勢必將儒家的一些學說帶入到秦的政治倫理觀念中，二是任何一種學說也不可能是鐵板一塊，不受其他學說的影響，秦固然是以法治國，提倡嚴刑重罰，但儒、墨思想對法治都有滲透。這就勢必使這些思想在某些方面過多地顯露出來。

對於家庭倫理，秦有更加詳盡的規定，甚至用法律的形式固定下來，頗有一些特色。

從睡虎地秦墓竹簡來看，夫妻在家庭中的地位是不同等的，妻子在家庭中處於被統治地位，但因秦受儒家思想影響較少，加之商鞅變法後在家庭中實行連坐法，妻與夫有同等的告奸權利，這就使秦的婦女有相對的獨立性，不像後來夫妻關係中完全處於被宰制的地位。在夫妻糾紛上，秦法保證妻子的人身權利，即使「妻悍」，丈夫也無權任意「毆笞之」，如果毆妻致傷，就要與毆傷常人同等論罪，處以耐刑。在夫妻婚姻關係方面，秦律規定，凡是履行了登記手續、經官府承認的合法婚姻中，妻子不能拋棄丈夫，否則要承擔法律責任，而未經官府認可的非法婚姻，妻子有權私自離去。妻子在丈夫死後，如原生有子女，則必須撫養，不得改嫁。所謂「有子而嫁，背死不貞」[7]。而那些沒有生兒育女的寡婦則有權改嫁。丈夫有拋棄妻子的權利，但必須經過官府同意，否則要以違法論處，《法律答問》規定：「棄妻不書，貲二甲。」意思是說，男子未申報官方而擅自去妻，要受懲處。在家財所有權上，如妻子事先告發犯罪的丈夫，妻才能保住自己的「媵臣妾、衣器」不被沒收。如果妻子犯罪，丈夫與此無涉，則「妻媵臣妾、衣器」要被視為丈夫的財產而「畀夫」。如果丈夫犯罪，妻子雖未參與，甚或事先進行告發，也要負一定責任。

從秦律規定可以看出，秦代夫權思想較為濃厚，但妻子仍有一定的家庭地

---

7　《史記·秦始皇本紀》。

位，和後來「三綱」規定下的絕對服從是有差別的。儘管這些都是法律條文，但所體現的卻是秦代人們心目中的夫妻倫理觀念。

另外，由於秦時社會風俗落後，父子無別，同室而居，男女關係較為自由。為了純化社會風俗，商鞅變法時就曾「為男女之別」。到秦始皇統一六國以後，又由夫妻倫理規範擴大為社會倫理規範，藉以革除落後習俗，純化世風。秦律規定，在夫妻關係上，「禁止淫泆」，提倡互相忠誠。「女子去夫亡」而與他人「相夫妻」，要受「黥為城旦」的處罰。同時，「夫為寄豭，殺之無罪，男秉義程。妻為逃嫁，子不得母，咸化廉清」[8]。「寄豭」，比喻入別人家中淫亂的男子。豭為牡豬。因此，男女通姦被認為是犯罪。而女子逃婚，做兒子的就可以不認母親。秦簡中還規定，「同母異父相與奸，棄市」，「臣強與主奸」，比照毆主處死刑。目的都是為了純化社會風氣。秦始皇還將這種社會倫理的純化與確立中央集權的專制主義統治聯繫起來看，認為「大治濯俗，天下承風，蒙被休輕。皆遵度軌，和安敦勉，莫不順令。黔首修潔，人樂同則，嘉保太平」[9]。把社會倫理規範的確立看成是國家太平的重要因素，有一定的見識。

秦在提倡「貴賤分明，男女體（禮）順」時，還提倡孝。這是因為忠孝相連，父權與君權相通的緣故。秦簡中有一案例：父母要求官府將其不孝子遷蜀，官府立即照辦，連同其妻一併遷蜀郡。此外，毆打祖父母及曾祖父母者，「黥為城旦舂」。秦代對不孝之罪的處罰比漢代要輕，也沒有把孝提高到不可企及的地位，說明這一時期統治思想領域中儒家綱常觀念確實比較薄弱。

從以上所列秦代的倫理規定可以看出，秦時家國一體，君權、父權、夫權完全一致的觀念還沒有真正建立起來。秦對君權的至高無上以及臣對君的絕對服從是完全認可的。至於父子、夫妻之間的倫常卻不像君臣倫常那樣沒有迴旋餘地。這也反映出法家思想中重視宰制臣民，而較少對父為子綱、夫為妻綱進行理論說明的方面。

---

8  同上。
9  同上。

## 第二節 ·
# 漢代的禮制建設

## 一、叔孫通制朝儀

　　禮是中國古代社會經邦治國平天下的基本法度，是人倫的基本準則和人們行為的規範。先秦時期的許多思想家都對禮進行過深入論述，統治者也依此制定了很多禮儀，以約束人們的行為，使國家秩序規範化。據《禮記·曲禮》所載，禮的範圍相當廣泛，「道德仁義，非禮不成；教訓正俗，非禮不備；分爭辯訟，非禮不決；君臣上下，父子兄弟，非禮不定；宦學事師，非禮不親；班朝治軍，蒞官行法，非禮威儀不行；禱祠禁祀，供給鬼神，非禮不誠不莊；是以君子恭敬撙節退讓以明禮」。可見，舉凡國家的一系列典章制度、社會的生活習慣、個人的行為規範以及貫穿其間的思想觀念，無不包含於禮。由此也可看出，禮在封建國家統治中具有舉足輕重的作用。

　　可是，漢代建立之初，禮制建設頗不完善，就連最能顯示封建國家絕對權威的朝廷，都沒有宮廷禮儀。皇宮之中，無上下之別、貴賤之分，每逢高祖劉邦宴會群臣，群臣便飲酒爭功，酣醉狂叫，甚至拔劍擊柱，一片吵鬧。高祖劉邦對此大為苦惱，不知所措。那些起自布衣的農民英雄並未接受過任何禮儀教育，如果長此下去，宮廷內的正常秩序都無法建立，怎麼談得上全國的政局穩定呢？

就在劉邦犯愁之時，降漢的秦博士叔孫通建議高祖制定朝儀，並自告奮勇地擔當此任。高祖欣然同意。叔孫通在秦時是博士，曾參預議政和顧問，熟悉典章制度。叔孫通為漢朝制定的禮儀有兩個特點：其一，「禮者，因時世人情為之節文者也」，「采古禮與秦儀雜就之」[10]；其二，易懂易行。吸收秦朝朝儀的部分內容，但廢除其繁文縟節，使漢高祖和群臣都能學會並易於付諸實施。經過一段時間的演練，於高祖七年（前200年）十月，在長樂宮改修而成、諸侯朝臣皆來朝歲之際，叔孫通制定的朝儀開始正式實施。據《史記·劉敬叔孫通列傳》記載，新朝儀的具體內容如下：

先平明，謁者治禮，引以次入殿門，廷中陳車騎步卒衛宮，設兵張旗志。傳言「趨」。殿下郎中俠陛，陛數百人。功臣列侯諸將軍軍吏以次陳西方，東向；文官丞相以下陳東方，西向。大行設九賓，臚傳。於是皇帝輦出房，百官執職傳警，引諸侯王以下至吏六百石以次奉賀。自諸侯王以下莫不振恐肅敬。至禮畢，復置法酒。諸侍坐殿上皆伏抑首，以尊卑次起上壽。觴九行，謁者言「罷酒」。御史執法舉不如儀者輒引去。竟朝置酒，無敢讙譁失禮者。於是高帝曰：「吾乃今日知為皇帝之貴也！」

新朝儀嚴肅了宮廷氣氛，再也沒有人敢喧嘩吵鬧。君臣之禮建立了，劉邦自然感到了當皇帝的尊貴。叔孫通改革禮儀制度的成功，也使他的一百多名弟子都在朝廷當上了官，把各種禮儀制度推向全國。

漢惠帝時，因「先帝園陵寢廟，群臣莫習」，遂將叔孫通徙為太常，「定宗廟儀法」。叔孫通任太常期間，還制定了各種禮儀，所謂「稍定漢諸儀法，皆叔孫生為太常所論箸也」[11]。

叔孫通本著「因時世人情為之節文」的精神，為漢朝成功地制定了朝儀、宗廟儀法以及其他各種禮儀，規定了等級制度，將新生的漢皇朝納入到有禮有序的儒家倫理範圍內，對於漢初社會政治的穩定，應該說起了積極作用。

---

10 《史記·劉敬叔孫通列傳》。
11 《史記·劉敬叔孫通列傳》。

自叔孫通為漢朝制定禮儀之後，兩漢歷代帝王及有識之士都極為重視禮儀，出現了隆禮的思想觀念。漢文帝時，賈誼論一定禮法，要求改變漢朝從秦朝承襲來的一切朝令及各項典章制度，重新興制禮樂，並起草制定了各項禮法的儀式及方法。但因種種原因，賈誼的這些禮儀沒能實行。到東漢章帝時，曹褒又根據叔孫通所定漢儀，參以《五經》讖記之文，重新條正各項禮儀，編撰上起天子、下至庶人的各種禮樂制度共一百五十篇奏上。由於當時眾人對制禮之事持論不一，故而章帝只接受了奏議，並未將其付諸實行。可以說，兩漢朝儀基本一準叔孫通所定，沒有大的改變，其他各種禮儀有所變動，但都不出先秦禮制的大框。

## 二、宗廟迭毀之議

從禮的起源看，它淵源於久遠的宗教祭祀活動，後來轉變為基本的國家治術。但它依然與古代社會的宗法血緣結構絲絲入扣，而充分體現這種宗法血緣關係的禮制則是宗廟祭祀制度。秦朝在宗廟制度上承襲周人，置七廟以祭。西漢建立後，高祖劉邦令諸侯王皆立太上皇廟。惠帝時尊高祖廟為太祖廟，景帝時尊孝文廟為太宗廟，郡國也各立太祖、太宗廟。到宣帝本始二年（前 72 年），又尊孝武廟為世宗廟，所行幸諸郡國也立世宗廟。這樣，六十八個郡國中就有祖宗廟一六七所。而京城「自高祖下至宣帝，與太上皇、悼皇考（皇帝之父）各自居陵旁立廟」[12]。與諸郡國所立祖宗廟合計起來竟達到一七六所。全國各地有這麼多祖宗廟，這在以前是沒有過的。

宗廟為宗族祖先之廟，其建立及祭祀有嚴格規定。如果準之古禮，漢代宗廟制度多不合法度。這首先表現在，宗廟制度與宗法制度是密不可分的，先秦大小宗法意義上的「尊祖」，是通過「敬宗」來實現的，因為只有大宗才有主祭始祖的特權，小宗不能祭始祖，只能通過敬大宗來尊祖，所謂「支子不祭，祭必告於

---

12 《漢書·韋賢傳》。

宗子」[13]。但漢代各郡國都設置祖宗廟，供奉太上皇、高祖、太宗（文帝）、世宗（武帝）諸神主。這種諸侯上祭天子、支子祖禰先君的情況，顯然與宗廟制不相入。其次，漢家宗廟沒有迭毀之制，昭穆不序，與天子七廟、諸侯五廟、大夫三廟之制頗為不符。再次，漢代天子宗廟不建於京師而建於陵墓附近，「居陵旁立廟」，與西周古制也頗為不同。再者，漢代宗廟祭祀極其複雜，耗費巨大，所謂「日祭於寢，月祭於廟，時祭於便殿。寢，日四上食；廟，歲二十五祠；便殿，歲四祠。又月一遊衣冠。而昭靈后、武哀王、昭哀後、孝文太后、孝昭太后、衛思後、戾太子、戾後各有寢園，與諸帝合，凡三十所。一歲祠，上食二萬四千四百五十五，用衛士四萬五千一百二十九人，祝宰樂人萬二千一百四十七人，養犧牲卒不在數中」[14]。

鑒於這種宗廟禮制的混亂，漢元帝時，君臣對宗廟禮制問題進行了討論。首先提出問題的是貢禹。貢禹認為，古者天子七廟，如今惠帝、景帝廟皆親盡，宜毀。郡國所立祖宗廟和古禮不合，應當刊定。元帝很贊成他的意見，但沒及實行貢禹就去世了。永光四年（前 40 年），元帝下詔議罷郡國廟，丞相韋玄成、御史大夫鄭弘、太子太傅嚴彭祖、少府歐陽地餘、諫大夫尹更始等七十人援引《春秋》之義，認為「父不祭於支庶之宅，君不祭於臣僕之家，王不祭於下土諸侯」[15]，請求罷去郡國所立祖宗廟。元帝欣然同意，郡國之廟得以罷除。

罷郡國廟後月餘，元帝下詔群臣議宗廟迭毀。韋玄成等四十四人認為高祖受命定天下，宜為帝者太祖之廟，世世不毀。太上皇、惠帝、文帝、景帝廟皆親盡宜毀。並於太祖廟中依古禮序昭穆。韋玄成等人所議引起了一場爭論，車騎將軍許嘉等二十九人認為文帝除誹謗，去肉刑，躬節儉，賓賜長老，收恤孤獨，應立帝者太宗之廟。廷尉尹忠則認為武帝改正朔，易服色，攘四夷，應立世宗之廟。

眾人意見不一，元帝不知所從。一年後，又詔議迭毀。韋玄成等提出高祖為太祖，文帝為太宗，景帝為昭，武帝為穆，昭帝與宣帝是祖孫，皆為昭。皇考廟

---

13 《禮記‧曲禮下》。
14 《漢書‧韋賢傳》。
15 同上。

親未盡。太上皇、惠帝皆親盡，宜毀。這一提議得到元帝許可。

漢哀帝時，光祿勳彭宣、詹事滿昌、博士左咸等五十三人再次提出繼祖以下，五廟而迭毀。後雖有賢君，也不能與祖宗並列。因此，武帝雖有功業，其廟親盡亦宜毀。但太僕王舜、中壘校尉劉歆則認為武帝廟不宜毀。哀帝同意劉歆等人的看法。其後，王莽以復興西周古制為名，策動了對漢家郊廟制度的全面改革。將自元帝以來時議時毀的宗廟禘祫之禮付諸實施。根據「祖有功，宗有德」的原則，確立廟主及昭穆之序。想恢復西周古制。

自元帝時興起的宗廟迭毀之議，是以西周廟制為標準的，有濃重的復古意味，很多是膠柱鼓瑟之論。秦漢時期，宗法下移，隨著春秋戰國以來世卿世祿分封制的破壞，與之相協調的以大小宗法為原則的嚴格等級的宗廟祭祀制當然也就相應地有了變化。當時，無論是天子，還是庶人，都採取了墓祭的方式。王充曾說：「古禮廟祭，今俗墓祀」[16]，漢天子宗廟不建在京師而建在陵墓附近，就是明證。墓祭最重要的特徵就是不反映宗子的主祭權，不區分大小宗之別，使宗法活動更加廣泛化。這本是社會發展的必然結果，如僅僅以西周古禮相衡量，當然會生出種種議論。對於漢代祖宗之制的變化，班固倒有較為通達的看法，他說：「祖宗之制因時施宜」，對於元帝以後諸儒對宗廟之制的紛紜不定的看法，班固覺得這是因為「禮文缺微，古今異制」所致[17]，絕不能執一偏之詞而成定論。


# 三、以孝治天下

和制朝儀、論宗廟一樣，漢代特別重視孝道。「漢以孝治天下」，孝的觀念對漢代人間倫理及社會政治都產生了很大影響。

孝在漢代有一個發展演變過程。漢初，承秦之弊，社會秩序極為混亂，為了

---

16 王充：《論衡・四諱》。
17 《漢書・韋賢傳贊》。

免蹈亡秦覆轍，建立新的社會秩序，漢代統治者在各方面都作了努力。其中孝便是漢代統治者對漢代社會倫理所進行的理論設計。漢初思想家受《孝經》「夫孝，始於事親，中於事君，終於立身」觀念的影響，從理論上把孝從家庭道德觀念向社會道德觀念推進，用孝的內容解釋忠的意義，使忠孝合一。如陸賈曾說：「在朝者忠於君，在家者孝於親。」[18] 嚴助也說：「臣事君，猶子事父母也。」[19] 這種「忠孝一體」的思想，就為「漢以孝治天下」找到了理論基點。西漢中期，董仲舒又將孝與其神秘的哲學體系相聯繫，對孝的觀念進行理論上的深化，用陰陽五行的方法解釋孝的觀念，使之固定化和神秘化，到了東漢時期，《白虎通義》又把《孝經》視為治國安民的法典，更注重作為道德實踐的孝的理論的闡發。由於讖緯神學的影響，這一時期孝的觀念中迷信的內容增加，因不孝而屋室遭天火，家中出怪異之類的記載多見之於《後漢書》。而且，孝的範圍進一步擴大，師弟子關係亦用父子關係解釋，並遵循父子之禮行事，為孝的觀念增加了新的內容。

漢代重視孝道，孝制約著人們的社會行為，影響著社會政治。

孝的精神滲透到漢的統治政策中，提倡孝道、褒獎孝悌是漢孝治天下最明顯的標誌。兩漢時期，全國性的褒獎孝悌達幾十次，至於地方性的褒獎則更多。皇帝巡幸各地，常有褒獎孝悌之事。對於有名的孝子，皇帝更加重視，將其作為弘揚孝道的榜樣和工具。後漢江革因孝受到皇帝表彰，被稱為「江巨孝」，就是一例。漢代宣揚孝道，褒獎孝悌，目的是按照孝的精神，建立新的社會倫理秩序。

漢代士民入仕，「孝廉」一科是重要的仕進途徑之一，孝道成為人們能否入仕的一個重要評衡標準。舉孝廉的官員在仕進前已具備孝的德行，仕進之後自然就成為實行孝治的推行者。漢代地方官注重推行孝悌的記載屢見於兩《漢書》，說明統治者已將以孝入仕作為建立新的社會倫理秩序的重要步驟，對維護漢皇朝長治久安起了重要作用。

漢在統治思想上強調孝的觀念，孝亦成為漢代教育的重要內容。《孝經》是

---

18 陸賈：《新語・至德》。
19 《漢書・嚴助傳》。

統治者的必讀之書，漢代統治者都把《孝經》當作培養太子的基本教材。不僅如此，漢代學校也將孝道教育放在首位，官方學校置《孝經》師以相授受，私學也是如此，誦讀《孝經》、《論語》是學生的必修課。另外，漢代統治者還將孝的教育推向社會，東漢明帝時，期門、羽林、介冑之士也要通讀《孝經》。一般平民更是如此，《四民月令》說：「十一月，研水凍，命幼童讀《孝經》、《論語》篇章。」依賴教育手段，使孝的觀念滲透到人們的精神生活中。人們受血親紐帶的緊緊束縛，對於漢代統治的穩固當然有利。

漢代的養老活動，也是統治者孝治天下的一個重要形式。社會養老是家庭孝養的擴大。「尊養三老，視孝也。」[20]漢代養老活動開始甚早，漢高祖西入關中時，就「存問父老，置酒」[21]。嗣後養老成為漢代統治者的一項重要政策。文帝時，「老者非帛不煖，非肉不飽，今歲首，不時使人存問長老，又無布帛酒肉之賜，將何以佐天下子孫孝養其親？今聞吏稟當受鬻者，或以陳粟，豈稱養老之意哉！具為令。有司請令縣道，年八十以上，賜米人月一石，肉二十斤，酒五斗，其九十以上，又賜帛人二匹，絮三斤。」[22]顯然，這時養老已有了專項規定。東漢光武帝劉秀也曾下詔：「命郡國有穀者，給稟高年鰥寡孤獨及篤癃無家屬貧不能自存者，如律。」[23]這裡的律，與文帝時的令，都是對養老所進行的各項規定。漢代因孝的觀念興盛，所以老人在家庭與社會上地位很高，是家庭宗族中舉足輕重的人物。漢代老人又可以做「三老」，三老多是「有修行，能帥眾為善」的高年之人[24]，其任務是「掌教化，凡有孝子順孫，貞女義婦，讓財救患，及學士為民法式者，皆扁表其門，以興善行」[25]。可見，「三老」是幫助漢代統治者實行教化、維護社會秩序的重要人物。

漢代的法律制度也體現出了孝的精神，漢代對不孝的懲罰十分嚴厲，規定對

---

20 《漢書‧賈山傳》。
21 《漢書‧高帝紀》。
22 《漢書‧文帝紀》。
23 《後漢書‧光武帝紀》。
24 《漢書‧高帝紀》。
25 《後漢書‧百官志》。

不孝要「斬首梟之」。在漢代法律上，掩蓋父母的過錯在原則上可以得到保護。西漢宣帝曾下詔：「父子之親，夫婦之道，天性也。雖有患禍，猶蒙死而存之。誠愛結於心，仁厚之至也，豈能違之哉，自今子首匿父母，妻匿夫，孫匿大父母，皆勿坐。」[26]相反，不為父母隱，反要受到懲罰。西漢衡山王太子坐告父不孝，棄市。漢代罪人的子孫兄弟可以請求代刑，遇到這種情況，政府

孝堂山石祠

往往酌情減刑或赦免其罪。代刑實際上就是緣於重孝的觀念。漢代為父母報仇而殺人者也常常可以得到政府的寬宥。如東漢申屠蟠「同郡緱氏女玉為父報仇，殺夫氏之黨，吏執玉以告外黃令梁配，配欲論殺玉。蟠年十五，為諸生，進諫曰：『玉之節義，足以感無恥之孫，激忍辱之子，不遭明時，尚當表旌廬墓，況在清聽，而不加哀矜。』配善其言，乃為讞得減死論，鄉人稱美之。」[27]這樣的事例見於兩《漢書》者甚多。對於這種復仇，漢政府出於孝治天下的考慮，一般都予以減刑或免刑。「建初中，有人辱人父者，而其子殺之，肅宗貰其死刑而降宥之。自後因以為比，是時遂定時議，以為輕侮法。」[28]這項法令後因張敏的建議取消，但是它卻反映了孝的觀念對漢代法律設施的影響。

　　兩漢皇朝延續四百年之久，同其以孝為核心建立的新型的社會倫理秩序有密切的關係。孝的觀念與社會秩序結合一起，使家庭血親關係擴大至社會，這對於協調社會各階層之間關係、緩和社會矛盾，起到了一定作用。而且，它還為小農經濟的發展提供了一個相對安定的發展環境，促進了小農經濟的發展。西漢時期小農經濟出現繁榮局面，戶口激增，就從一個側面說明了漢繼亡秦以後所確立的以孝為中心的新型社會秩序基本上是成功的，並為後來各代建立其社會秩序提供

26　《漢書·宣帝紀》。
27　《後漢書·申屠蟠傳》。
28　《後漢書·張敏傳》。

了一般模式。

但是我們也應看到，用血親關係解釋和強調人們家庭和社會義務的孝，具有欺騙性與麻痺性。孝的觀念的影響，不但使個人人格獨立相對喪失，而且使人在主觀上偏向於保守和復古。孔子論孝有言：「父在觀其志，父沒觀其行，三年無改于父之道，可謂孝矣。」[29]《孝經》也說：「非先王之法服不敢服，非先王之法言不敢道，非先王之德行不敢行。是故非法不言，非道不行，口無擇言，身無擇行，言滿天下無口過，行滿天下無怨惡。」[30]在漢代，就有人用「孝子無改於父之道」的理論攻擊社會改革，成為牽制社會發展的惰性力量。

## 第三節·
# 三綱──君權與父權結合的倫理要求

三綱五常是中國封建道德的基本內容和價值準則，先秦思想家就已對此進行了論述，提出了「君君臣臣，父父子子」的綱常倫理。及至兩漢，這種三綱五常的倫理觀念就被系統化了，並影響中國封建社會近兩千年。將這一思想系統化的就是西漢大儒董仲舒。東漢時《白虎通義》又進一步將其法典化，使之成為封建時代千年不變的倫理圭臬。

漢初，崇尚黃老清靜無為思想，在實際政治上則上承秦制，等級權威受到削

---

29 《論語·學而》。
30 《孝經·卿大夫章》。

弱，法不分貴賤，禮不別士庶。儘管朝廷中由叔孫通制定了令劉邦為之興高采烈的朝儀，但禮治建設頗為薄弱。對此，文帝時賈誼就曾提出嚴格封建等級制度，建立禮治的建議。及至漢武帝時，隨著國力的強盛，禮治又被提到重要的地位，董仲舒順應時勢，以天人關係為根據對封建等級制度作了多方面的論證。而在等級制度中，君臣父子夫婦則是最基本的倫常等級關係。基於此，董仲舒吸收先秦思想家在這方面的論述，用天道陰陽關係為「三綱」作了充分的論證。

董仲舒宣稱，人間的道德規範來自天意。「仁義制度之數，盡取之天。」「王道之三綱，可求於天。」[31]天地之間，天陽地陰，天君地臣，二者是決定與被決定、命令與服從的關係，而這種關係正是「天理」的體現。因此，自然界的天理外化於人類社會，運用於國家政治生活關系和家庭倫理生活關系，便是：

> 凡物必有合。……陰者陽之合，妻者夫之合，子者父之合，臣者君之合。物莫無合，而合各有陰陽。……君臣父子夫婦之義，皆取諸陰陽之道。君為陽，臣為陰；父為陽，子為陰；夫為陽，妻為陰。陰道無所獨行。其始也不得專起，其終也不得分功。……是故臣兼功於君，子兼功于父，妻兼功于夫。[32]

這就是說，君父夫與臣子妻相互對應，各自組成一個統一體。在各自的統一體中，臣子妻分別處於配合對方的地位，君父夫分別處於支配對方的地位。這是因為，陽貴陰賤、陽尊陰卑是宇宙間不可違逆的原理。所以，董仲舒說：「丈夫雖賤皆為陽，婦人雖貴皆為陰」[33]，「天子受命於天，諸侯受命於天子，子受命於父，臣妾受命於君，妻受命於夫。諸所受命者，其尊皆天也，雖謂受命於天亦可。」[34]又說：「是故《春秋》君不名惡，臣不名善；善皆歸於君，惡皆歸於臣。臣之義，比於地。故為人臣者，視地之事天也，為人子者，視土之事火也。」[35]反覆用天人感應陰陽五行理論闡說君父夫的至高無上及臣子妻的地位卑下，並根

---

31 董仲舒：《春秋繁露·基義》。
32 同上。
33 董仲舒：《春秋繁露·陽尊陰卑》。
34 董仲舒：《春秋繁露·順命》。
35 董仲舒：《春秋繁露·陽尊陰卑》。

據這種尊卑、貴賤、授受的原理，將一切榮譽、成就都歸之於君父夫，將一切毀辱、罪過都歸之於臣子妻。而且，董仲舒還指出：「子不奉父命，則有佰討之罪……臣不奉君命，雖善以叛……妻不奉夫之命，則絕。」[36]強調子、臣、婦對父君夫的反抗、不服從是最大的罪惡。

經過這一番論證，董仲舒就將家與國、父權與君權密切結合起來。以家庭中的倫理生活關系比附國家政治關係，肯定政權、夫權、父權的地位和作用，也用天道自然陰陽關係說明君臣父子夫婦之義的不可動搖性。

由於封建社會等級統治的基礎是自給自足的小農經濟，因此，鞏固與強化家族的宗法倫常統治，就成了「三綱」的根本環節。鑒於此，在論證「三綱」時，董仲舒又把孝道提到了重要地位。他從五行相生關係論證孝為「天之經，地之義」，他說：「春主生，夏主長，季夏主養，秋主收，冬主藏。藏，冬之所成也。是故父之所生，其子長之；父之所長，其子養之；父之所養，其子成之。諸父所為，其子皆奉承而續行之，不敢不致如父之意，盡為人之道也。故五行者，五行也。由此觀之，父授之，子受之，乃天之道也。故曰夫孝者，天之經也。」又說：「土者，火之子也，五行莫貴於土。土之於四時無所命者，不與火分功名。……忠臣之義，孝子之行，取之土。土者，五行最貴者也，其義不可以加矣。」[37]就是說，土最尊貴，但土事火事天，竭盡忠誠，勤勞而功名歸於天。董仲舒認為子之孝父就是取法於地之事天，土之奉火。是天經地義，無可更改的。董仲舒將五行相生的自然界現象比附人倫道德，其論證方法是荒謬的。

董仲舒在「三綱」的基礎上提倡孝道，其根本目的是安百姓、鞏固小農家庭這一封建統治的社會基礎。他說：「雖天子必有尊也，教以孝也；必有先也，教以悌也。」「百姓不安，則力其孝悌。孝悌者，所以安百姓也。」[38]家庭是國家的細胞，家庭的穩定自然會使國家政權穩固。而穩定家庭的手段便是孝。

---

36 董仲舒：《春秋繁露·順命》。
37 董仲舒：《春秋繁露·五行對》。
38 董仲舒：《春秋繁露·為人者天》。

封建社會，孝與忠是一件事情的兩個方面，是密切聯繫不能分割的。孝道又是忠道。因為土地財產的封建所有關係，既決定了家父在家庭享有至高無上的尊嚴與地位，也決定了君主在國家的至尊無上的地位。國家是家庭的擴大，皇權是家長所有權的擴大。狹小而分散的封建經濟以及封建主對經濟利益的占有都需要有強大的專制權威即君主來保護自己，而封建君主的權威、利益、生命，需要無數「家庭」細胞來滋養。因此，君主極其自然地把自己對臣民的政治壓迫關係，掩飾在溫情脈脈的宗法外衣下；而臣民、封建家長也極其自然地把自己對君主的盡忠、服務，認為是一種宗法關係。這樣，君與父就分別在國與家中取得了同樣的尊嚴與神聖的地位，對孝道的論證也就原封不動地變成了對忠道的論證。

董仲舒的「三綱」學說中所宣揚的忠孝，是臣子對君父的竭愚和伏節死難的忠誠。春秋戰國時期倫理觀念中所具有的民主性和平等內容在這裡消失了。董仲舒的「三綱」學說完全是一種專制的學說。後來的所謂「君要臣死，臣不得不死」實際上就是這一倫理關係的直接延伸。

可見，三綱之說，以父子夫婦之間的倫理親情為立論基礎，以封建宗法制下的家庭制度為依託，以君親、忠孝的聯結為紐帶，以移孝於忠為目的，是家國的巧妙結合。從表面上看，君臣關係屬於政治領域的範疇，父子夫婦屬於家庭倫理親情領域的範疇，二者分屬不同範疇。但是，封建宗法政治骨子裡是專制的，封建國家與家庭結構及其治理原則是一致的，特別是儒家綱常名教嚴等差、貴協同的內在精神，使二者交融貫通。父為子綱，其依據的倫理準則是「孝為德之本」；君為臣綱，其理論依據是頗具宗教意味的「天子受命於天」的先驗設定，以及以人隨君、以君隨天的「《春秋》之道」；夫為妻綱，其價值根據是陽尊陰卑、夫陽妻陰的夫權至上論。董仲舒將這三者納入到陰陽五行的理論體系中，用儒家由身而家而國的修齊治平之道貫通三者。所謂「君子之事親孝，故忠可移於君；事兄悌，故順可移於長；居家理，故治可移於官」[39]。也就是說，在家裡能夠孝於宗族長輩，在社會便能忠於國家朝廷。順此，自然人人各安其分，犯上作亂的心

---

39 《孝經・廣揚名》。

思和行為自然消解。通過這種國家至上、移孝作忠的情感轉移，實現了家族政治化和國家家族化。本來只是道德規範的三綱，被提升為家庭制度和政治制度的構架原則，並促使家庭制度和政治制度融貫為一，從而發揮著維護封建秩序的功能：對臣民來說，三綱既是一種外在的強制性的社會規範，又是一種約束自己的道德修養。對君主來說，它既是要求臣民盡忠的權利，又是君主教化臣民的義務。君主與臣民的關係，被置於規範與修養、權利與義務的框架中。社會的穩定、君主的統治進一步穩固。

自董仲舒將「三綱五常」理論系統化以後，兩漢時期的讖緯在大談鬼神迷信、天地陰陽的同時，也念念不忘講述「三綱五常」，如《易緯・乾鑿度》就說：「《易》者，所以經天地、理人倫而明王道。是故八卦以建，五氣以立，五常以之行，象法乾坤，順陰陽，以正君臣、父子、夫婦之義。」只要正了「君臣、父子、夫婦之義」，那麼「人民乃治，君親以尊，臣子以順，群生和洽，各安其性」。君臣父子的三綱便是封建社會賴以存在的基礎。《易緯》對三綱的解說，是順著董仲舒的路子走的，更加充滿了神學色彩。

東漢初年，由於經義紛亂，章帝召集諸儒於白虎觀刊定經義，會議的結果由班固進行整理而成《白虎通義》。《白虎通義》涉及問題很多，在倫理道德方面著重提倡「三綱」。該書不但進一步發揮了董仲舒以陰陽之道解釋三綱的作法，而且還用神學化了的陰陽五行來附會它，說：「君臣、父子、夫婦六人也，所以稱三綱何？一陰一陽謂之道，陽得陰而成，陰得陽而序，剛柔相配，故六人為三綱。」它還對三綱之綱進行了具體解釋，說：「綱者，張也。紀者，理也。大者為綱，小者為紀，所以強理上下，整齊人道也。人皆懷五常之性，有親愛之心，是以紀綱為化，若羅網之有紀綱而萬目張也。」[40]綱就是提挈人倫治體的關鍵。

在三綱中，君臣之義是最神聖不可侵犯的。《白虎通義》特別神化君權，它宣揚君與臣的服從與統治關係是普遍的，取諸陰陽與天道，因而是絕對的，所謂「君之威命所加，莫敢不從」。但《白虎通義》也提供了一些新的觀點，那就是

---

40 《白虎通義・三綱六紀》。

在強調君對臣的絕對權威時，又認為無道之君與臣的關係有相對的一面。它說：「火、陽，君之象也，水、陰，臣之義也。臣所以勝其君何？此謂無道之君也，故為眾陰所害，猶紂王也。」[41]這也就是說，改朝換代在必要時也是合理的。

《白虎通義》還總結了君臣關係應遵守的一些原則，如君逸臣勞，有善歸於君，有過歸於臣等。這方面，與董仲舒的認識基本差不多，沒有多少新鮮內容。

在強調君權的同時，《白虎通義》對夫權也進行了論證。其一，它對夫權作了幾乎絕對的規定，對婦女的地位作了更加殘酷的貶抑。它說：「男女，謂男者任也，任功業也。女者如也，從如人也。在家從父母，既嫁從夫，夫沒從子也。」[42]又說：「夫者扶也，以道扶接也。婦者服也，以禮屈服。」[43]這些規定雖然是《禮記》中早有的觀點，但經過《白虎通義》由皇帝親自肯定、宣布，就具有了「法典」的意義。自此以後，夫權的地位日益被人們所強調，婦女的地位則日益降低。其二，它也對夫婦的宗法情誼的一面作了論述，如說「妻者，齊也，與夫齊體」[44]，「妻得諫夫者，夫婦榮恥共之」[45]，等。這說明在兩漢時代，儘管儒家一再提倡夫權，但實際生活中婦女的社會地位並不像後來那樣。

總之，《白虎通義》的「三綱」學說進一步強化了封建主義的君權、父權、夫權，它與《白虎通義》的神學世界觀一樣，對後世產生了非常惡劣的影響。

---

41 《白虎通義·五行》。
42 《白虎通義·嫁娶》。
43 《白虎通義·三綱六紀》。
44 《白虎通義·嫁娶》。
45 《白虎通義·諫諍》。

第四節 ·

# 五常 —— 自覺修養
# 與社會規範

　　與三綱之說緊密相連的是五常之道。五常即仁、義、禮、智、信五種道德規範。董仲舒在對漢武帝的第一次策問時就提出了這一問題，他說：「夫仁、義、禮、智、信五常之道，王者所當修飭也。五者修飭，故受天之佑，而享鬼神之靈，德施于方外，延及群生也。」[46]先秦時期，孔子思想體系中就有了仁、義、禮、智、信諸範疇，但孔子未將其連用。孟子曾將仁義禮智並提，看作人們不可或缺的四種品德。所謂「仁義禮智，非由外鑠我也，我固有之也」[47]，「仁義禮智根於心」[48]等。但孟子將仁義禮智信五者放在一起論述尚未見到。從文獻記載看，是董仲舒第一次將仁義禮智信連提並論，且進行了深入論述。這裡面有對先秦儒家思想的吸收發展，又有時代的特點。

　　從思維路向和價值原則的層面看，董仲舒所講的仁，在其「五常」中處於核心地位。它的基本內容是「愛人」。他說：「仁者，所以愛人類也。」「仁者，惻怛愛人，謹翕不爭，好惡敦倫。無傷惡之心，無隱忌之志，無嫉妒之氣，無感愁之欲，無險陂之事，無僻違之行。故其心舒，其志平，其欲節，其事易，其道

---

46　《漢書·董仲舒傳》。
47　《孟子·告子上》。
48　《孟子·盡心上》。

行。故能平易和理而無爭也。如此者，謂之仁。」[49]這是在繼承孔孟「愛人」的仁學前提下，將個人自我情感欲望的調控，用以改造並充實仁的內涵。總的看來，董仲舒的「仁」，立足於順從不爭，心氣平和，符合儒「道」。這既是對孔子「克己復禮為仁」思想的發揮，更是對人我關係的調節。

董仲舒所講的義，與仁密切相連。他宣稱，義與仁是不同的道德規範。就其內涵而言，「義者，謂宜在我者。宜在我者，而後可以稱義。故言義者，合我與宜以為一言。以此操之，義之為言我也。」[50]這就是說，義即是適宜，適宜於匡正自己的思想行為的道德規範，便是義。就其實施的範圍而言，它與仁不同，它著重於主體自身精神境界的提升。董仲舒說：「以仁安人，以義正我。……仁之法，在愛人，不在愛我；義之法，在正我，不在正人。」[51]就其方法論原則而言，是孔孟儒家的推己及人之道。董仲舒強調，「夫我無之求諸人，我有之非諸人，人之所不能愛也。其理逆矣，何可謂義？」「我不自正，雖能正人，弗與為義；人不被其愛，雖厚自愛，不予為仁。」[52]這顯然是孔孟儒家嚴以律己、寬以待人的自覺修養思想的發展。

董仲舒所謂禮，既是區分上下尊卑的等級秩序，又是形式與內容相統一的道德修養。他說：「禮者，繼天地，體陰陽，而慎主客，序尊卑貴賤大小之位，而差內外遠近新舊之級者也。」[53]這是對荀子「禮者，法之大分，而類之綱紀」思想的繼承。[54]這種思想，把禮看成政治法度的原則及其體現。同時，董仲舒又說：「禮之所重者，在其志。」「志為質，物為文。文著於質，質不居文，文安施質？質文兩備，然後其禮成。」[55]這就是說，具備恰當的氣質，言行符合中正之道，便是「知禮」。可見，董仲舒在這裡又將禮闡釋為個人道德規範的標準。

---

49 董仲舒：《春秋繁露·必仁且智》。
50 董仲舒：《春秋繁露·仁義法》。
51 同上。
52 同上。
53 董仲舒：《春秋繁露·奉本》。
54 《荀子·勸學》。
55 董仲舒：《春秋繁露·玉杯》。

董仲舒所講的智，表面看來，是指認識事物的能力，屬於認識論的範疇。而實際上，智具有很強烈的道德的功用。在董仲舒的認識中，智幾乎成了指導人們行為的道德價值標準。董仲舒認為，智是用來預測人的行為結果、規整人的行為導向的，所謂「先言而後當」。運用智，可以在禍福來臨之前，便知曉利害，並能夠做到「物動而知其化，事興而知其歸，見始而知其終」。人們的所言所行，要「以其智先規而後為之。其規是者，其所為得；其所事當，其行遂」。總之，「智者，所以除其害也」，「其動中倫，其言當務，如是者謂之智」[56]。可見，董仲舒的智，既是一種分辨是非、進行道德判斷與道德選擇的能力，又是一種具體的知識，更是一種必須在仁的指導下體驗實踐的道德規範，是一種指導行為的思想認識。由此也可看出，董仲舒的倫理政治是一種認識論與道德論混為一談的倫理政治。

董仲舒所講的信，指誠實、信義。他說：「伐喪無義，叛盟無信。無信無義，故大惡之。」[57]這裡的信，即指信義，是與道義同樣層次的精神境界和行為規範。他還說：「著其情所以為信也……竭愚寫情，不飾其過，所以為信也。」[58]「《春秋》之意，貴信而賤詐。詐人而勝之，雖有功，君子弗為也。」[59]這裡的信都是指誠信而言。董仲舒還多次講到「敬事而信」、「禮而信」等，兼具信義和誠實之意。

五常是在封建的宗法等級基礎上提出的社會倫理範疇，和三綱密不可分。但由於五常更注重自我修養與社會規範的關係，有著對全社會人倫價值的導向作用，故而更具有普遍意義。就仁而言，它提倡人際之間的團結友愛，提倡人們樹立一種推己及人的精神。而且，這種人與人之間的仁愛精神又是以人自身高尚的道德情操和崇高的精神境界為基礎的。就義而言，符合一定的社會生活準則或社會道德準則的思想行為是義；恪盡職守，效忠國家是義；在物質利益方面，義又是衡量獲得物質利益正當與否的前提條件。所謂「正其道不謀其利，修其理不急

---

56 董仲舒：《春秋繁露·必仁且智》。
57 董仲舒：《春秋繁露·竹林》。
58 董仲舒：《春秋繁露·天地之行》。
59 董仲舒：《春秋繁露·對膠西王越大夫不得為仁》。

其功」[60]。見利忘義為天下人共嗤之。在社會公共生活方面，義又是判斷是非的共同準則，符合道義準則的行為為是，不符合道義準則的行為為非，此乃天下共識。就禮而言，禮既是立國的根本，又是立身處世的根本。利於增進團結，增強凝聚力。就個人修養講，禮的實質在於端正自我的思想，在於培養敬謹莊重的品格和高尚的情操。就智而言，在認識上要有清晰的認識和堅定的信念。在國家治理方面，以民為本就是智。在思想修養方面，智又是立身處世的基礎。就信而言，誠實、信義是立身處世、從政、交友的基本準則，也是自我修養的基本準則。

五常的這些普遍性規定，自先秦儒家提出，特別經董仲舒的系統論述後，開始成為人們自覺修養的基本準則，同時也成了一種普遍的社會規範，協調著人們的行為方式。

應當看到，董仲舒所講的五常之道，相當注意仁與義、仁與智的結合，發展了儒家的道德論。我們知道，孔子注重仁禮的結合，強調仁禮一體，意在恢復他認為至美至善的周禮，其政治願望高於道德情懷；孟子側重仁義結合，關注君主的善心宏願和對王道政治的理解與實施，淡化個體道德修養。董仲舒生活在天下一統的大漢時代，提出仁義結合的處世之道，以仁安人，以義正我，分別內外，厘定界線，發展了儒家的人際關係學。他宣導的仁智結合，進一步從理論思維的高度，強化了儒家道德選擇、道德判斷中的倫理色彩，強調倫理親情。這些，對於儒家以道德論為中心的價值觀的理論營造，甚至對於整個中國傳統文化的倫理道德主義的價值體系的建構，都有著不可忽視的影響。

與三綱之說不同，五常之道也對君主的行為有所涉及。在董仲舒看來，君主對五常的守信程度，對全社會起著導向作用。在對武帝的策問中以及《春秋繁露》中，董仲舒都講到了這一點。在對策中，董仲舒要求漢武帝掌管並力行五常之道，以便與天地同流，德施方外，恩澤群生。在《春秋繁露·五行五事》中，董仲舒指出，王者所應修的「貌、言、視、聽、思」五事，分別具有恭、從、

---

60 同上。

明、聰、容的機能，有肅、義、哲、謀、聖的性狀，以及與此相應的社會功能。據此，他勸導君主注意自己的言行，行政及時、恰當，強調君主的自我修養。這就是用內在控制的辦法，將君主也置於社會控制的範圍之內。這樣，通過五常之道，董仲舒把君主與臣民都納入共同的社會規範之中。自上而下，人們都須反躬自省，調節自己的情感和欲望，通過自我修養，逐步向三綱的價值標準趨同，從而實現整個社會的和諧。

三綱五常作為封建宗法制度下的政治與倫理要求，是一個有機的整體。三綱之間，君為臣綱居於主導地位，父為子綱和夫為妻綱同處於從屬地位。在行為價值導向方面，前者是後者的表率，後者以前者為皈依。五常之間，以仁義為核心，以禮智信為輔翼，仁義的特定內涵以及二者的交互為用，規範著禮智信的意蘊和運用範圍。就三綱五常的整體關係而言，三綱的政治價值取向和倫常意識，制約著五常的價值內涵和施受物件。五常是對三綱原則的具體運用和道德闡發。三綱五常的結合，就形成了一體化的嚴整的道德體系。這一體系，不僅從主體修養的角度，解決了日常行為規範的價值準則問題，而且以家國一體的宗法倫理解決了社會政治秩序與家庭倫理親情的融合問題。從價值行為準則的層面，強調人們恪守自己的社會位置，使整個社會處於有序狀態中。

從文化建設的角度看，三綱五常的倫理道德起了文化整合的作用。它對於統一的多民族的文化的形成，對於強調整體和諧的思維方式和社會心理的成熟，對於民族凝聚力的增強，起了積極的作用。但是，我們也應看到，這種倫理道德，以片面服從為價值基點，是在否定人的正當權利，蔑視人的價值和尊嚴的基礎上制定出來的。它扼殺個人的主動性和創造性。它的出現，既是封建專制制度進一步強化的必然要求，也是這一制度扼殺人性的野蠻、殘酷特質的具體表現。

第五節·

# 義利觀

在具有倫理特色的中國思想史上，義利問題成為許多思想家極為關注的問題。而義利觀念也滲透到社會生活的各個領域，從理論闡發到實際操作，從國家治理到個人修養，隨處可見義利觀的影子。

先秦思想家對義利問題已進行了較為深刻的闡說，而且直接影響了後世義利觀的取捨標準。秦漢時期，人們在繼承先秦思想家義利觀的同時，又提出了自己對義利問題的各種看法，為中國古代倫理思想增添了新的內容。

秦始皇統一六國之前，呂不韋集門客編撰《呂氏春秋》，其中就提到以義治國的問題，書中說：「凡治國，令其民爭行義也；亂國，令其民爭為不義也。強國，令其民爭樂用也；弱國，令其民爭競不用也。夫爭行義樂用與爭為不義競不用，此其為禍福也，天不能覆，地不能載。」[61]義是善，是一種道德價值，是超越物質價值的。義所達到、所蘊含的不是感性的功利目的，而是維護人之為人的尊嚴，是超功利的。如果君王治理國家，能引導民眾趨義，國家必然大治。

西漢初年，陸賈繼承先秦儒家重義輕利的思想，指出「君子篤於義而薄於利」[62]，主張「先道而後利」。並把主於義還是主於利當作區分君子、小人的標

---

61 《呂氏春秋·適威》。
62 陸賈：《新語·本行》。

準，「君子以義相褒，小人以利相欺，愚者以利相亂，賢者以義相治。《穀梁傳》曰：『仁者以治親，義者以利尊。』萬世不亂，仁義之所治也。」[63]陸賈沒有把義、利對立起來，認為義利只有厚薄先後之別，重義者為君子賢者，重利者為小人愚者。這顯然是先秦重義輕利、君子小人之別的繼續。

西漢中期，董仲舒又提出了頗具特色的義利觀。他認為，人天生就有好義和欲利兩種心理，因為義和利是人們社會生活的兩個基本方面，都是人生所需要的：義可以養心，利可以養身。「天之生人也，使人生義與利。利以養其體，義以養其心。心不得義不能樂，體不得利不能安。義者，心之養也；利者，體之養也。」[64]

心跟身比較，心比身重要，所以充實人們精神生活的義要比滿足人們物質生活的利重要。歷史上像孔子的學生原憲、曾參等人，都是深明大義而物質生活卻極其貧苦的，別人羨慕他們的行為，他們也感到很樂觀，精神是充實的。相反，有一些人高官厚祿，榮華富貴，卻不施行仁義，甚至大行不義。他們雖然物質上很豐富，但是精神上卻是空虛的。由於他們幹的壞事多，或者死於犯罪，或者死於憂愁，總之，他們都不能快樂地活到老。經過這麼一番論證，董仲舒認為，「養莫重於義，義之養生人大於利」[65]，即以培養道義精神作為養生的根本。通過把握道義，理解人生的價值所在，有了超越個人功利際遇的崇高境界，雖身處貧賤，也能以其行為為榮。所以，「義之養生人，大於利而厚於財也」[66]。

董仲舒認識到，利，也就是所謂物質生活，關係到社會的治亂。他指出，那些居高官享厚祿的人「已受大（大利），又取小（小利）」，盤剝貧寒小民以攫取微利，「乘富貴之資力，以與民爭利於下」，這是造成「民之所以囂囂苦不足」的重要原因。[67]況且「大富則驕，大貧則憂，憂則為盜，驕則為暴，此眾人之情

---

63 陸賈：《新語·道基》。
64 董仲舒：《春秋繁露·身之養莫重於義》。
65 同上。
66 董仲舒：《春秋繁露·身之養莫重於義》。
67 《漢書·董仲舒傳》。

也」[68]，統治者暴虐百姓，貧苦百姓「窮急愁苦」，以致「不樂生」、「不避死」、「不避罪」，以暴力反抗貪官苛政，這便是「亂之所從生」的原因。因此，董仲舒從物質生活入手，提出將物質利益「度而調均之」的「調均」思想。所謂「使富者足以示貴而不至於驕，貧者足以養生而不至於憂。以此為度，而調均之，是以財不匱而上下相安，故易治也。」[69]董仲舒所謂調均，就是取長補短，取富濟貧，使富的人足以顯示自己的高貴而不至於驕橫，使貧窮人可以勉強生活下去而不至於憂愁。這樣也就上下安定了。董仲舒的調均並不是平均主義，也不是絕對平等，而是承認貧富貴賤的差別，但反對差別過分擴大，以致兩極分化。

董仲舒反對爭個人之利，即私利。上面提到的董氏所論證的「利」，都指私利而言。對於公利，董仲舒是頗為重視的，指出聖人以「為天下興利」為要務。他說：「天道積聚眾精以為光，聖人積聚眾善以為功。故日月之明，非一精之光也；聖人致太平，非一善之功也。……量勢立權，因事制義。故聖人之為天下興利也，其猶春氣之生草也，各因其生小大而量其多少。其為天下除害也，若川瀆之瀉於海也，各順其勢傾側而制於南北。故異孔而同歸，殊施而鈞德，其趣於興利除害一也。……不能致功，雖有賢名，不予之賞。……則百官勤職，爭進其功。」[70]聖人積聚眾善以為功，此「善」即為天下興利除害。董仲舒還認為人君應以「愛利天下」為意，他說：「天常以愛利為意，以養長為事，春秋冬夏皆其用也。王者亦常以愛利天下為意，以安樂一世為事，好惡喜怒而備用也。……人主出此四者義則世治，不義則世亂。」[71]君主應以求天下公利為目的，好惡喜怒都是達到這種目的的手段，這四種手段如係「以愛利天下為意」，則謂之義；否則謂不義。在這裡，超越個人私利之上的天下公利，實際上就成了人們一生追求的終極目標，以天下公利為意，本身就是義。可見，董仲舒所輕視的利乃是個人之私利，對於天下之公利，董仲舒是重視的。

在義利問題上，董仲舒還提出過一個著名論題，那就是《春秋繁露・對膠西

---

68 董仲舒：《春秋繁露・度制》。
69 同上。
70 董仲舒：《春秋繁露・考功名》。
71 董仲舒：《春秋繁露・王道通三》。

王越大夫不得為仁》中的：「正其道不謀其利，修其理不急其功。」這句話在《漢書・董仲舒傳》中被班固改造為：「正其誼不謀其利，明其道不計其功。」很明顯，董仲舒將道與誼（義）放在了功與利的前面，表達的依然是重義輕利的思想。但這裡的利與功指的卻是私利、私功，不是指公利。董仲舒要求統治者樹立義重於利的觀念，全心全意考慮義的問題，不再謀自己的私利。但當統治者以「為天下興利」為務，而不再謀個人或少數人之私利時，「為天下興利」便是義了。由於董仲舒在這一論題中將義、利對舉，有濃烈的「義利之辨」的味道，故而對後世思想影響很大，宋明儒者多奉為圭臬。

董仲舒之後，兩漢時代的人們在義利觀上雖都不出重義輕利之一途，但各家所論因出發點不同，側重也有所不同，或主張義利對立，或認為義利統一，呈現出豐富多彩的面貌。

與董仲舒同時代的司馬遷，在義利問題上有著獨特的看法，他在探尋古今之變的歷史過程中，比較深刻地認識到物質利益的重要性，充分肯定人們對物質利益的追求是合理的。他認為求利致富是「人之情性，所不學而俱欲者也」。「天下熙熙，皆為利來；天下攘攘，皆為利往。」[72]社會上各行各業的人，都是為了求富取利而奔波忙碌。他認為所謂的「仁義」，是依附在物質利益這一基礎之上的。他引用並發揮《管子》的話說：「倉廩實而知禮節，衣食足而知榮辱。禮生於有，而廢於無，故君子富，好行其德；小人富，以適其力。淵深而魚生之，山深而獸往之，人富而仁義附焉。」[73]道德行為是和人們的物質生活條件相聯繫的，道德並不是天賦的。仁義也是受制於經濟利益的。司馬遷不脫離物質利益而空言仁義，並把求富取利看作一種合乎道德規範的行為，反映了他在封建倫理道德上所具有的革新精神。

但是，司馬遷又絕不是個利益至上論者。他在肯定「好利」思想的必然性、合理性的同時，也指出「好利」帶來的危害。他在《孟子荀卿列傳》中說：「餘

---

72 《史記・貨殖列傳》。
73 同上。

讀《孟子》書，至梁惠王問：『何以利吾國，』未嘗不廢書而歎也。曰：『嗟乎，利誠亂之始也！夫子罕言利者，常防其原也。』故曰：『防於利而行，多怨。』自天子至於庶人，好利之弊何以異哉！」逐利會導致土地兼併，天下大亂，因此，聖人所言重義輕利，目的就是為了防微杜漸。基於此，司馬遷指出要用禮義這些道德觀念去防止單純逐利所帶來的弊端，提出「以禮義防於利」[74]，對於逐利所帶來的土地兼併現象，司馬遷也進行了一定的抨擊，認為這是「物盛而衰，固其變也」[75]。而且，司馬遷主張以義致富，反對巧取豪奪，「弄法犯奸而富」，所謂「今治生不待危身取給，則賢人勉焉。是故本富為上，末富次之，奸富最下」[76]。對於不擇手段而求利，司馬遷是極力反對的。

可見，儘管司馬遷認為人們求利是合理的，但他又絕不提倡捨義取利、見利忘義，相反，他對那種「以奸致富」是極為反對的。在司馬遷的心目中，義仍是第一位的。他的高明之處就在於指出人們求富取利的合理，希望統治者能因勢利導，發展生產。

漢昭帝時，曾召開一次由「大夫」和「文學賢良」雙方參加的鹽鐵會議，討論鹽鐵專營的問題。在這次會議上，董仲舒的正義不謀利的主張，被文學賢良們推上了極致，突出了求利與為義的矛盾，並進一步升級為要求政治上抑商遏利。文學賢良們一再聲稱，「竊聞治人之道，防淫佚之原，廣道德之端，抑末利而開仁義，毋示以利」[77]；「高帝禁商賈不得仕宦，所以遏貪鄙之俗……排困市井，防塞利門，而民猶為非也，況上之為利乎！傳曰：諸侯好利則大夫鄙，大夫鄙則士貪，士貪則庶人盜。是開利孔為民罪梯也」[78]；在文學賢良們看來，鹽鐵專營就是為好利開綠燈，是在為老百姓犯罪搭梯子。因此必須打擊商人，因為商人專講利，打擊商人也是「先義而後利」的一種方式。

---

74 《史記·平准書》。
75 同上。
76 《史記·貨殖列傳》。
77 《鹽鐵論·本議》。
78 同上。

顯然，賢良文學過分突出了求利與為義的矛盾。他們主張王者興義不謀利，並以此教民，民才能安居。國策上的不求利和勸節欲以使民不求利，實際上是一種幼稚空幻的主張。雖然在個人道德修養上應提倡貴義，以使求利之舉不汙德行，但在關涉民生富足方面，這種所謂不興利而足民的觀點，則顯然缺乏創業進取的精神。片面誇大求利在道德上的負面影響，是不足取的。顯而易見，這與司馬遷所主張的道德的物質基礎論是不相同的。

鹽鐵會議論辯雙方的「義利之辨」帶上了一些群眾性的色彩，成為一種社會上廣泛討論的問題了。

西漢後期，劉向也將義與利對立起來，他說：「凡人之性，莫不欲善其德，然而，不能為善德者，利敗之也。故君子羞言利名。言利名尚羞之，況居而求利者也。」[79]意思是，人不能做好事都是被「利」害了。所以，君子都羞於談利，談利都感到羞恥，何況占著利還要追求利呢？在劉向的心目中，利是敗壞道德的腐蝕劑，當然與義是對立的。

東漢時，班固主張統治者應教民「貴誼（義）而賤利」，以義教民，使之不趨於利，他說：「是以欲寡而事節，財足而不爭。於是在民上者，道之以德，齊之以禮，故民有恥而且敬，貴誼而賤利。」[80]這與鹽鐵會議上賢良文學的主張頗為相合。

東漢中期的王符，在義利觀上也是主張取義而捨利的，他說：「自古於今，上以天子，下至庶人，蔑有好利而不亡者，好義而不彰者也。」[81]從古到今，從天子到老百姓，好利都要滅亡，好義都會成名。在王符看來，義利是興衰存亡的關鍵因素。他列舉歷史上像周厲王一類好利的君王，認為他們「皆以貨自亡，用財自滅」[82]，都是由於貪財才滅亡的。所以，後來的統治者都應吸取教訓，要「遏利」，限制自己貪財欲利之心。

---

79 劉向：《說苑·貴德》。
80 《漢書·貨殖傳》。
81 王符：《潛夫論·遏利》。
82 同上。

王充的義利觀很有特點，他引用管子的「倉廩實而知禮節，衣食足而知榮辱」來說明人的善惡行為，不在人的本性，而在於物質條件的好壞。「饑寒並至而能無為非者寡」，「溫飽並至而能不為善者希。」[83]物質豐富有助於人們行義為善，否則自身不保，即使有善心也不會有善行。王充承認人們對利益的追求是出自天性，但他同時又指出，能以禮、義約束自己求利的欲望，使之歸於正道，便是君子；相反，逾禮犯義，便是小人。他說：「富貴皆人所欲也，雖有君子之行，猶有饑渴之情。君子耐以禮防情，以義割欲，故得循道。循道則無禍。小人縱貪利之欲，逾禮犯義，故得苟佞，苟佞則有罪。」[84]

漢末仲長統對義利問題也提出了自己的看法，他認為天災流行時，開倉濟窮，就是義舉。自己衣食有餘，能佈施他人，利就轉化成了義。所謂「天災流行，開倉庫以稟貸，不亦仁乎？衣食有餘，損靡麗以散施，不亦義乎？」[85]如果不管百姓死活，拚命為個人、家庭或小圈子而搜刮民脂民膏，這種貪利必然導致大不義，最終會害人害己。仲長統所論義利的轉化，頗有辯證法色彩。

從上面所述可以看出，兩漢時期的人們在對待義利問題時，繼承了先秦孔孟思想中重義輕利、先義後利的思想。但同時，由於不同的人們在談論義利問題時出發點不同，義與利所包含的具體內容也不同，又呈現出不同的特點來。同時，由於大漢皇朝喜動利興功，因此這一時期的不少思想家開始對功利給予了極大重視，司馬遷、王充、仲長統等人在這方面都有不少精闢的見解。

---

83 王充：《論衡‧治期》。
84 王充：《論衡‧答佞》。
85 《後漢書‧仲長統傳》。

## 第六節·

# 婦女觀

在中國古代宗法倫理的社會結構中，婦女總是處在這種結構的最下層。兩漢時期，適應大一統皇朝需要的禮制建設尚處在由理論向實踐的轉變時期。這一時期，人們對婦女社會地位、道德禮教、自身修養等等的認識還沒有達到完全統一。宗法倫理枷鎖對婦女的束縛尚不如後世嚴厲，婦女在社會上尚有一定的社會地位。但是，這一時期的婦女觀已相當明顯地表現出對婦女的鄙視，並逐漸形成了一套壓抑束縛婦女的理論，對後世產生了惡劣影響。

在兩性觀念及家庭倫理方面，男尊女卑的觀念得以確立。董仲舒的「三綱五常」論，於夫婦之道論證了「夫為妻綱」的絕對性。他將陽尊陰卑的陰陽五行學說灌輸到夫妻人倫之中，認為「丈夫雖賤皆為陽，婦女雖貴皆為陰」[86]。再高貴的婦女也得受卑賤的丈夫的管束，把性別差異、性別奴役凌駕於階級的差異和奴役之上，使之具有了普遍的意義。兩漢以讖緯迷信與陰陽五行相結合的各種理論，於夫婦之道上都主張夫為陽、婦為陰，妻之事夫乃「天道」支配，是不可逆轉的。《白虎通義》則對婦女地位作了更進一步的貶抑，它說：「男女謂男者任也，任功業也。女者如也，從如人也。在家從父母，既嫁從夫，夫沒從子也。《傳》曰：『婦人有三從之義也。』夫有惡行，妻不得去者，地無去天之義也。」[87]

---

86 董仲舒：《春秋繁露·陽尊陰卑》。
87 《白虎通義·嫁娶》。

「婦人無專制之義、御眾之任、交接辭讓之禮，職在供養饋食之間，其義一也。」[88]婦女永遠是男人的附庸，「三從」之論實際上就是順從男人。妻子不能拋棄丈夫，猶如地不能去天。婦女在社會交往中沒有地位，其職責就在「供養饋食之間」。

從漢代一些法規上也可看出，夫婦雙方在家庭中的權利和義務是不平等的。丈夫對絕大多數家產都有支配權，而妻子支配的財產只有若干陪嫁品而已。一些禮法還單方面規定了男子「去妻」的七種情況：「婦有七去：不順父母，去；無子，去；淫，去；妒，去；有惡疾，去；多言，去；盜竊，去。」[89]當然，漢代夫權還未達到登峰造極的程度，故而在給予了男子更多的權力的同時，也允許婦女在一定條件下有與男子離婚的自由，如丈夫品行不良；丈夫患有惡疾；丈夫家中貧苦，無法生活；女方家庭與男方家庭發生激烈矛盾。婦女都可提出離婚。儘管法律給予婦女的權利極其有限，但總還沒有達到沒有任何自由權的地步。這說明儘管當時在理論上反覆闡說婦女的極端服從，但實際操作中仍有可以迴旋的餘地。

春秋戰國時代，男女之間關係比較寬鬆。秦始皇統一中國後，開始用法律維護貞節。漢承秦制，繼續提倡貞節，並大力予以表彰，開始將節烈與否當作評價婦女個人品質的重要尺規，把毀滅人性的所謂「貞操帶」套在了婦女身上。漢宣帝神爵四年（前 58 年）詔賜「貞婦順女帛」[90]。東漢安帝元初六年（119 年）詔賜「貞婦節義十斛，甄表門閭，旌顯厥行」[91]。用名利引誘女性作貞婦、節婦。這一行動在當時雖然收效甚微，如漢代婦女改嫁、再嫁有相當的自由等。但它對後世影響甚大，後世帝王多效仿這一辦法，力表旌節，使之成為殘害婦女的重要手段。

兩漢時代，婦女道德標準開始由多元向貞專柔順的一元發展。西漢末劉向撰

88 《白虎通義・文質》。
89 《大戴禮記・本命》。
90 《漢書・宣帝紀》。
91 《後漢書・安帝紀》。

《列女傳》，代表了秦漢時代人們對婦女道德觀的多元認識。劉向把入傳的婦女分為七類：母儀、賢明、仁智、辯通、貞順、節義、孽嬖。前四種，母儀所收為教子有方、輔夫有功的母、妻典範；賢明所收為通達事理、深明大義的婦女；仁智則收錄見識不凡、能見幾知微的婦女；辯通中則多機敏善辯、長於辭令的婦女。這些，都不完全是從道德角度評價婦女的價值，而更多的是從才識、氣質、能力等智力、人格因素來評價；真正從純道德角度評價的只是「貞順」、「節義」兩類，「孽嬖」是「女禍」的同義語，除了偏見外，也兼有道德評價的意義在內。劉向的這種分類原則正是反映了當時評價婦女的寬容態度和多元化評價標準。後來史書中的《列女傳》，只偏重節義，一方面反映出史家見識的陳舊，另一方面也說明後世禮教對婦女的控制日益加強，在封建士大夫眼裡，女性存在的意義也就只在於節義一項了。

劉向之後約百年，班昭著《女誡》一書，對婦女的言行舉止、倫理地位都做了規定，這部《女誡》是中國古代女教上的經典之作。它對婦女所應遵循的準則的規定，反映了漢代人由對婦女的多元化評價向一元化評價的轉變。

《女誡》特別強調女性的卑弱，認為卑弱乃「女人之常道，禮法之典教」。所謂「謙讓恭敬，先人後己，有善莫名，有惡莫辭，忍辱含垢，常若畏懼，是謂卑弱下人也」[92]。「陰陽殊性，男女異行。陽以剛為德，陰以柔為用，男以強為貴，女以弱為美。」[93]自此以後，在人們的心目中，婦女就是柔弱的同義語，女子在社會與家庭中扮演的一直是弱者的角色。

在兩性關係上，《女誡》強調婦女對男子的依賴與順從，男子可以再娶，而女子卻不能二嫁，「夫有再娶之義，婦無二適之文。故曰夫者天也。天固不可逃，夫固不可離也，行違神祇，天則罰之；禮義有愆，夫則薄之」[94]。這與董仲舒及《白虎通義》中的言論同聲一氣，都強調兩性的不平等。由於兩性的不平

---

92 班昭：《女誡・卑弱第一》。
93 班昭：《女誡・敬慎第三》。
94 班昭：《女誡・專心第五》。

等，對於男子對婦女的凌辱，也只能是「曲不能爭，直不能訟」[95]。

對於婦女的修養，《女誡‧婦行》還提出「四行」，也即「四德」：

> 女有四行，一曰婦德，二曰婦言，三曰婦容，四曰婦功。夫云婦德，不必才
> 明絕異也；婦言，不必辯口利辭也；婦容，不必顏色美麗也；婦功，不必工巧過
> 人也。清閒貞靜，守節整齊，行己有恥，動靜有法，是謂婦德；擇詞而說，不道
> 惡語，時然後言，不厭於人，是謂婦言；盥浣塵穢，服飾鮮潔，沐浴以時，身不
> 垢辱，是謂婦容；專心紡績，不好戲笑，潔齊酒食，以奉賓客，是謂婦功。此四
> 者，女人之大德，而不可乏之者也。

四德所體現的主要精神就是女子的專貞柔順，這種看法，實際上反映了封建禮法制度下人們對婦女的普遍要求。自此以後，四德就成了封建時代人們評價女人好壞的四項標準了。

班昭《女誡》處處宣揚提倡婦女在家庭生活中的忍讓謙退，專事丈夫，屈從舅姑，調和叔妹，等等。有著欺辱婦女的一面，但也反映了婦女在家庭中擔當著不可或缺的重要角色。

在對女性美的認識上，漢代存在著德與色的矛盾。兩漢帝王、皇族、官僚都極其好色，美色是女子能否得幸於男人的決定因素。高祖劉邦、武帝劉徹以及漢代其他帝王、貴族，都嗜色成性，美色藝妓，充填室屋。而且，對女子特別重修飾之美，貴族階層以他們奢靡的生活和喜豪華炫耀的審美趣味來修飾婦女。婦女以綺羅華琚、珠光寶氣為美。當這種重美色的風氣在社會上蔓延時，儒家正統思想在理論上提出德重於色的女性美標準。董仲舒「借天制欲」，指出「好色而無禮則流」，必須用「禮」來限制好色之欲。班固的祖父班伯更用正統儒家「戒色」思想來勸諫漢成帝，隨著陰陽讖緯迷信的盛行，美色而無德的女子被比附為「禍水」，日蝕月蝕，地震山崩，水旱災害等都與女子聯繫起來，女色被看成萬惡之源。女子的美貌、修飾、冶容都遭到排斥。班昭在《女誡》中就極力反對窈窕作

---

95 班昭：《女誡‧敬慎第三》。

態，冶容輕浮，狐媚惑夫，認為婦容不必求美麗，只要清潔事夫就足夠了。可是，道德的說教並不能阻止統治階層一浪高過一浪的好色之風，一方面是女色為禍水的喋喋不休的說教，另一方面是統治者荒淫靡爛的腐朽生活。而最終受害的，還是廣大婦女。

婚姻是直接反映婦女倫理地位的重要形式，人們的婚姻觀在某種程度上也反映了人們的婦女觀。兩漢時期，男尊女卑的婚姻觀普遍為人們接受，但不同的人對這一問題的看法的側重面不同，反映出人們對婦女地位的多種認識。

賈誼認為，在家庭生活內部，應以道德的力量加以規範，以保持融洽、和睦。在擇偶標準上，他主張男女雙方都應以「道德」為最高標準，其他一切都可不必考慮。董仲舒則認為在家庭婚姻關係中應保持「上下有別」、「尊卑有差」的等級狀況，夫尊妻卑應是萬世不變之恆則。但他又認為妻子在丈夫死後改嫁是正當行為，傾向於用道德去調整家族內部的關係。劉向主張用禮來規範婚姻關係，並系統而明確地提出了女子不事二夫，從一而終的觀點。班昭雖然於《女誡》中宣揚男尊女卑、夫為妻綱、三從四德等，但她認為「為夫婦者，義以和親，恩以好合」，有重視夫妻「恩義」的一面，流露與反映出封建社會中被壓抑、被扭曲的夫妻恩愛情感。王符除主張女子恪守「貞節」，不事二夫之外，在夫妻關係上還提出了「平」、「恭」兩個範疇。「平」、「恭」雖然不是現代意義上的平等觀念，但其中有平等的因素，這是很可貴的觀點。

從上面的論述可以看出，漢人的婦女觀在男尊女卑基礎上又呈現出多樣性的一面。這是與漢代婦女在實際生活中的社會地位緊密聯繫的。漢代，男女之防尚未建立，婦女還是有一定社會地位的。女子可以和男子一起宴飲，這在當時社會中較為普遍。如西漢初，高祖劉邦還於沛，置酒於沛宮，沛地男子和女子「日東飲極歡」[96]。文帝和竇皇后、慎夫人在上林苑中飲酒，也要讓袁盎於旁作陪。在一些出土的畫像磚石上，男女雜坐宴飲的場面也有不少。如果丈夫外出，妻子在家就可以自立門戶，送往迎來，參加社會交往。《漢樂府·隴西行》云：「健婦

---

96 《漢書·高帝紀》。

持門戶，亦勝一丈夫」，就是這種情況的真實寫照。

漢代婦女不僅在家庭可以自立門戶，而且參與國家外交、政治、文化等活動的也大有人在。淳于緹縈諫言廢肉刑；劉細君、王昭君出塞和親；馮嫽三次出使烏孫建奇功；班昭續《漢書》、授經馬融；蔡文姬創作《悲憤詩》、《胡笳十八拍》，唱和曹操，授書王粲等等。均傳為千古佳話。

而且，婦女在婚姻上較為自由，在一定程度上能按照自己的意願擇偶，不像後世那樣專由父母包辦。如卓文君私奔；外黃富人女先嫁庸奴，後嫁賢者張耳；朱買臣妻因家貧求去更嫁。均為顯例。不僅如此，當時人們的節烈觀念比較淡薄，婦女改嫁、再嫁都司空見慣，男子也不以娶離婚女或寡婦為恥，如蔡文姬曾三次改嫁，陳平娶六次改嫁之張負孫女，等等。

現實生活中婦女的這種社會地位，反映在人們的婦女觀上，也就表現出多樣性的特點。同時也可看出，儒家所構建的一套男尊女卑的婦女觀還未能真正滲透到社會生活的各個領域。理論的說教與實際的生活存在一定距離。

## 第九章

# 修身與博學
# 的教育體制

　　秦漢教育是中國古代封建教育形成和發展的一個關鍵階段。中國封建教育的一些
主要特點，都在這一時期初露端倪。秦朝在文化事業上實行專制高壓政策，在教育上
「以法為教」、「以吏為師」。漢代教育則體現出大一統的特點，「獨尊儒術」成了占中
心地位的文教政策。兩漢時期中央和地方學校制度的建立，為此後歷代皇朝學校制度
奠定了初步基礎，其教育體制更為後世所沿襲與發展。以儒家經學為主要內容的教育
模式以及教育思想的儒學化，都對後世產生了很大影響。

## 第一節 ·
# 秦代的
# 「以法為教、以吏為師」

　　秦在統一六國之前，就有崇尚法刑、輕視禮樂的傳統。戰國中期，商鞅變法，獎勵耕戰，倡導刑名之學，強調以法治取代禮制，認為「明主忠民產於今世，而散領其國者，不可以須臾忘於法」，「任法而國治矣」[1]。同時提出設官置吏為天下師的主張，認為「聖人必為法令，置官也，置吏也，為天下師，所以定名分也」[2]。秦滅六國之前，韓非著《五蠹》、《說難》、《孤憤》，承襲商鞅的思想，薄禮義之教，斥私學「亂上反世」，明確將「以法為教，以吏為師」並提，說：「明主之國，無書簡之文，以法為教；無先王之語，以吏為師。」[3]這樣，「以法為教，以吏為師」作為相互依存的一項與秦國基本國策相一致的文教政策，逐漸被提到秦國的議事日程上來。

　　西元前二二一年，秦始皇兼併六國，一統天下，實施法教、吏師制度的條件逐漸成熟，加之六國舊族對自己的失勢不滿，儒生又喜歡談古論今，危害統一。這就更加快了秦始皇將商鞅、韓非所提出的「以法為教，以吏為師」的思想言論變為現實的速度。秦始皇三十四年（前 213 年），置酒咸陽宮，博士七十人前為

---

1　《商君書·慎法》。
2　《商君書·定分》。
3　《韓非子·五蠹》。

之賀壽，儒學博士淳于越借機向秦始皇提出「師古」、「分封」的主張，結果引發了一場討論，丞相李斯繼承商鞅、韓非的思想，指出制度應隨時而變，春秋時期諸侯併爭、遊宦盛行，而今天下一統，法令一出，要扭轉「人聞令下，則各以其學議之，入則心非，出則巷議，誇主以為名，異取以為高，率群下以造謗」的局面，必須「禁私學」，因為「私學相與而非法教」，並提出焚燒詩書，以杜絕儒士借《詩》、《書》以非當世，同時指出，凡「欲有學法令，以吏為師」[4]。秦始皇對此大為欣賞，遂頒布「挾書令」，「史官非《秦紀》，皆燒之；非博士官所職，天下敢有藏《詩》、《書》，百家語者，悉詣守尉雜燒之；有敢偶語《詩》、《書》者，棄市；以古非今者，族；吏見知不舉者，與同罪；令下三十日不燒，黥為城旦；所不去者，醫藥卜筮種樹之書」[5]。焚書使絕大部分民間藏書毀於一炬，實為學術文化的一大浩劫，充分反映了秦廢黜百家、以法治國的專制集權政治的殘酷。

就在「焚書」後第二年，秦始皇又製造了駭人聽聞的「坑儒」事件。方士侯生、盧生指責秦始皇為人剛愎自用，狂妄暴戾，專意任用刑獄之吏，施行重刑殺戮政策，使滿朝文武百官畏威而不敢直言進諫。侯生、盧生的抨擊使秦始皇大為惱怒，於是下令御史審問，以致羅織罪名者達四百六十多人，皆坑殺於咸陽。「坑儒」與「焚書」本沒有直接聯繫，也不具有政策性意義，但由於是發生在焚書禁學之後，而且又是針對讀書之人，故而人們往往將其聯繫在一起，客觀上成為秦代文化專制政策的重要體現。

隨著「焚書」、「坑儒」一系列政治事件的發生，教育領域內「以法為教，以吏為師」的政策也逐步達到了登峰造極的地步。

「以法為教」是秦國以法家思想治國這一基本國策在教育領域的具體反映，它由商鞅、韓非提出，經李斯宣揚而正式實施。秦依仗嚴酷刑法治國，立法與執法的任務繁重，因此就將皇朝的法令條文作為教育的內容，使教育直接為秦皇朝

---

4　《史記·秦始皇本紀》。
5　同上。

的政治統治服務，使人們明白和遵守法令，這對於鞏固剛建立的政治是有利的。但「以法為教」不僅將矛頭指向儒學，還指向諸子百家。其直接結果是取締了戰國時期按照學術自由原則建立起來的私學，並嚴禁「遊宦」，防止任何形式的求師訪友等教育、學術活動，將春秋戰國時期遊說講學之風徹底扼殺。這對學術發展與文化交流極為不利。而且，「以法為教」使秦皇朝的教育內容基本限於學習法令條文，忽視甚至有意地排斥其他知識的學習。這樣的教育，不利於一個國家和民族的文化科學的發展，也是秦皇朝文化專制主義與蒙昧主義的表現。

與「以法為教」相輔相成的是「以吏為師」，焚書坑儒，禁百家之言，只學法令。所謂「以吏為師」，就是直接向官吏做私從學徒，學習法律。從文獻記載看，秦代「以吏為師」制度還是比較完備的，比如漢初河南守吳公，就曾師事李斯。[6]秦二世胡亥幼時，趙高就以「通於獄法」而被秦始皇委任為中車府令，專門教授胡亥有關法令、刑律及訴訟斷案之類的知識。而且，政府還設有專門訓練從事文書工作的學校，稱「學室」。從《雲夢秦簡》所提供的材料看，「學室」規定嚴格，「非史子」則「毋敢學學室」[7]，即不是從事文書事務的小吏的兒子，不准在學室內學習，違者判罪。從這裡可以看出，大概當時以文書為職務的人每每世代相傳，要從小入學室，受書寫文字的教育。而且，秦代一般吏師的弟子均有名籍著錄在冊，學習期間要受吏師的役使，學業完成後按規定錄用為吏。

由此可見，「以吏為師」與「以法為教」相輔相成，為秦皇朝專制集權的政治統治推波助瀾，使春秋末葉以來自由探索學術的精神，遭受了致命打擊，窒息了文化教育的發展，成為秦短命的因素之一。

需要說明的是，秦雖實行吏師制度，但官吏並不一定都能為師，在這種情況下，秦往往又以博士充任吏師，進行教授。早在秦之前，博士就有設置，「六國往往有博士」[8]。秦沿襲六國之制，置各種博士達七十人。他們或議政事，或備諮詢，或掌故籍，充當統治者顧問。在推行吏師制度的過程中，一部分博學的博

---

6　《漢書・賈誼傳》。
7　《睡虎地秦墓竹簡・秦律十八種》。
8　《宋書・百官志》。

士以吏師的名義擔任教授，傳習律令及其他文化知識，補充了吏師制度。例如叔孫通，就是秦博士，在降漢時，「從弟子百餘人」[9]，秦是明令禁私學的，作為博士的叔孫通不可能像戰國士人那樣公然聚徒講學，他擔任的可能就是吏師。由於秦燔滅詩書，凡博士專職所藏者不焚，而博士所傳習的多是《詩》、《書》，所以一部分博士充任吏師，除教授法令外，《詩》、《書》等其他知識也必然會被言及。所以，儘管秦皇朝焚滅詩書、坑殺儒士、「以法為教」、「以吏為師」，實行文化高壓政策，但六學雖缺卻仍能不絕如縷，這恐怕也是一個重要原因。

不管怎樣，秦代教育與其前的戰國時期的教育及其後的漢代教育均有所不同，它以穩固中央集權的統一皇朝為前提，貫徹法家教育思想，「以法為教，以吏為師」，不允許其他教育思想存在，嚴禁私學與游宦，戰國時期百家爭鳴的局面被徹底打破，教育被納入到崇尚法刑、專制統治的軌道上。秦代教育存在的弊端很多，但它對後世的影響也是顯而易見的，中國封建教育的一個重要特點：教育為封建統治服務，在秦代教育中有充分的體現。

## 第二節 ·
# 漢代的
# 官學與私學

漢代建立以後，注重總結秦亡的歷史教訓，在國家政策上一改秦朝暴虐的統治方式，採取了一系列有利於國計民生的措施。漢初黃老無為政治的實行，為民

---

9　《漢書·叔孫通傳》。

間學術活動的恢復與發展提供了較為寬鬆的環境。特別是西元前一九一年正式廢除秦代「挾書律」後，民間儒家經學傳授活動日趨活躍，私學興盛。在這種情況下，一些有識之士提出官辦教育。高祖時陸賈主張設辟雍庠序之教，以明人倫；文帝時賈山建議定明堂、造太學，修先王之道。賈誼、晁錯等也都提出類似的建議。但由於當時國力尚未恢復，統治秩序亦未穩定，這些建議均未能付諸實施。

漢武帝即位後，放棄黃老政治，尊崇儒家，並設立五經博士，官方興學由此開始。縱觀漢代學校教育的發生發展，前後各有不同，也沒有什麼固定的制度，但從學校教育的類型上，仍可分為官學和私學兩大類。


# 一、官學的設立

漢代官學的設立，得之於董仲舒的建議。武帝元光元年（前 134 年），詔舉賢良，董仲舒上對策三篇，向武帝提出三大文教政策，即罷黜百家，獨尊儒術；興太學，置明師；重選舉，廣取士。董仲舒重視禮樂教化在政治治理中的作用，強調古聖王的長治久安，均有賴於此。他認為，王者應該「任德教而不任刑」，「以教化為大務」[10]，而要推行教化，就必須求賢養士，養士最重要的辦法就是由政府設立學校，「養士之大者，莫大乎太學。太學者，賢士之所關也，教化之本原也」，故而必須「興太學，置明師，以養天下士」[11]。武帝採納了他的建議，於西元前一二四年為五經博士配置弟子五十名，漢代官方辦學正式開始，並由此逐漸發展起來。漢代的官學，如果細分的話，可分為中央政府直接主辦的太學以及比較特殊的宮邸學、鴻都門學等和地方政府主辦的郡國學校等。

---

10 《漢書·董仲舒傳》。
11 同上。

## （一）太學

漢代太學的設立與博士制度緊密相連。其建立以西元前一二四年漢武帝置博士弟子為標誌。博士即太學教師，博士弟子即太學生。太學設立之初，規模較小，只有弟子五十人，各自隨師專經學習。之後規模漸大，太學生名額年有增加，昭帝時增至一百人，宣帝時增至二百人，成帝時更效仿孔子弟子三千制，將博士弟子定員為三千人。王莽秉政，一切摹仿古制，擴大太學，築舍萬區。東漢遷都洛陽，光武帝劉秀於建武五年（29 年）重建太學，太學生人數繼續增加。漢和帝劉肇為表示對太學教育的重視，於永元十二年（100 年）賜博士弟子在太學者布人三匹，一時京師名儒雲集，四方學者，咸來聽講，甚至遠及邊疆地區，匈奴亦派遣弟子前來就學。[12] 漢順帝時，將毀壞的太學房舍修繕一新，並拓建房屋二百四十房，千八百五十室[13]，前來就學的太學生愈來愈多，到質帝時竟達到三萬餘人，可謂盛極一時。

太學有博士舍、內外講堂、學生住宅區，還有商業區和治安管理機構，堪稱當時世界上規模空前的高等學府。在管理上，太學由居九卿首位的太常總負責，皇帝亦不斷親臨太學視學，特別是東漢的皇帝，視學更為頻繁，經常召集師生講論經術，觀看太學的禮儀活動。這種皇帝視學的傳統被後來歷代統治者所繼承。

漢代太學的教授，都由博士擔任。博士乃博學之士，戰國時魏、齊等國已有博士之職。秦統一後，朝廷中設博士數十人，漢承秦制，仍沿用其名。博士的重要職責是「掌教弟子」[14]，除此之外，應對朝廷、巡視吏治民情，也是分內中事。博士在漢代官制中品階不高，漢初秩為四百石，宣帝時增為比六百石，品階只相當於縣令。但博士極受尊崇，其地位遠優於同級或級別更高的官員。據《漢官儀》所載冠冕之制，博士與卿、大夫、尚書及二千石級高官享有同等待遇。其升遷之途也很優越，「高為尚書，次為刺史。其不通政事，以久次補諸侯太傅」[15]，

---

12 《玉海》卷一一一。
13 《後漢書・翟酺傳》。
14 《漢書・孔光傳》。
15 《後漢書・百官志》。

丞相也多有博士出身者。由此可以看出漢代尊師重教的廣泛社會影響。

漢代太學擇師極嚴，博士選拔相當嚴格。他們或由徵聘，或由薦舉，或由選試，或由諸科始進，或由他官遷升，來源不一，但都必須兼顧德行、學識、才幹、身世以及身體等諸方面的條件，並有限年五十歲以上的慣例。經過一番嚴格的挑選，在漢代太學執教的博士，一般來說品質較高，其中不乏一代名儒。「嚴于擇師」對保證太學的教學品質，起了重要作用。

漢代太學的學生，起初稱博士弟子，東漢時稱「太學生」或「諸生」。西漢時太學生的來源，最常見的有兩種形式：一是由太常直接選送，「年十八以上，儀狀端正者」，皆有補選的資格；二是由郡國縣道邑選送，凡「好文學，敬長上，肅政教，順鄉里，出入不悖所聞者」，皆可入選。[16]漢代選任博士弟子的規定也相當嚴格，凡選送不實，負責長官要受處罰。降至東漢，似無定制，或以「父任」入學，如伏湛「以父任為博士弟子」[17]；或公卿子弟，或試明經下第者補弟子員額，《文獻通考》記載順帝「陽嘉元年，以太學新成，試明經下第者補弟子……左雄又奏召海內名儒為博士，使公卿子弟為諸生」[18]，就是此類情況。博士弟子的成分十分複雜，有家累千金的達官顯宦之子，也有來自門卒，甚或有一些家貧如洗的寒家子弟。太學中不收學費，但生活費用需要自理，因此貧寒學生不得不靠勞動謀生來維持學業。如翟方進靠母親隨京為人編織草鞋提供生活費用，兒寬承擔給同學做飯的事務，自己得以果腹，東漢公沙穆、桓榮、庾乘等人，靠為人做傭工以維持學業。

漢代太學的教學內容，主要是五經。博士專精一經，太學生分經受業，從事研習。由於漢代經學中存在著今古文的問題，教育領域亦受此影響嚴重。今文經學偏重於闡述經書「微言大義」，旨在從經書中尋求治國安邦之道，並在儒學中滲入了陰陽五行思想，宣傳災異迷信，迎合了統治者的需要，故而一直受到統治者重視，被立為「官學」，所以漢代太學博士所傳儒經皆今文經。為保證師師相

---

16 《漢書·儒林傳》。
17 《後漢書·伏湛傳》。
18 《文獻通考》卷四十《學校考》。

傳的經說不致走樣，漢代博士傳經有所謂「家法」和「師法」。「前漢重師法，後漢重家法。……師法者，溯其源，家法者，衍其流也。」[19]也就是說，「師法」重傳授，明本源，「家法」重立說，爭派別。由於「師法」和「家法」的存在，漢代學生與教師之間的關係極為密切，無論是官學中還是私學中，學生對師長都恭敬盡禮，在師長歿後，門徒常自動制三年的喪服。「這種師弟關係的密切，與經學家法的篤守，乃是封建制度在中國特有的一種知識基爾特所表現出來的現象，是封建制度在中國特有的一種官僚系統所表現出來的現象。」[20]並一直沿襲於整個封建時代。

漢代太學除博士定期說經、互相問難、討論經義外，主要靠學生自學，其學習期限沒有限定，以考試成績如何決定是否可以為官，故而漢代太學特別重視考試，以之作為管理學生的一個重要手段。漢武帝初設博士弟子員時，規定「一歲皆課」，能通一藝以上者，即可為官。東漢桓帝永壽二年（156年）後，又定「二歲一試」制，要求通二經以上，按名次高低補充官員的缺額。考試的方法有三種：「口試」、「策試」和「射策」。「口試」主要測試太學生的誦讀及口頭表達能力。「策試」主要是根據皇上或學官提出的重大政治理論問題，撰文以對。「射策」則類似於後來的抽籤考試，內容側重於對經義的解釋、闡發。博士將儒經中較難懂的問題書之於策，加以密封，由學生投射抽取，進行解答。太學設立之初，歲試分甲乙兩科，到平帝時，王莽改為甲、乙、丙三科，甲科四十人，為郎中；乙科二十人，為太子舍人；丙科四十人，補文學掌故。東漢初年，仍復甲乙兩科之制，舊時射策制度已不復存在。由於太學考試極為嚴格，而且補官越來越難，因考試不合格而滯留太學的人數也越來越多，甚至有年逾六十歲而仍滯留太學者。東漢時期，由於政治的腐敗和出仕的艱難，使得太學生爆發過幾次政治鬥爭，尤其是漢末的兩次「黨錮之禍」，涉及統治者內部錯綜複雜的矛盾。多數太學生在鬥爭中都表現了不畏強暴、砥礪名節、激濁揚清的精神，譜寫了古代學生運動史的光輝篇章。

---

19 皮錫瑞：《經學歷史》，136頁，北京，中華書局，1959。
20 侯外廬主編：《中國思想通史》第2卷，354頁。

通過考察，我們可以看到，漢代太學是我國教育史上第一所制度完備、史實翔實可考的學校。自此，歷代最高學府多泛稱太學，影響之深，可見一斑。其次，漢代太學還是統治者利用學校教育來強化官方意識形態的開始。興建太學善待天下之士，建構一個由「孝悌」、讀書出身或經由推薦、考核而組成「士─官僚」文官行政制度，作為大一統帝國的重要支柱，對封建社會制度在中國延續兩千多年起了重要作用。

## （二）宮邸學與鴻都門學

由中央政府直接管轄的官學，除太學外，在東漢時，還有兩種具有特殊性質的學校：宮邸學和鴻都門學。

宮邸學是專門為皇室及貴族子弟創辦的貴族學校，東漢明帝永平九年（66年），設立「四姓小侯學」，是為宮邸學的一種。「四姓」指外戚樊氏、郭氏、陰氏、馬氏，稱其為「小侯」，是由於外戚四姓不是列侯。漢明帝為四氏子弟設立學校，置五經師，聘請名儒講經。後來，學生對象擴大，凡貴族子弟，不論姓氏，皆可入學受業。

漢代宮邸學制度不完備，時興時廢，與執政者的好惡有關。到漢安帝時，鄧太后秉政，由於鄧太后幼學經書，提倡教育，於是下詔為和帝之弟濟北王、河間王的子弟，無論男女，凡年在五歲以上四十餘人，以及鄧氏近親子孫三十餘人，開辦學校，教授經書，並親臨監試。[21]可見，東漢時這種時興時廢的宮邸學校不止一個。

鴻都門學創建於東漢靈帝光和元年（178 年），因校址設在洛陽鴻都門而得名。鴻都門學類似於今日的藝術學院，所學以尺牘、小說、辭賦和字畫為主，並從事各種創作活動。由於漢靈帝劉宏嗜好文學藝術，故而這些被儒家士大夫所瞧不起的「雕蟲小技」，因極受皇帝賞識而興旺發達，鴻都門學中的學生也多被破

---

21 《後漢書・鄧皇后紀》。

格錄用，「或出為刺史、太守，入為尚書、侍中，乃有封侯賜爵者」[22]。與當時太學生出仕艱難的狀況形成鮮明對比。

東漢鴻都門學的設立有著深刻的政治背景。東漢中後期，宦官專權，遭到儒家士大夫官僚集團的反對，而太學生也站在儒家士大夫官僚集團一邊。在複雜尖銳的政治鬥爭中，宦官雖屢屢得手，但在輿論上一直不占優勢，因此他們深深認識到培養自己的知識份子，以與士大夫官僚集團相對抗的重要。於是他們便利用漢靈帝嗜好文學藝術這一點，慫恿靈帝設立鴻都門學。鴻都門學自設立之初，就遭到朝中士大夫的反對，要求廢除的呼聲很高。鴻都門學只存在十餘年，就消失了。鴻都門學雖是當時政治鬥爭的產物，且存在時間不長，但它衝破了儒家經學對學校教育的壟斷，重視文學藝術這些專門藝術的教育，為後世各類專科學校的設立開闢了道路，其積極意義也是不能抹殺的。

## （三）郡國學校

漢代地方官辦學校創始於漢景帝末年，當時的蜀郡太守文翁，特別重視教化，為改變巴蜀地區的落後風習，他一面選送當地俊尤之士入長安從博士受業，一面在成都市中創設官立學府，謂之「學宮」，招收各縣子弟入學，學生免除徭役，卒業依其學習成績，分派官職。文翁平時治事，喜選高材生在旁視事，出行時則帶他們傳達教令，「縣邑吏民，見而榮之，數年，爭欲為學官弟子，富人至出錢而求之，由是大化」[23]，產生了較好的社會影響。這是我國地方官學的創始。

漢武帝時，在興建太學的同時，下令天下郡國皆立學校。因資料缺乏，這道詔令實施到什麼程度，不得而知。但隨著太學的建立，博士弟子員的增加，地方官學在其影響下逐漸發展起來應是無疑的。到宣帝時，郡國學校日漸增加，東郡太守韓延壽在任期間即修治學校，崇禮義，納諫爭，為後人稱道。

---

22 《後漢書·蔡邕傳》。
23 《漢書·循吏傳》。

漢平帝時，各郡國普遍設立官學。元始三年（3年），王莽上書，請求立官學，制定中央和地方的學校系統，中央官學為太學，地方學制為四級：郡國曰「學」，縣、道、邑、侯國曰「校」，鄉曰「庠」，聚曰「序」。今天看來，學、校約相當於中學，庠、序約相當於小學，只不過當時尚無嚴格劃分。與此同時，又在郡國設立宗師，以教授王室子弟。從地方官學學制的建立來看，當時學校已漸有體系，為後代學校制度的建立、發展，奠定了初步基礎。王莽為漢代學校發展所作的貢獻，應予肯定。

東漢歷代皇帝，對地方教育都較重視。光武帝時，無論是中原地區還是邊遠地區，都有一批地方官學興起。興辦學校成為循吏的一大重要標誌。當時辦學頗有聲名者，如冠恂任汝南太守，「修鄉校，教生徒，聘能為《左氏春秋》者，親受學焉」[24]；李忠遷丹陽太守，「起學校，習禮容，春秋鄉飲，選用明經，郡中向慕之」[25]；伏恭「遷常山太守，敦修學校，教授不輟，由是北州多為伏氏學」[26]，等等。在邊遠地區興學的，如衛颯為桂陽太守，「修庠序之教」；任延任九真（今越南中部）太守，建立學校，導之禮義，後遷任武威太守，「造立校官，自掾史子孫，皆令詣學受業，復其徭役，章名既通，悉顯拔榮進之，郡遂有儒雅之士」[27]。邊遠地區的地方官學，在宣傳儒教，推廣文化方面起了重大作用。對於當時地方學校昌盛的情狀，班固《兩都賦》這樣描寫：「四海之內，學校如林，庠序盈門。」

漢明帝時，對地方教育愈加重視，郡國學校愈來愈多。他曾親率群臣至辟雍，初行大射禮，令郡、縣、道行鄉飲酒禮，祀周公、孔子於學校。這是漢代學校祭孔之始。明帝提倡學校祭孔，一直影響到清末，無論是官學還是私學，都尊孔子為萬世師表。

漢代地方官學師資的學術水準一般不高，且興衰無常，與中央官學沒有銜接

---

24 《後漢書·鄧寇列傳》。
25 《後漢書·李忠傳》。
26 《後漢書·儒林列傳下》。
27 《後漢書·循吏列傳》。

措施。其教學內容，文獻上也無明確記載，其課程設置也不像太學那樣以五經為主，而大抵隨著興辦者的愛好有所側重，如文翁在巴蜀興學，既重經學，又教法令。寇恂在汝南，重視《左氏春秋》，任延、衛颯、韓延壽等人則重視儒家禮儀。儘管如此，地方官學在重視推廣教化這一點上卻有共同之處，它們除傳授儒家經典外，還宣傳、推行儒家禮儀，引導民眾崇德、循禮、進學。這主要體現在：其一，各地設立學校，其目的多為改變僻陋舊習，如文翁興學，是為了改變「蜀地僻陋有蠻夷風」的狀況，李忠「以丹陽越俗不好學，嫁娶禮儀，衰於中國，乃為起學校」，等等。其二，地方官學成了人們演禮、習禮的重要場所。皇帝視學，也往往興禮作樂。地方官員更是令文學、校官、諸生演習禮容，藉以引導地方的禮儀教化。從這裡可以看出，漢代郡國學校辦學的主要目的是推行道德教化，注重修身，借地方官學的禮教典範來推動社會風尚的轉變，培養學術人才尚在其次。

## 二、私學的發展

春秋時期，中國有私人講學，戰國時私人講學風行一時，秦統一六國後，雖然在文化教育方面實行了禁私學、焚詩書等極端措施，但私人授經並未徹底禁絕，一批儒生隱匿民間，私下傳經，尤其是齊魯一帶，私人講學傳統一直流風不泯。及至漢代，寬鬆的政治氛圍使私學又迅速發展起來。由於當時中央太學及地方官學招納生員有限，加上官學中缺乏蒙學這一類機構，所以大多數求學的青少年，不得不就讀於私學。再加上古文經不能立於學官，一些古文經學者，只有從事私人講學，以與官學相抗衡。凡此種種，都使得私學在學校數量及入學人數上，大大超過官學。

從漢代私學的教育程度看，有相當於小學階段的蒙學，稱「學館」、「書館」等；有相當於中學階段的《孝經》、《論語》等一般經書的學習；有相當於太學的專經教育，由經師大儒自立「精舍」、「精廬」等，開門授徒，講授一經或數經。近人王國維曾說：「以後世之制明之，《小學》諸書者，漢小學之科目。《論

語》、《孝經》者，漢中學之科目，而六藝則大學之科目也。」<sup>28</sup>所言是有道理的。另外，還有家庭教育、女子教育、學術世家等各種私人教育形式。

漢代民間幼童八九歲入學，學校稱「書館」，教師稱「書師」，主要是學習識字、習字。漢代「書館」有兩種基本類型，一種是書師坐館施教，附近兒童就近入學，人數由數十人至上百人甚或數百人不等；一種是富貴之家聘師來家施教，本家或本族學童于家中受教，也叫「家館」。

漢代小學所用的字書，主要有《倉頡》、《凡將》、《急就》、《元尚》諸篇。秦始皇時，李斯作《倉頡篇》，趙高作《爰曆篇》，胡毋敬作《博學篇》，其文字多取周之《史籀》，用秦篆寫成，作為學習的課本。漢初閭裡塾師將以上三篇合編在一起，斷六十字為一章，凡五十五篇，仍稱《倉頡篇》。此後又經揚雄、班固改造，逐漸完備，基本上包括了當時六經及各種典籍上所出現的字。該書大抵四字為句，兩句一韻，便於誦讀，故作為字書，以教蒙童。《凡將篇》為司馬相如所作，以三字或七字為一句，宋代已佚。漢元帝時，史遊仿《凡將篇》作《急就篇》，成為流傳至今的一部漢代字書。該書以七言韻句為主，間以三言、四言句，按文字含義的類別組句，包括姓氏、衣著、農藝、飲食、器用、音樂、生理、兵器、飛禽、走獸、醫藥、人事等種種應用字。下面引錄一段，可見一斑。

急就奇觚與眾異。羅列諸物名姓字，分別部居不雜廁。用日約少誠快意，勉力務之必有喜。請道其章：宋延年，鄭子方，衛益壽，史步昌，周千秋，趙孺卿，爰居世，高辟兵。

這是講姓氏的，押韻合轍，朗朗上口，切合實用，便於記憶。該書漢魏時代比較盛行，不僅閭里書師用以教學童，就是邊疆戍卒也用於學習文化。後來我國編寫的蒙學課本，如《千字文》、《百家姓》、《三字經》等，便是以這些字書為先導的。

學童除識字、習字外，還兼習算術，《九章算術》通常被書師用來教育蒙

---

28 王國維：《觀堂集林·漢魏博士考》。

童。

學童在學完字書、算術後，其學業優異者，可試為吏。漢初蕭何制律，規定：「太史試學童，能諷書九千字以上，乃得為史。又以六體試之，課最者以為尚書御史史書令史。……六體者，古文、奇字、篆書、隸書、繆篆、蟲書。」[29]終漢之世，大致相同。

學童在學完字書與算術後，就進入學習一般經書的階段，這一階段主要學習《孝經》、《論語》，有的還學《尚書》或《詩經》等。初讀一般經書，是學童由識字、習字到專研經書的過渡階段。這個階段的教學要求是對經書「粗知文意」、「略通大義」，主要方式則是誦讀。從《漢書》、《後漢書》的大量記載看，兩漢時期，無論是一般學童，還是至尊如皇太子，都曾經歷過由習字書到誦讀一般經書的學習過程，說明初讀《孝經》、《論語》這樣的一般經書，已成為一個相對獨立的教育階段。漢代私學這種由集中識字到誦讀一般經書，然後進入專經研習的基本教育體系的形成，為後來完善教育體系提供了實踐經驗，在教育制度發展史上是有意義的。誦讀一般經書，一方面鞏固了前期識字、習字的成果，而更主要的則是通過對《孝經》、《論語》等的學習，陶冶學生品德，突出孝悌思想，講求修身之本，這和兩漢尊崇儒術的政治節律是合拍的。

學童在讀完《孝經》、《論語》後，即開始分化，一部分可入仕為吏，或在社會上謀求職業，另一部分則可入太學深造，或投私家經師，攻一經或數經。

漢儒聚徒講經，上承春秋戰國私人講學之風，秦始皇雖然實行文化高壓政策，但「魯中諸儒，尚講誦，習禮樂，弦歌之音不絕」[30]，民間學術活動一直沒有停止。漢代統治政策相對寬鬆，私家授徒之風大盛，名師大儒凡得不到從政或任博士機會的，即從事私人講學，也有很多名儒一面做官一面收錄弟子，罷官歸家仍講學授經，西漢大儒如叔孫通、公孫弘、董仲舒、薛廣、韋賢等，都招收生徒，進行教授。

---

29 《漢書·藝文志》。
30 《史記·儒林列傳序》。

兩漢相較，東漢私人講經之風更盛，具體體現在「精舍」多、生徒多、講經的名家多。「精舍」是東漢專經階段私人教學中出現的較穩定的組織形式，是治學、講學的基地，又稱「精廬」，多建在名師家鄉或山水勝地，均帶有隱居性質。精舍常籌集大量資財，以供學生食宿，故而精舍中學生雲集，生徒眾多。《後漢書》中大量記載了精舍的情況，如包咸「因住東海，立精舍講授」[31]；劉淑「少學明《五經》，遂隱居，立精舍講授，諸生常數百人」[32]；檀敷「立精舍教授，遠方至者常數百人」[33]；姜肱「博通《五經》，兼明星緯，士之遠來就學者三千餘人」[34]；李恂「少習《韓詩》，教授諸生數百人」[35]。名儒開門授徒，讀書人千里尋師，雲集門下，從《後漢書・儒林列傳》中可以看出，名儒門下弟子成百數千者屢見不鮮，甚至有著錄弟子萬人以上者，如張興，著錄弟子萬人，牟長著錄弟子前後亦萬人，蔡玄門下弟子竟多達一六〇〇〇人。

　　當時私學中學生人數如此之眾，講經名家也多不勝數，如「解經不窮戴侍中（憑）」[36]，「說經鏗鏗楊子行（政）」[37]，「五經復興魯叔陵（丕）」[38]，等等，更有一代名儒馬融、鄭玄等。

　　對於漢代私學昌盛的情況，範曄在《後漢書・儒林列傳論》中有一段描述：

　　自光武中年以後，干戈稍戢，專事經學，自是其風世篤焉。其服儒衣，稱先王，遊庠序，聚橫塾者，蓋布之於邦域矣。若乃經生所處，不遠萬里之路，精廬暫建，贏糧動有千百。其著名高義開門受徒者，編牒不下萬人，皆專相傳祖，莫或訛雜。至有分爭王庭，樹朋私里，繁其章條，穿求崖穴，以合一家之說。

　　可見當時全國各地，到處有經師講學，到處有生徒聚集，以至「分爭王庭，

31 《後漢書・儒林列傳下》。
32 《後漢書・黨錮列傳》。
33 同上。
34 《後漢書・薑肱傳》。
35 《後漢書・李恂傳》。
36 《後漢書・儒林列傳上》。
37 同上。
38 《後漢書・魯丕傳》。

樹朋私里」，私人講學之盛，於此可窺一斑。

由於在兩漢時代，官學所授經學，今文經居絕對優勢，故而在專經研習的私學中，雖仍傳授今文經，但不被列入官方正宗學說的古文經學，更受人重視，實際成了私學經學傳授和研究的主要內容，並獲得了廣泛的社會影響。東漢時著名經師馬融、鄭玄，都以古文經著稱，並兼通今文，隨其學習的生徒成百上千，影響極大。

除經學外，黃老、道、法、刑名之學，也有私學專門授受，如嚴君平一面卜筮於成都，一面傳授《老子》，著書十餘萬言，在學術上頗有地位。東漢楊厚，少學父業，修黃老，授生徒，達三千餘人。文景之世，晁錯、韓安國均以學刑名聞世，黃霸、路溫舒、趙禹、張湯，皆少學法令。東漢郭躬父子精通法律，門徒常達數百人，鍾皓善刑律，門徒達千餘人。西漢的卓茂、東漢的廖扶，精通天文、曆算，以此教授生徒，等等。由此可見，漢代私學教育的內容要比官學豐富得多。此外，醫學以及各種方技，如災異、圖讖、風角、占卜、推步、相術、武技等，也多有私家傳授。雖然這當中不乏荒誕、迷信的內容，但也包含有不少科技知識。可以說，古代的科技知識是依靠這種私家傳授才得以延續和發展的。

私學的教學方法大致與太學相似，以講說經書為主。另外，由於私學中弟子眾多，老師便往往利用高業弟子，轉相授受。如馬融有門徒四百餘人，而他直接授業的只有五十餘人，然後再讓這五十餘高業弟子轉授其餘門徒，鄭玄在其門下三年，都未能見其一面。在山東諸城所發現的畫像石上，有一講學圖，生動再現了漢代講學的場面。圖的正面有一方形高堂，三面迴廊，上坐一老者，高冠加額，長衣廣袖，正揮手講學，對面一人雙手捧牘，凝神傾聽，堂前還有十三人捧牘環坐，認真聽講。[39]

除上述私學的主要形式外，漢代私人教育還有家庭教育、女子教育、學術世家等特殊形式。漢代私學中雖然已有了相當於小學的「學館」，官學也有類似的

---

39 任日新：《山東諸城漢墓畫像石》，《文物》，1981 年第 10 期。

教育，但畢竟不夠完善，所以仍有不少兒童的啟蒙教育是在家庭內完成的，如王充六歲時，其父即教他習字，張霸七歲時已在家內讀完《論語》等等。女子教育則是在獨尊儒術、儒家教育廣泛開展後出現的。劉向撰《列女傳》，分門別類講述古代賢德女子的事蹟，目的是為女子樹立效法的典範。東漢女學者班昭（又稱曹大家）作《女誡》一書，論述了女子修身以及處理家庭關係的準則，並用以教授皇后及諸貴人。《女誡》一直是女子教育的經典教材之一，明朝時還特將其編入《女四書》中。在經學昌盛的情況下，漢代女子學習儒經者不乏其人，明帝馬皇后、和帝鄧皇后、順帝梁皇后在出嫁前均有學習儒經的經歷。可見，在上層社會的家庭中，女子涉獵儒經並非罕見。在漢代私人教育中，學術家傳極受重視，父子相繼、祖孫相承的學術世家實在不少，如翟酺四世傳《詩》，歐陽氏八世為《尚書》博士，司馬談、司馬遷父子，班彪、班固、班昭父子兄妹的史學，蔡邕、蔡文姬父女的文學，劉向、劉歆父子的文獻學，郭弘、郭躬父子的法律學，樓護家世醫學，任文公家世氣象、災異等，都聞名於世。學術家傳對於形成特定的學術風格很有好處，但也帶有一定的保守性。

和官學相比，漢代私學有很多特點。私學由學者自辦於民間，有較大程度的獨立性和自主性。私學的教學內容比較多樣化，學術色彩也比較濃厚，師生多抱著潛心治學的態度，特別是在漢代政治動亂之時，各軍閥混戰不已，官學時興時廢，唯有私學師生，隱居山谷「精舍」中，潛心治學。私學的教學也比較有生氣，學生可以自由擇師，班固、鄭玄等人甚至「學無常師」，博取諸家之長。教師也可以自由講學。因此，許多私學出身的學者，其水準往往超過了官學博士。如戴憑曾公開聲稱「博士經說皆不如臣」。光武帝讓諸儒及群臣中能說經者與之辯論，竟無人能駁倒他。在《後漢書》所記載的百餘種各類經學著述中，百分之九十以上均為非博士的私家經師所纂，由此可見私家傳經在漢代學術史上的地位。

漢代私學教育作為官學教育的重要補充，在漢代教育史乃至文化史上都占有重要地位。它承擔著繁重的教育任務，其生徒數倍於官學生徒。漢代官學系統中啟蒙教育匱乏，而私學則幾乎承擔了所有的蒙童教育。私學教育還促進了不同學派的發展。官學講經，以今文為限，而古文經，甚至黃老、道、法、刑名等學，

均靠私學教育得以傳播和發展。相對而言，官學篤守家法、師法之風甚盛，而私學卻緩和得多，許多私學經師都是兼通今古文的，他們廣採眾說，遍注各經，自出新意，著書立說，絕非那些只專一經、墨守章句者可比。這種風氣是有利於學術發展的。漢代私學還特別重視氣節的培養，不少人不畏強權，不慕祿位，誓死不與貪官污吏同流合污，敢於批判社會現實，這種優良傳統在後世書院教育中得到進一步發揚。

同時，也應看到，私學教育在教育目標和教育內容的主導方向上和官學教育並無原則區別，二者並非對立物。漢代私學教育存在不少缺陷，如缺乏必要的規章制度，沒有穩定的經濟來源，教師水準參差不齊等，籠統地認為私學教育優於官學是不恰當的。

## 第三節 ·
# 選舉制度

選舉才德之士進入統治階層，是維護封建專制統治的一項重要手段。對此，歷代統治者都給予了極大關注。春秋以前，官吏的任用是和分封制、宗法制緊密相連的「世卿世祿」制，「士大夫以上皆世族，不在選舉也，選舉使鄉主之」[40]，士大夫以上是世官，不由選舉，選舉只限於士以下。具體情況雖已不詳，但大略如此。春秋以降，禮賢下士之風甚盛，選拔人才的形式也開始多樣化。秦漢時期，選舉制度開始逐步發展和完備起來，這不但對後世選舉制度產生了深遠的影響，也深深地影響了這一時期的教育。

---

40 俞正燮：《癸巳類稿》卷三《鄉興賢能論》。

# 一、秦朝選舉制度

秦朝是一個短命皇朝，由於資料缺乏，有關這個皇朝的不少制度，都難得其詳。對於秦的選舉制度，我們通過深入發掘研究，仍能窺其崖略。

綜合現有資料，秦朝選舉途徑主要有以下幾種：

## （一）任舉

春秋時期，王室衰微，諸侯力政，世官制逐步衰落，各國紛紛用新的方法選官，以期通過賢能之士的幫助成就功業。秦國也不例外，自穆公時就實行薦舉之法。據《左傳》記載：「君子是以知秦穆之為君也，舉人之周也，與人之壹也；孟明之臣也，其不解（懈）也，能懼思也；子桑之忠也，其知人也，能舉善也」[41]，清楚地反映出薦舉選士的情況。商鞅變法以後，薦舉制發展為「任舉」制，一直實行到秦亡，「任舉」，實際上就是保舉，這是一種自下而上舉薦賢才的方法。從文獻記載看，秦朝的「任舉」已較普遍和完備，如「昭王十三年，穰侯相秦，舉任鄙以為漢中守」[42]。再如「白起拔楚之郢，秦置南郡，乃封白起為武安君。白起者，穰侯之所任舉也」[43]。又如「李斯至秦，乃求為秦相文信侯呂不韋舍人，不韋賢之，任以為郎」[44]。大臣保舉，可以發現更多的人才進入統治階層，但由於種種原因，也可能會出現薦舉不實的情況，對此，秦代法律有規定，凡被保舉者不能勝任或犯罪，保舉者要連坐，反之，保舉者犯罪，被保舉者也要受株連，只有被保舉者遷官之後，才不再追究保舉者的責任。如《史記·范睢列傳》載：「秦之法，任人而所任不善者，各以其罪罪之。」《雲夢秦簡》也有這方面的材料：「任人為丞，丞已免，後為令，令初任者有罪，令當免不當？不當免。」[45]也就是說，保舉他人為丞，丞已免職，事後本人為令，如原來保舉

---

41 《左傳·文公三年》。
42 《史記·白起列傳》。
43 《史記·穰侯列傳》。
44 《史記·李斯列傳》。
45 《睡虎地秦墓竹簡》，212-213 頁，北京，文物出版社，1978。

過的那個人有罪，今應否免職？不應免職。這樣的法律規定，可以使保舉者在薦舉人才時更加慎重，有效杜絕徇私舞弊等情況，但同時也束縛了保舉者的手腳，把很多人才拒斥在統治圈之外。

## （二）徵召

「徵召」是由上而下求賢的辦法，這種辦法見於史實的，全在秦統一後，足見這種辦法在秦統一後最為盛行。如「叔孫通，薛人也。秦時以文學徵」[46]。「（蕭）何乃給泗水卒史事，第一。秦御史欲入言徵何，何因請，得毋行。」[47]「周貞實，零陵人也，居淡山石室中。始皇下詔徵之，三徵，皆不就。」[48]「王次仲少有異志，年及弱冠，變倉頡舊文為今隸書。秦始皇時，官務煩多，以次仲所易文，簡便於事要，奇而召之。三徵而輒不至。」[49]「秦末，沈逞徵為丞相，不就。」[50]可見，秦在徵召方面已有徵召為丞相、徵召為博士、徵一般處士等多種形式。

## （三）考試

秦之取吏，除以上辦法外，還有考試之法，這主要是針對十七歲以上學僮的。許慎《說文・敘》引漢《尉律》云：「學僮十七已上，始試，諷籀書九千字，乃得為吏。又以八體試之郡，移太史並課最者以為尚書史。」關於「始試」，段玉裁注：「謂始應考試也。」反映了秦以考試取官的情況，從《睡虎地秦墓竹簡》中也可找到這方面的佐證，如「今（指秦始皇）……三年……八月，喜揄史」[51]，據解釋，「揄史」當為進用為史之意，該年喜十九歲，被進用為史，與《尉律》

---

46 《史記・叔孫通列傳》。

47 《漢書・蕭何傳》。

48 馬非百：《秦始皇帝傳》引文，255 頁，南京，江蘇古籍出版社，1985。

49 《水經注・漯水注》。

50 《秦會要訂補》卷十五引《宋書・自序》。

51 《睡虎地秦墓竹簡》，6 頁。

「學僮十七已上始試」的規定完全吻合。由於從學僮裡選拔的主要是從事文書職務的員吏，所以其考試主要是「諷」和「寫」。《說文》將「諷」與「誦」互釋，故「諷」即「誦」。《戰國策・秦策五》記異人見秦王後，「王使子誦，子曰：『少棄捐在外，嘗無師傅所教學，不習於誦。』」足見「諷」乃秦時進行人事考察之常法。「寫」就是試寫各種字體，一般需會八體之書才有可能為吏。經過以上考試，成績優異者即可為官。

### （四）軍功和辟田

秦在商鞅變法後，即實行獎勵耕戰的政策，這一政策影響選舉制度，就是重視軍功和辟田，以此作為入仕之途。從文獻記載看，秦因軍功而受爵者很多，確實體現了《史記・商君列傳》中所說「有軍功者，各以率受上爵」的基本精神。秦代官爵合一，爵大於官，受爵即為受官。秦因辟田而被推舉的記載不多，但納粟拜爵的現象在《史記・秦始皇本紀》中有記載。

### （五）通法

秦以法治國，凡事皆斷於法，因此通曉法令者便極受重用，成為選舉制度中不可或缺的重要一項。據《史記・蒙恬列傳》，趙高就是因為「通於獄法」，被秦王舉為中車府令的。秦這種在選舉中重法的思想，到秦始皇時則直接演變為「以法為教」，「以吏為師」，幾乎壟斷了整個選舉制度。

### （六）世官

秦是較早打破「世卿世祿」制而量功選舉的國家，但是，新的選舉制度的產生並沒有使原來的世官制得以徹底根除。有秦一代，一直存在世官制。這主要表現在這麼幾個方面：其一，「葆子」的存在。「葆子」是《雲夢秦簡》中的一個詞，據釋為「任子」，與漢代的任子制原則相同。其二，有些特殊官職，如史官、太卜官等始終是世襲的。其三，有不少人因家世而得官，如「蒙恬因家世得

為秦將」[52]，王翦之子王賁、孫子王離，亦「因家世」而世代為官[53]，等等。

另外，秦在選舉方面還有一些限制條件，如家產、操行、年齡等。韓信「始為布衣時，貧無行，不得推擇為吏」[54]。韓信因家貧、操行不佳而得不到推舉。《睡虎地秦墓竹簡》則規定「除佐必當壯以上」[55]，不到壯年者不能薦舉。

從以上考察可以看出，秦在選舉制度上雖還比較原始，但它已經具有了兩漢選舉的各種雛形，並對兩漢選舉制度產生了重大影響。

# 二、兩漢選舉制度的主要內容和利弊得失

兩漢選舉制度較之秦朝更為完備和嚴密，其主要內容有察舉、徵辟、考試、任子、納貲等。

## （一）察舉

漢高祖劉邦是一位有作為的皇帝，他在建立漢朝不久，就把選拔人才提到了議事日程上，於西元前一九六年下求賢詔，希望諸侯王、大臣推薦具有治國才能的「賢士大夫」，雖然這種作法仍舊帶有戰國時期「親士」的色彩，但就令郡國薦舉人才這一點而論，實際上是開了西漢察舉制的先河。

真正嚴格意義上的察舉之產生，是從漢文帝開始的。文帝曾兩次下詔，要求諸侯王、公卿、郡守推舉「賢良能直言極諫者」，並親自策問，評定高下，區別授官。這些步驟正體現了察舉制的最基本特徵，而且還包含著後來科舉取士的雛形。

---

52 《史記・蒙恬列傳》。
53 《史記・王翦列傳》。
54 《史記・淮陰侯列傳》。
55 《睡虎地秦墓竹簡》，106 頁。

但是，察舉制度完全確立，並成為兩漢選舉制度的主體，還是漢武帝時的事情。首先，這時對於察舉人才的標準有了明確的新規定。《漢書・武帝紀》載：「建元元年冬十月，詔丞相、御史、列侯、中二千石、二千石、諸侯相舉賢良方正直言極諫之士。丞相（衛）綰奏『所舉賢良或治申、商、韓非、蘇秦、張儀之言，亂國政，請皆罷』，奏可。」明確罷去治申、商、韓非、蘇秦、張儀之言者，不僅樹立了儒家在中國學術思想史上的正統地位，而且也開創了主要以儒術取士的察舉制度。其次，察舉的範圍擴大，科目增加。除「賢良」外，又增加了「孝廉」、「秀才」等新科目。最後，也是特別重要的，這時產生了歲舉性的科目，即「歲舉孝廉」。這樣，察舉就以選官常制的姿態登上了漢代選舉的舞臺。

漢代察舉的科目很多，主要有孝廉、茂才、賢良方正與文學以及明經、明法、尤異、治劇、兵法等特科。察舉的標準主要有四條，一曰「德行高妙，志節清白」，二曰「學通行修，經中博士」，三曰「明達法令，足以決疑，能按章覆問」，四曰「剛毅多略，遭事不惑，明足以決」[56]。四科取士，起西漢迄東漢，大體未改。下面我們看一下察舉各主要科目的情況。

**孝廉**　孝廉即孝子廉吏，原為察舉二科，武帝元光元年（前134年）初令郡國舉孝廉各一人，即舉孝舉廉各一人。然而在通常情況下，孝廉則是連稱而混為一科的，這樣的記載在兩《漢書》中不下百餘人。從孝廉的資歷看，多是州郡屬吏或通曉經書的儒生，從任用情況看，在中央以郎署為主，再遷為尚書、侍御史、侍中、中郎將等。在地方則為令、長、丞，再遷為太守、刺史。足見孝廉乃清流之目，為官吏進身的正途。孝廉為歲舉，各郡國每年都要向中央推薦人才，而且有人數限定。東漢和帝時，還對邊郡少數民族地區實行優惠政策。

**茂才**　西漢稱秀才，東漢時避光武帝劉秀諱改為茂才，或寫作茂材。西漢時察舉茂才，為特舉而非歲舉，東漢後才變為歲舉常制。茂才與孝廉同為兩漢重要的察舉科目，所不同者，孝廉多屬於郡舉，而茂才多是州舉。茂才的數量較孝廉要少，而且多為已仕官吏和孝廉。從任用上看，茂才多被任用為縣令或相當於縣

---

56　《後漢書・百官志》注引應劭《漢官儀》。

令一級的官職，而孝廉則多拜為郎。東漢官制，縣令為千石官，三署郎最高不過六百石，所以茂才比孝廉任用為重。

**賢良方正與文學**　和孝廉與茂才不同，賢良方正與賢良文學屬於察舉的常見特科。賢良指才幹出眾、德高望重，方正指正直無私，作風淳正，文學在當時與經學為同一概念。兩漢諸帝都曾頒布過推舉賢良方正的詔令，而且大多是在遇到日食、地震以及各種自然災害後，因為當時有一種觀念，認為災異是上天對人間帝王的譴告，一旦上天降災，皇帝就得下詔罪己，並招納賢才，廣開直言之路，以匡正過失。賢良方正作為舉目，形式變化較多，後面常連言「直言極諫」、「可親民者」、「有道術達於政化」等詞。賢良方正及文學經過對策，高第者所授官職基本都秩比六百石以上，如縣令、中大夫、諫大夫、議郎等，個別特殊者，起家即為九卿。

**其他特科**　上述賢良、文學雖非歲舉，但較為常見。另外，還有一些偶爾一舉或數舉的科目，如明經，即通曉經學；明法，即通曉法律；尤異、治劇，即治績甚好；勇猛知兵法，陰陽災異等，這些都是臨時特定的科目，隨形勢變化及人主好惡而變動。

由上可知，兩漢察舉名目繁多，除歲舉常制外，還有特舉，使各方面的人才都能不斷遷升，為鞏固封建專制統治提供了基本保證。

## （二）徵辟

徵辟是一種自上而下的選舉制度，即採取特徵和聘召的方式，選拔品學兼優的人士，或備顧問，或委以政事。漢代徵辟主要有皇帝徵聘與公府、州郡辟除兩種方式。

漢代皇帝徵聘，沿襲了秦朝徵召的成例，並有所發展。對於德高望重的老年學者，特予優待，安車蒲輪，迎入朝廷。如申公、枚乘、韓康等，都是這樣迎徵的。而一般被徵之士，赴朝廷就職須自備車馬。如元帝徵貢禹就是如此。皇帝徵聘為漢代最尊榮的仕途。被徵者去就自由，朝廷不能強制。東西漢相較，東漢徵

聘之風更盛，由於當時崇尚名節，許多人也競相以不應徵召為榮，以至在東漢歷史上出現了許多「節士」。當然，皇帝徵聘是針對個別人而言的，故而不如察舉範圍廣泛。

公府和州郡辟除是高級官員選用屬吏的一種制度。公府指丞相（或司徒）、御史大夫（司空）、太尉（司馬）三公府，公府可以自辟掾屬，又須遵敕令辟召。西漢時，辟除之權以丞相為最大，東漢時，相權削弱，情況變得複雜。從兩《漢書》的記載看，被公府辟除者的成分比較複雜，有處士、有州郡吏、有郎等。其被辟後出仕大約有二：一是由辟主私人薦舉，一是經各種察舉科目，進而出補中央官或外主州郡。州郡辟除掾屬，在西漢時已成通制，西漢的王尊、東漢的任文公、李郃等，都曾為州郡辟除。州郡辟除後的升途也主要有二：一是察舉，一是再辟公府。

公府州郡辟除選舉了一些人才，同時，由於公卿牧守可以自行辟除，他們為發展個人勢力，競相籠絡士人；士人為了做官，也不得不依託權門。所謂「名公巨卿，以能致賢才為高；而英才俊士，以得所依秉為重」[57]，這樣便發展為一種私恩的結合，用人之權更多地轉移到私人之手，成了中央集權的離心力量。東漢末年分裂割據局面的形成，與此不無關係。


## （三）考試

考試是漢代選舉制度的一個重要方面。這主要包括兩類，一類是察舉徵辟以後，所選是否得人，要進行考試。另一類是先經學校育才，然後通過考試而選舉賢能，主要是博士弟子的考試。第一類中，凡屬詔令特舉的，皇帝往往親加策試，如漢武帝時公孫弘、嚴助、董仲舒等，都以善對策拜官。凡是郡國歲舉的孝廉、茂才，到京師後，由公府加以考試，考試內容主要是「諸生試家法，文吏課

---

57 《東漢會要》卷二十七《選舉下》。

箋奏」[58]。後來又「增孝悌及能從政者為四科」[59]。東漢中葉以後，公府州郡辟除不實現象嚴重，清濁混淆，良莠不齊。左雄為尚書令，為革除其弊，奏請舉吏皆先試之公府，又覆之於端門，創複試制度，效果甚佳，「十餘年間，稱為得人」[60]。

博士弟子考試是經由學校培育，然後從中選才的一個重要手段。秦時有試學僮之制，這在前面已有探討，漢時將這一方法擴大，在各級學校，尤其是太學中普遍使用，選取了很多人才。有關博士弟子的課試情況，我們在本章第二節中已有介紹，此不贅述。需要說明的是，博士弟子課試進一步將培養人才與選拔人才結合起來，開了後世選舉與教育相結合的先河。但它與察舉相比，畢竟沒有在漢代選舉中居於主體地位，因此它對整個兩漢選舉制度的影響，也就不像察舉那樣具有決定性意義。

## （四）任子、納貲及其他

任子就是依靠前輩的地位（官位）、功勞保任後代為官的制度。漢之任子制是沿襲秦之葆子制而來的，是世官制的一種遺存形式。兩漢任子制的基本形式有父任、兄任、外戚任、宗家任等多種，任子有一定條件限制，即必須是「二千石以上」的官吏和「視事滿三年」者，任子的數目為「一人」，而實際上，很多人都衝破了這種限制，秩不滿二千石，任子二人、多人都屢見不鮮。由於任子不是德選，全由父兄蔭庇而得官，故隨著漢代察舉制的不斷發展，越來越遭到人們的反對。可以說，兩漢任子制度，是一種照顧大官僚利益的變態世襲制，後世種種庇蔭制度，從某種角度講，可以說都是任子制的繼續和發展。

納貲是用資財和金錢買官，西漢武帝時廣泛運用，東漢靈帝時達到漢朝的高峰。納貲進仕嚴重敗壞了吏治，為識者所不齒。

---

58 《後漢書·左雄傳》。
59 《後漢書·黃瓊傳》。
60 《後漢書·左周黃列傳論》。

此外，兩漢選舉制度中還有幾種較特殊的選舉辦法，即上書拜官，以材力為官，以方伎為官等形式。

從上述內容看，兩漢選舉制度主要以察舉和徵辟為主，其餘均為補充手段。另外，兩漢在選舉制度上還有比較嚴格的規章可以遵循：首先，它繼承了秦朝選舉不實，選舉人應治罪的方法，規定選舉不實，舉者坐罪，選舉得人，舉者嘉獎。從兩《漢書》的記載看，因選舉不實而被治罪的不在少數。其次，對被選舉人的家庭出身、秩位、年齡、資歷、才能、學識、體格等也都有具體規定。如「市井子孫不得仕宦為吏」[61]，「視事三歲以上，皆得察舉」[62]，等等。最後，對選舉人的資歷和地位，也有一些規定。當然，這些規定並非一成不變，在很多情況下是不斷變化的。

漢代選舉制度實行四百年之久，可以說利弊並存，得失兼有。有漢一代，選舉制度在大部分時間內都起了積極作用，促進了兩漢人才輩出、功業興盛的局面。可以說漢皇朝能夠作為中國歷史上的一個十分強盛皇朝，在當時的世界上占有相當重要的地位，是與兩漢統治者重視選用人才並有一套比較完整的選舉制度分不開的。漢代選舉制度的成功之處在於對人才高度重視；適時改變人才觀念，由重軍功、法吏改為重儒生；建立了較嚴格的察舉法規。當然，漢代選舉制度也存在不少弊端，選拔人才的大權為少數權要所把持，在選舉制度實施的過程中，始終存在著權門請托、貴戚書命、行賄作弊等腐敗現象，雖多次明令禁止，但仍層出不窮，到東漢後期愈演愈烈。兩漢提倡孝道，故而選舉時不能做到德才兼備，而是重德輕才。另外，在察舉諸科外，漢代選舉還有公府州郡辟除、任子、納貲等形式。這就保留了高級官吏可以任用屬員的特權，也使士人養成依託權門的惡習。察舉的目的是任人唯賢，但任人唯親，直到終漢之世也沒有得到解決。

---

61 《史記·平准書》。
62 《後漢書·安帝紀》。

# 三、兩漢選舉制度和教育

選舉制度與教育是密不可分的。國家通過選士來確定人才的標準，並以功名利祿獎勵學有所成者，對教育產生積極的影響。

兩漢選舉制度的日益完善，在太學有一套較完整的考試選拔制度，而地方官學、私學的學生也可以通過各科察舉的途徑獲得做官的機會，這就勢必激發士人學習的積極性。張霸為會稽太守，選拔擢用有學業和德行者，於是郡中習經者達上千人，到處都可聽到誦經之聲。這種踴躍學習的風氣正是在功名利祿的誘導下發展起來的。班固曾說：「一經說至百餘萬言，大師眾至千餘人，蓋祿利之路然也。」[63] 漢代廣為流傳著這樣的俗諺：「遺子黃金滿籯，不如一經。」[64] 十分形象地刻畫出讀經的巨大功利價值。察舉制對漢代經學教育的昌盛起了促進作用，而大批經術人才被培養出來，又勢必會擴大選士的社會基礎，使選舉制度也得到進一步發展。

察舉有明確的考察選拔標準，其中的一些內容成為教育活動所遵循的準則。漢代經學重視師法家法的繼承性，舉孝廉也要考察家法，因此一些學生株守家法而不敢他徙，嚴重限制了自己的發展。另外，兩漢在察舉徵辟中存在著嚴重的營私舞弊、趨炎附勢現象，士人受此影響，為獲得主舉者的推薦，弄虛作假、請託賄賂，從而嚴重敗壞了學風和士風。

儘管兩漢選舉制度會對教育產生重大影響，但也不能不看到，它和唐宋以後相比，兩漢選舉與學校教育的結合並不緊密。例如西漢一代，在任丞相或相當這一職務的四十七人之中，經由官府學校教育者只有四人，僅占百分之八點五。由此可見，當時選用人才，不像後世那樣，絕大多數都經過學校的培養。當然，東漢時太學規模之大、人數之多，都蔚然可觀，但不難看到，博士弟子課試之途，畢竟只是當時選舉方式之一，而非唯一，與察舉相比，它顯然不算是最重要的仕途，因此它對整個兩漢選舉制度的影響，就不像察舉那樣具有決定性意義。

---

63 《漢書・儒林傳贊》。
64 《漢書・韋賢傳》。

# 秦漢時期
# 的教育思想

## 一、秦漢教育思想的演變

秦是一個以嚴刑峻法治國的極端專制的皇朝。政治上的專制統治滲透到教育領域，其思想也是極端「崇法尚刑」的。秦自統一六國後，就面臨著如何鞏固統一局面的問題，除在政治上採取了一系列專制措施外，在思想文化領域也推行專制主義政策，使包括教育在內的所有思想文化活動都受法家思想制約。禁止法家以外的一切經典的傳播流行，尤其是儒家經典的傳播流行。取消戰國時期頗為活躍的學派論爭，嚴禁私學，提倡「以法為教」、「以吏為師」，將百家爭鳴的活潑學術局面扼殺在獨尊法家的文化專制主義屠刀之下，開創中國古代文化專制的先河。

分析秦代教育思想，李斯的主張是其代表。李斯的老師雖然是荀子，但他受先秦法家申、商、韓的影響尤深，其政治主張是以法治國，實行極端的專制制度，其教育思想則直接體現了這一點。在學校設置上，李斯提出「別黑白、禁私學」。先秦時期，私人講學之風盛行，私學成了人們議論、抨擊時政的場所。李斯禁斷私學，目的就是禁民之口，不讓他們議論國家法令，以維護君主的絕對威

嚴。在教育內容上，李斯提出「以法為教」，指出「百姓當家則力農工，士則學習法令辟禁」[65]，在天下一統、「法律出一」的時代，人們只要力農工、學法令，以免於犯罪就可以了，法令代表了全部的文化知識。這無疑又是其以法治國政治思想在教育思想上的體現。在擇師方面，李斯提出「以吏為師」，官吏是最高的知識權威。在禁斷私學，官學又沒有設立的情況下，人們學習法令只能去找那些官吏了。而官吏所傳授的，也只能是那些法律條文。

由於李斯是秦的丞相，故而他的這些思想在現實中都得以實施，嚴重破壞了文化教育事業。秦祚短暫，其他思想尚沒有彰顯，故而無法論列。就是李斯的教育思想，也完全是從專制政治的角度提出來的，對於教育自身的一些問題，他並沒有多少見解。

秦二世而亡，劉邦歷經艱辛，建立西漢。漢建立後，統治者總結秦亡教訓，在繼承秦代政治制度的同時，又多有變通，一改秦朝以法治國的局面，倡導清靜無為的黃老之學被統治者所採納，在漢初六、七十年間廣為流傳。這樣，秦朝崇法尚刑、極端專制的教育思想也就被漢初黃老之學的教育思想取代了。

漢初，學習和傳播黃老之學十分流行。從出土文物看，黃老帛書與竹簡已是漢初官僚貴族教育子弟的讀本。研究黃老學派的教育思想，馬王堆出土的帛書是重要依據，《文子》一書也是不可忽視的資料，《淮南子》雖素有雜家著作之稱，但它與黃老之學有極緊密聯繫，甚至被認為是「西漢道家思潮的理論結晶」[66]，因此也是考察漢初黃老之學教育思想的依據之一。

黃老之學具有以道、法為主，同時又兼採陰陽、儒、墨、名等諸家思想的特點，兼容並包。反映在教育思想上，也是相容諸家，各有取捨。

在教育觀上，漢初黃老學派繼承並發展了先秦儒家重智、重學的思想，否定了老莊「絕聖棄智」、「絕學無憂」等思想。認為「知（智）之所短，不若愚之

---

65 《史記·秦始皇本紀》。
66 任繼愈主編：《中國哲學發展史》秦漢卷，245 頁。

所修」,「知（智）人無務，不若愚而好學」[67]，黃老學派還綜合了老、莊、孟、荀的人性論，闡述了教育的必要性和可能性。他們認為世上多數人的品性須經後天教育才能完善。《淮南子·泰族訓》認為「人之性有仁義之資」，具有接受教育的基礎，但只有基礎，不進行教育，仍不能致道，即「非聖人為之法度而教導之，則不可使向方」。《淮南子·修務訓》還提出了人性三等說，認為上等之人，「不待學問而合於道」，下等之人「不可教以道，不可喻以德，嚴父弗能正，賢師不能化」，而絕大多數中等之人，則是「教訓之所喻」，是可以通過教育使之「合於道」的。黃老學派還論述了教育對社會發展的重要作用。他們列舉歷史上教人種五穀、識草藥、制禮儀、造字、造曆、耕稼、造酒、造車等古聖賢的教育活動，指出他們的教育活動對人類的進步起了重要作用。

漢初黃老學者還對教學活動提出過一些頗有見地的主張，他們提倡力學精神，強調學習要融匯貫通、學思結合、知行一致。他們還提出了「道法自然」、「因性而教」的教學主張，認為禮樂仁義等教化的內容都是聖人因人之性而制作的，施教自然要順應人性而為之。

由上可以看出，黃老學派的教育思想體系，是以道家思想為主旨，法家教育思想為羽翼，糅合儒、墨、陰陽、名家的思想而成，並在一些地方保留有各家教育思想的流風餘韻。這和秦朝單一的法家教育思想不同，在對教育本身的一些問題的認識上，黃老之學的教育思想要比秦朝教育思想豐富得多、深刻得多。

黃老之學是在漢初經濟破敗、人民需要休養生息的歷史背景下發展起來的，它的清靜無為的政治主張迎合了時代的需要。但是，一個皇朝不可能永遠「無為」下去。因此，在經過了漢初七十餘年的休養生息後，隨著政治的穩定、經濟的強大、文化的繁榮，漢武帝登基後，便由黃老之學向獨尊儒術轉變。

漢武帝「罷黜百家，獨尊儒術」的治國之策，對其後教育產生了重大影響，即由黃老之學兼容諸家的教育思想徹底轉變到了儒學化的德治教育的軌道上。教育思想上儒學化傾向嚴重。

---

67 《淮南子·修務訓》。

這種教育思想的儒學化主要體現以下幾個方面：(1)德教重於刑法的觀念被徹底樹立起來。在教育思想上，先秦儒家重視教化，所謂「道之以德，齊之以禮」[68]，「善政不如善教」[69]。秦一改其論，提倡法治教育，導致迅速亡國。鑒於此，漢代思想家在教化與刑法之間進行了深入探討，其結果是樹立了德教為主、刑法為輔，德教在先、刑法在後的教育思想。所謂「教化，所恃以為治也；刑法，所以助治也」[70]，「德教者，人君之常任也，而刑罰為之佐助也」[71]，「學校勉其前，法禁防其後，使丹朱之志，亦將可勉」[72]。這種對教化與刑法各自作用及相互關係的論述，確立了教育活動在國家政治和社會生活中的顯要地位。(2)封建倫理道德教育體系得以產生。先秦儒家有「明人倫」的道德思想體系，漢代思想家繼承這一點，更加強調尊卑等級。董仲舒提出「三綱五常」的人們行為規範，認為教育的政治作用不在於以法教民，使之不敢為非，而在於以綱常名教化民易俗，使之恥於為非，「教以愛，使以忠，敬長老，親親而尊尊」[73]。東漢《白虎通義》則更明確地將「五常之道」的倫理教育概括為明三綱、正六紀。武帝以後的這種神聖化、綱要化的倫理道德教育體系的產生，不僅成為兩千多年來支配人們思想行為的基本準則，而且支配著整個封建時代的教育。(3)尊師重教思想深入人心。以學求道，是儒家的一貫主張。漢代學者在評價學習的價值時，皆主張勤學、博學，「能博學問，謂之上儒」[74]。漢代思想家的文集，第一篇往往以勸學的內容開宗明義，如《法言‧學行》、《潛夫論‧贊學》、《中論‧治學》等。他們認為，學習能增益智慧、增長道德、利於修己治人。而要達到這些，就必須重教。而重教則必須尊師。漢代繼承了《荀子》等書中提倡的尊師重道主張，「國之將興，尊師而重傅」[75]，將尊師作為國家興盛的前提。教師是人

---

68 《論語‧為政》。
69 《孟子‧盡心上》。
70 《漢書‧禮樂志》。
71 《群書治要》卷四十五引《昌言》。
72 王充：《論衡‧率性》。
73 董仲舒：《春秋繁露‧王道》。
74 王充：《論衡‧別通》。
75 《漢書‧元帝紀》。

之楷模，「師者，人之模範也」[76]，事師如同事父，即使是皇帝也不能過分特殊。漢明帝對桓榮「尊以師禮，甚見親重」，桓榮去世，「帝親自變服，臨喪送葬」[77]，更遑論一般士子，尤其是在漢代經學重視師法的情況下，師生之間的學術繼承關係簡直就如同父子之間的血緣繼承關係。

總之，秦漢時期的教育思想經過了由秦代法治教育、中經漢初黃老教育思想，再到武帝以後儒家教育思想的發展演變，這中間有繼承，有損益，與當時政治發展演變的節律基本是合拍的。

## 二、董仲舒、揚雄、王充教育思想比較

董仲舒、揚雄、王充都是兩漢時期著名的思想家，他們的政治見解、思想意識、學術觀點，既有相同的地方，又有很大不同。比較他們的教育思想，一方面可以使我們更好地把握住兩漢教育思想的主流，另一方面也可以使我們窺測這一時期教育思想的全貌。

人性學說是董仲舒、揚雄、王充關於教育作用的重要依據。董仲舒綜合了先秦的性善論和性惡論，提出了人性有善有惡論。他認為人性是人得之于天的自然的資質，並以此為據提出了「性三品」說，將人性分為三等：上品之人，具有聖人之性，不教而成；中品之人，為中民之性，有善有惡，教而善，不教而惡；下品之人，為至惡之性，教而難善。「性三品」說不同於先秦性善論，也不同於性惡論，在董仲舒眼裡，有兩部分人是不用教育的，上品之人與下品之人。但教育對中品之人卻起很大的作用，中品之人具有善質，但必須受了教育之後才能成為善性。他批評孟軻的性善論，認為孟軻既然說人性已善，那就沒有教育的必要了。而實際上，多數人是有善有惡的，這樣就必須用教化抑止惡，而教育正是防止惡性發展的最好工具。他甚至認為教育的作用就像制陶器和冶金一樣，可以隨

---

76 揚雄：《法言·學行》。
77 《後漢書·桓榮傳》。

意鑄造，把國家的治亂興廢都歸於禮樂教化，這又未免誇大了教育的作用。和董仲舒相比，揚雄對人性以及教育的看法略有不同。揚雄認為「人之性也善惡混」[78]，人的基本素質、人的基本機能有「善」的因素，也有「惡」的因素，二者並非一成不變的，「修其善則為善人，修其惡則為惡人」[79]。後天是善是惡，教育起著決定性作用。揚雄還指出，改造人性使之去惡從善，最重要的是「修性」、「學正」、「習是」。他說：「學者所以修性也。視、聽、言、貌、思，性所有也。學則正，否則邪」[80]，「習非之勝是」，「習是之勝非」[81]，特別強調了人只有接受正確的教育，得到良好的習染，才能達到正，而不至於變邪。王充的人性論也是有善有惡論，他不贊成「性三品」說，也不贊成孟軻、荀況、揚雄的觀點，他說：「余固以孟軻言人性善者，中人以上者也；孫卿言人性惡者，中人以下者也；揚雄言人性善惡混者，中人也。」他贊成世碩、公孫尼子之說，說：「唯世碩、公孫尼子之徒，頗得其正。……實者，人性有善有惡，猶人才有高有下也。……謂性無善惡，是謂人才無高下也。」[82]王充還認為，人性是可以變化的，變化的動力在於教育和習染。人之性情的善惡變化，猶如染絲，「染之藍則青，染之丹則赤」。那麼，怎樣才能養善去惡呢？當然是學「聖人之教」，即封建禮教，「不患性惡，患其不服聖教」[83]。由此可以看出，董仲舒、揚雄、王充在論述教育的作用時，都論述了人性的善惡問題，都認為人性有善有惡，善惡不是一成不變的，而教育恰恰就是人們由惡及善的橋梁。當然，他們在人性問題上的看法也略有不同，董仲舒過分強調人性的差異，「性三品」說實際上就是一種由神意決定的階級論，其結果必然是將人群中的一部分——下品之性的人——排除在教育之外。揚雄的人性善惡混和王充的人性有善有惡論雖在內涵上不太一致，但都認為世上無不可教之人，比董仲舒有所進步。

　　對於教育的政治作用，董仲舒、揚雄、王充都發表了自己的看法。董仲舒生

---

78 揚雄：《法言・修身》。
79 同上。
80 揚雄：《法言・學行》。
81 同上。
82 王充：《論衡・本性》。
83 王充：《論衡・率性》。

活於西漢鼎盛時代，又遇到漢武帝這樣一個要有所作為的君主，使他得以重申儒家的德治學說，提出「任德而不任刑」[84]，把教育視為治國的根本。他強調培養統治人才的重要，認為統治者進德修身，將影響一代世風，「堯舜行德則民仁壽，桀紂行暴則民鄙夭」[85]，統治者是世風的倡導者，修齊治平是統治者必須具備的條件。他竭力提倡加強統治人才的培養教育，曾向武帝進言，要讓未來的統治者「少則習之學，長則材諸位」[86]，從小受到良好教育是為官的基礎，長成之後要量才而用。他還特別強調社會教化的極端重要性。漢武帝時代，國力強盛，但離心的力量仍然存在，董仲舒作為地主階級的政治家、思想家，已敏感地認識到統一的帝國需要統一的思想，他除了提出旨在統一思想的「罷黜百家，獨尊儒術」外，還提出了社會教化理論。他認為刑罰只能觸及人的肌膚，並不能提高人的覺悟和道德修養，而教化卻能造成統一的人心。他深刻地認識到，社會教化一旦轉化為民俗民風，就會成為一種習慣力量，長期制約人們的思想行為。而實行教化必須要在以下幾個方面下工夫，一是統治者要以身示範；二是各級官吏要「承流宣化」；三是要重視學校教育，「立太學以教於國，設庠序以化於邑」；四是要建立一套禮樂制度，使人們有遵循的規範。董仲舒的這些見解，促進了中國古代社會教育的發展，就是今天，仍有啟發意義。揚雄繼承了董仲舒的德治教化思想，認為「為政」絕不能「先殺後教」，正如自然天氣，只有「先春而後秋」，絕不會「先秋而後春」，對待老百姓，只「可使覿德，不可使覿刑」，因為「覿德則純，覿刑則亂」[87]。而要立德，就必須對老百姓進行教化教育，教化為先，才是治國的根本大計。而教化又必須本之於學校，所謂「辟雍以本之，校學以教之，禮樂以容之，輿服以表之，復其並列，勉人役，唐矣夫」![88]王充同樣強調教育在治國化民中的重要作用。他認為「教訓之功」在培養統治人才方面必不可少，「孔門弟子七十之徒，皆任卿相之用」[89]，就在於他們都蒙受了聖人之教。

---

84 《漢書·董仲舒傳》。

85 同上。

86 同上。

87 揚雄：《法言·先知》。

88 揚雄：《法言·孝至》。

89 王充：《論衡·率性》。

他提出「王法不廢學校之官，不除獄理之吏。欲令凡眾見禮義之教，學校勉其前，法禁防於後」[90]。以學校教育在先，法制約束在後，社會必然禮義流行，達到天下大治。

教育目標和教育內容也是董仲舒、揚雄、王充所關注的重要問題。在他們看來，教育的終極目的就是淳化社會風氣，使人人都變成有道德的「君子」，使社會政治處在一種和諧的氛圍之中。在內容上，他們也都認為應以儒家六經為主，禮樂先行。但在具體論述這些問題時，他們又各有特點。

董仲舒認為，「六經」乃聖人之言，是人們必須學習的內容。而有關「眾物」或鳥獸之類的自然知識，是迷惑後進的，不應當學習。他說：「能說鳥獸之類者，非聖人所欲說也。聖人所欲說，在於說仁義而理之。……不然，傳於眾辭，觀於眾物，說不急之言，而惑後進者，君子之所甚惡也，奚以為哉？……故曰：于乎，為人師者可無慎耶！」[91]「六經」內容豐富，董仲舒又將其濃縮為「三綱五常」，作為教學的中心內容，並強調重義輕利的德育。這就把整個教育都變成了封建禮義的道德說教，一直影響到整個封建教育。

和董仲舒相比，揚雄對於教育內容的認識較有特色，這與他所處的時代和教育實踐的不同有很大關係。針對西漢末世人們道德衰微的現實，揚雄特別強調仁、義、禮、智等儒家傳統的道德教育。他說：「常修德者，本也」[92]，「君子全其德」[93]，對於君子，最為重要的就是道德修養的完善。因此，在教學中要「鼓之以道德，徵之以仁義」[94]，「使之利其仁，樂其義」[95]。在教育實踐中，他還經常以「道德仁義禮」和「仁義禮智信」並論，認為這是對人的基本要求，是立身行事的最基本的準則。他說：「或問仁義禮智信之用，曰：仁宅也，義路也，禮服也，智燭也，信符也。處宅，由路，正服，明燭，執符。君子不動，動

---

90 同上。
91 董仲舒：《春秋繁露・重政》。
92 揚雄：《法言・孝至》。
93 揚雄：《法言・君子》。
94 揚雄：《法言・淵騫》。
95 揚雄：《法言・先知》。

斯得矣。」[96]這顯然是受了董仲舒的影響，而「仁宅」、「義路」之說，又完全是孟子思想的發揮。除強調封建道德教育外，揚雄還將以辭賦為主的美育教育和文字教育付諸實踐。揚雄是大辭賦家，對辭賦與詩、樂深有研究，他認為美育和封建統治是緊密結合的，辭賦要具有諷諫作用，詩、樂要合乎封建道德，他用孔子的「文質彬彬，然後君子」來教育學生，強調人要將外在的「文」和內在的「質」統一起來。揚雄對語言文字有精深的造詣，並授之生徒。劉歆的兒子劉棻就曾專門「從揚雄作奇字」[97]。揚雄肯定了語言在人類生活中的作用，並提出「言」為「心聲」，「書」為「心畫」的命題，認為語言文字是人們思想感情的流露，是行為品德的反映，故而需要認真教習。揚雄重視美育教育和語言文字教育，可謂獨樹一幟。

自漢武帝實行「罷黜百家，獨尊儒術」的文教政策後，儒家「六經」成為官方必讀教材，講經解經日趨繁瑣，五經博士各立門戶，師法家法極嚴，不許稍有冒犯。到王充所生活的東漢時期，書傳記載誇張失實，經典注疏雜入讖緯，儒學日益神學化。在教育內容上，也多講解章句注疏，不務實學。在這種學術背景下，王充對教育內容的認識就比董仲舒、揚雄深刻得多。他反對「信師是古」，認為在「守信經文」、「守信師法」的教育下所培養出來的只能是一些愚昧無知的庸人。他提倡培養有大人胸懷、才高智大的「上儒」，力圖打破漢代五經獨佔教壇的局面，擴大教育內容，指出「聖人之言，賢者之語，上自黃帝，下至秦漢，治國肥家之術，刺世譏俗之言」都在學習之列。[98]這不僅有儒家經典，還有法、墨、道以及天文、曆算、地理、歷史等各方面的知識。他這種博覽古今、通習九流百家的主張，在當時死氣沉沉的教育領域，確實具有振聾發聵的作用。

當然，我們也應看到，王充雖然十分不滿漢代只重五經和信守一家之言的學風，但他畢竟也是儒者，不可能超脫儒家的影響，因此他仍然把禮樂列為最重要的教學內容，所不同者，他不把禮樂教育的作用過分誇大，而是提出要在一定的

---

96 揚雄：《法言‧修身》。
97 《漢書‧揚雄傳》。
98 王充：《論衡‧別通》。

條件下進行禮樂教化，所謂「禮義之行，在穀足也」[99]。這才是他不同於一般儒者的地方。

在教學論上，董仲舒、揚雄、王充都重視強勉努力、專精虛靜、學思結合、勤學不捨等教學原則和學習方法。同時也提出了獨特的、較有價值的教學理論。董仲舒提出了「多連」和「博貫」的學習方法，他認為只要「連而貫之」，就可以推知天下古今的知識，這固然有唯心的因素，但包含著融匯貫通的合理成分。他還提出博而適度的看法，認為教學要處理好博節關係，不能太博，也不能太節，「太節則知暗，太博則業厭」[100]，這種思想也有一定道理。董仲舒還要求教師要有「聖化」之功。所謂「聖化」，也就是我們今天所講的教學藝術。他說：「善為師者，既美其道，有慎其行；齊時早晚，任多少，適疾徐；造而勿趨，稽而勿苦；省其所為，而成其所湛，故力不勞而身大成，此之謂聖化，吾取之。」[101]教師要以身作則，教學應適時，要注意受教育者的才性，要從容誘導，不急不緩。這顯然是孔子因材施教、循循善誘教學原則的發展，頗為符合教學規律。

揚雄較有價值的教學論是「強學力行」和「言必有驗」，他認為「君子強學而力行」[102]，「學行之，上也」[103]。學是重要的，身體力行更為重要。習行什麼，要有選擇，要「知是而習之」。他認為，教師所教學的內容，所說明的道理，必須與事實相符合，必須經過實踐的檢驗，以證明是正確的，還是虛妄。他說：「君子之言，幽必有驗乎明，遠必有驗乎近，大必有驗乎小，微必有驗乎著。無驗而言之，謂妄。」[104]這是符合唯物主義的一條重要原則，揚雄的「言必有驗」到東漢時被王充繼承和發展，成為王充教育思想中有價值的成分。

王充是具有批判意識的唯物主義思想家，他的教育思想也處處閃現出批判現實的光輝。在教學論上，他反對「信師是古」，主張「極問」。他深刻批判了當

99 王充：《論衡・治期》。
100 董仲舒：《春秋繁露・玉杯》。
101 同上。
102 揚雄：《法言・修身》。
103 揚雄：《法言・學行》。
104 揚雄：《法言・問神》。

時教育上但拘一經、記誦章句的風氣，認為教學必須「問難」，聖賢所言絕非全為真理，「難孔」、「伐孔」都是應該的，他說：為了「證定是非」，「苟有不曉解之問，追難孔子，何傷於義？誠有傳聖業之知，伐孔子之說，何逆於理？」[105]這些言論對於打破盲目崇拜孔孟的迷信思想，揭露當時儒家神學的虛妄，是有重大作用的。從教育上說，這也是對當時嚴守師法家法的學風的對抗。王充從「疾虛妄」的角度出發，繼承和發展了揚雄「言必有驗」的教學論，認為「事莫明於有效，論莫定於有證」[106]，學習要「訂其真偽，辨其虛實」，要以實際效果來檢查知識真偽。王充對於虛妄的知識是深惡痛絕的，他警告人們不要以為書上記載的事都是可靠的，他說：「凡論事者，違實不引效驗，則雖甘義繁說，眾（終）不見信。」[107]他本人就曾指出了書中許多錯誤的記載。在教學論上，王充還提倡「博達疏通」、「學以致用」。所謂「博達疏通」，就是要博通古今，兼容眾家。他不滿於當時只通一經的教學方式，認為真正的「鴻儒」要「通仁義之文，知古今之學」[108]，而且其學要「匡濟薄俗，驅民使之歸實誠也」[109]。學應為世用。他認為，著書立說應有益於世，所謂「蓋寡言無多，而華文無寡。為世用者，百篇無害，不為用者，一章無補」[110]。王充「博達疏通」、「學以致用」的思想，對改變漢代崇古、擬古脫離實際的學風有一定作用。

以上我們考察了董仲舒、揚雄、王充的教育思想，除此之外，漢代還有不少思想家、教育家提出了他們的意見。陸賈勸高祖行仁義、興學校，文武並用。賈誼和晁錯則特別注重培養君主的教育，認為培養賢明的君主是鞏固統一與中央集權的首要工作。桓譚反對繁瑣的說經方法，注重知識與實際，試圖矯正「尊古卑今，貴所聞，賤所見」的學風。王符提出要加強學校的德教，指出學習是人獲得美質與才能的手段。馬融和鄭玄更以自己一生的教學實踐影響著後世。馬融不守成法，不拘儒節，已帶有老莊色彩。鄭玄精通今古文經學，加以溝通調和，被稱

---

105 王充：《論衡・問孔》。
106 王充：《論衡・薄葬》。
107 王充：《論衡・知實》。
108 王充：《論衡・別通》。
109 王充：《論衡・對作》。
110 王充：《論衡・自紀》。

为「通儒」，「鄭學」則成為當時「天下所宗」的儒學，也是魏晉以後主要的經學。

亮點書系．中國文化通史 A1001003

# 中國文化通史·秦漢卷　上冊

主　　編　鄭師渠

版權策畫　李　鋒

發 行 人　陳滿銘

總 經 理　梁錦興

總 編 輯　陳滿銘

副總編輯　張晏瑞

編 輯 所　萬卷樓圖書股份有限公司

排　　版　菩薩蠻數位文化有限公司

印　　刷　維中科技有限公司

封面設計　菩薩蠻數位文化有限公司

出　　版　昌明文化有限公司

桃園市龜山區中原街 32 號

電話　(02)23216565

發　　行　萬卷樓圖書股份有限公司

臺北市羅斯福路二段 41 號 6 樓之 3

電話　(02)23216565

傳真　(02)23218698

電郵　SERVICE@WANJUAN.COM.TW

大陸經銷

廈門外圖臺灣書店有限公司

電郵　JKB188@188.COM

ISBN 978-986-496-157-3

2018 年 1 月初版

定價：新臺幣 480 元

如何購買本書：

1. 劃撥購書，請透過以下郵政劃撥帳號：

　　帳號：15624015

　　戶名：萬卷樓圖書股份有限公司

2. 轉帳購書，請透過以下帳戶

　　合作金庫銀行　古亭分行

　　戶名：萬卷樓圖書股份有限公司

　　帳號：0877717092596

3. 網路購書，請透過萬卷樓網站

　　網址 WWW.WANJUAN.COM.TW

大量購書，請直接聯繫我們，將有專人為您服務。客服：(02)23216565 分機 610

如有缺頁、破損或裝訂錯誤，請寄回更換

國家圖書館出版品預行編目資料

中國文化通史. 秦漢卷 / 鄭師渠. -- 初版. --
桃園市：昌明文化出版；臺北市：萬卷樓
發行, 2018.01
　　冊；　公分
ISBN 978-986-496-157-3(上冊 ： 平裝). --
1.文化史　2.中國
630　　　　　　　　　　　　　107001799

本著作物經廈門墨客知識產權代理有限公司代理，由北京師範大學出版社（集團）有限公司授權萬卷樓圖書股份有限公司出版、發行中文繁體字版版權。